束景南／著

修订版

阳明大传

"心"的救赎之路

下卷　良知心学的人文情怀

复旦大學出版社

关老师：

　　收到你两封信，非常高兴。《朱子大传》续签合同了很好。此事先前也有出版社来联系，我都推辞了。我觉得一直在和你们出版社合作得很好，我非常感谢，我愿意继续合作下去，别无其他想法。

　　《阳明大传》出修订本也挺好，过，太好了！我已在动手修订。不过因为时间紧迫，我又在写《陶渊明诗疏编年笺证》，所以不可能作大的增补，还是以修订为主，故要书名上题正题题"修订本"为宜。或许将来出版《陶渊明诗疏编年笺证》以后，我会再作一更大的"增订本"吧。

　　今年疫情此发，累疯吓人，上海人吃足苦头，望你先要保重身体，工作顺利！预祝你国庆愉快！

　　　　　　　　　　　　　束景南　上
　　　　　　　　　　　　　2022. 9. 20.

束景南教授关于修订版事宜与编辑的通信

下　卷 ｜

良知心学的人文情怀

第十四章

良知心学

——王学的真正诞生

"妙悟良知之秘"：正德十四年的"良知之悟"

阳明什么时候觉悟"良知"与始揭"良知之教"，其实阳明自己有明确的论述。他总结自己良知心学思想形成的历程说：

> 吾昔居滁时，见学者徒为口耳同异之辩，无益于得，且教之静坐，一时学者亦若有悟，但久之渐有喜静厌动流入枯槁之病。故迩来只指破致良知工夫，学者真见得良知本体昭明洞彻，是是非非莫非天则，不论有事无事，精察克治，俱归一路，方是格致实功，不落却一边。[1]

阳明这里说的"迩来"，就指正德十二年赴江西任以来。后来他在嘉靖三年中秋节时，向门人弟子更明确谈到自己生平思想的发展说：

> 予自鸿胪以前，学者用功尚多拘局；自吾揭示良知头脑，渐觉见得此意者多，可与裁矣。[2]

阳明任南京鸿胪寺卿在正德九年五月到正德十一年十二月，阳

---

[1]　钱德洪：《刻文录叙说》，见《王阳明全集》卷四十一《序说序跋》。按：《刻文录叙说》云："先生之道凡三变……居贵阳时，首与学者为'知行合一'之说；自滁阳后，多教学者静坐；江右以来，始单提'致良知'三字，直指本体。"这里钱德洪自己也否定了正德四年说与正德十六年说。又按：至今仍有人引《刻文录叙说》中阳明所说"吾'良知'二字，自龙场已后，便已不出此意，只是点此二字不出"，认为阳明"在龙场对良知已有根本的觉悟"。按这里阳明分明是说"自龙场已后"，不是说在龙场的时候，对此句显然理解有误。

[2]　钱德洪：《刻文录叙说》。

明自己说的话也充分证明他的"良知之悟"与始揭"良知之教"是在正德十二年以后(鸿胪以后),推翻了钱德洪的正德四年说与正德十六年说。阳明说的"自吾揭示良知头脑",是在正德十四年。

在惊心动魄的平宸濠叛乱的征战中,如果说阳明的平宸濠乱的神速成功导致了他在政治上的悲剧命运,那么他的平宸濠乱历经的磨难却导致了他在心学思想上的新飞跃,开启了他的心学的"良知之悟"与"孔门正法眼藏"的心扉,超越了白沙与陆九渊的心学,从而完整建构起了自己更恢宏广大的致良知的本体工夫论的王学思想体系。

阳明还在正德十二年九月从征横水时,就已经思考起"破山中贼易,破心中贼难"的问题。所谓"心中贼",就是指人心被私欲所戕害蠹蚀,人心堕落迷失,不能知善知恶,行善去恶。如何使知善知恶的心不被人欲贼害,又如何使被人欲贼害的心复归于知善知恶,这种对破"心中贼"的思考引导阳明通向了对心的知善知恶的认识,把关注的目光集中到孟子所说的"良知良能"与《大学》所说的"致知"上。到正德十三年,阳明已经把心体体认同良知良能结合起来进一步思考,要弟子们"就自己心地良知良能上体认扩充"[1],表明"良知之悟"已在他心中萌动。到正德十四年春天,阳明与汪循围绕《朱子晚年定论》展开的一场朱陆之学异同的论辨,可以看成是激发阳明的"良知之悟"的"前奏曲"。先是在正德十四年正月,汪循写成《闲辟辩》,为程曈的《闲辟录》张目,他把这本书寄给了阳明,同时在给阳明的信中论辨朱陆之学的异同说:

––––––––––––––
[1]《传习录》卷上。

向以仁峰精舍求记一言者，非为炫文辞，希媚取宠而要闻誉也，诚以此学自宋儒程、朱诸子发明训释之后，学者类能言之，但使之舍旧说而自为言，则未免为捉风捕影，而所谓卓尔者，莫知所在也。若夫工文辞，取青紫，习训诂，资口耳以为学者，举世皆是，不可救矣。有能因程朱诸子之言，以求孔子，即孔子之言以求尧、舜、禹、汤、文、武、周公，则舍诵法经训、辨释文义之外，何所致其力乎？《六经》，孔子所作也，不知三代以前，无经可诵，无义可释，君臣父子之间穆穆夔夔，薰渐援引，以跻仁圣之域者，又何所学乎？昔程子讲学伊洛之间，亦未闻以读书为事也。谢显道举史不遗，以为玩物丧志；及送杨龟山，乃有"道南"之叹，其学端有所在。豫章、延平盖得于龟山者，以授吾子朱子，信不诬也。然罗、李二公无著书之富，无辞藻之工，其所学者何学，而所事者何事乎？而吾朱子所谓潜思力行，任重诣极者，亦将何所指而言乎？说者谓读书虽有考索之富，而扩充变化之无术，虽有辨析之精，而持守坚定之未能，则夫隐微之际，私欲之萌潜滋暗长而不自知者，卒至于波流风靡，而吾之所得于天者，由之而褒矣。然则何贵乎读书也？……夫学贵实行，而不事空谈，真知道者之言也。但不知执事之意，真□责某以力行乎？抑以为不屑教而姑托辞以却之？责某以力行，固不敢不勉；以为不屑教，乃所以深教之，尤不敢不勉也……庸是再布区区，并近与学者辨论朱陆异同一编（按：指《闲辟辩》），上求印正，政令雷厉风行之暇，不惜统赐诲言，以慰渴想。[1]

---

[1]　《汪仁峰先生文集》卷五《复王都宪》书一。

汪循主要同阳明论读书讲学，大致他还是肯定读书力学的重要，认为六经是孔子所作，故可以从读六经中探求尧、舜、禹、汤、文、武、周公之道。宋儒程、朱诸子发明训释六经，故可以从读程朱之书中探求尧、舜、禹、汤、文、武、周公、孔子之道。二程讲学伊洛，形成了一个从二程到谢显道、杨龟山、罗豫章、李延平、朱子心心相传的学统，可以从这一程朱学统探求儒家的道统。这还是接续了当年阳明与程朱派的朱陆之学异同论战的话头展开论辨，他写的《闲辟辩》进一步表达了他的这一是朱非陆的立场。阳明立即回信说：

> 远承教札，兼示《闲辟辩》见执事信道之笃，趋道之正，喜幸何可言！自周、程后学庬道晦且四百余年，逃空寂者，闻人足音跫然喜矣，况其亲戚平生之欢乎？朱陆异同之辩，固守仁平日之所召尤速谤者，亦尝欲为一书，以明陆学之非禅，见朱说亦有未定者；又恐世之学者先怀党同伐异之心，将观其言而不入，反激怒焉，乃取朱子晚年悔悟之说，集为小册，名曰《朱子晚年定论》，使具眼者自择焉。将二家之学，不待辩说而自明矣。近门人辈刻之雩都，士夫见之，往往亦有启发者。今复得执事之博学雄辞，阐扬剖析，乌获既为之先登，懦夫益可鱼贯而前矣，喜幸何可言！辱以精舍记见委，久未奉命，此诚守仁之罪也，悚仄，悚仄！然在向时，虽已习闻执事之高名，知所景仰，而于学术趋向之间，尚有未能尽者。今既学同道合，同心之言，其容已乎？兵革纷扰中，笔札殊未暇，乞休疏已四上，期在必得。不久归投山林，当徐为之也。[1]

---

[1]　王守仁：《又答汪进之书》，《汪仁峰先生外集》卷三。

阳明没有从正面作出详辨，他实际用《朱子晚年定论》作了回答，仍坚持认为陆氏心学非禅，朱子晚年定论已与陆学同。汪循便在二月又给阳明写了一封长信，把批评的锋芒对准了《朱子晚年定论序》，更明确地批驳说：

> 向不揣僭以朱陆之说上质高明，伏蒙许可，自庆一得之愚，有以上同于大贤君子，岂胜欣慰！且喻"亦尝欲为一书，以明陆学之非禅，见朱说亦有未定者；又恐世之学者先怀党同伐异之心，将观其言而不入，反激怒焉，乃取朱子晚年悔悟之说，集为一小册，名曰《朱子晚年定论》。其中略不及陆学之说，使学者不以先入之见横于胸中而自择焉"。又以见大贤君子用意微婉，宅心忠厚，而孜孜焉善诱人也。但其序中自言其所造诣，述其先难之故，后得之由，而其微词奥义，有非老昧浅陋之所及知者，不能无疑焉……庸是谨以其所疑者，复叩质于高明，必得其同而后已。盖道一不容有二也，惟高明其裁之。
>
> 序言："洙泗之传，至孟氏而息，千五百余年，濂溪、明道始复寻其绪。"按程叔子作《明道先生墓表》，云"先生生千四百年之后"，盖举成数也。今执事云"千五百余年"，虽或考据之精，然非义理所关键，不若因之，之不见自异于先儒，如何？此其不能无疑一也。
>
> 序云："自后辨析日详，然亦日就支离决裂，旋复湮晦。吾尝深求其故，大抵皆世儒之多言有以乱之。"札云："自周、程后学厖道晦且四百余年。"某愚以为辨析支离决裂之弊，则罗仲素、李延平以前，窃恐无之，多言乱道，此正学朱学者之弊也。窃探执事之意，概掩朱子著述之功，此其不

能无疑二也。

序曰"乃知从事正学，而苦于众说之纷挠疲苶，茫无可入，因求诸老、释，欣然有会于心，以为圣人之学在此矣"云云，至"恍若有悟，证诸《五经》《四子》，沛然若决江河，而放诸四海也"。某愚以为古之儒先从事性命根本之学者，多出入佛老，而后有得于心，盖非实用其力体道于几微之妙者，不能为此言也。然弥近理而大乱真者，毫厘之间耳，不可不慎也。执事既以陆氏之学为时流所忌而避去之，而复不讳于此，不又骇人耳目乎？此其不能无疑者三也。

序曰"虽每痛反深抑，务自搜剔斑瑕，而愈益精明的确，洞然无复可疑，独于朱子之说有相牴牾"云云，至"世所传《集注》《或问》之类，乃其中年未定之论，自咎以为定本之误，思改正而未及"。某愚以为朱子之说有牴牾者，正在于与陆子攻诋辨论之时，与夫学者群居议论训释之习耳，初不在于传注之间也……某尝僭谓朱子之训释经子，与孔子删述《六经》同功，然孔子虽不删述《六经》，而所以上承尧、舜、禹、汤、文、武之传者，固在也。朱子集周、程而下诸儒之说，而成一家之言，其于经书毫分缕析，昭如日星，启我后人，明道之功，岂可少哉！然其所以接周、程诸子之传，则亦不在于是也。若夫《集注》《或问》之类，反复考订，至精至密，若《诚意章》乃其绝笔，虽曰犹有不满其意者，亦微矣。执事乃以此为中年未定之说，此其不能无疑者四也。……[1]

————————

[1]《汪仁峰先生文集》卷五《复王都宪》书二。

汪循这封长信，可以说是对阳明的《朱子晚年定论序》所作的全面批评。实际他对阳明的"朱子晚年定论"说本身没有作多少正面的批评，而是尖锐提出了阳明这本书存在的一个根本问题，那就是：你只是提出了朱熹思想晚年转向了陆学，但是你却还没有能证明陆学不是禅学，所以所谓"朱子晚年定论"说还是一个没有意义的命题，所谓由此"将二家之学，不待辨说而自明"也同样不能成立。阳明自己也承认这本书"其中略不及陆学之说"[1]，汪循正是抓住了《朱子晚年定论》的这个漏洞提出质疑，这对阳明也是一个启发，他需要弥补这个漏洞，从正面补证充实"朱子晚年定论"之说，这就自然接上了阳明先前对"就自己心地良知良能上体认扩充"的思考，可以把陆学的"人心至灵"说上溯到孟学的"良知良能"说，陆学就可以归本于孔孟之学，而不是禅学了。因为汪循在二月去世，阳明没有来得及作书回答，但他后来往休宁访汪循故居所作的《书汪进之太极岩二首》与《题仁峰精舍》诗，实际就是对汪循来信的回答，反映了阳明在接到汪循最后一封来信后对"良知"的新思考。诗中说"须知太极原无象，始信心非明镜台"，"人人有个圆圈在，莫著蒲团坐死灰"，这个人人有的"太极圆圈"就指良知。这就是阳明对汪循"陆学是否禅学"的回答。

"良知之悟"的真正到来是在四月。安福邹守益来赣州受学，向阳明问"格物致知"之说，顿时激发了阳明从《大学》"致知"的思路上向邹守益大阐"致良知"之学。后来耿定向在《东廓邹先生传》中是这样写到阳明与邹守益两人的"良

---

[1]　按：汪循信中引阳明信中的话，多引有"其中略不及陆学之说，使学者不以先入之见横于胸中而自择焉"二句，今阳明《又答汪进之书》中无此二句，当是后来有意删去。

知之悟"说：

> （守益）一日读《大学》《中庸》，讶曰："子思受学曾子者，《大学》先格致，《中庸》首揭慎独，何也？"积疑不释。己卯，先生年二十九，就质王公于虔台，王公曰："致知者，致吾心之良知于事事物物也；致吾心之良知于事事物物，则事事物物皆得其理矣。独，即所谓良知也；慎独者，所以致其良知也；戒谨恐惧，所以慎其独也。《大学》《中庸》之旨，一也。"先生豁然悟，遂肃贽师事焉。逾月，再如虔台。未几，宸濠反。[1]

邹德涵在《文庄府君传》中所述稍异：

> 逾年，府君念易斋翁不置，亦请告归。四方士即山房受学，府君曰："前而党知子思之学受于曾子乎？今朱氏解格物与慎独异，何也？"诸生莫能解。己卯，谒阳明先生于虔，以其疑质之。王公大喜曰："吾求友天下有年矣，未有是疑，何子之能疑也！"因告之曰："致知者，致吾之良知也。格物者，不离伦物，应感以致其知也，与慎独一也。"府君翻然悟曰："道在是矣！"遂执弟子礼。归而与诸生言曰："吾梦二十九年矣，而今始醒。而党其勿复梦也夫！"[2]

---

[1]《耿天台先生文集》卷十四。
[2]《邹聚所先生文集》卷三。按：关于此事，诸家所叙各有详略，然意思皆同。如徐阶《邹公神道碑铭》云："公不自谓足，退而读书山中。数有疑于格致、戒惧、慎独之说，以质阳明先生。先生曰：'致知者，致吾心之良知于事事物物也；致吾心之良知于事事物物，则事事物物皆得其理矣。致吾心之良知者，致知也；事事物物皆得其理者，格物也。独，即所谓良知也；慎独者，所以致其良知也；戒谨恐惧，所以慎其独也。故《大学》《中庸》之旨，一也。'公大悟，北面师事焉，转以其说告语门人弟子。"（《世经堂集》卷十九）

聂豹则明确把这次两人的讲论"格物致知"称为"妙悟良知之秘":

> 已,闻阳明先生讲学虔南,牵舟往从之。一见相契,妙悟良知之秘,涣然自信,曰:"道在是矣!"反顾胸中所蓄数万卷书,糟粕也。于是四拜北面,奉以终身,如蓍龟焉。先生赠之诗曰:"君今一日真千里,我亦当年苦旧迷。"盖亦恨其相契之晚也。[1]

聂豹说的"妙悟良知之秘",既是说邹守益,也是说阳明,这一"良知之悟"是在两人讲学论道的心灵共同交融贯通上激发的"妙悟"——由迷到悟。阳明诗说"君今一日真千里",是说邹守益的"良知之悟";"我亦当年苦旧迷",是说阳明自己的"良知之悟"。正德十四年四月两人这场讲学论道就是他们由"旧迷"到"新觉"的共同的"良知之悟"。超越了阳明的"乙丑之悟"与"龙场之悟",阳明的"良知之悟"是对"良知"与"致良知"的心悟,包含了三方面的新觉:一是悟所谓"致知",认为致知就是致吾心之良知于事事物物,致知即致良知;二是悟所谓"良知",认为良知就是指吾心之"独"(独知),所以慎独即致良知,戒慎恐惧即慎独,亦即致良知;三是悟所谓"格物",认为格物就是致吾心之良知于事事物物,事事物物皆得其理,因为心外无理,理不在物,是心通过致良知将心中之理推及于事事物物,从而事事物物皆得其理,这就叫"格物"。显然,阳明是从邹守益提出的"格物致知"与"慎独戒惧"的思路上启发悟入,把

---

[1]　《聂豹集》卷十三《大司成东廓公七十寿序》。

《大学》的"知"解释为"良知",把"致知"解释为"致良
知";把《中庸》的"独"解释为"知",把"慎独"解释为
"致良知",从而把《大学》的"格物致知"与《中庸》的"慎
独戒惧"统一起来,建构起一个以良知为本体、以致良知为工夫
的终极关怀的心学思想体系。这是阳明自己对"良知"与"致良
知"的心学思想最初的经典诠说,邹守益自己也一再提到了这一
两人大悟"良知"与"致良知"的"良知之悟"说:

> 问:"戒慎工夫与诚意致知格物之旨同异,何以别?"
> 曰:"戒慎恐惧,便是慎;不睹不闻,莫见莫显,便是独。自
> 戒惧之灵明无障,便是致知;自戒惧之流贯而无亏,便是格
> 物。故先师云:'子思子撮一部《大学》作《中庸》首章,
> 圣学脉络通一无二,净洗后世支离异同之窟。正心是未发之
> 中,修身是发而中节之和;天地位,万物育,是齐家治国平
> 天下。'……"[1]
>
> 往者尝疑《大学》《中庸》一派授受,而判知行,析动
> 静,几若分门以立。及接温听厉,反复诘难,始信好恶之真,
> 戒惧之严,不外慎独一脉。独也者,独知也。独知之良,无
> 声无臭,而乾坤万有基焉。知微之显,其神矣乎![2]

阳明与邹守益的"妙悟良知之秘",就是在这种"接温听厉,反
复诘难"中"灵光乍显"、顿然开悟的。

"良知之悟"开启了阳明心学思想的新的发展之路,是向心
学终极关怀境界的提升。良知即心体(真体),自此"良知"成

[1]《邹守益集》卷十六《浙游聚讲问答》。
[2]《邹守益集》卷七《龙冈书院祭田记》。

为阳明心学思想体系无上的"大头脑"，儒家圣门的"正法眼藏"，人人心中具有的"太极"，照耀世人的人心救赎之路的"明灯"。所以紧接着"良知之悟"而来的，便是阳明开始大倡"良知"之教。虽然因为突然爆发了宸濠叛乱，一时使他无暇对"良知"说展开全面深入的思考，但他仍然在平宸濠乱的征战中同士子讲论"良知"之学，用"良知"说来警醒世人，痛砭世道战乱，开导教化人心。在六月宸濠发动叛乱时，邹守益又来吉安问良知之学，适逢阳明在吉安倡义起兵，人们都笑阳明太愚蠢，甚至认为阳明有诈。邹守益见人心汹汹，进军营来问阳明，阳明回答说："此义无所逃于天地之间，使天下尽从宁王，我一人决亦如此做。人人有个良知，岂无一人相应而起者？若夫成败利钝，非所计也。"[1] 这里说的"人人有个良知"，就是他在《书汪进之太极岩》中说的"人人有个圆圈在"（太极），阳明相信人人心中有个良知，知善知恶，所以定会起来响应阳明平宸濠叛乱，按良知去做，惩恶扬善。心中良知澄明，便能临事不动心，泰山崩于前而不动摇，可以行师用兵克敌制胜。这是一种实践的"良知"（知行合一），是阳明在"良知之悟"后大揭"良知"之学的根本之教。薛侃记下了阳明论"良知临事不动心"之教的一幕：

> 尚谦言：昔见有待于先生者，自称可与行师。先生问之，对曰："某能不动心。"曰："不动心可易言耶？"对曰："某得制动之方。"先生笑曰："此心当对敌时且要制动，又谁与发谋出虑耶？"又问："今人有不知学问者，尽能履险不惧，是亦可与行师否？"先生曰："人之性气刚者，亦能履险不

---

[1]　《王畿集》卷十三《读先师再报海日翁吉安起兵书序》。

惧,但其心必待强持而后能。即强持便是本体之蔽,便不能宰割庶事。孟施舍之所谓守气者也。若人真肯在良知上用功,时时精明,不蔽于欲,自能临事不动。不动真体,自能应变无言。此曾子之所谓守约,自反而缩,虽千万人吾往者也。"[1]

所谓"在良知上用功,时时精明,不蔽于欲",就是指致良知的工夫(去私欲之蔽)。通过致良知的去蔽工夫,良知澄明,自能临事不动;真体不动,自能应万变,战无不胜。这也是一种用兵之道,后来钱德洪也记录了阳明这种"良知临事不动心"的用兵之道:

德洪昔在师门,或问:"用兵有术否?"夫子曰:"用兵何术,但学问纯笃,养得此心不动,乃术尔。凡人智能相去不甚远,胜负之决不待卜诸临阵,只在此心动与不动之间。昔与宁王逆战于湖上时,南风转急,面命某某为火攻之具。是时前军正挫却,某某对立矍视,三四申告,耳如弗闻。此辈皆有大名于时者,平时智术岂有不足,临事忙失若此,智术将安所施?"[2]

钱德洪还记录下了邹守益所亲见的阳明在平宸濠乱中"良知临事不动心"的大智大勇:

先生在吉安,守益趋见曰:"闻濠诱叶芳兵夹攻吉安。"

[1] 钱德洪:《征宸濠反间遗事》。
[2] 钱德洪:《征宸濠反间遗事》。

先生曰："芳必不叛。诸贼旧以茅为屋，叛则焚之。我过其巢，许其伐巨木创屋万余。今其党各千余，不肯焚矣。"益曰："彼从濠，望封拜，可以寻常计乎？"先生默然良久曰："天下尽反，吾辈固当如此做。"益惕然，一时胸中利害如洗。[1]

　　又尝闻邹谦之曰："昔先生与宁王交战时，与二三同志坐中军讲学。谍者走报前军失利，坐中皆有怖色。先生出见谍者，退而就坐，复接绪言，神色自若。顷之，谍者走报贼兵大溃，坐中皆有喜色。先生出见谍者，退而就坐，复接绪言，神色亦自若。"[2]

这里说的"坐中军讲学"，就是指阳明在军中讲"良知"之学。人人心中有个良知真体，阳明就是用这种"良知临事不动心"的用兵之道战胜了宸濠。

　　到七月下旬阳明平定宸濠乱，进入省城南昌，南昌成了四方士子来问学朝拜的"圣地"。在南昌，阳明开始广泛向四方来学士子大揭"良知"之教。亲睹这一幕的邹守益说："先生开讲于南昌。门人舒芬、魏良弼、王臣、饶得温、魏良政、良器等同旧游毕集……尝语学者曰：'吾党知学问头脑，不虑无下手处。只恐客气为患，不肯实致其良知耳。'"[3] 四方学子都涌进南昌来问良知之学。首先是因谏武宗南巡削籍归临川的陈九川来南昌受良知之教，阳明向他详论了自己的"良知"新说，陈九川都原原本本记录下来，收进了《传习录》中：

---

[1]　钱德洪：《阳明先生年谱》。
[2]　钱德洪：《征宸濠反间遗事》。
[3]　邹守益：《王阳明先生图谱》。

己卯，归自京师，再见先生于洪都。先生兵务倥偬，乘隙讲授，首问："近年用功何如？"九川曰："近年体验得'明明德'功夫只是'诚意'。自'明明德于天下'，步步推入根源，到'诚意'上，再去不得，如何以前又有格致工夫？后又体验，觉得意之诚伪，必先知觉乃可，以颜子有'不善未尝不知，知之未尝复行'为证，豁然若无疑，却又多了'格物'工夫。又思来吾心之灵，何有不知意之善恶，只是物欲蔽了，须格去物欲，始能如颜子未尝不知耳。又自疑功夫颠倒，与诚意不成片段。后问希颜，希颜曰：'先生谓格物致知是诚意功夫，极好。'九川曰：'如何是诚意功夫？'希颜令再思体看，九川终不悟。请问。"先生曰："惜哉！此可一言而悟。惟濬所举颜子事便是了，只要知身心意知物是一件。"九川疑曰："物在外，如何与身心意知是一件？"先生曰："耳目口鼻四肢，身也，非心安能视听言动？心欲视听言动，无耳目口鼻四肢亦不能，故无心则无身，无身则无心。但指其充塞处言之谓之身，指其主宰处言之谓之心，指心之发动处谓之意，指意之灵明处谓之知，指意之涉着处谓之物，只是一件。意未有悬空的，必着事物，故欲诚意则随意所在某事而格之，去其人欲而归于天理，则良知之在此事者无蔽而得致矣。此便是诚意的工夫。"九川乃释然，破数年之疑。

又问："甘泉近亦信用《大学古本》，谓'格物'犹言'造道'。又谓'穷理'如穷其巢穴之穷，以身至之也。故'格物'亦只是随处体认天理，似与先生之说渐同。"先生曰："甘泉用功，所以转得来。当时与说'亲民'字不须改，他亦不信。今论'格物'亦近，但不须换'物'字作'理'字，只还他一'物'字便是。"后有人问九川曰："今何不疑

'物'字?"曰:"《中庸》曰'不诚无物',程子曰'物来顺应',又如'物各付物''胸中无物'之类,皆古人常用字也。"他日先生亦云然。

　　九川问:"近年因厌泛滥之学,每要静坐,求屏息念虑,非惟不能,愈觉扰扰,如何?"先生曰:"念如何可息?只是要正。"曰:"当自有无念时否?"先生曰:"实无无念时。"曰:"如此却如何言静?"曰:"静未尝不动,动未尝不静。戒谨恐惧即是念,何分动静?"曰:"周子何以言'定之以中正仁义'而'主静'?"曰:"无欲故静,是'静亦定,动亦定'的'定'字,主其本体也。戒惧之念是活泼泼地,此是天机不息处,所谓'维天之命,於穆不已',一息便是死。非本体之念,即是私念。"又问:"用功收心时,有声有色在前,如常闻见,恐不是专一。"曰:"如何欲不闻见?除是槁木死灰、耳聋目盲则可。只是虽闻见而不流去,便是。"曰:"昔有人静坐,其子隔壁读书,不知其勤惰,程子称其甚敬。何如?"曰:"伊川恐亦是讥他。"又问:"静坐用功,颇觉此心收敛,遇事又断了。旋起个念头,去事上省察;事过又寻旧功,还觉有内外,打不作一片。"先生曰:"此格物之说未透。心何尝有内外?即如惟濬今在此讲论,又岂有一心在内照管?这听讲说时专敬,即是那静坐时心,功夫一贯,何须更起念头?人须在事上磨炼,做功夫乃有益。若只好静,遇事便乱,终无长进。那静时功夫,亦差似收敛,而实放溺也。"[1]

陈九川也同邹守益一样从"格物致知"上发问悟入,阳明便从体

_____

[1]　《传习录》卷下。

认"良知"本体上建构立论，提出了一个完整的致良知的本体工夫论心学体系。他从三方面精要阐述了自己这一致良知的本体工夫论心学体系：

一是以良知为本体，以致良知为工夫，贯通了格物、致知与正心、诚意的工夫。陈九川告诉阳明说自己做"明明德"的工夫，步步推到"诚意"，再往上便无法推到"致知""格物"上去。阳明认为这是他没有认识到"致知"即是"致良知"，"知"即是"良知"本体。明乎"良知"本体与"致良知"工夫，则自然可由"诚意"再上推至"致知""格物"，直达"良知"本原。"诚意"之前所以还有"格物""致知"的工夫，就是因为这里说的"物"是指"理"，"知"是指"良知"，所以格物就是正心，格其不正以归于正；致知就是致良知，推及良知于事事物物，使事事物物皆得其理。这样，阳明就把"诚意"的工夫同"格物""致知"的工夫打通统一起来，所以阳明明确说："欲诚意则随意所在某事而格之，去其人欲而归于天理，则良知之在此事者无蔽而得致矣。此便是诚意的工夫。"

二是以身、心、意、知、物为一体，构建了一个心-意-知-物的多重逻辑结构层次的心学思想体系。阳明强调身、心、意、知、物是一件事，尤特别强调物与身、心、意、知为一体，因为在他看来，心外无物，心外无理，比如意不可能悬空存在，它必须显现在物中，落实到物处，所以物是意的着在、涉着。因为心含万理，心包万物，吾心便是宇宙，所以心无内外，身、心、意、知、物是一件，是一体，无分内外，他说："但指其充塞处言之谓之身，指其主宰处言之谓之心，指心之发动处谓之意，指意之灵明处谓之知，指意之涉着处谓之物，只是一件。"显然，这是以心为"体"（本体），以身、意、知、物为"用"（现象），体用一如，显微无间。在这里，已经包含了阳明后来的"王门四句教"心学体系的雏形。

三是把《大学》的格物致知与《中庸》的戒慎恐惧结合起来，构建了一个默坐澄心与事上磨炼相统一的致良知的工夫论体系。阳明认为，动静是统一的，静中有动，动中有静，默坐澄心（静坐）的心"静"是一种动静合一的心"定"，是一种活泼泼的"主其本体"，故它还必须同"事上磨炼"结合起来，才能形成一种动静一贯的致良知的工夫。"致良知"的工夫包含了两个方面的致知工夫：一是"去蔽"，不断致力于清除蒙蔽在良知上的私欲、尘污，使良知澄明灵觉，知善知恶（默坐澄心，正念头）；二是"扩充"，不断扩充良知，推致良知及于事事物物，使事事物物各具其理（事上磨炼）。所以阳明的"致良知"工夫一方面强调要作默坐澄心的工夫，"即是那静坐时心，功大一贯，何须更起念头"，以去良知之蔽；另一方面又强调"人须在事上磨炼，做功夫乃有益"，以扩充良知之心。

无疑，从阳明这番向陈九川大揭"良知"的说教中，可以清楚看出他大致已经形成了完整的致良知的心学思想体系。在南昌，他就是向四方学子讲论这种致良知的心学思想。稍后于陈九川，进贤舒芬、万潮、南城夏良胜等学子来南昌问学，阳明都是向他们发良知之教。陈九川记下了他们讲论良知的一席谈话：

  （陈九川）后在洪都，复与于中（夏良胜）、国裳（舒芬）论内外之说。渠皆云："物自有内外，但要内外并着功夫，不可有间耳。"以质先生，曰："功夫不离本体，本体原无内外。只为后来做功夫的分了内外，失其本体了。如今正要讲明功夫不要有内外，乃是本体功夫。"是日俱有省。又问："陆子之学何如?"先生曰："濂溪、明道之后，还是象山，只是粗些。"九川曰："看他论学，篇篇说出骨髓，句句似针膏肓，却不见他粗。"先生曰："然他心上用过功夫，与揣摹依仿，求之文义，自不同。但细看有粗处，用功久当见之。"[1]

这里说的"功夫不离本体，本体原无内外"，就是指他的致良知的心学本体工夫论思想体系。所以到夏良胜受教别归时，他在别诗中尽情吐露了对阳明的良知心学的崇仰之情：

奉和阳明别咏一首

孔孟已不作，障柱回波翻。

遗简秘鲁殿，搦笔窥文园。

老虚天竺寂，训诂纷多门。

韩欧伎俩资，占毕濂洛尊。

下学莫有择，漓俗何由敦。

大哉孰嫡传，小子无前闻。

愚顽亦禀性，天地匪丧文。

缘蓷攀华巅，断港穷河源。

汩没二千载，刈葵伤乃根。

溃态恍有觉，易简思避繁。

阳明阐道教，心慕足已奔。

马黄历块影，舟叶兼朝昏。

展拜皋比温，直是洙泗原。

---

[1] 《传习录》卷下。

　　　　　与人无弃瑕，卫道若守藩。

　　　　　格物开众妙，良知翕独存。

　　　　　大同异自息，鱼跃鸢斯骞。

　　　　　度内亦廖廓，眼底忘轻轩。

　　　　　来迟莫自咎，去亟莫自云。

　　　　　得师更得友，立德斯立言。

　　　　　矢心循周行，踏驹无偾辕。

　　　　　登舟顺逆风，居行如共论。[1]

所谓"格物开众妙，良知翕独存"，就是聂豹说的"妙悟良知之秘"。夏良胜把阳明的良知心学上接洙泗孔孟的道统，尊为孔孟之道的"嫡传"，孔孟道统汩没二千载，终于有阳明乘时而起，高擎易简广大的良知心学的"法灯"，成为新一代的道统圣人。夏良胜在九月回到南城后，又再一次写信给阳明表示对阳明良知之教的敬仰说："日者不自分量，谬有所陈，荷休休与善，不以为大不可，自吾邦君得面命也已。既而汝信（万潮）仪部使至，惟濬（陈九川）太常使至，教亦云然。顾蹇劣莫似，何修至此？山谷云：'心亲而千里晤语。'大幸大幸！"[2] 而阳明在九月十一日偕抚州知府陈槐献俘从南昌出发，一路上仍不忘讲良知心学。舟过安仁，桂萼、桂华兄弟来访论学，阳明同他们专论格物致知之学，不能相合。《康熙饶州府志》上有《桂华传》记载这件事说：

　　　桂华，字子朴，安仁人。正德癸酉科乡荐。少颖敏，偕弟萼师事胡敬斋门人张正，锐志圣学，敦行古道。慨宋儒蔡

[1]《东洲初稿》卷十三。按：阳明原诗今佚，估计当也是咏良知之教的诗。
[2]《东洲初稿》卷十三《再奉阳明先生书》。

> 西山有卫道功，崇祀弗及，拟疏以请于督学邵公宝，宝以天下士奇之……都御史王守仁讨逆濠过安仁，与少保萼论格致说不合，王请见华，华曰："华虽论道先生意，然终有不可同者。"遂剖析其大意，王不能难。[1]

桂萼、桂华都是正统的信奉程朱理学者，所谓"论格致说"，就是论"致良知"说，桂萼、桂华坚持程朱的格物致知之说，自然同阳明的致良知之说终不能合。这里已经埋下了后来阳明与桂萼在政治上与思想上矛盾纠葛的祸种。

阳明在十月到达钱塘后，囚俘由张永领走，阳明留杭州养病待命。在西湖净慈寺，他又经常向诸生学子们大阐良知之教。王畿在《读先师再报海日翁吉安起兵书序》中详细记述了一次阳明向来学诸生大揭良知心学说：

> 师既献俘，闭门待命。一日，召诸生入讲曰："我自用兵以来，致知格物之功愈觉精透。"众谓兵革浩穰，日给不暇，或以为迂。师曰："致知在于格物，正是对境应感实用力处。平时执持息缓，无甚查考；及其军旅酬酢，呼吸存亡，宗社安危所系，全体精神只从一念入微处自照自察，一些著不得防检，一毫容不得放纵。勿助勿忘，触机神应，是乃良知妙用，以顺万物之自然，而我无与焉。夫人心本神，本自变动周流，本能开物成务，所以蔽累之者，只是利害毁誉两端。世人利害不过一家得丧尔已，毁誉不过一身荣辱尔已。今之利害毁誉两端，乃是灭三族，助逆谋反，系天下安危。只如

[1]《康熙饶州府志》卷二十二《桂华传》。

人疑我与宁王同谋，机少不密，若有一毫激作之心，此身已成齑粉，何待今日？动少不慎，若有一毫假借之心，万事已成瓦裂，何有今日？此等苦心，只好自知。譬之真金之遇烈焰，愈锻炼愈发光辉。此处致得，方是真知；此处格得，方是真物。非见解意识所能及也。自经此大利害、大毁誉过来，一切得丧荣辱，真如飘风之过耳，奚足以动吾一念？今日虽成此事功，亦不过一时良知之应迹，过眼便为浮云，已忘之矣！夫死天下事易，成天下事难；成天下事易，能不有其功难；不有其功易，能忘其功难。此千古圣学真血脉路。"吾师一生任道之苦心也。[1]

经历了平宸濠乱的生死考验，阳明的良知学得到一重新的思想升华，所以他说"我自用兵以来，致知格物之功愈觉精透"。在这里，阳明把致知与格物贯通起来，认为致知的工夫也就是格物的工夫，都是由良知之体显示"良知妙用"，故他说："致知在于格物，正是对境应感实用力处。"格物与致知都是良知妙用的工夫，它们都包含了"正念头"与"事上磨炼"的双重致知工夫，这样的致知才是真知，这样的格物才是真物。如一般人所执著的"事功"之类，都不过是"一时良知之应迹"，虚幻不实，如过眼云烟，所以"成天下事易，能不有其功难；不有其功易，能忘其功难"。唯有从致真知、格真物入手，才能真正显现良知的真"妙用"，而不执著于良知的虚"应迹"，故阳明说："此处致得，方是真知；此处格得，方是真物。"他的良知心学才真正是"千古圣学真血脉路"。

---

[1]　《王畿集》卷十三。

实际上，还在九月阳明出发献俘以前，阳明就已用这种致知与格物相统一、致真知与格真物相统一的良知心学同士子学者讲学论道。孙燧三子孙堪、孙墀、孙陞在八月来南昌，阳明就同他们讲论良知心学，还把《朱子晚年定论》送给了他们。孙氏三子受得良知心学，至九月才归余姚。到阳明在十一月献俘归南昌后，孙堪便写来一封长信，同阳明详细讨论了良知心学与《朱子晚年定论》的关系，他说：

承惠《朱子晚年定论》。先生拔本塞源，盖欲人人知朱子之所以为朱子，则凡俗儒狃于习闻之旧，反之茫无所据，而亦附倡异议，曰吾朱子之言谓何谓何云者，将伥然不自知失所以争，而初学得此，亦或有所能疑而思问者矣……堪熟读详味，亦恐只可为资质近美、学力将至与夫及门诸友道此耳。若夫气昏物蔽、卤莽浅妄之流，或未宜以相示也……先生悯俗儒之支离役役，徒敝精神，而考其实用归宿，未有不病焉者也。故阐明心学，指而示之，欲其因源以通于脉，培根以达其枝，庶操之易为力，扩之易为功，不烦驰骛外求，一举足而入切要之门，由□□□而不已，扩充之无穷，以驯至乎反身而诚，□□不难矣。此孔门极本穷源之论，思、孟救焚拯溺之心，固非先生今日之私训，而何深晦颇忒可疑哉！且先生序《定论》之篇，则既念美恶利害之情，不可不备举而诏之也……堪之谬见，若犹以为有所未尽焉者，吾恐此中之甘美正非俗儒之所尝啖也；非其所尝啖，徒有甘美，不及知也。强而诏之，不能信也。欲其跻颐中之故物，而欣然趋以相就，不亦难乎？而况于骤信以相就，匪面命之，犹将昧其所以，取而啖之乎哉？彼存心致知，君子所以修德凝道之

两事，世俗所及闻知者，而先生所为教固未尝外此而别立新
条，亦未尝使人专于存心而废致知之一义也。特因性分固有，
而推类以尽其余，视区区索之于外者，不能无少异矣。而有
致二者，下手先后轻重之间，所争才毫厘，毫厘决而千里定
矣。先生曷不俯就其所及知，而惟毫厘之异者挈□言并示之，
不徒攻其燕越迥绝之谬而已也。则道改辟，器不改制，发轫
之地，回南辕而北之人，皆可以想见其几之近且易矣。几近
且易，道平且直，而又世俗所可想见，夫然后四方有志之士
闻言而不骇，勇从而不惮，坦然由之，而果见其无荆棘坑堑
之艰，自将欲罢不能，以求造乎其极，而中人以下亦不待及
门而洞见先生之心，如青天白日……[1]

孙堪的意思，是认为阳明其实不必迂曲立说，作《朱子晚年定
论》去旁敲侧击攻朱学，而应当正面直接阐述自己的良知心学，
这样"阐明心学，指而示之，欲其因源以通于脉，培根以达其枝，
庶操之易为力，扩之易为功，不烦驰骛外求，一举足而入切要之
门"。他说的"扩充之无穷，以驯至乎反身而诚"，"彼存心致知，
君子所以修德凝道之两事"，就是指阳明的这种致良知的心学，是
超越了他的"朱子晚年定论"说（陆学）的"造乎其极"的
"孔门极本之论"。孙堪的说法，既是针对阳明的《朱子晚年定
论》而发，也是针对阳明的"良知之悟"而发，在这里，他向阳
明及时提出了一个令人深思的问题：在阳明觉悟并建构了自己的
致良知的心学思想后，原先的"朱子晚年定论"旧说已经没有意
义，得意忘言，它应当作为"言筌"加以扬弃，阳明也没有必要

---

[1]　《孙孝子文集》卷十《答王阳明先生书》。

再用它来掩饰自己反朱学的立场了。

事实上，阳明在南昌也是这样向士子学者大阐"良知"之教的，"朱子晚年定论"之说向来没有成为他讲学论道的重心，也向来没有成为他的良知心学思想体系的核心观点。对阳明正德十四年的"良知之悟"，其实费纬祹在《圣宗集要》中已作了最好的总结：

> （阳明）诛逆宸濠后，居南昌，始揭"致良知"之学，曰："圣人之学，心学也。宋儒以知识为知，故须博闻强记以为知；既知矣乃行，亦遂终身不行，亦遂终身不知。圣贤教人，即本心之明，即知；不欺本心之明，即行也。于是举《孟子》所谓'良知'者，合之《大学》'致知'，曰'致良知'，以真知即是行，以心悟为格物，以天理为良知。"[1]

费纬祹所引的文字，估计就是出自阳明在"良知之悟"后所写的一篇自论良知心学的文章，他对自己悟得的良知心学作了最简捷明快的概括与总结，不啻是他的良知心学诞生的"宣言书"。

对自己正德十四年的"良知之悟"，阳明在正德十六年正月给邹守益的信中总结说：

> 近来信得"致良知"三字，真圣门正法眼藏。往年尚疑未尽，今自多事以来，只此良知无不具足。譬之操舟得舵，平澜浅濑，无不如意，虽遇颠风逆浪，舵柄在手，可免没溺

---

[1]《圣宗集要》卷六《王守仁》。

之患矣。[1]

所谓"近来",就指正德十四年以来的觉悟良知心学。此前,他在正德十五年八月在赣州时就向陈九川说出了同样的意思:

> 尔那一点良知,是尔自家底准则……我亦近年体贴出来如此分明,初犹疑只依他恐有不足,精细看无些小欠阙。[2]

所谓"近年",也是指正德十四年以来。后来阳明对陈九川更明确说:"我此良知二字,实千古圣圣相传一点滴骨血也……某于此良知之说,从百死千难中得来,不得已与人一口说尽。"[3] 所谓"百死千难",就指正德十四年以来平宸濠乱所遭遇的危难。不仅如此,对正德十四年的"良知之悟"究竟"悟"到什么,阳明自己也作了具体解说,他说:

> 吾于平濠之后,致知格物之学愈觉明彻。良知不学不虑,天植灵根,无间于圣凡,人人所同具。但不能实致其知,牵泥搀和,自滑其灵,所以失之。大都世间毁誉利害,不过一身荣辱,一人得丧。吾所遭谤,构以党逆无将之恶名,蒙以灭族无辜之隐祸,几微倏倏之际,间不容发,若不能自信其心,略为形迹所滞,机稍不密则失身,根稍不真则偾事,晦而明,曲而理,种种苦心,只好自知自信。意之微妙,口不

---

[1] 钱德洪:《阳明先生年谱》"正德十六年正月"条下。按钱德洪云"先生闻前月十日武宗驾入宫……乃遗书守益曰",武宗进京入宫在正德十五年十二月,可见阳明此书作在正德十六年正月。此信阳明文集失载。
[2] 《传习录》卷下。
[3] 钱德洪:《阳明先生年谱》"正德十六年正月"条下。

能言，而况于人乎?[1]

这就是阳明说的"良知临事不动心"的意思。正德十四年的"良
知之悟"与平宸濠叛乱，一文一武之道相得益彰，把阳明生平的
文治武功推上了巅峰。从阳明的心学思想的发展历程上看，如果
说弘治十八年的"乙丑之悟"，是他踏上白沙心学的起点，使他
超越朱学走向了白沙心学（陈学）；正德三年的"龙场之悟"，又
使他超越了白沙心学，走向了陆氏的心学（陆学）；那么正德十
四年的"良知之悟"，就又使他超越了陆氏的心学，真正建立起
了自己的良知心学的"王学"。可以说正德十四年的"良知之
悟"，宣告了阳明的致良知的本体工夫论王学体系的诞生，从此他
可以在超越白沙学、陆学的意义上大阐大揭自己的良知王学了。

"直从心底究宗元"："疑谤"中的大揭良知之学

　　正德十四年阳明在赣州与南昌大揭良知之教，很快遭到保守
的程朱派士人的攻击，也招致了官方尊信程朱理学的当政者的反
感，阳明又处在了"攻之者环四面"的"疑谤"的境地。江西的
巡按御史唐龙、督学金事邵锐就是他们当中的代表，他们都是程
朱理学的崇仰者，见到学子都穿戴了方巾中衣来问良知之学，都
视为是与世不谐的"怪物"。正德十五年二月，唐龙给阳明写了
一信，劝他在南昌"撤讲慎择"，实际是要阳明不讲良知之教，

---

[1]《王畿集》卷十五《先师画像记后语》。

以避疑谤。阳明有回信说：

> "撤讲慎择"之喻，爱我良多，深知感怍。但区区之心，亦自有不容已者。圣贤之道，坦若大路，夫妇之愚，可以与知。而后之论者，忽近求远，舍易图难，遂使老师宿儒皆不敢轻议。故在今时，非独其庸下者自分以为不可为，虽高者特达，皆以此学为长物，视之为虚谈赘说，亦许时矣。当此之时，苟有一念相寻于此，真所谓空谷足音，见似人者喜矣。况其章缝而来者，宁不忻忻然以接之乎？然要其间，亦岂无滥竽假道之弊？但在我不可以此意逆之，亦将于此以求其真者耳。正如淘金于沙，非不知沙之汰而去者且十九，然亦未能即舍沙而别以淘金为也。孔子云："与其进也，不与其退也，唯何甚。"孟子云："君子之设科也，来者不拒，往者不追。"苟以是心至，斯受之而已矣。盖"不愤不启"者，君子施教之方，"有教无类"，则其本心焉耳。多病之躯，重为知己忧，惓惓惠喻及此，感爱何有穷已。然区区之心，亦不敢不为知己一倾倒也。[1]

阳明在信中说得比较含蓄，钱德洪在《阳明先生年谱》中点出了问题的症结：

> 而巡按御史唐龙、督学金事邵锐，皆守旧学相疑，唐复以"撤讲择交"相劝。先生答曰："吾真见得良知人人所同，特学者未得启悟，故甘随俗习非。今苟以是心至，吾又为一

---

[1] 《王阳明全集》卷四《复唐虞佐》。

> 身疑谤拒不与言，于心忍乎？求真才者，譬之淘沙而得金，
> 非不知沙之汰者十去八九，然未能舍沙以求金为也。"当唐、
> 邵之疑，人多畏避，见同门方巾中衣而来者，俱指为
> 异物。[1]

可见矛盾的焦点还在讲"良知"之学上。他们站在"旧学"（朱
学）的立场批评阳明的良知心学。与此同时，桂华也写给阳明一
封《与王阳明论地方事书》，表面上是同他讨论地方都畕画归的
事，实际也批评了阳明的良知心学。书中说：

> 昔者先王之制礼乐，设刑罚，岂以愚弄天下后世之民哉？
> 诚知民欲之不可极也，故为之礼乐，以防其君子；为之刑罚，
> 以防其小人。今之为政者，猥曰人情而已。先王必不强人以
> 所不欲，于是或师其心，而废先王之法焉。[2]

所谓"或师其心"，就是批评阳明的良知心学，仍接着两人此前
论"格物致知"不合展开讨论。为此阳明同时又把《大学古本傍
释》与《朱子晚年定论》寄给了罗钦顺，想听听他的意见。实际
这两本书都没有提到"良知"之说，遭到了罗钦顺的尖锐批评。
到六月他写给阳明一封长信，结合《传习录》批评《大学古本傍
释》说：

> 昨拜书，后一日始获奉领所惠《大学古本》《朱子晚年
> 定论》二编。珍感，珍感！某无似，往在南都，尝蒙诲益。

---

[1] 按：钱德洪所引阳明语，实原即在阳明《复唐虞佐》书中，被钱德洪有意删去。
[2] 《同治安仁县志》卷三十之三《与王阳明论地方事书》。

第苦多病，怯于话言，未克倾吐所怀，以求归于一是，恒用为歉。去年夏，士友有以《传习录》见示者。亟读一过，则凡向日所闻，往往具在，而他所未闻者尚多。乃今又获并读二书，何其幸也！……切详《大学古本》之复，盖以人之为学，但当求之于内，而程朱格物之说，不免求之于外，圣人之意，殆不其然。于是遂去朱子之分章，而削其所补之传，直以支离目之，曾无所用。夫当仁不让，可谓勇矣。窃惟圣门设教，文行兼资，"博学于文"，厥有明训。颜渊称夫子之善诱，亦曰"博我以文"。文果内邪，外邪？是固无难辨者。凡程朱之所为说，有戾于此者乎？如必以学不资于外求，但当反观内省以为务，则正心诚意四字，亦何不尽之有？何必于入门之际，便困于格物一段工夫也？顾经既有此文，理当尊信，又不容不有以处之，则从而为之训曰："物者，意之用也。格者，正也，正其不正，以归于正也。"其为训如此，要使之内而不外，以会归一处。亦尝就以此训推之，如曰："意用于事亲，即事亲之事而格之，正其事亲之事之不正者，以归于正，而必尽夫天理。"盖犹未及"知"字，已见其缴绕迂曲而难明矣。审如所训，兹惟《大学》之始苟能即事即物，正其不正以归于正，而皆尽夫天理，则心亦既正矣，意亦既诚矣。继此，诚意、正心之目，无乃重复堆叠而无用乎？"大哉乾元，万物资始"，"至哉坤元，万物资生"。凡吾之有此身，与夫万物之为万物，孰非出于乾坤？其理固皆乾坤之理也。自我而观，物固物也；以理观之，我亦物也。浑然一致而已，夫何分于内外乎！所贵乎格物者，正欲即其分之殊，而有见乎理之一，无彼无此，无欠无余，而实有所统会。夫然后谓之知至，亦即所谓知止，而大本于是乎可立，达道于是乎可行,自诚、正以至于治、平,庶乎可以一以贯之而无遗矣……惟是圣门《大学》之教,其道则无以易,此学者所当由之以入,不可诬也。外此或夸多而斗靡,则溺于外而遗其内;或厌繁而喜径,则局于内而遗其外。溺于外而遗其内,俗学是已;局于内而遗其外,禅学是已。……[1]

因为正德十三年阳明还没有提出致良知新说并写入《大学古本傍释》,所以两人《大学》上的矛盾焦点是在"格物"上,而不是在"致知"上。罗钦顺用朱熹的"理一分殊"思想认识《大学》的"格物",坚持认为格物就是要深入事事物物求其理,就分殊中体认理一,"所贵乎格物者,正欲即其分之殊,而有见乎理之一"。但罗钦顺也敏锐看到了阳明的《大学古本傍释》只说"格物"不说"致知"的不足,而他却更注重格物与致知的统一,格物致知与正心诚意的统一,在论分殊格物的同时,又强调"有见乎理之一……夫然后谓之知至,亦即所谓知止"。这里已经涉及"致知"(致良知)的问题,阳明立即在六月二十二日写了一封回信,解释说:

夫正心、诚意、致知、格物,皆所以修身,而格物者,其所用力日可见之地。故格物者,格其心之物也,格其意之物也,格其知之物也;正心者,正其物之心也;诚意者,诚其物之意也;致知者,致其物之知也,此岂有内外彼此之分哉?理一而已。以其理之凝聚而言,则谓之性;以其凝聚之主宰而言,则谓之心;以其主宰之发动而言,则谓之意;以

---

[1]《困知记·附录·论学书信·与王阳明书(庚辰夏)》。

其发动之明觉而言，则谓之知；以其明觉之感应而言，则谓之物。故就物而言，谓之格；就知而言，谓之致；就意而言，谓之诚；就心而言，谓之正。正者，正此也；诚者，诚此也；致者，致此也；格者，格此也。皆所谓穷理以尽性也。[1]

阳明的回答没有直接提到"良知"与"致良知"，所以可以说阳明与罗钦顺这场《大学古本傍释》的讨论，实际还只是他们后来展开良知心学论辨的前奏。阳明后来到正德十六年修定《大学古本傍释序》时加进了致良知的内容，而罗钦顺也作文说明了事情的真相：

> 庚辰春，王伯安以《古本大学》见惠，其序乃戊寅七月所作。序云："《大学》之要，诚意而已矣；诚意之功，格物而已矣；诚意之极，止至善而已矣。正心，复其体也；修身，着其用也。以言乎己，谓之明德；以言乎人，谓之亲民；以言乎天地之间，则备矣。是故至善也者，心之本体也，动而后有不善。意者，其动也；物者，其事也。格物以诚意，复其不善之动而已矣。不善复而体正，体正而无不善之动矣，是之谓止至善。圣人惧人之求之于外也，而反复其辞，旧本析，而圣人之意亡矣。是故不本于诚意，而徒以格物者，谓之支；不事于格物，而徒以诚意者，谓之虚。支与虚，其于至善也远矣。合之以"敬"而益缀，补之以《传》而益离。吾惧学之日远于至善也，去分章而复旧本，傍为之什，以引其义，庶几复见圣人之心，而求之者有其要。噫！罪我者，

---

[1]　《传习录》卷中《答罗整庵少宰书》。

其亦以是矣夫！"此其全文也，首尾数百言，并无一言及于致知。近见《阳明文录》，有《大学古本序》，始改用致知立说，于格物更不提起。其结语云："乃若致知，则存乎心悟。致知焉，尽矣。"阳明学术，以良知为大头脑，其初序《大学古本》，明斥朱子传注为支离，何故却将大头脑遗下？岂其拟议之未定欤？[1]

正德十三年阳明还没有形成"致良知"的思想，所以他写的《大学古本傍释序》中遗漏了"致知"这一环，"无一言及于致知"。正德十四年"良知之悟"之后，他把"致知"解释为"致良知"，"致知"突显出来，成为阳明《大学》思想体系中最重要的一环，用以建构起了"致良知"的心学本体工夫论体系，阳明把"致良知"的思想补写进了《大学古本傍释序》，却又成了程朱派批判的众矢之的，"疑谤"纷纷而至。坚守程朱理学的南京工部右侍郎杨廉，在正德十五年四月就写给阳明一信，旁攻侧击批评白沙学与陆学说：

　　恭闻明诏特征，帝心简在，此天下之福也。但江西疮痍之赤子慈仁父母，舍之而去，不知居庙堂亦念之否乎？一省之人眷恋于深恩大惠，何时而已也！宽恤税粮之条，望与巡抚先生暨诸司熟讲而行，其已征在官者，如何作下年之数，及十分如何作五分之免，诸如此类，讲说既定，画一揭示，则小民得以沾朝廷之实惠矣。讲学一事，承执事开谕甚至，领教领教！然某尝怪陆青田谓伊川蔽固已深；近年陈白沙门

[1]《困知记三续》。

> 人尊其师，谓伊洛以下之儒盖不足道，皆言之太过。审如是，
> 则此学自孔孟而绝，虽程朱不得而与；程朱不得而与，青田、
> 白沙得与乎？青田天资固高，其流弊在于简略，学孟子而失
> 之。若白沙，则所谓下士晚闻道，聊以拙自修者，其学在儒
> 禅之间。不知执事以为何如？[1]

从"承执事开谕甚至"一句看，可见先是阳明有信致杨廉论学，告谕自己近来讲学新得，谈到了陆学、白沙学，也自然谈到了自己的良知心学。杨廉不便直接批评阳明的良知心学，所以他以侧攻陆学、白沙学"在儒禅之间"表明了自己对阳明心学的态度。后来杨廉在九月又写给阳明一信，再次明确表明了自己的立场：

> 近世无讲此学者，只有役志举业、词章而已。至执事始立吾道之赤帜，甚盛，甚盛！但精微之际，最难著语，程子所谓"如扶醉人者"是也。至于所讲，尤宜平心易气；若矫枉过正，恐又堕于一偏，将来只成一家之学；须百世以俟圣人与圣人复起不易吾言，乃是。某抱迷守愚，平生惟程朱是信。所愧工夫作辍，若存若亡，年与时驰，意与岁去，可胜叹哉！然亦尚冀面尽，不宣备。[2]

所谓"至执事始立吾道之赤帜"，就暗指阳明建立自己的良知心学，但杨廉坚以程朱理学为道学的正宗，而认为阳明新立的心学"赤帜"不免矫枉过正，失于一偏。杨廉的说法，代表了当时持

---

[1]《杨文恪公文集》卷四十六《与王伯安》书二。
[2]《杨文恪公文集》卷四十六《答王伯安》。

"疑谤"立场的程朱派们的普遍看法。岭南兀厓霍韬在秋七月因事乘舟经过南昌，来赣州见阳明，两人侃侃辨论了"良知"之学二天，不能相合。霍韬归岭南后，竟作了《象山学辨》与《程朱训释》，严辨朱陆之学，否定了阳明的良知心学。《石头录》中提到这件事说：

> 时王阳明先生守仁巡抚江西，公舟经江西，与辨论良知之学二日，竟不合。公后归山，遂作《象山学辨》《程朱训释》。然公素重阳明，尝赠之诗曰："宪章濂洛，步趋伊吕。"

钱德洪在《阳明先生年谱》中也提到这件事说：

> 庚辰春，甘泉湛先生避地发履冢下，与霍兀厓韬、方叔贤同时家居为会。先生闻之曰："英贤之生，何幸同时共地，又可虚度光阴，失此机会耶？"是秋，兀厓过洪都，论《大学》，辄持旧见。先生曰："若传习书史，考证古今，以广吾见闻则可；若欲以是求得入圣门路，譬之采摘枝叶，以缀本根，而欲通其血脉，盖亦难矣。"[1]

霍韬说他同阳明在"良知"学上辨论了二日，因此所谓"论《大学》，辄持旧见"，显然表明两人的心学辨论是围绕《大学》的"致知"（致良知）说展开的，这是阳明在正德十五年大揭"良

---

[1]　按：阳明与霍韬辨论的焦点在"良知"之学上，钱德洪含混言"论《大学》，辄持旧见"，未当。又钱谓霍韬过洪都时与阳明辨论良知之学，亦误，两人辨论良知之学应在赣州。

知"之教的"主旋律"，他就是在这种批评程朱派的"疑谤"攻讦中发展着自己致良知的心学体系。他在六月由南昌赴赣州，一方面固然是为了巡抚江西，避开南都江彬、张忠、许泰的掣肘干扰，但另一方面也是有到赣南同江西士子广泛讲论良知心学的用心。所以他南下赣州一路上都同士子学者讨论良知心学，舟过泰和时，除了同罗钦顺讨论《大学古本傍释》与《朱子晚年定论》之外，他又同泰和一聋哑士子杨茂讲良知心学，为他作了一篇《谕泰和杨茂》：

> （其人聋哑，自候门求见。先生以字问，茂以字答。）
> 你口不能言是非，你耳不能听是非，你心还能知是非否？（答曰："知是非。"）如此，你口虽不如人，你耳虽不如人，你心还与人一般。（茂时首肯拱谢。）大凡人只是此心。此心若能存天理，是个圣贤的心；口虽不能言，耳虽不能听，也是个不能言不能听的圣贤。心若是不存天理，是个禽兽的心；口虽能言，耳虽能听，也只是个能言能听的禽兽。（茂时扣胸指天。）你如今于父母，但尽你心的孝；于兄长，但尽你心的敬；于乡党邻里、宗族亲戚，但尽你心的谦和恭顺。见人怠慢，不要嗔怪；见人财利，不要贪图，但在里面行你那是的心，莫行你那非的心。纵使外面人说你是，也不须听；说你不是，也不须听。（茂时首肯拜谢。）你口不能言是非，省了多少闲是非；你耳不能听是非，省了多少闲是非。凡说是非，便生是非，生烦恼；听是非，便添是非，添烦恼。你口不能说，你耳不能听，省了多少闲是非，省了多少闲烦恼，你比别人到快活自在了许多。（茂时扣胸指天蹐地。）我如今教你但终日行你的心，不消口里说；但终日听你的心，不消耳里

听。（茂时顿首再拜而已。）[1]

这是一篇视角奇特的即兴论良知心学的妙文，阳明选取了一个口不能言、耳不能听的聋哑人现身说教发“良知”心说，更具有一种振聋发聩的力量。阳明用“杨茂”的特例证明人人心中有个良知，人人具此同然之心，即便聋哑人不能言不能听，但良知之心却与人一般无二。心具众理，所以心是个圣贤的心，知是个圣贤的知。良知知善知恶，知是知非，即便聋哑人不能言是非、不能听是非，但心中良知知是知非，明觉了了，却与人一般无二。良知即心，因此但尽你善的心，行你心里那是的知，这就叫“致良知”。在这篇《谕泰和杨茂》中，阳明用通俗生动的笔法给世人指明了一条人人尽善心、个个行良知、灭禽兽心、存圣贤心的人心救赎之路，成为他重返赣州向士子学者大讲良知心学的引路心曲。

在赣州，阳明大阐良知之教达到了高峰，江西士子又纷纷来赣州问良知心学。最引人注目的还是陈九川从临川再来赣州，上接正德十四年的良知初教，一年以后再发“良知”新问，阳明同他讲论良知之学更上一重天，陈九川同样记下了两人精彩讲论良知心学的一幕：

　　　　庚辰往虔州，再见先生。问：“近来功夫虽若稍知头脑，然难寻个稳当快乐处。”先生曰：“尔却去心上寻个天理，此正所谓理障。此间有个诀窍。”曰：“请问如何？”曰：“只是致知。”曰：“如何致？”曰：“尔那一点良知，是尔自家底准则。尔意念着处，他是便知是，非便知非，更瞒他一些不得。

────────────

[1]《王阳明全集》卷二十四。

尔只不要欺他，实实落落依着他做去，善便存，恶便去。他这里何等稳当快乐。此便是格物的真诀，致知的实功。若不靠着这些真机，如何去格物？我亦近年体贴出来如此分明，初犹疑只依他恐有不足，精细看无些小欠阙。"

在虔，与于中、谦之同侍。先生曰："人胸中各有个圣人，只自信不及，都自埋倒了。"因顾于中曰："尔胸中原是圣人。"于中起不敢当。先生曰："此是尔自家有的，如何要推？"于中又曰："不敢。"先生曰："众人皆有之，况在于中，却何故谦起来？谦亦不得。"于中乃笑受。又论："良知在人，随你如何不能泯灭，虽盗贼亦自知不当为盗，唤他做贼，他还忸怩。"于中曰："只是物欲遮蔽，良心在内，自不会失，如云自蔽日，日何尝失了！"……先生曰："这些子看得透彻，随他千言万语，是非诚伪，到前便明。合得的便是，合不得的便非。如佛家说心印相似，真是个试金石、指南针。"先生曰："人若知这良知诀窍，随他多少邪思枉念，这里一觉，都自消融。真个是灵丹一粒，点铁成金。"

崇一曰："先生致知之旨，发尽精蕴，看来这里再去不得。"先生曰："何言之易也？再用功半年，看如何；又用功一年，看如何。功夫愈久，愈觉不同，此难口说。"

先生问九川："于'致知'之说体验如何？"九川曰："自觉不同。往时操持常不得个恰好处，此乃是恰好处。"先生曰："可知是体来与听讲不同。我初与讲时，知尔只是忽易，未有滋味。只这个要妙，再体到深处，日见不同，是无穷尽的。"又曰："此'致知'二字，真是个千古圣传之秘，见到这里，百世以俟圣人而不惑！"

九川问曰："伊川说到'体用一原，显微无间'处，门人已说是泄天机。先生‘致知’之说，莫亦泄天机太甚否？”先生曰：“圣人已指以示人，只为后人掩匿，我发明耳，何故说泄？此是人人自有的，觉来甚不打紧一般。然与不用实功人说，亦甚轻忽可惜，彼此无益，无实用功而不得其要者提撕之，甚沛然得力。”又曰：“知来本无知，觉来本无觉，然不知则遂沦埋。”[1]

阳明后来有诗赠陈九川，把这次两人的虔台讲学说成是“况已妙龄先卓立，直从心底究宗元”的大揭“千古圣传之秘”的谈话[2]，阳明确实在这里进一步对自己的致良知的本体工夫论心学思想体系作了全面总结：一方面，他认为“良知”是本体的大头脑，大诀窍，大宗元，人人心中有良知，所以人人都是圣贤，良知在人，千古不泯灭；良知就是心的灵觉明智，知善知恶，知是知非，知诚知伪，“是尔自家底准则”，“是非诚伪，到前便明。合得的便是，合不得的便非”，所以如灵丹一粒，点铁成金，“真是个试金石、指南针”。另一方面，他又认为“致良知”（致知）是工夫的大诀窍，“是个千古圣传之秘”，“格物的真诀，致知的实功”，依着致良知的工夫去做，“实实落落依着他做去，善便存，恶便去”；存善去恶的致良知的工夫从两个方面去做：一是去良知之蔽，消除物欲的蒙蔽玷污，“只是物欲遮蔽，良心在内，自不会失”；二是扩充良知，将心理推及于事事物物，“提撕之，甚沛然得力”，格物正念，行致知实功，“尔意念着处，他是便知是，非便知非”。良知的本体与致良知的工夫，就是体与用的关系，所以阳明的致良知的本体工夫论心学体系达到了体用一源、

[1]《传习录》卷下。
[2]《聂豹集》卷六《陈明水墓碑》。

显微无间的圆融境界，陈九川称颂说他的良知心学真正泄露了天机妙运，真正揭发了"千古圣传之秘"。如果说阳明在正德十五年六月经泰和时，罗钦顺还致书阳明批评他的《大学古本傍释》与《朱子晚年定论》，质疑他在正德十三年作的《大学古本傍释序》中不讲"致知"（致良知）；那么到七月阳明在赣州，"致知"（致良知）却已成了他在赣州向士子大揭良知之学的核心教旨，真正作为"致良知"的工夫论进入了他的心学本体工夫论体系，无怪与陈九川同时来赣亲聆受教的欧阳德一语道破天机说："先生'致知'之旨，发尽精蕴。"徐阶在《文庄欧阳公神道碑铭》中记下了阳明在虔向欧阳德发尽"致良知"精蕴的一幕：

> 初，公领乡荐。阳明先生倡道于虔之行台，其说以为：人心虚灵，万理毕具，惟不蔽于欲，使常廓然以公，湛然以寂，则顺应感通之妙，自出乎其中。而世儒往往索诸口耳，其力愈艰，其于用愈窒，非《大学》"致知"之本旨。于是举《孟子》所谓"良知"者，合之《大学》，曰"致知"，盖"明明德"之别名耳。而士溺于旧闻，诧以为禅。公独曰："此正学也。"走受业于先生。[1]

可见阳明所尽发的"致知"的精蕴本旨原来就是"致良知"的本体工夫论。显然，阳明的"良知之悟"包含了两方面的"悟"："良知"的本体之悟与"致良知"的工夫之悟，他正是从这两方面自我揭明了他悟得的良知心学的"精蕴"的渊源："良知"的精蕴本自于孟子的"良知良能"说，"致良知"的精蕴本自于《大学》的

---

[1]　《世经堂集》卷十九。

"致知"说。也许可以这样说，从正德十四年四月在赣州尽发"良知"精蕴到十五年七月在赣州尽发"致良知"精蕴，完整地展现了阳明从"良知"的本体之悟到"致良知"的工夫之悟的心路历程，他自己作了二首睡迷醒悟的诗总结自己这"良知之悟"的心路历程说：

睡 起 偶 成

四十余年睡梦中，而今醒眼始朦胧。

不知日已过亭午，起向高楼撞晓钟。

起向高楼撞晓钟，尚多昏睡正懵懵。

纵令日暮醒犹得，不信人间耳尽聋。[1]

上诗写自己的良知醒悟，下诗写世人的良知醒悟。阳明以睡梦为喻，慨叹自己四十余年前半生的良知的迷失沉沦；如今终于从"良知"与"致良知"中觉醒，大梦觉迷，复归良知本心，向昏睡懵懵的世人撞起了醒世的警钟。人人心中有良知，他不信世间芸芸众生耳朵尽聋，麻木不仁，亲自给他们敲响了各人心头的良知心钟，唤醒他们踏上良知复归之路。

　　在赣州，阳明向士子大揭良知之教，就是在给世人"撞晓钟"。纷纷来学的士子邹守益、欧阳德、陈九川、夏良胜、黄直、李呈祥、王仰、王钊、王时柯、董欧、张纯、俞庆等都这样被他的"晓钟"唤醒觉悟，正如邹守益自己所说：

　　　　庚辰之秋，再见先师于虔州，与二三友坐虚堂以观月，

----

[1]《王阳明全集》卷二十。

而悟吾性焉。喟然叹曰："吾性之精明也，其犹诸日月乎！月之行于天也，楼台亭榭照以楼台亭榭，而未尝有羡也；粪壤污渠照以粪壤污渠，而未尝有厌也。是谓无将无迎，大公而顺应。吾侪顾以作好作恶之私，憧憧起伏，相寻于无穷，是嘘云播雾以自翳其明也。"二三友欢然有省。[1]

夏良胜来虔受教有悟，心中"生意万千枝"的良知复苏，他作了一首悟诗说：

至虔见阳明先生

道教推先觉，朋簪半旧知。

经营心在帝，俎豆化行儿。

悬镜分秦土，醇醪醉习池。

根蟠只方寸，生意万千枝。[2]

同夏良胜一样，古源李呈祥来虔受教有得，柯相说他"闻阳明、甘泉二公以道自认，即望门或走书辨难往复，不嫌疑同。既而学益进，弟子从者日益众"[3]。王时柯受学大悟，阳明亲作了一首别诗送他归万安。张纯来赣笃志力学，"受阳明王公良知之教，超然顿悟。为文根极要领，名动郡邑"[4]。俞庆来赣受学，"益有妙悟"，阳明后来作祭文痛惜说："呜呼庆也！欲寡其过而未能，盖骎骎焉有志，而未睹其成也。"[5]

[1]《邹守益集》卷二《赠王孔桥》。
[2]《东洲初稿》卷十三。
[3] 柯相：《叙古源山人日录》，《古源山人日录》卷六下。
[4]《康熙信丰县志》卷十《文学》。
[5]《康熙信丰县志》卷十《文学》。

在这些来赣问学的士子中，其实受良知之教获益最大的还是黄直（以方）。吴悌在《推官黄公直行状》中详叙黄直来赣问良知心学的经过说：

> 庚辰，卒业北太学。适武庙驾幸留都，先生遂奋然具疏，请留视势弗及，乃作书遍谒当国诸老，如杨公廷和、毛公澄、陆公完等，见其书词激烈，莫不叹赏称许。既归，闻阳明先生倡良知之学于虔州，先生徒步往受学焉。癸未会试，场中策问极诋讲学之非，先生与南野欧公独阐圣学，力排群议之失。编修马公得卷，以为奇士。廷对，赐同进士出身。[1]

黄直上疏谏武宗与阳明献俘南都约在同时，他在五月北雍卒业归金溪，即赶来赣州向阳明问学，直到十二月才回金溪。在赣州、南昌受教半年，他记下了大量同阳明讲论良知心学的重要语录，后来都收进了《传习录》。[2] 根据这些语录，可以清晰看到阳明正德十四年"良知之悟"以后他的良知心学体系步步前进的足迹，尤其可以看到他正德十五年面对程朱派的"疑谤"责难大揭良知之教、发展良知之学的思想奋进之路，他从五个方面进一步完善了自己的良知心学体系：

一是认为心是至善本体，但心有善恶，善恶一体。黄直记录说：

---

[1] 《国朝献征录》卷九十一。
[2] 按：在《传习录》卷下中，从"黄以方问"直到"何曾著父子、君臣、夫妇的相"（即"黄勉叔问"之前），就是黄直在正德十五年来赣州受良知心学之教的记录，这些语录，是了解阳明正德十四年"良知之悟"以后他的良知心学思想发展的最重要的资料。

　　问:"先生尝谓'善恶只是一物'。善恶两端,如冰炭相反,如何谓只一物?"先生曰:"至善者,心之本体。本体上才过当些子,便是恶了。不是有一个善,却又有一个恶来相对也。故善恶只是一物。"直因闻先生之说,则知程子所谓"善固性也,恶亦不可不谓之性"。又曰:"善恶皆天理。谓之恶者本非恶,但于本性上过与不及之间耳。"其说皆无可疑。

阳明从心外无物与物我浑然一体的本体论提出身心意知物是一件,善恶只是一物,被程朱派攻为"禅学"。阳明解释说心是形上的真善美的本体,本体无对,心本体即至善无恶,至善即中,不过不及,故中道即善,执中为善,失中为恶,恶是至善本体发用的过当过中,处事的不当不宜,并不是在善之外又另有一个恶在,所以说善恶只是一物。善为用之体,恶为体之用,从体上说,心无善恶;从用上说,心有善恶。在这里,阳明的"善恶一物一体"说,已经包含了他晚年的四无教(心无善恶)与四有教(心有善恶)思想的萌芽了。[1]
　　二是认为所谓"良知"是指明本体(心),知天理,体认本体明了,则万理皆明,万物皆知,万事皆能,这就叫"良知良能"。黄直记录说:

　　圣人无所不知,只是知个天理;无所不能,只是能个天理。圣人本体明白,故事事知个天理所在,便去尽个天理。不是本体明后,却于天下事物都便知得,便做得来也。天下

[1]　按:阳明这一心有善恶说思想,详可参见他后来写的《答伦彦式》书(《王阳明全集》卷五)。

> 事物，如名物度数、草木鸟兽之类，不胜其烦。圣人须是本
> 体明了，亦何缘能尽知得？但不必知的，圣人自不消求知；
> 其所当知的，圣人自能问人……圣人于礼乐名物，不必尽知。
> 然他知得一个天理，便自有许多节文度数出来。

阳明在这里显然是用他的"心体体认"批评朱熹的"分殊体认"（格物穷理）。朱熹认为草木鸟兽虫鱼皆有其理，所以须一一格物穷理，分殊体认。阳明认为良知就是先天知个天理，良能就是先天能个天理。心含万理万物，即是说，心本体无所不该，唯当心本体澄明，自然无所不知，无所不能。因此致良知的工夫关键在体认心体，而不是去体认分殊，心体明净透彻，便能"事事知个天理所在"，"去尽个天理"。心体不明而去体认分殊，是舍本逐末，只能"不胜其烦"。

三是从心学的修养工夫论上诠释"致良知"。阳明把《大学》的"致知"解释为"致良知"最受程朱派的批评责难，也最为他的弟子们难以理解接受。阳明超越了《大学》的传统解说框架，从心学的修养工夫论上对"致知"作了进一步的诠释，指出所谓"致良知"就是"在良知上着功夫"，"致良知"的"致"就是从两个方面把良知推致至极、使良知复明的工夫：一是清除蒙蔽良知的私欲污染，要求将良知的蔽塞障碍"一齐去尽"（去蔽）；二是扩充良知，精一尽心，将理推及于事事物物，"扩充到底"（扩充）。在良知去蔽上，阳明要求欲障蔽碍去尽，使本体复明，良知透彻澄明，黄直记录说：

> 黄以方问："先生格致之说，随时格物以致其知，则知是
> 一节之知，非全体之知也，何以到得溥博如天，渊泉如渊地

位?"先生曰:"人心是天渊。心之本体无所不该,原是一个
天,只为私欲障碍,则天之本体失了;心之理无穷尽,原是
一个渊,只为私欲窒塞,则渊之本体失了。如今念念致良知,
将此障碍窒塞一齐去尽,则本体已复,便是天渊了。"乃指天
以示之曰:"比如面前见天,是昭昭之天;四外见天,也只是
昭昭之天。只为许多房子墙壁遮蔽,便不见天之全体。若撤
去房子墙壁,总是一个天矣⋯⋯于此便见一节之知,即全体
之知;全体之知,即一节之知,总是一个本体。"

在良知扩充上,阳明要求以精一之功将良知扩充到底,使心体廓
然大公,得本体之正,推致理于事事物物,物来顺应,不着一分
意念,黄直记录说:

先生曰:"我辈致知,只是各随分限所及。今日良知见在
如此,只随今日所知扩充到底;明日良知又有开悟,便从明
日所知扩充到底。如此方是精一功夫。"⋯⋯

凡人忿懥着了一分意思,便怒得过当,非廓然大公之体
了。故有所忿懥,便不得其正也。如今于凡忿懥等件,只是
个物来顺应,不要着一分意思,便心体廓然大公,得其本体
之正了。

四是把"致良知"与"知行合一"统一起来,"致良知"的
工夫贯穿在"知行合一"的整个过程中,黄直记录说:

问"知行合一"。先生曰:"此须识我立言宗旨。今人学
问,只因知行分作两件。故有一念发动,虽是不善,然却未

> 曾行，便不去禁止。我今说个知行合一，正要人晓得一念发动处，便即是行了。发动处有不善，就将这不善的念克倒了，须要彻根彻底，不使那一念不善潜伏在胸中。此是我立言宗旨。"

所谓"将这不善的念克倒了，须要彻根彻底"，就是指在良知去蔽上要"将此障碍窒塞一齐去尽"，在良知扩充上要"扩充到底"，这才是阳明的"知行合一"思想的根本宗旨。

五是认为"正念头"就是"致良知"，主张立诚正善念，克恶念，行致良知以存善去恶，黄直记录说：

> 先生尝谓："人但得好善如好好色，恶恶如恶恶臭，便是圣人。"直初时闻之觉甚易，后体验得来，此个功夫著实是难。如一念虽知好善恶恶，然不知不觉，又夹杂去了。才有夹杂，便不是好善如好好色，恶恶如恶恶臭的心。善能实实的好，是无念不善矣；恶能实实的恶，是无念及恶矣，如何不是圣人？故圣人之学，只是一诚而已。

立诚正念头，存善去恶，诚心不欺，致良知以"将这不善的念克倒了"，这就是阳明同时向陈九川更清楚说的"尔那一点良知，是尔自家的准则。尔意念着处，他是便知是，非便知非……尔只不要欺他，实实落落依着他做去，善便存，恶便去"。阳明把他的"正念头""事上磨炼"与"致良知""知行合一"统一起来。

无疑，在赣州经过同邹守益、欧阳德、夏良胜、陈九川、黄直的讲论良知心学，阳明自己的致良知的本体工夫论王学体系完整地建构起来了。《传习录》中陈九川与黄直记录的赣州语录，已包含了一个完整的致良知的王学思想体系，在八月，阳明同四方学子同志有一场通天岩讲论良知心学的胜会，更可以看作是阳明的良知王学体系诞生的标志。关于这场讲学胜会，邹守益有《东岩题刻》记叙说：

> 安成邹守益、临汝陈九川受学阳明先生，闲坐通天岩，阴晴变态，林霏异观，相与历览往古之踪，尽穷岩谷之胜，发秘扁名，升高望远，逸兴不穷。客至，坐石咏觞，刻之洞口，陶然自适，不知天地之为大，而岩谷之非家也。凡浃旬而归。先是游访者宪副王度、郡守丞盛茂、夏克义、邑令宋璿，同游者旴江夏良胜，游而信宿者刘寅、周仲、刘魁、黄弘纲、王可旦、王学益、欧阳德、刘琼治、王一峰也。正德庚辰八月八日。[1]

阳明也留下了一则《忘归岩题壁》说：

> 青山随地佳，岂必故园好。但得此身闲，尘寰亦蓬岛。西林日初暮，明月来何早。醉卧石床凉，洞云秋未扫。　　正德庚辰八月八日，访邹、陈诸子于玉岩，题壁。阳明山人王守仁书。[2]

通天岩讲会以邹守益、陈九川为首发起，来讲学的士子济济众多（如还有黄直、蔡世新、万潮、王时柯、李呈祥、顾应祥等）。邹守益把这次聚会称为是切磋良知心学的讲会："阳明先师之莅虔也，益再趋受学焉，与四方同志切磋郁孤、通天之间。"[3]　陈九

---

[1]　《赣石录》卷二。
[2]　《赣石录》卷二《王阳明先生遗墨》。
[3]　《邹守益集》卷二十三《中台秋崖朱公自虔之浙赠言》。

川也称通天岩聚会是受良知之训的讲会："正德庚辰，余与东廓邹子再见阳明先生于虔，进授良知之训，遁居通天岩中，久之，咸若有得。"[1] 邹守益在《王阳明先生图谱》中提到这次不同寻常的通天岩讲会说："通天岩，濂溪公所游。至是夏良胜、邹守益、陈九川宿岩中，肆所问。刘寅亦至。先生乘霁入，尽历忘归、忘言谷崖，和诗立就，题玉虚宫壁。命蔡世新绘为图。"他在《重宿通天岩写侍游先师像谢少鳘山人》诗中描述这次通天岩胜会说："通天岩头披云游，矗矗英俊同冥搜。阳明仙翁提心印，挥霍八极与神谋。笑呼蔡子写生绡，元精淋漓烟雾浮……古来千圣皆过影，聚散生死溟海沤。灵光一脉亘宇宙，陟降上帝君信不？写真何如识真真，脱屣缁尘娱丹邱。"[2] 通天岩是濂溪翁周敦颐的过化之地，阳明在通天岩胜会上，也是以一个当代的"濂溪翁"与一个"提心印"的圣人，向四方来学士子宣讲他的良知王学，夏良胜作诗歌颂说：

登 通 天 岩

谁持天斧使，破此杳冥间。
安得六丁士，移当万里关。
霞餐频到足，云卧懒知还。
借我蒲团地，心斋见孔颜。

坐 忘 归 岩

人寰亦可闵，适意每忘归。
许大开胸次，艰关入翠微。

---

[1]《明水陈先生文集》卷七《寿大司成东廓邹公七十序》。
[2]《邹守益集》卷二十六。

> 林霏风雨暝，石碛马牛稀。
>
> 为问桃源弈，何人是解围？[1]

陈九川也作诗歌颂说：

同邹东廓游通天岩题紫霄宫壁
（阳明先生有次韵）

> 昂藏啸虎出风声，闻伴飞鸿踏月明。
>
> 击磬几人忧世溺？扫云一榻卧秋清。[2]

这场"阳明仙翁提心印"的通天岩胜会，实际不过是阳明带领学子同道们到山山水水中去证心悟道，随地讲学，即兴吟唱，即如邹守益说"相与历览往古之踪，尽穷岩之胜，发秘扁名，升高望远，逸兴不穷"。阳明在山水胜处说法谈道，体认心体，澄明良知，到处留下了他讲学吟唱的足迹。[3] 在通天岩胜会结束告别前夕，邹守益作了三首诗，对这次通天岩讲会作了最好的总结：

与陈惟濬历览通天岩将归赋别

> 香炉碑矶奔苍龙，昂首势欲飞长空。
>
> 群峦如浪蘑溟濛，大者鲲鳄小鲂鳙。

---

[1] 《东洲初稿》卷十三。

[2] 《明水陈先生文集》卷十四。

[3] 按：《王阳明全集》卷二十有《通天岩示邹陈二子》《通天岩》《游通天岩次邹谦之韵》《又次陈惟濬韵》《忘言岩次谦之韵》《圆明洞次谦之韵》《潮头岩次谦之韵》《坐忘言岩问二三子》《留陈惟濬》等诗，就是这次阳明来赴通天岩胜会所作。但钱德洪却把这些诗全误系在正德十二年之下，致使正德十五年的通天岩胜会湮没无闻，无怪其《阳明先生年谱》亦不言及通天岩胜会。

旁揩鳞甲敞幽洞，相传一窍与天通。

濂溪翠微杳无从，畸人初见玉岩翁。

中有忘归石龙梭，骚工文匠恣牢笼。

我行与君探奇踪，登高望远兴未穷。

忘言观心创西东，仰拨解愠来薰风。

潮头雪涌无春冬，圆明小岩相瞳眬。

平生清旷丘壑胸，俯躐泰华吞云梦。

愿将短翮附冥鸿，阳明霞佩锵玖瑢，

功成共证明光宫。

通天岩谢阳明先生

小试深岩玩化机，秋风瓜芋自堪肥。

仙翁犹讶飞升晚，更骋青精入翠微。

习静已空交战机，自将陶冶定癯肥。

濂溪留得光风在，直待三生勒翠微。[1]

邹守益把阳明比之为一代心学的“冥鸿”，鸿飞天外。所谓“功成”，就是指阳明的良知王学的建构功成；所谓“共证”，就是指阳明在通天岩与士子同道的共同印证良知王学。邹守益是以“通天岩”“明光宫”为喻，把阳明的心学（王学）比为直通“良知之天”的道统心印，“灵光一脉亘宇宙”。阳明也像当年的周敦颐一样，“濂溪留得光风在”，他在通天岩胜会上留下的讲论良知心学的“光风霁月”，也被陈九川记录下来，展现出他在

[1] 《邹守益集》卷二十六。

通天岩讲会上对良知心学的新思考。陈九川记录说：

> 九川问："自省念虑或涉邪妄，或预料理天下事，思到极处，井井有味，便缠绵难屏。觉得早则易，觉迟则难，用力克治，愈觉扞格。惟稍迁念他事，则随两忘。如此廓清，亦似无害。"先生曰："何须如此！只要在良知上着功夫。"九川曰："正谓那一时不知。"先生曰："我这里自有功夫，何缘得他来？只为尔功夫断了，便蔽其知。既断了，则继续旧功便是，何必如此。"九川曰："直是难鏖，虽知丢他不去。"先生曰："须是勇。用功久，自有勇。故曰是集义所生者，胜得容易，便是大贤。"
>
> 九川问："此功夫却于心上体验明白，只解书不通。"先生曰："只要解心。心明白，书自然融会。若心上不通，只要书上文义通，却自生意见。"……
>
> 我何尝教尔离了簿书讼狱，悬空去讲学？尔既有官司之事，便从官司的事上为学，才是真格物……须精细省察克治，惟恐此心有一毫偏倚，杜人是非，这便是格物致知。簿书讼狱之间，无非实学，若离了事物为学，却是着空。……
>
> 先生曰："圣人亦是学知，众人亦是生知。"问曰："何如？"曰："这良知人人皆有，圣人只是保全，无些障蔽，兢兢业业，矗矗翼翼，自然不息，便也是学；只是生的分数多，所以谓之生知安行。众人自孩提之童，莫不完具此知，只是障蔽多，然本体之知自难泯息，虽问学克治也只凭他；只是学的分数多，所以谓之学知利行。"[1]

---

[1]《传习录》卷下。

阳明完全把他的良知王学看成是一种实践的心学，一种知行合一的践履工夫的实学，所以他在通天岩并不是拱手清谈良知心学，坐而论道，纸上谈兵，谈虚说空，而是要求士人学子去实做实行实致，"只要在良知上着功夫"，讲学听懂了良知心学，更须有践履实做的致良知的"勇力"，用力克治，践行良知。他要求把"解心"与"解书"结合起来，把心上体认同事上磨炼结合起来，在实事实行上下工夫，这才是真的"格物致知"。圣人与凡夫的不同不是在良知上，而是在对自家良知的实行实做实致上：圣人的良知只是没有欲障的蒙蔽，但也要兢兢业业，亹亹不息，才能保全良知；凡夫的良知则是欲障的蒙蔽多，但良知本体并未泯灭，所以须要实行实做良知的去蔽扩充工夫，使良知复明。阳明把他的体认心体的良知心学提升为了一种实行实做实致的工夫实学，这就是阳明超越陆学、白沙学的王学鲜明的实践品格。

　　阳明在赣州三月，就是他讲论并践行自己这种良知心学的三个月，引导四方来学士子踏上了他的良知心学之路。当他在九月初离赣州回南昌时，陈九川作诗心悦诚服称颂他的良知心学说：

虔州奉别阳明先生二首

（先生有次韵）

独传绝学鬼神闻，一点良知万圣根。

河水只应充口腹，乌头今复壮真元。

春风久坐欢亲炙，清庙忘言肃骏奔。

但使灵心无障隔，此身终日立师门。

良知何事易多闻，妙合当时已种根。

好恶从之为圣学，将迎无处是乾元。[1]

又在给蒙冈王学益的诗中倾吐心衷说：

赣回舟中简王蒙冈年兄

虔州再见阳明后，真觉吟风弄月回。

月白九天梧叶下，风清一夜桂花开。

象山何处寻书院？明水安居问酒杯。

道丧经亡今转甚，吾徒休自叹秦灰。[2]

陈九川的诗喊出了江西士子的共同心声。对阳明的良知心学，陈九川诗称颂说"一点良知万圣根"，阳明作次韵诗回答说"直从心底究宗元"。这两句话成了阳明后半生践履良知心学的座右铭。在建立了自己良知心学的"独传绝学"后，他回到南昌，又开始以更大的"勇力"探究并践行他的良知心学了。

心学的突围：从王艮拜师到白鹿洞讲学

阳明在九月初从赣州回归南昌。南昌的局势依旧险恶异常，阳明仍处在来自南都昏君权奸的威胁迫害之下，对他的良知心学的"疑谤"与攻击又汹汹而至。他致书邹守益谈到自己在南昌讲

---

[1] 《明水陈先生文集》卷十四。按：第二首后四句亡佚。
[2] 《明水陈先生文集》卷十四。

学的困境说："自到省城，政务纷错，不复有相讲习如虔中者。虽自己舵柄不敢放手，而滩流悍急，须仗有力如吾谦之者持篙而来，庶能相助更上一滩耳。"[1] 唐龙、邵锐对从赣州归来的阳明一意锐行良知心学极力抵制，戒劝学子诸生不要去谒阳明，人多畏避不敢来见。当阳明要礼聘福建市舶副提举、昔日的弟子舒芬来江西任军门参谋时，舒芬就不敢赴召来任，这一方面固然是因为舒芬尊信程朱之学，但另一方面也是出于畏避邵锐、唐龙之辈对王学的疑谤。新建魏良弼、魏良政、魏良器、魏良贵四兄弟来问学，也受到邵锐、唐龙的阻挠，但他们不顾劝阻，坚持来受良知之学，得到阳明的赞赏。后来阳明说："南昌魏氏兄弟旧学于予，既皆有得于良知之说矣。"[2] 其实在疑谤攻诋笼罩下的南昌，阳明的良知心学反而更大地吸引了江右的士子纷纷来学，他们当中著名的还有王臣、裴衍、吴子金、李遂、钟文奎、舒柏、唐尧臣、万思谦、王庭赞、谢道行、刘澜、方洋、王贵等人，都不顾程朱派的攻诋与官方当权者的阻挠，来南昌问学，阳明的良知心学得到广泛的传播。到十月，坚守朱学的提学佥事邵锐因不满阳明良知心学在江西的传播，竟乞休而去。十一月，阳明门人张鳌山又被诬以通宸濠受贿罪下锦衣狱，夺官致仕。阳明与邹守益、王思都上疏以辞爵赏赎救张鳌山，最终失败。实际张鳌山这场官司也同阳明宣扬讲论良知心学有关，朝廷对阳明的批朱学、讲心学早已十分反感，所以这次用惩处他的弟子张鳌山给阳明以致命打击，阳明也看出了朝廷权臣阉竖的用心。邹守益在《题会稽师训》中揭露说：

[1] 钱德洪《阳明先生年谱》引。
[2]《王阳明全集》卷八《书魏师孟卷》。

方张子遇诬时，某上书先师申救；及侍侧，恳恳言之。
公莞然曰："寄语汝立，不做好官，且做好人。"某瞿然自矢
于升沉毁誉之表。（阳明）书中亦曰："谦之必得数相见，于
此学必有切磋之益。幸及时相与，大进此道，以继往开来。"
读之毛发竦然。[1]

阳明用进一步讲论良知心学回击了朝廷的权臣阉竖。他的良知心
学就这样向远方传播，连远在泰州的王艮也听到阳明的良知之说，
千里迢迢来南昌拜师受教了。

王艮原名王银，是一个泰州安顺场以烧盐为生的灶丁（灶
户）。因家贫十一岁时辍学，后来往返山东一带贩盐，因善经
营，会理财，成为富户。据他自己说，他在正德六年有一次梦
中大悟陆学，"醒则汗溢如雨，顿觉心体洞彻，万物一体，宇宙
在我之念，益真切不容已，自此行住语默皆在觉中"[2]。其实
他更醉心于服行尧舜古道与孔孟古学，特重孝道，日日只诵读
《孝经》《论语》《大学》三书，藏在袖中，随处逢人质义，行
事怪异。在正德十四年，他感叹说："孟轲有言：'言尧之言，
行尧之行，而不服尧之服，可乎？'"于是他就按《礼经》制
定了一套五常冠、深衣、绦经、笏板，从此穿戴焚香默坐，绳
行矩步，在大门上大书："此道贯伏羲、神农、黄帝、尧、舜、
禹、汤、文、武、周公、孔子，不以老幼贵贱贤愚，有志愿学
者传之。"由重孝道他提出了自己独特的"格物"说，还专门
作了一篇《格物论》，把"格物"作为自己标新立异的独家之
说，即所谓"淮南格物"。有一次他向自己的塾师黄文刚讲说

[1] 《邹守益集》卷十八。
[2] 董燧：《王心斋先生年谱》。

《论语》首章，黄文刚听了说："我节镇阳明公所论类若是。"黄文刚所说的阳明之论，就是指阳明的"良知"说，王艮惊讶说："有是哉？方今大夫士汩没于举业，沉酗于声利，皆然也。信有斯人论学如我乎？不可不往见之。吾俯就其可否，而无以学术误天下。"他决定往南昌造访阳明，又对黄文刚说："虽然，王公论'良知'，某谈'格物'。如其同也，是天以王公与天下后世也；如其异也，是天以某与王公也。"[1] 这里已清楚表明，王艮去南昌见阳明原并不是要去拜阳明为师，而是要与阳明论辨阳明的"良知"说与王艮的"格物"说的异同得失，如果阳明的"良知"说对，那么这是老天要把王阳明赐给天下后世，做一代心学的圣人；如果王艮的"格物"说错，那么这是老天要把他赐给阳明，做阳明虔诚的弟子。正德十五年十月，他买舟南下，进入南昌城后，便戴起五常冠，穿上深衣，拖垂绦绖，手执笏板，招摇走在大街上，引得南昌市人都纷纷来聚观。他到了阳明处，递上"海滨生"的名刺，呈上二首谒诗：

初谒文成公诗二首

孤陋愚蒙住海滨，依书践履自家新。

谁知日日加新力，不觉腔中浑是春。

---

[1] 赵贞吉：《王心斋墓志铭》，《王心斋先生遗集》卷三。又见张峰《王心斋年谱》。按：王元翰《心斋先生传》亦云："有黄塾师者，江西人也，闻先生论，诧曰：'此绝类王巡抚公之谈学也。'先生喜曰：'有是哉？虽然，王公论"良知"，某论"格物"。如其同也，是天以王公与天下后世也；如其异也，是天以某与王公也。'"耿定向《心斋先生传》亦同。由此清楚可见所谓"淮南格物"乃王艮早年未定之说，自见阳明后，王艮即弃其"格物"说，转向阳明"良知"说（"致知"说）。今人仍把早年扬弃的"淮南格物"解说为王艮的根本思想，并定为泰州学派的学派标志思想，可谓误甚矣。

闻得坤方布此春，告违艮地乞斯真。

归仁不惮三千里，立志惟希一等人。

去取专心循上帝，从违有命任诸君。

磋磨第愧无胚朴，请教空空一鄙民。[1]

王艮的谒诗已包含了他要同阳明论辨"格物"说与"良知"说异同的深意。从《周易》的后天图上看，坤卦的方位代表西南方，相当于夏秋之间，养育万物，暗指阳明在江西南昌传道布春，所以说"闻得坤方布此春"；艮卦的方位代表东北方，相当于冬春之间，暗指自己自东北方的泰州来问道求真，所以说"告违艮地乞斯真"。王艮这次是来同阳明切磋砥砺"良知""格物"之说，以决定心学思想的去取从违，所以说"去取专心循上帝，从违有命任诸君。磋磨第愧无胚朴，请教空空一鄙民"。阳明领会了王艮的来意，延请他到礼宾亭下拜见。董燧是这样描述了他们两人相见论辨的经过：

王艮说："昨来时，梦拜先生于此亭。"

阳明说："真人无梦。"

王艮说："孔子何由梦见周公？"

阳明说："此是他真处。"

（先生觉心动，相与究竟疑义，应答如响，声彻门外，遂纵言及天下事。）

阳明说："君子思不出其位。"

王艮说："某草莽匹夫，而尧舜君民之心未尝一日忘。"

---

[1]　《王心斋全集》卷四。

阳明说："舜居深山，与鹿豕木石游居，终身忻然，乐而忘天下。"

王艮说："当时有尧在上。"

（公然其言，先生亦心服公。

稍稍隅坐，讲及"致良知"。）

王艮叹说："简易直截，予所不及。"

（乃下拜而师事之。辞出，就馆舍，绎思所闻，间有不合，遂自悔曰："吾轻易矣。"明日，复入见公。）

王艮说："某昨轻易拜矣，请与再论。"

阳明喜曰："善！有疑便疑，可信便信，不为苟从，予所甚乐也。"

（乃又反复论难，曲尽端委。先生心大服，竟下拜执弟子礼。）[1]

董燧叙述很详细，但是他却有意隐去了阳明与王艮论辨"良知"说与"格物"说异同、否定王艮的"淮南格物"这些最重要的事，所谓"间有不合""吾轻易矣""请与再论""反复论难"，实际就是论辨"格物"说之非，董燧都含糊带过，有意回护掩饰王艮的"淮南格物"之说。倒是张峰的《王心斋年谱》着重叙述了两人主要反复论辨"良知"与"格物"的情况：

---

[1] 董燧：《王心斋先生年谱》。按：董燧所叙亦多有遗漏隐瞒，如时亦在南昌亲见阳明与王艮相见论辨的黄直说："闻我先师，讲道南邦，千里来见，老莱衣裳。先师曰吁，厥服惟臧，衣食男女，吾道之常。何必服此，立异匪祥。兄曰不然，日侍身旁，服乃自古，岂某之狂。先师开譬，反复救匡。兄自超脱，群疑乃亡。时偕不肖，周旋讲堂，南野立斋，辩难不忘。有过面折，友谊克彰。"（《王心斋先生奠文》）阳明与王艮论辨"异服"，黄直、欧阳德与王艮辩难"格物"，皆为董燧所未道。

時文成講"良知"之學于豫章，塾師黃，吉安人也，聞
先生論，曰："此類吾節鎮王公之談。"先生喜曰："有是哉？
雖然，王公論'良知'，某談'格物'。如其同也，是天以王
公與天下後世也；如其異，是天以某與王公也。"即日買舟
往……講及"良知"，曰："簡易直截，予所不及。"下拜，
隅坐。明日，復入見曰："繹思所聞，輕易拜矣。請與再
論。"公曰："善！有疑便疑，可信便信，不為苟從，予所甚
樂也。"復上坐，反復辨論，曲盡端委，心大服，退執弟子
禮，師事焉。

尤其值得注意的是，王元翰在《心齋先生傳》中清楚揭明了王艮
的"淮南格物"說的宗旨與陽明批評否定他的"淮南格物"說
（《格物論》）的態度：

先生孝出天性而行持益力，久之，心地豁然開朗。獨契
《大學》"格物"宗旨，謂："格物者，格物有本末之物也。
物有本末，而身為之本，則當以天地萬物依乎己，而不以己
依乎天地萬物，所謂知之至也。"……是時王先生巡撫江西，
極論"良知"自性，本體內足，並知行合一之旨。先生方奉
親家居，皆不及聞。有黃塾師者，聞先生論，詫曰："此極類
陽明先生之談學也。"先生喜曰："有是哉？雖然，王公論
'良知'，某論'格物'。如其同也，是天以王公與天下後世
也；如其異也，是天以某與王公也。"即日買舟，兼程趨造江
西。至則服古冠服止于門，欲王先生親迓，乃肯前左足。王
先生睹其衣冠，訝之，對曰："此服堯之服也。"遂以所得辨
難屢日，卒稱王公先覺者。退就弟子列，盡得其"致良知"

之说。间出《格物论》质之，王先生曰："待君他日自明
之耳。"[1]

其实阳明与王艮论辨"良知"说与"格物"说，徐樾在《心斋先
生别传》中说得更简明："明日入见，论'格致'，执论特久，乃
喜曰：'先生之论，一贯者也。'即起，拜以弟子礼。"[2] 徐玉銮
在《王心斋传》中也说得更清楚："坐与语'良知'及尧舜君民
事业，大悦服，愿为弟子。已稍异，则又即上坐，反复论难数日，
乃竟执弟子礼焉。"[3] 显然，王元翰所引的"格物者，格物有本
末之物也。物有本末，而身为之本，则当以天地万物依乎己，而
不以己依乎天地万物，所谓知之至也"，就是出自王艮的《格物
论》，揭开了王艮早年所谓"淮南格物"说的真面目。原来所谓
"淮南格物"，就是认为格物有本有末，以身（心）为本，即以正
心修身为本；以物为末，即以格物穷理为末。故格物就是要以天
地万物归从于己（心），而不是以己（心）归从于天地万物。这
就是说，修身格物的过程，是一个"正己"而"物正"的过程，
是先要格己（心），以正心之本；然后格物，使事事物物归依于
心（己）。王艮的这种"淮南格物"是同他的另一个重要思想
"百姓日用即道""即事是道"说联系在一起的，而所谓"百姓日
用即道""即事是道"正是朱熹的思想，朱熹明确认为理在物中，
理一（道）在分殊中，百姓日用中包含了道，故须即物（事）求
道，格物穷理，日用中求道，格得事物中的理多了，便能与心中

---

[1]《王心斋先生遗集》卷三。
[2]《王心斋先生遗集》卷四。
[3]《王心斋先生遗集》卷四。按：参见凌儒《王心斋先生祠堂记》："乃游南赣，
谒阳明王公，辩难所谓'良知'之学，始不拜，后执弟子礼。因悟万物一体，
仁人之心，一夫不向于善，过在我也。"

之理融会贯通。由此可见王艮的"淮南格物"实在还是一个陆学与朱学的混合体，同阳明的"良知"说毫无共同之处。通过论辨，阳明否定了王艮的《格物论》，也就是否定了"格物"说；而王艮最终接受了阳明的"良知"说，他用拜阳明为师表明了自己放弃"格物"说、接受"良知"说的态度。于是阳明根据王艮说的"闻得坤方布此春，告违艮地乞斯真"以及他放弃"格物"说接受"良知"说的转变，把他的姓名改为王艮，字汝止。新名字正隐含了"致良知"的意思，表明王艮正式入了"良知"心学的王门。《周易》艮卦的《彖》说："艮，止也。时止则止，时行则行，动静不失时机，其道光明。艮其止，止其所也。"这里说的"止"，就是《大学》说的"大学之道，在止于至善。知止而后有定，定而后能静，静而后能安，安而后能虑，虑而后能得"，"于止，止其所止……为人君止于仁，为人臣止于敬，为人子止于孝，为人父止于慈，与国人交止于信"，可见"知止"就是一个阳明说的"致良知"的问题，阳明给王艮取字"汝止"，正隐寓了"致良知"的深意。王艮赞叹阳明的良知心学说："先生之学，精深极微，得之心者也！"[1] 王艮就是带着这个标志他踏入王门的新名字回到了泰州。

但是王艮归居七天后，又忽然南下再往南昌向阳明论辨问学。这显然是他归后对自己的认识再作了反思自省，思想又有反复回潮，对阳明批评他的"异服"怪行与"淮南格物"仍存疑问，决定再往南昌与阳明进一步论辨。于是他又戴起五常冠，穿上深衣，垂绅执笏，怀揣他作的《格物论》，再次买舟南下。经过南京时，他特往太学，同诸生士子讲学论道，说："吾为诸

---

[1]　钱德洪：《阳明先生年谱》。

君发《六经》大旨。夫《六经》者，吾心之注脚也。心即道，道明，则经不必用；经明，则传复何益？经传，印证吾心而已矣。"这是把陆学的思想发挥到了极端，而却对阳明的"良知"说不置一词。南京大司成汪咸斋见他穿了奇装怪服，问："古言：无所乖戾。其义何如？"王艮竟回答说："公何以不问我无所偏倚，却问无所乖戾？有无所偏倚，方做得无所乖戾。"[1]可见王艮依旧以为自己穿奇装异服是"无所偏倚"，从心底仍未接受阳明对他穿奇装异服的批评。因此到了南昌，王艮仍是接着上次见阳明论辨的话题，在"异服"与"格物"问题上同阳明进一步展开反复论辨。赵贞吉在《王心斋墓志铭》中透露了这次两人继续论辨"格物"说的情况说：

> 盖越两月（按：似指两旬），而先生再诣豫章城，卒称王公先觉者，退就弟子。间出《格物论》，王先生曰："待君他日自明之。"

经过这一次再反复论辨"格物"说，王艮终于信服地尊奉阳明为心学的"先觉"师。值得注意的是，王艮在第一次见面论辨时已拿出《格物论》给阳明看，阳明说"待君他日自明之耳"，实际是否定了他的《格物论》。但王艮回泰州经过反思自省以后，仍不以《格物论》为错，在第二次见面论辨时又拿出来给阳明看，阳明仍回答说"待君他日自明之"，再次否定了他的《格物论》。为此阳明还请出了邹守益、欧阳德、万潮、黄直等弟子一起来同王艮论辨"良知"说与"格物"说。后来欧阳德在《王心斋先生

[1] 董燧：《王心斋先生年谱》。

奠文》中说："忆昔豫章客馆，接榻连帷。都门执别，携手挈衣。相期谓何，兄心我知。"黄直在《王心斋先生奠文》中也说："时偕不肖，周旋讲堂。南野立斋（按：欧阳德与万潮），辩难不忘。有过面折，友谊克彰。三月而旋，兄亦南翔。"李春芳在《崇儒祠记》中更说："时公门下多四方知名之士，如文庄欧阳公德，大司成邹公守益辈，咸集与之讲究切劘者岁余，始归。"[1] 这次论辨时间很长，黄直说是"三月"，李春芳说是"岁余，始归"，可见王艮到正德十六年正月才归泰州。阳明经过三个月的反复面折辨难，论析切劘，才终于把王艮拉回到他的良知心学上来。其实王艮在这次皈依了阳明的良知心学以后，仍旧没有彻底放弃他的"淮南格物"和对"异服"的癖好，是阳明说的"疑信相半，顾瞻不定"的弟子，思想上不时出现反复，不断受到阳明的批评，到嘉靖中他又穿起异装怪服张狂入都，引发了一场"学禁"之祸。到晚年他更把早年的"淮南格物"说改头换面重提出来，作为自己"泰州学派"的标志思想，反同他接受的阳明良知说形成了触目的矛盾。

　　阳明从王艮的来学拜师上感到南昌在"疑谤"氛围的笼罩下，士子多不理解他的良知王学，他在给席书的信中感慨说："朋友之中，亦渐有三数辈笃信不回。其疑信相半，顾瞻不定者，多以旧说沉痼，且有得失毁誉之虞，未能专心致志以听，亦坐相处不久，或交臂而别，无从与之细说耳。"就主要指王艮。所以他感到必须从大力推广弘扬陆学上打开通道，才有助于他的良知心学的传播。正德十六年正月，就在王艮归后，阳明就行文到抚州金溪县，命金溪县官大力褒崇陆象山子孙，匡

---

[1]　《王心斋先生遗集》卷四。

扶陆学。《褒崇陆氏子孙》说：

> 据抚州府金溪县三十六都儒籍陆时庆告，看得宋儒陆象山先生兄弟，得孔孟之正传，为吾道之宗派，学术久晦，致使湮而未显，庙堂尚缺配享之典，子孙未沾褒崇之泽。仰该县官吏将陆氏嫡派子孙差役，查照各处圣贤子孙事例，俱与优免。其间有聪明俊秀堪以入学者，具名送提学官处选送学肄业，务加崇重之义，以扶正学之衰。[1]

当时陆学正被程朱派与程朱官学攻为"禅"，阳明却公然宣称陆氏兄弟"得孔孟之正传，为吾道之宗派"，陆学是"正学"，要求褒崇陆氏子孙，"以扶正学之衰"。这就是阳明对程朱派与程朱官学的"疑谤"的回答。他肯定陆学得孔孟正传，实际也就是肯定他的良知心学得孔孟正传。

与此同时，阳明又传檄崇仁县，命崇仁县官敬祀康斋吴与弼乡祠。《檄祀康斋乡祠》说：

> 吴公方其贵近之荐，固可见好德之同；及夫官爵之辞，尤足验先几之哲。盖宣和之疏，于龟山无嫌；而明堂之留，在汉儒为愧。出处不至于失己，学术何待夫立言？……[2]

康斋祠就是康斋书院，在崇仁县西北二十五里的小陂上，是当年康斋的讲学之处，陈献章、胡居仁、胡九韶都来从游讲学。吴与弼可以称得上是明代心学的先驱，他的思想体系已包含了丰富的

---

[1]《王阳明全集》卷十七。
[2]《明儒言行录》卷三《吴与弼》。

心学观点的因素，直接影响了白沙陈献章。显然，阳明表彰吴与弼也是有褒崇陆氏心学的深意的。

阳明在南昌大力褒崇陆学与宣播良知心学，传到了远在福建任布政使的席书那里，席书也写了一本《鸣冤录》，同阳明的《朱子晚年定论》桴鼓相应，立即把它寄给了阳明，为阳明的褒崇陆学与宣播良知心学张大声势。《鸣冤录》是一部为陆象山之学被诬为"禅学"鸣冤辨白的著作，席书在序中说：

> 《鸣冤录》者，录陆氏之冤而鸣之也。宋室南迁，朱、陆二子，一唱道于建阳，一唱道于江右，一时名士争走门墙。于时朱氏方注《六经》，训百世，谓物必有理，理必有尽穷，然后可以入道。陆氏谓其牵绕文义，倒植标末，徒使穷年卒岁，无所底丽。天与我者万物皆备，何暇外求？朱氏因目之曰：此禅学也。一时游考亭者，方与象山门人较争胜负，一闻斯言，喜谈乐诵，月记日录，迄于今日。朱氏之书盛行于世，举业经学，非朱传不取，由是经生学子童而习之，长而诵之，皆曰：陆，禅学也。山林宿士，馆阁名儒，亦曰：陆，禅学也。凡闻陆氏者，如斥杨、墨，如排佛、老，甚而将若凂焉。间无觉者，终身迷悟，莫知反也。及予宦四方，得陆氏语录、文集，三读其言，抚膺叹曰：呜呼，冤乎！孰谓陆公为禅乎！再取读之，不徒非禅也，且若启蔽提聋，而中有戚戚焉，又从而叹曰：予晚出迷途，幸矣，将持陆书遍讼诸士。顾文言颇繁，见者慵览，览者未终，卒难脱悟。余乃撮其书问语录之要者，各类二篇，名曰《鸣冤录》。使人读未终日，见其无三乘空寂之语，无六道轮回之说，必将曰：冤乎！人言可尽信乎？兹始贱耳而贵目也。呜呼，此吾道之冤

也！刑狱之冤，陷一人；道术之冤，使天下人心如饮醇酒而莫知醉，虽欲无鸣，将能已乎？自孟氏道远，伊洛言湮，而心学先传，一有觉者，同室起斗，如孙、庞同师鬼谷，而自操矛盾，以角两国之雄，亦可怪矣！及朱氏晚年悔悟，自恨盲废之不早，惜乎易箦已至，其书已行，不可追挽。后之君子，不究晚年至论，师尊中年之书，过于《六经》《语》《孟》，使朱氏之心，不得表白于后世，负冤者不徒陆氏，而吾考亭夫子含冤九地，亦不浅矣。所幸斯文未丧，此心不死，近时二三豪杰，尝伸此义，以究末流，信者寡而传疑者太半，是录所由鸣也。君子感其鸣，一洗其冤，将知登岱山，望东海，道在此而不在彼矣。录曰"鸣冤"者，盖有激也，亦以起问者，见是非也。[1]

他在同时给阳明的信中，特别点明他为陆氏鸣冤实际是为当今的阳明心学鸣冤，说：

远承使者走惠腆仪，再承来教，无任惊惕。书不揣愚昧，妄为陆氏鸣者，为今日诸君鸣也。执事昔在龙场，书怀此疑，尝以质之门下，曰："然。"乃益信之。然梦闻也，迄今十余年，漫漫长夜，酣寐如昨，安得日侍君子一觉我耶？况书当衰朽之年，如老干枯枝，虽煦以阳和，滋以雨露，已无回春之期，大造如执事，亦如书何哉？书于是学无敢望其津涘也……执事能无教书哉？[2]

[1] 席书：《鸣冤录序》，《皇明文征》卷四十六。又席书：《元山文选》卷一《鸣冤录序》。
[2] 《元山文选》卷五《与王阳明书》四。

席书的《鸣冤录》也堪称是一部尊陆反朱的奇书。序称"朱氏晚年悔悟"，"后之君子，不究晚年至论，师尊中年之书"，完全是尊信阳明的"朱子晚年定论"之说，所谓"今世二三豪杰"，就指阳明、程敏政。序又说《鸣冤录》是"撮其书问语录之要者，各类二篇"，可见也完全采用了阳明作《朱子晚年定论》之法，是选取若干条陆氏语录编排成书，以证陆学不是禅学，一如阳明选取若干篇书信编排成书，以证朱子晚年定论。汪循曾指出阳明《朱子晚年定论》的缺陷是，它只证明了朱熹晚年转向了陆学，但是却没有能证明陆学不是禅学。现在席书的《鸣冤录》完美证明了陆学不是禅学，阳明的《朱子晚年定论》证明朱熹晚年转向陆学才真正具有了意义，二书珠联璧合，成为合体互补的心学"善本"。其实，席书为历史上的陆学鸣冤的真意，是在为现实中的阳明的良知心学鸣冤，这无异于是给阳明雪中送炭，阳明是心领神会的，所以他在七月写了一封回信兴奋地说：

　　向承教札及《鸣冤录》，读之，见别后学力所到，卓然斯道之任，庶几乎天下非之而不顾，非独与世之附和雷同，从人非笑者相去万万而已，喜幸何极！中间乃有须面论者，但恨无因一会。近闻内台之擢，决知必从铅山取道，而仆亦有归省之便，庶得停舟途次，为信宿之谈，使人候于分水，乃未有前驱之报。驻信城者五日，怅怏而去。天之不假缘也，可如何哉！大抵此学之不明，皆由吾人入耳出口，未尝诚诸其身。譬之谈饮说食，何由得见醉饱之实乎？仆自近年来始实见得此学，真有百世以俟圣人而不惑者。朋友之中，亦渐有三数辈笃信不回。其疑信相半，顾瞻不定者，多以旧说沉痼，且有得失毁誉之虞，未能专心致志以听,亦坐相处不久,或交臂而别,无从与之细说耳。象山之学简易直截,孟子之后一人。其学问思辩、致知格物之说,虽亦未免沿袭之累,然其大本大原断非余子所及也。执事素能深信其学,此亦不可不察。正如求精金者,必务锻炼足色,勿使有纤毫之杂,然后可无亏损变动。盖是非之悬绝,所争毫厘耳。[1]

阳明高度肯定了席书勇以陆学之道为己任,不畏"疑谤","天下非之而不顾";但另一方面又强调自己"仆自近年来始实见得此学,真有百世以俟圣人而不惑者",还有问题需要同他"面论"。所谓"仆自近年来始实见得此学",就是指他正德十四年以来悟得的良知心学。席书的《鸣冤录》还只是在阳明的"朱子晚年定论"的旧说上做文章,没有注意到他近来的良知心学的新说,已经是很不够了,所以阳明强调要他注意"(象山)其学问思辩、致知格物之说,虽亦未免沿袭之累,然其大本大原断非余子所及也。执事素能深信其学,此亦不可不察"。所谓"致知格物之说",就是指"致良知"之说,这是陆学的"大本大原",也是自己王学的"大本大原"。这实际上是要席书超越"朱子晚年定论"说的局限,从"良知""致良知"的大本大原上去阐发揭明陆学和他的王学的真谛精义。这表明阳明多少已看到了他的"朱子晚年定论"说的局限不足,不能再只是对朱学作负面消极的攻击批判,而应当要从正面积极大阐陆学与自己的良知心学,才能消弭世人对他的良知心学的疑谤与误解。

　　正德十六年又是一个阳明大揭良知之教之年,他把著名的白

---

[1] 《王阳明全集》卷五《与席元山》。

鹿洞书院当作了自己大阐陆学与王学的"阵地"。白鹿洞书院本就是当年朱熹与陆九渊讲学论道的地方，陆学弟子都宣称在白鹿洞之会上陆学战胜了朱学。所以对阳明来说，白鹿洞书院也是一个讲论良知心学的福地。在三月，巡按御史唐龙举荐了蔡宗兖来任南康府教授，兼任白鹿洞主。《白鹿书院札付》说："看得巡按江西监察御史唐龙题称：宋儒朱熹建葺白鹿洞书院，以为讲论之所，至今荒凉零落，盖因无官综理。访得教授蔡宗兖，学问深赅，志行清古，乞要将本官改调南康府儒学教授，兼总理书院一节为照。"[1] 唐龙是坚定尊仰朱学而反对陆学者，他所以选中蔡宗兖来任白鹿洞主，显然是因为蔡宗兖是一个唐龙（朱学）与阳明（陆学）都能接受认可的师儒。蔡宗兖虽然是阳明的弟子，但却兼好朱陆之学，对阳明的心学在疑信之间。他同程朱派的著名人物庄渠魏校、泾野吕柟等交游往来，折中调停于朱陆之学，他作《大学私抄》《四书诗经节约》《图书浅见》《律同》、《周礼注》等，可见他主要还是走朱学的治学路子，不守师说，最后自成一家。季本谈到蔡宗兖与阳明思想的异同说："自先师初讲良知之学，余方执晦翁旧见，未能信也。而公于时已能不逆于心。及余困心穷究，乃知觉悟信从，而公反有疑于师说。故其为书多持衡调护，自成一家。此其故何哉？岂其新见超于旧闻，而信心不惑欤？盖公本以万物皆备于我为主，故自号'我斋'，凡己所独得，不轻狗人，自举世非之而不顾者。故先师尝曰：'希渊真可以为我矣！'每相见，又即以耻独为君子之道反复开明，惟惧公之有我也。以余庸陋，百不逮一，而老守师传，尤多同异，宜乎不相合矣。"[2] 所以唐龙选蔡宗兖任白鹿洞主，

---

[1]《白鹿书院札付石碑》，今在白鹿洞书院中，见《白鹿洞书院碑刻摩崖选集》。
[2]《季彭山先生文集》卷三《奉议大夫四川按察司提学佥事蔡公墓志铭》。

是希望他在白鹿洞书院讲论弘扬朱学，而阳明却是要把他拉回到良知心学的道路上来。当阳明得知蔡宗衮来任白鹿洞主时，他立刻送赠给蔡宗衮五十白金，用以创建公署。当蔡宗衮因母疾有挂冠归居之念时，阳明立即下文到南康府，劝留蔡宗衮。《仰南康府劝留教授蔡宗衮》说：

> 据南康府儒学申，看得教授蔡宗衮，德任师儒，心存孝义，今方奉慈母而行，正可乐英才之化。况职主白鹿，当宋儒倡道之区；胜据匡庐，又昔贤栖隐之地。偶有亲疾，自可将调，辄兴挂冠之请，似违奉檄之心。仰布政司备行南康府掌印官，以礼劝留，仍与修葺学官，供给薪水，稍厚养贤之礼，以见崇儒之意。[1]

阳明自己则经常到白鹿洞书院讲学论道，大阐良知心学。他致书邹守益说："近来信得'致良知'三字，真圣门正法眼藏。往年尚疑未尽，今自多事以来，只此良知无不具足。譬之操舟得舵，平澜浅濑，无不如意，虽遇颠风逆浪，舵柄在手，可免没溺之患矣。"[2] 阳明就是用良知心学的"正法眼藏"在白鹿洞书院中讲学论道，良知心学成了他在茫茫尘海中驾舟救赎人心免于沉沦溺亡的"方向舵"，而他就是冲浪驭风"无不如意"的"掌舵人"。钱德洪在《阳明先生年谱》中记录了阳明在白鹿洞书院的一次重要的讲论良知心学：

> 一日，先生喟然发叹。九川问曰："先生何叹也?"曰：

[1]《王阳明全集》卷十七。
[2] 钱德洪《阳明先生年谱》"正德十六年"下引。

"此理简易明白若此，乃一经沉埋数百年。"九川曰："亦为宋儒从知解入，认识神为性体，故闻见日益，障道日深耳。今先生拈出'良知'二字，此古今人人真面目，更复奚疑？"先生曰："然譬之人有冒别姓坟墓为祖墓者，何以为辨？只得开圹将子孙滴血，真伪无可逃矣。我此'良知'二字，实千古圣圣相传一点滴骨血也。"又曰："某于此良知之说，从百死千难中得来，不得已与人一口说尽。只恐学者得之容易，把作一种光景玩弄，不实落用功，负此知耳。"

到五月，唐龙檄南昌知府吴嘉聪修纂《南昌府志》，开馆于白鹿洞中，这给了阳明招集门人学者于白鹿洞书院聚讲良知心学的绝佳机会。他马上招致自己最得意的弟子邹守益、陈九川、夏良胜、万潮、舒芬等人到白鹿洞书院来，参加《南昌府志》的撰写。他在招致邹守益的信中透露自己的"醉翁之意"说：

> 别后德闻日至，虽不相面，嘉慰殊深。近来此意见得益亲切，国裳亦已笃信，得谦之更一来，愈当沛然矣。适吴守欲以《府志》奉渎，同事者于中、国裳、汝信、惟濬，遂令开馆于白鹿。醉翁之意盖有在，不专以此烦劳也。区区归遁有日，圣天子新政英明，如谦之亦宜束装北上，此会宜急图之，不当徐徐而来也。蔡希渊近已主白鹿，诸同志须仆已到山，却来相讲，尤妙。此时却匆匆不能尽意也，幸以语之。[1]

所谓"近来此意见得益亲切"，就是指阳明自"良知之悟"以来

---

[1]《王阳明全集》卷五《与邹谦之》书一。

对良知心学愈益精进，表明他请邹守益、陈九川等弟子来白鹿洞书院聚会的主要目的，并不是为撰写《南昌府志》，而是要同他们讲论良知心学，故说"遂令开馆于白鹿。醉翁之意盖有在，不专以此烦劳也"。这次白鹿洞胜会实际就是一次阳明与门人学子聚讲良知心学的胜会，是借着开馆修纂《南昌府志》的名义在白鹿洞书院大揭良知之教。同赣州通天岩胜会一样，他也采取了带领门人学子到山山水水中讲道论学的方法，随地讲学，论辨良知之学，静中体认心体，妙悟于真境。阳明作了一首诗吟道：

白鹿洞独对亭

五老隔青冥，寻常不易见。

我来骑白鹿，凌空陟飞巘。

长风卷浮云，褰帷始窥面。

一笑仍旧颜，愧我鬓先变。

我来尔为主，乾坤亦邮传。

海灯照孤月，静对有余眷。

彭蠡浮一觞，宾主聊酬劝。

悠悠万古心，默契可无辩。[1]

弟子们都心领神会，邹守益次韵了一首诗：

过白鹿洞次阳明独对亭望五老峰韵

名山屐履蹑，匡庐久未见。

褰衣泛层湖，振策凌绝巘。

---

[1] 《王阳明全集》卷二十。

一笑六合亭，始识五老面。

烟云异晨昏，仙标俨不变。

顾怜尘寰巾，白驹走邮传。

叩首无极翁，绝学天所眷。

皇皇白鹿规，逸驾竞相劝。

矢言二三子，无负义利辩。[1]

舒芬也次韵了一首诗：

过白鹿洞次阳明韵

孤蓬出吴城，五老仿佛见。

兜舆上南康，乃获陟青巘。

有开云古初，今始识颜面。

屹然东南镇，不逐沧桑变。

匡生端何在？白鹿却留传。

藏修便巨儒，烟霞入情眷。

黉宇既振作，诲言重箴劝。

咫尺濂溪水，源流许谁辩？[2]

朱节也次韵了一首诗：

谒白鹿书院次阳明先生韵

万古匡庐峰，崔嵬梦中见。

兹晨天风凉，吹我上层巘。

---

[1]　吴宗慈：《庐山志·艺文·历代诗存》。
[2]　吴宗慈：《庐山志·艺文·历代诗存》。

轻云散晴冈，露出芙蓉面。

茫茫大块间，陵谷几迁变？

慨兹蜉蝣生，百年如旅传。

卓矣诸名贤，仰止何眷眷。

酌此洗心泉，青山共酬劝。

妙境有真悟，可以忘余辩。[1]

连唐龙也一连作了二首和诗：

再至白鹿洞次阳明公望五老峰韵

五老隐云间，经年再相见。

乘月厉清溪，攀萝度岑巘。

顷谐丘壑心，净洗风尘面。

山神灵不死，物理涵中变。

风雨剥樽彝，虫鼠逸经传。

往迹空冥冥，永怀中眷眷。

鹿去主不归，酒熟客自劝。

焉得抱鹿游，居吁息妄辨。[2]

独对亭望王老峰次阳明韵

昔人饲白鹿，形幻忽不见。

五老故苍苍，青冥拔飞巘。

彭蠡流其下，诸峰罗四面。

翕阖出云雨，朝暮阴晴变。

---

[1] 《白鹿洞书院碑刻摩崖选集》。
[2] 《唐渔石集》卷四。

杖履偶乘暇，仅如经旅传。

云鼙系遐思，石泉动清眷。

堕绪尚可寻，流风尤足劝。

何如隐峰前，图书肆讨辩。[1]

从"居吁息妄辨""图书肆讨辩"来看，唐龙显然在白鹿洞书院同阳明辨论过朱陆之学。因为阳明与弟子的白鹿洞胜会也引起了程朱派的注意，他们也来白鹿洞书院与阳明展开辨论。像庄渠魏校恰好在五月起任广东提学副使，经过南昌来访白鹿洞主蔡宗兖，同阳明当面展开了讨论，王畿后来提到这次论辨说：

> 洞山尹子举阳明夫子语庄渠"心常动"之说："有诸？"先生曰："然。庄渠为岭南学宪时，过赣，先师问：'子才，如何是本心？'庄渠云：'心是常静的。'先师曰：'我道心是常动的。'庄渠遂拂衣而行。末年，了与荆川请教于庄渠，庄渠首举前语，悔当时不及再问，因究其说。予曰：'是虽有矫而然，其实心体亦原是如此。天常运而不息，心常活而不死。动即活动之义，非以时言也。'因请问'心常静'之说，庄渠曰：'圣学全在主静，前念已往，后念未生，见念空寂，既不执持，亦不茫昧，静中光景也。'又曰：'学有天根，有天机。天根所以立本，天机所以研虑。'……"[2]

阳明说"心是常动的"，是从心为至善、心体无对上强调心的动静统一，心常动是说心为活心，心体澄明灵觉，故心体常活泼不

[1]　吴宗慈：《庐山志·艺文·历代诗存》。
[2]　《王畿集》卷七《南游会纪》。

死不寂，如鸢飞鱼跃，须扩充其心，事上磨炼，克除恶念，复归善心。魏校说"心是常静的"，是认为心体主静主寂主空，要做到前念已往，后念不生，现念空寂，不执不迷，念念不起，这就是心的"静中光景"。魏校的说法其实还不是朱学，而是地道的佛说，无怪两人论辨不欢而散了。

不管怎样，这场白鹿洞书院聚讲正是一次朱节所说的"妙境有真悟"的讲论良知心学的胜会。而作为这场白鹿洞书院胜会讲论良知心学的成功标志的，就是阳明在白鹿洞书院胜会后修定了自己的《大学古本序》，刻石于白鹿洞书院；修定了《大学古本傍释》重刻，供白鹿洞书院之用。阳明在给陆澄的信中道出了这一重要事实：

> 屡得书，见清伯所以省愆罪己之意，可谓真切恳到矣。即此便是清伯本然之良知。凡人之为不善者，虽至于逆理乱常之极，其本心之良知，亦未有不自知者。但不能致其本然之良知，是以物有不格，意有不诚，而卒入于小人之归。故凡致知者，致其本然之良知而已。《大学》谓之"致知格物"，在《书》谓之"精一"，在《中庸》谓之"慎独"，在《孟子》谓之"集义"，其工夫一也。向在南都，尝谓清伯吃紧于此。清伯亦自以为既知之矣。近睹来书，往往似尚未悟，辄复赘此，清伯更精思之。《大学古本》一册寄去，时一览。近因同志之士多于此处不甚理会，故《序》中特改数语。有得，便中写知之。季惟乾事，善类所共冤，望为委曲周旋之。[1]

---

[1] 《王阳明全集》卷二十七《与陆清伯书》。

根据信中说"季惟乾事，善类所共冤，望为委曲周旋之"，可确
知这封信作在正德十六年六月，正在五月白鹿洞书院胜会之后，
可见阳明改定《大学古本傍释》重刻就在这时。阳明在给陆澄信
中说的这一段关于"良知"的话，就是他修定《大学古本傍释》
的指导思想，他修改《大学古本序》与《大学古本傍释》，其实
也就是鲜明加进了"良知"与"致良知"之说。罗钦顺说他正德
十三年的初本《大学古本傍释》"无一言及于致知"，后来"近见
《阳明文录》，有《大学古本序》，始改用致知立说，于格物更不
提起"。这就是阳明《与陆清伯书》中说的"故《序》中特改数
语"。阳明在修改了《大学古本序》后，立即刻石立碑于白鹿洞
书院中（至今犹有《改定大学古本序》手迹石刻存白鹿洞书
院[1]），这就是阳明在《与黄勉之》书中说的"短序亦尝三易
稿，石刻其最后者"，"《古本》之释，不得已也……石刻其最后
者，今各往一本"[2]。重刻本《大学古本傍释》之于初本《大学
古本傍释》，修改主要在三方面：一是在《序》中加进"致良知"
之说，二是将原作《大学古本傍释后跋》删去，三是在《傍释》中
加进了论"致良知"一段醒目文字："如意用于事亲，即事亲之事
格之，必尽夫天理，则吾事亲之良知无私欲之间而得以致其极。知
致，则意无所欺而可诚矣；意诚，则心无所放而可正矣。"这样，
阳明的良知心学体系在新刻《大学古本傍释》中建构起来了。

　　新定《大学古本傍释》可以看作是阳明白鹿洞书院讲学胜会
的产物。《大学古本傍释》修定重刻后，立即成了阳明用以突破
程朱派与程朱官学"疑谤"重围的心学简明"读本"，他一则广
寄给士子学者讨论，一则用于白鹿洞书院与南康府学。他特具深

---

[1]　见《白鹿洞书院碑刻摩崖选集》。
[2]　《王阳明全集》卷五。

意地把新刻《大学古本傍释》连同《朱子晚年定论》寄给了福建提学副使、程朱派的中坚胡铎，在信中说：

> 阔别久，近想所造日益深纯，无因一面扣为快耳。教下士亦有能兴起者乎，道之不明，世之教与学者，但知有科举利禄，至于穷理尽性，自己本领，乃反视为身外长物，有道者必尝慨叹于斯矣，何以救之？何以救之？区区病疏既五上，近当得报，归遁有期，庶几尽力于此也。海内同志渐多，而著实能负荷得者尚少，如吾时振美质清才，笃志而不息，亦何所不到哉！偶张解元去便，略致企念之怀。冗次草草，不尽，不尽。寓洪都守仁顿首启，时振大提学道契兄文侍。《古本》《定论》各一册。[1]

阳明所以把新刻《大学古本傍释》寄胡铎，是因为胡铎是大提学副使，掌管福建一道学校教育，阳明希望他的《大学古本傍释》能有用于福建的学校教育，疾呼要拯救当前的科举与教育，所以慨叹说"道之不明，世之教与学者，但知有科举利禄，至于穷理尽性，自己本领，乃反视为身外长物"。而阳明自己在学校教育上已取得了一定成效，所以说"教下士亦有能兴起者"，暗示自己在白鹿洞书院与南康府学中推广良知之教的些许成功。但胡铎并不认可阳明的良知心学在学校的传播，他回信说：

> 足下薄宋儒以闻见之知泪德性之知。知一而已，德性之知不离闻见，闻见之知还归德性。怵惕恻隐之心，良心也，

---

[1] 王守仁：《答时振书》，《湘管斋寓赏编》卷二。

> 必乍见孺子而后动，谁谓德性之离闻见乎？人非形，性无所
> 泊，舍耳目闻见之知，德性亦无所自发也。《大学》论修身，
> 而及于致知，则固合德性、闻见而言之矣。[1]

胡铎也承认了怵惕恻隐之心是"良心"（良知），他只反对人为地把
德性之知与闻见之知对立起来，否定闻见之知会汩没德性之知，认
为德性之知与闻见之知是统一共生、互补共发，因此"致知"就是
"合德性、闻见而言之"的，这已无异于是在用"致良知"说话了。

阳明又把新定《大学古本傍释》寄给了另一个程朱学中坚夏
尚朴，他在信中说：

> 不相见者几时，每念吾兄忠信笃厚之资，学得其要，断
> 能一日千里。惜无因亟会，亲睹其所谓"历块过都"者以为
> 快耳。昔夫子谓子贡曰："赐也，汝以予为多学而识之者
> 与？"对曰："然。非与？"子曰："非也。予一以贯之。"然
> 则圣人之学，乃不有要乎？彼释氏之外人伦，遗物理，而堕
> 于空寂者，固不得谓之明其心矣。若世儒之外务讲求考索，
> 而不知本诸其心者，其亦可以谓穷理乎？此区区之心，深欲
> 就正于有道者。因便辄及之，幸有以教我也。[2]

夏尚朴是同阳明进行朱陆之学异同论战的主要程朱派对手，当时
阳明把《朱子晚年定论》与《大学古本傍释》（初本）都寄给了
他。夏尚朴在正德十三年作了《寄王阳明三首》，明确表白说：
"同甫有才疑杂霸，象山论学近于禅。平生景仰朱夫子，心事真如

---

[1]　胡铎：《答阳明书》，《光绪余姚县志》卷二十三《胡铎传》。
[2]　《王阳明全集》卷五《与夏敦夫》。

白日悬。陆学也能分义利，一言深契晦翁心。纷纷同异今休问，请向源头着意寻。六籍精微岂易窥？发明亲切赖程朱。兵知险阻由乡导，后学如何可废兹？（时赣上用兵，故云）"[1] 这三首诗应是他在看了《朱子晚年定论》与《大学古本傍释》以后对阳明的回答。阳明一直没有回应，直到这时改定《大学古本傍释》成，他才回信给夏尚朴，必是同时把新定的《大学古本傍释》又寄给他，故在信中同他论辨起了良知之说，算是对夏尚朴三首诗的回答。但夏尚朴却保持了沉默。

　　至于在南昌的唐龙，也对阳明的新本《大学古本傍释》仍抱否定批判态度，坚持程朱理学的立场不变。在六月阳明赴京还朝时，唐龙作了一篇《送阳明先生还朝序》送他，只肯定了阳明非凡卓绝的军政事功，而对阳明的良知心学及其在江西的讲学论道与道德教化却不置一词。但阳明在七月十五日的回信中还是挑明了他与唐龙的思想分歧，总结了他与唐龙在江西两年若即还离的关系。信中说：

　　　　相与两年，情日益厚，意日益真……昔人有言："投我以木桃，报之以琼瑶。"今投我以琼瑶矣，我又何以报之？报之以其所赐，可乎？说之言曰："学于古训乃有获。"夫谓学于古训者，非谓其通于文辞，讲说于口耳之间，义袭而取诸外也。获也者，得之于心之谓，非外铄也。必如古训，而学其所学焉，诚诸其身，所谓"默而成之"，"不言而信"，乃为有得也。夫谓逊志务时敏者，非谓其饰情卑礼于其外，汲汲于事功声誉之间也。其逊志也，如地之下而无所不承也，

────────────

[1]《夏东岩先生诗集》卷五。

如海之虚而无所不纳也；其时敏也，一于天德，戒惧于不睹不闻，如太和之运而不息也。夫然，百世以俟圣人而不惑，溥博渊泉而时出之，言而民莫不信，行而民莫不悦，施及蛮貊，而道德流于无穷，斯固说之所以为说也。……[1]

阳明在给唐龙的信中说得还比较含蓄温和，但在同时给抚州重刊《象山先生文集》作的大气磅礴的序中全面论述了陆象山的心学，可以看作是他在江西五年来揭橥良知心学、讲论陆学和他的王学的一个总结：

圣人之学，心学也。尧、舜、禹之相授受曰："人心惟危，道心惟微，惟精惟一，允执厥中。"此心学之源也。中也者，道心之谓也；道心精一之谓仁，所谓中也。孔孟之学，惟务求仁，盖精一之传也。而当时之弊，固已有外求之者，故子贡致疑于多学而识，而以博施济众为仁。夫子告之以一贯，而教以能近取譬，盖使之求诸其心也。迨于孟氏之时，墨氏之言仁至于摩顶放踵，而告子之徒又有"仁内义外"之说，心学大坏。孟子辟义外之说，而曰："仁，人心也。学问之道无他，求其放心而已矣。"又曰："仁义礼智，非由外铄我也，我固有之，弗思耳矣。"盖王道息而伯术行，功利之徒外假天理之近似以济其私，而以欺于人，曰：天理固如是。不知既无其心矣，而尚何有所谓天理者乎？自是而后，析心与理而为二，而精一之学亡。世儒之支离，外索于刑名器数之末，以求明其所谓物理者，而不知吾心即物理，初无假于

---

[1]　王守仁：《与唐虞佐侍御》，见《上海图书馆藏明清名家手稿》。

外也；佛老之空虚，遗弃其人伦事物之常，以求明其所谓吾心者，而不知物理即吾心，不可得而遗也。至宋周、程二子，始复追寻孔、颜之宗，而有"无极而太极""定之以仁义中正而主静"之说，"动亦定，静亦定，无内外，无将迎"之论，庶几精一之旨矣。自是而后，有象山陆氏，虽其纯粹和平若不逮二子，而简易直截，真有以接孟子之传。其议论开辟，时有异者，乃其气质意见之殊，而要其学之必求诸心，则一而已。故吾尝断以陆氏之学，孟氏之学也。而世之议者，以其尝与晦翁之有同异，而遂诋以为禅。夫禅之说，弃人伦，遗物理，而要其归极，不可以为天下国家。苟陆氏之学而果若是也，乃所以为禅也。今禅之说与陆氏之说，其书具存，学者苟取而观之，其是非同异，当有不待于辩说者。而顾一倡群和，剿说雷同，如矮人之观场，莫知悲笑之所自，岂非贵耳贱目，不得于言而勿求诸心者之过欤！夫是非同异，每起于人持胜心，便旧习，而是己见，故胜心旧习之为患，贤者不免焉。抚守李茂元氏将重刊象山之文集，而请一言为之序，予何所容言哉？惟读先生之文者，务求诸心而无以旧习己见先焉，则糠粃精凿之美恶，入口而知之矣。正德辛巳七月朔，阳明山人王守仁书。[1]

这篇《象山先生文集序》可谓是一篇空前张大阐扬陆氏心学的昭告天下士人的"檄文"，它与席书的《鸣冤录》遥相呼应，直探陆氏心学之源，指明陆氏心学上本孔孟之学，尧舜道统，推倒了三百年来攻诋"陆学为禅"的诬陷不实之词，指出陆氏之学的根本特征是

***

[1] 见正德十六年李茂元刻本《象山先生文集》卷首。

"要其学之必求诸心"，同弃人伦、遗物理的佛学与支离外索、不求诸心的朱学毫无共同之处。尤值得注意的是，阳明旗帜鲜明地提出了一个尧舜禹汤文武周公孔孟的圣人心学道统，把陆学直称为"心学"，进而把圣贤之学也统称为"心学"，说"圣人之学，心学也"，凡"求诸其心"之学都是"心学""圣人之学"，这实际就把他致良知的王学也包括了进去。所以这篇序也是阳明张大阐扬自己良知心学的"宣言书"，冲破了多年笼罩在江西上空的程朱派与程朱官学"疑谤"的阴霾，它同新本《大学古本傍释》一起表明阳明实现了一次心学的突围。阳明在江右播撒了良知心学的种子，他终于突破"疑谤"重围，走出了江西，回浙中去进一步传播他的致良知的王学了。就在六月阳明应召赴京都前夕，他同江西门人士子告别，邹守益作诗赞颂了他在江西传播良知心学的大智大勇：

赠阳明先生

短棹三年冲盛暑，迷途万里睹重明。

谶符沙井西山定，派接濂溪赣水清。

傅野初关霖雨梦，东人谁慰绣裳情？

瞻依多少丹邱兴，惭愧经时炼未成。

赠舒国裳馆长

南浦扁舟共往还，百年心事细盘桓。

笑看富贵真春梦，且许雕镂是鼠肝。

直道已将霜剑试，斯文欲缀匣琴弹。

一峰顶上天犹远，注目层云千尺竿。[1]

---

[1]《邹守益集》卷二十六。

阳明大气回答说：

次 谦 之 韵

珍重江船冒暑行，一宵心话更分明。

须从根本求生死，莫向支流辨浊清。

久奈世儒横臆说，竞搜物理外人情。

良知底用安排得，此物由来自浑成。[1]

阳明体认到良知天然浑成，须从根本求死生，他回越中又如是奋然前行了。

随处体认与致良知
——主"格物"与主"致知"的新对决

　　阳明在江西大阐良知心学，实际还有一个更重要的讲学论道的"前沿阵地"——这就是他同湛若水的圣学论辨，一直在推动着两人各自心学思想的发展。以阳明正德十四年的"良知之悟"为分界，两人从正德初以来的共倡共论圣学又有了新的认识飞跃。阳明自正德十二年到江西以后，先还是接续着湛若水提出的"格物"与"不疑佛老"等问题展开讨论，在正月与九月，两人都有信札往还讲学论政。湛若水尤关注阳明在江西的平乱战事，在阳明平桶冈大捷后，湛若水立即给他写寄来《平寇录序》，大赞阳

---

[1]《王阳明全集》卷二十。

明兵学合一、文武一道的圣学与伟绩，认为"阳明子，精一之学
也。虽然，予将俾天下之诮夫腐儒者，知圣学之无二，而文武一
道也，乌能勿言"，这是对阳明的心学的最大肯定，但是两人的思
想分歧依然存在，又开始进一步展开论辨。因为徐爱在正德十二
年五月十七日去世，阳明有信给湛若水，请他作徐爱奠文。湛若
水在四月服阕，却不想复出，他看中了西樵的烟霞山，有隐居山
中讲学修道的打算。先在十月初他有信回阳明，同时寄给他近日
所作的诗文，有意要与阳明展开讨论。信中说：

> 　　若水遂为西樵之烟霞所留，北行之计不果矣。匪直以烟
> 霞也，德之不修，学之不讲，所志未就，终以为忧，此吾心
> 之所汲汲皇皇者也。近于西樵碧云、云端之间，卜得一藏修
> 之地，甚高敞盘郁，殊为称意，此天之所以与我甚厚，亦有
> 一二学子相随。甘泉年来为贼所迫，必寄家于广城之外，而
> 独往于西樵，虽不免时或省家，亦以不入城为戒也。仆非敢
> 为长往之计，遂与老兄远。且作二三年之规，或天有意于斯
> 文，必有良会耳。近日一二文字，令人录于别纸，并西樵诗
> 奉一览求教。人便，不惜常示及为望。不具。[1]

所谓"近日一二文字"，应就是指他服阕以后所写的一些讲学论
道的诗文，尤其是八、九、十月写的诗文。这里只举出其中四篇
最有代表性的诗文：

《祭白沙先生墓文》（丁丑服阕后）："维正德十二年，岁次丁
丑，八月甲辰朔，越廿四日丁卯，门人翰林院编修湛若水谨以刚

---

[1]　《泉翁大全集》卷九《寄阳明都宪》。按：此信即湛若水所说"十月初及郭总戎
　　　行，皆尝有奉疏"之一札。

鬣柔毛庶羞醴齐之祭，敢昭告于尊师白沙陈先生之灵曰：於乎！
生我者父母，成我者师，食我者君。盖三本之不可以一遗，况先
生于俗学之支离，念人心之惟危，而扶我以颠陟，开我之沉迷，
其功同夫生死而肉骨……慨昔修德之方与闻，而讲学之功未究，
以力未能有疑而质，得门而叩也。内外合德，敬义双造，怅未得
于面受。一悟久迷，若或有知，将就有道而正诸！九原不作，吾
谁与归？已而，已而！……"[1]

《示诸生兼告同志》："圣人亦人为，诸子早辨志。持此忠信
资，何远不可至？尧舜称大圣，其道孝弟耳。孝弟谁不然，鲜或
见天理。天理天所为，超然绝人伪。夫谁能举之？聪明与睿智。
兹理何由臻？执事自敬始。"[2]

《酬方吏部石泉与烟霞同板筑》："石泉在樵东，烟霞在樵西。
同家宇宙内，况复同藩篱。若欲散沈郁，登高以眺遐。方子于斯
时，不弃来烟霞。若欲翕发散，入谷听潺湲。湛子于斯时，不厌
过石泉。春暮方发育，石泉颇幽独。万水与千山，烟霞堪寓目。
秋冬美朝暾，烟霞颇高寒。晞发与炙背，石泉宜借眠。绕泉为盘
阻，谁复争子所？伏虎与盘龙（皆石名），呵禁乎不可。诸子游
大科（中峰名，因名大科书院），亦须从大路（村名）。有或非吾
徒，攻之以石鼓（左右盘石，击之则鸣）。"[3]

《檃括格物之说》："大学崇至善，格物为实地。格者意身心，
是谓至其理。如彼之国都，亲见乃知至。平地说相轮，伯淳所以耻。
格之厥功何？知行并时诸。终日及终身，惟此一大事。何为齐治平？
即前物理是。万一本同原，体用元非二。道丧千载余，支离为简易。

[1] 《泉翁大全集》卷五十七。
[2] 《泉翁大全集》卷四十一。
[3] 《泉翁大全集》卷四十一。

谁能一扫之？敢以告吾子。"[1]

从这些诗文中，显然可见湛若水虽然已认可了阳明的知行合一思想，主张终日终身践行，但却仍坚持他的"理一分殊""随处体认""格物即止善"以及"敬义双造"（按：这是朱熹的思想，为白沙所接受）等说，不过重复了他在九月给阳明信中所说的话。特别不同的是，阳明提出了一个身心意知物为一体的本体工夫论体系，但是并没说要用身心意去格"物"；而湛若水却认为格物就是用身心意去格"物"，"格物为实地。格者意身心，是谓至其理"，这同阳明的思想大相径庭。所以阳明回避了同湛若水的正面论辨。他从诗中看到湛若水居西樵西面的烟霞，方献夫居西樵东面的石泉，两人密切讲学论道，方献夫已完全转向了湛若水，于是一连写了两封信给方献夫，谈了自己的相关看法，实际这两封信也是对湛若水的回答。但方献夫写来回信，完全重复了湛若水的观点，甚至比湛若水有过之而无不及，这使阳明感到很失望。

湛若水在十月七日入西樵，经营烟霞山居。十一月十五日他写信给阳明告诉近况，表示要隐居山中躬耕陇亩，讲学论道，说：

> 生《乞养病疏》，十月十日已附铺马去矣。计十二月必达，可遂志也。生以十月七日入西樵，筑烟霞洞土楼小屋二层，外为正义堂，又外为门楼。屋之西有石洞，奇石如芙蓉，立其亭，曰面壁亭。稍东有小岩，一石竖如仙掌，谓之仙掌岩也。东有大科顶，樵之最高峰也。下有双泉，樵之最高泉也。其侧有七石榻，对二泉之间，为一亭，名丽泽亭。又稍东为入烟霞后洞，其口有二石如门，为后洞门。其南又有九

---

[1]《泉翁大全集》卷四十一。

龙岩、七星岩。烟霞之前为云端村，其下有石壁如削，有一岩在壁上，无路可入，流泉悬壁而下，名垂虹泉。泉侧之地已得之，为峻洁亭，其间有田数十亩，颇欲置之以为躬耕。凡此皆在樵顶。近日学子亦稍来相依。诸役冬间可落成，即携妻孥入居之矣。闻老兄经略良勤，有功于人，学之效也。但闻时事日非，彼处隐忧不可测，日夜思之，未知兄脱驾之地也。曰仁处奠愧迟，奠文已具，早晚当附梁进士（按：梁焯）转达也。当如命为作一传，第未详履历，不敢下笔耳。[1]

从"近日学子亦稍来相依"一句看，可见湛若水在山中已恢复了讲学论道。约在十一月下旬，进士梁焯谒选赴京，湛若水便托他将《祭徐郎中曰仁文》带给了阳明，文中中肯总结了他与阳明、徐爱的讲学论道的同道相知关系：

伊古圣哲，寿数百年。气有养之，力谁与焉？丙寅于京，我友阳明。君少侍侧，如玉之英。阳明远谪，君取科名。推阳明义，视我师兄。君继外补，阳明入部。长安卜邻，君时亦造。迁属南兵，阳明鸿胪。旦夕辨疑，将谓得所。阳明抚虔，君以满还。又闻在告，谓学静专。仆言病状，我忧则悬。天乎何意，竟夺斯贤！[2]

湛若水托梁焯往赴赣州送祭文，是有介绍梁焯来向阳明问学的深意的，这是他同阳明进行讲学论道的一种方式。梁焯果然留在赣州受教半载忘归，阳明在《别梁日孚序》中说"圣人之道，求之于心，故不

---

[1]　《泉翁大全集》卷九《寄王阳明都宪》。
[2]　《横山遗集》附录。

滞于事；出之以理，故不泥于物；根之以性，故不拘以时；动之以神，故不限以地"，揭示了他的心学的根本特征，实际是对湛若水的"随处体认天理"的针砭之词，要梁焯回去带给湛若水看的。

因为没有得到阳明回应，湛若水很快在十二月又写来一封信，说：

> 十月初及郭总戎（郭勋）行，皆尝有奉疏。梁进士焯行，又附徐曰仁奠文香币，未审彻览否？若水烟霞之筑已讫工，又得九龙洞、垂虹洞诸胜，可以安居自老矣。闻老兄方事夹攻之兵，应甚勤苦。若此事一了，不论功之有无，可以此时不再回府，卧病他所，累疏极言自劾，决策引退。此一机会也，过此即他事又相继上手，吾莫知兄所脱驾矣。……[1]

湛若水在信中只谈政事，也回避了讲论学问的事。对湛若水要他弃官归隐的劝告，阳明也没有回答。直到正德十三年三月阳明从征三浰归来，他才在给黄绾的信中谈到他的看法说：

> 人生动多牵滞，反不若他流外道之脱然也，奈何，奈何！近收甘泉书，颇同此憾。士风日偷，素所目为善类者，亦皆雷同附和，以学为讳。吾人尚栖栖未即逃避，真处堂之燕雀耳！原忠闻且北上，恐亦非其本心。仕途如烂泥坑，勿入其中，鲜易复出。吾人便是失脚样子，不可不鉴也。[2]

这也算是阳明对湛若水的无奈回答。此后他同湛若水的讲学论道

---

[1]《泉翁大全集》卷九《寄王阳明都宪》二。
[2]《王阳明全集》卷四《与黄宗贤》书七。

沉默了一个时候，面对程朱派与程朱官学对他的心学的"谤议"，阳明全力转向总结自己生平的思想学问，显然也有要让天下士人学子（包括湛若水、方献夫）全面正确认识他的心学思想体系的用意。到七月，他整理刻版了三卷本的《传习录》，刻版了《朱子晚年定论》，序定刻版了《大学古本傍释》，序定了《大学古本》与《中庸古本》，构建起了自己一个完整的心学思想体系。阳明又给方献夫连写了两封信，托赵善鸣（元默）与梁焯（日孚）的家人送到西樵，估计是送了他序定的《大学古本》与《中庸古本》，继续批评方献夫的"格物"说。但方献夫仍坚持他的"格物"说，回信强辨说：

> 赵元默及梁日孚价者回，两辱手札，受教多矣。《大学》"格物"之说，生固不敢自执己是，然反复潜玩，窃以为得其大旨。"物"字就于本文看出，而"格物"之义，即于"自天子以至于庶人"一节见之，自觉平易明白，不费解说，且旧本之复，意正在此，不然，何贵于复旧本也？盖"格物"物字即"物有本末"物字，故下文只以"知本"二字释"格物"，物格即知至，故曰："致知在格物"，而"此谓知本"之下，遂继之曰"此谓知之至也"。盖自物而言谓之格，自心而言谓之知，非格物之外而有所谓知至也。天下万物之理莫不有本，究此为格，知此为至，亦非无物不格而无知不尽也。故"一草一木亦要格"，"今日格一物，明日格一物"，与夫"表里精粗无不到"之说，皆支离而非本旨矣。大抵《大学》一篇，要处只在"知本""知止"二言，明德为本，至善为止……自汉以来，《大学》不明，至宋儒又说得支离，故费许多更定……若一切离去本文而外求臆说，则又恐非中

正归一之论也。[1]

方献夫完全是在用湛若水的主"格物"说反对阳明的主"致知"说，他把"格物"解释为"知理"，把"诚意""致知""知至""知本""知止""明德""至善"等都统统解释为"格物"，消解了"致知"，这正是地地道道的湛若水的主"格物"的思想，方献夫像在代湛若水辩解。因为阳明严厉批评了方献夫，又序定刻版了《古本大学傍释》等书，湛若水不能再保持沉默了，到八月，湛若水又有书来亲自论辨，恰逢杨骥归饶平，阳明就托他把新定刻版的三书带给了居西樵的湛若水，同时有信给湛若水说：

> 旬日前，杨仕德人来，领手教及《答子莘》书，具悉造诣用功之详，喜跃何可言！盖自是而吾党之学归一矣。此某之幸，后学之幸也！来简勤勤训责仆以久无请益，此吾兄爱仆之厚，仆之罪也。此心同，此理同，苟知用力于此，虽百虑殊途，同归一致。不然，虽字字而证，句句而求，其始也毫厘，其末也千里。老兄造诣之深，涵养之久，仆何敢望？至共向往直前，以求必得乎此之志，则有不约而契、不求而合者。其间所见，时或不能无小异，然吾兄既不屑屑于仆，而仆亦不以汲汲于兄者，正以志向既同，如两人同适京都，虽所由之途间有迂直，知其异日之归终同耳。向在龙江舟次，亦尝进其《大学》旧本，及格物诸说，兄时未以为然，而仆

---

[1]　《西樵遗稿》卷八《柬王阳明》书四。按：梁焯在正德十三年八月谒选离赣赴京北上，故阳明托梁焯家人递给方献夫信必在八月以前，以方献夫信中言及"旧本之复""复旧本"，可知当在七月序定《大学古本》以后阳明写二札给方献夫。此二札今佚。

亦遂置不复强聒者，知兄之不久自当释然于此也。乃今果获
所愿，喜跃何可言！昆仑之源，有时而伏流，终必达于海也。
仆窭人也，虽获夜光之璧，人将不信，必且以谓其为妄为伪。
金璧入于猗顿之室，自此至宝得以昭明于天下，仅亦免于遗
璧之罪矣。虽然，是喻犹二也。夜光之璧，外求而得也；此
则于吾所固有，无待于外也，偶遗忘之耳；未尝遗忘也，偶
蒙翳之耳。[1]

湛若水的八月来信及其《答子莘》书今佚，无从探测信中湛若
水的真实思想，但从阳明这封信中仍大致可见湛若水思想上的
新变化。阳明读了湛若水的信十分兴奋，认为"自是而吾党之
学归一矣"，意思是说他和湛若水的思想都是心学，"此心同，
此理同"，只是在一些具体问题上看法不同，走着通往共同的心
学圣道的不同途径而已，终究会"百虑殊途，同归一致"，"知
其异日之归终同耳"。阳明从湛若水的信中看到了湛若水的思想
已有转变，在向他靠拢，这就是湛若水原来在正德十年龙江之
会上并没有接受认同阳明序定的《大学古本》与《格物说》，
但后来已经"释然"，认同了阳明的《大学古本》与《格物
说》。这里已透露出湛若水自己也在定《大学古本》与《中庸
古本》的重要信息，表明湛若水也忽然在今年写成《古大学
测》与《中庸测》（还有方献夫作《大学原》与《中庸原》），
完全是受到了阳明的启发与推动。但湛若水在信中隐瞒了他在
七月已写成《古大学测》与《中庸测》的事实，使阳明作了错
误的判断。无怪湛若水收到了阳明寄来的三部新书，评价并不

[1]《王阳明全集》卷四《答甘泉书》一。

高，他在给顾应祥的信中说：

> 某顿首复：某自入山来，寻常于当道处书简，皆和而不
> 倡以为例，退者当如是也。然每每于吾兄恒不忘情，然且亦
> 不敢破例而为也。仕德来，承专使手教，新书之惠，即如面
> 兄矣，为慰当何如耶！某多病，学与年颓，日且省过，欲寡
> 而未能。阳明乃见谓造诣益精，非所敢当也。吾兄质赋浑
> 厚……若有所得，不惜时示及。阳明《传习录》颇粗阅之，
> 未及精详。其中盖有不必尽同，而不害其为同者。《朱子晚年
> 定论》盖深得我心之同然，乃公论也。世儒每每以初年之论
> 求之非之，良可叹也！兄以为何如？[1]

湛若水回避了对《大学古本傍释》的评价，无疑是要掩盖他的
《古大学测》与《中庸测》同阳明的《大学古本傍释》及其所定
《大学古本》《中庸古本》的根本差异。对《传习录》只说"其
中盖有不必尽同，而不害其为同者"，实际对《传习录》仍持批
评存疑的态度。而对《朱子晚年定论》说"盖深得我心之同然"，
也是违心之论，就是他说的"皆和而不倡以为例"。

湛若水实际受到龙江之会的推动与阳明所定《大学古本》的
启发，自定了《大学古本》与《中庸古本》，在七月就已写成了
《古大学测》与《中庸测》，与阳明的《大学》学与《中庸》学
思想形成对立。他在《古大学测序》中说：

> 甘泉子读书西樵山，于《十三经》得《大学古本》焉，

---

[1]　《泉翁大全集》卷九《答顾惟贤金宪》。

喟然叹曰："大学之道，其粲然示人博矣，其浑然示人约矣。明德亲民，其粲然矣乎！止至善，其浑然矣乎！夫非有二之也，其粲然者，乃其浑然者也。是故明德亲民以言乎大体矣，止至善以言乎实功矣。盍谓粲然？其体用周以弘，其分成己而成物，是故以言乎大体也。盍谓浑然？其理要，其学易简而久大，是故以言乎实功也。"曰："请闻其要焉。"曰："至善。至善也者，以言乎身心之于家国天下之事物之理之纯粹精焉者也。纯粹精焉者，非他也，天理也。天理者，非他也，吾心中正之本体也。明德亲民之奥也，其体用一原者也。是故止至善而明德亲民之能事毕矣。"曰："盍止之？"曰："自知止而能定静安虑，知行并进乎此者也。知所先后，知此者也。自天下而之格物，自格物而之天下平，始终反说，要归乎此者也。格物也者，即止至善也，言屡而意致矣，故止至善则无事矣"或曰："子之必主乎古本，何也？"曰："古本以修身申格致，其教人也，力身之也，非口耳之也。学者审其词焉，其于道斯过半矣。是故其书完，其序严，其文理，其反复也屡，其义尽。大哉！博矣约矣，其道也，其至矣乎！"予惧斯文之晦，求之者博而寡要，劳而无功也，诚不自揣，谨离章集训而测焉，以俟君子。正德戊寅孟秋。[1]

湛若水也像阳明一样从《十三经》中取出《礼记》的《大学》本子来作训解（按：实际即《五经正义》中郑玄注、孔颖达正义的本子），就这一点表明他认同了阳明定的《大学古本》。但是实际上经学史上并不存在所谓《大学》古本、今本的文本之分，如朱

---

[1] 《泉翁大全集》卷十六。按：此序原无最后一句，兹据《经义考》卷一百五十与《古今图书集成》卷二百八十所引序补。

熹也是从《五经正义》中取出《礼记》的《大学》本子作章句，他并没有改动这个《礼记》中的《大学》文本的一个字，而只是在章句注解中作了自己的分段解说，怎么能说他用的《大学》本子是"大学今本"呢？既然朱熹与阳明、湛若水都是用的同一个《礼记》中的《大学》本子，不存在什么"大学古本"与"大学今本"的不同，区分"大学古本""大学今本"的说法显然是错误的。湛若水承袭了阳明"古本大学"的错误说法，以湛若水与阳明比较而言，他们都是用的同一个《礼记》中的《大学》本子，也只是在训解诠释上有不同：湛若水依据他的"理一分殊"与"随处体认天理"（分殊体认），以"修身"为《大学》之本，以"格物"为《大学》之要（按：此本自太祖朱元璋之说），修身即格物，"以修身申格致"；因此格物即止善，"格物也者，即止至善也"；而所谓止善就是格求事物之理，随处体认天理，"至善也者，以言乎身心之于家国天下之事物之理之纯粹精焉者也。纯粹精焉者，非他也，天理也"。而阳明则依据他的"心一分殊"与"心体体认"，以"诚意"为本，以"格物"为"诚意"的工夫；故格物即正心，诚意即止善，而至善即心体，"至善也者，心之本体也"，止于至善就是一个本于诚意体认心体的过程；阳明尤其充分注意到了《大学》中的"致知"这一环节，他把"知"解为"心"，"知"即知善知恶，而"致"即"去蔽""扩充"心体。可见湛若水与阳明对《大学》的解说完全是两个不同的经学诠释体系，如果说这时湛若水还在"随处体认天理"的思想光圈中踯躅不前，那么阳明却已经从"体认心体"走到了"致良知"的门槛前。湛若水到嘉靖七年作《格物通》时，在序中仍守旧说认为："伏睹我太祖高皇帝谕侍臣曰：'《大学》一书，其要在修身。'而《大学古本》以修身释格致，曰：'此谓知本，此谓知之至也。'经文两推天下国家身心意，皆归其要于格物，则圣祖盖深契夫古者《大学》之要矣乎！"[1] 而阳明在正德十四年就已有"良知之悟"，用"致良知"来解说《大学》中的"致知"了。

至于在《中庸》学上也是如此。湛若水在《中庸测序》中说：

> 史若水曰：夫《中庸》何为者也？夫作者之志，其有忧乎！夫子没而微言绝矣，异端将起而大义乖矣，是故子思忧之：忧夫道学之不明也；忧语用者之离夫本也；忧语本者之离夫用，而本非本于天者也。本于天者，性也。故《中庸》者，本诸性而道具焉，本诸体而用具焉，本诸中而和生焉。是故君子慎独，养其中而已也。中立而和生焉，修道教，致中和，而位育成焉，是故一体也。夫中庸者，自天而推之人者也，自人而复乎天者也。斯理也，其执中建中之传、博约之教、一贯之旨也。子程子曰："体用一源，显微无间。"其有以默识此矣。故《中庸》者，一干而四肢者也。干也者，言其篇之首也。四肢也者，言其自一而二而三而之其卒焉者也。夫天下之支，未有不原于干者矣；天下之干，未有不因支焉，以发明者矣。是故以明乎慎独之功者，莫大乎一支；以言乎体道而致之中和位育者，莫大乎二支；以言乎体道之极功，而放之中和位育之极致者，莫大乎三支；以言乎反本而约之，其功密，其为效远，其体用一，莫大乎四支。是故一干本根，纯粹精矣；四支发挥，旁通情矣。大哉道也，斯其至矣。予忧夫世远言湮，作者之精殆不可见，而道或几乎

---

[1] 《泉翁大全集》卷二十《圣学格物通大序》。参见其《进圣学格物通表》。

晦也，为之作测。[1]

如果把这篇《中庸测序》同阳明的《修道说》（阳明定《中庸古本》所作的序）相比较，可以明显看出两人的《中庸》学是两个不同的诠释体系：阳明是以"心"说《中庸》之诚，湛若水是以"性"说《中庸》之道。在《中庸》的思想上，阳明认为《中庸》学就是一个修道复心的思想体系，《中庸》说的"诚"就是指心本体（心即理），主张通过"致中和"的工夫以立大本，复心体，通过精一执中以复善复心，所以说"诚是心之本体，求复其本体，便是思诚的工夫"。这种"复心"的《中庸》学体系是同他的"诚意"的《大学》学体系统一的。湛若水却认为《中庸》学是一个修道复性的思想体系，认为天道即"性"，人性即天理，"本于天者，性也"，"《中庸》者，本诸性而道具焉"，因此《中庸》是以"诚"为性本体，主张通过"致中和"的工夫以位育成，复性体，通过精一执中以复善复性，所谓"夫《中庸》者，自天而推之人者也，自人而复乎天者也"，"自天而推之人"是说天理即人性（性即理），指人的天命之性；"自人而复乎天"是说人复归于善性，复善复性体。简单地说，阳明是以"心"说《中庸》，以"中"复心体；湛若水是以"性"说《中庸》，以"中"复性体。湛若水的《中庸》学还打有鲜明的朱熹性学思想体系的烙印。在《中庸》的文本上，湛若水认为《中庸》是"一干四支"：《中庸》首章是"干"，其余各章是"四支"；"干"为四支之"本根"，支是"发明"本根之"干"，所以"一干本根，纯粹精矣；四支发挥，旁通情矣"。这种分章法，同朱熹将《中庸》分为经、

---

[1]　《泉翁大全集》卷十六。

传，以首章为根本之经、以其余各章为传发明经说的分章法并无二致，这就无怪他不敢把他的《中庸测》称为《古中庸测》了。

　　湛若水虽然没有把《古大学测序》与《中庸测序》寄给阳明，但阳明从他的信与诗文中也大致认清了他的《大学》学与《中庸》学思想，所以阳明没有回信，却在九月修建了濂溪书院后，他大书《大学古本》《中庸古本》及周敦颐《太极图说》《通书》"圣可学乎"章，刻石于郁孤山，特作一跋称颂周敦颐的"主静"，批评朱熹的"主敬"，以"定之以中正仁义"为"太极"，以"主静"为"无极"，实际也有批评湛若水的《大学》学与《中庸》学思想的深意。这表明湛若水的《大学》说与《中庸》说也从反面推动了阳明对《大学》与《中庸》作进一步的思考，引发了他的"良知之悟"。正德十四年的"良知之悟"恰就是在同邹守益讲论《大学》与《中庸》中"妙悟良知之秘"的，他大悟说的"致知者，致吾之良知也；格物者，不离伦物，应感以致其知也，与慎独一也"，显然也是针对湛若水的《大学》说与《中庸》说而言。

　　阳明的"良知之悟"，是对湛若水的"随处体认天理"的反拨，拉开了他同湛若水的思想距离，所以湛若水也迟迟不把《古大学测》与《中庸测》寄给阳明。原来在阳明有一个"良知之悟"的同时，湛若水也有一个"烟霞之悟"，他在正德十四年七月特意把《二测》书寄给了阳明弟子陈九川，告诉了他的"烟霞之悟"，在给陈九川信中进一步明确阐述了自己与阳明不同的思想：

　　　　前者象山之说，所见又进一格，但恐主内太过，反又不
　　能无忧，不若程氏内外合一，为无蔽耳，故琐琐言之。近编
　　得《遵道录》，盖欲人求之中道也。格物之说，后有顿别，

元来明德、新民全在止至善上用功，知止能得，即是知行合一，乃止至善之功，其古之欲明明德二节，反复推到格物上，意心身都来在格物上用功，上文知止定安即其功也。家国天下皆在内，元是一段工夫，合内外之道，更无七段八段。格物者，即至其理也。意、心、身至于家、国、天下，随处体认天理也，与《中庸》之意同。烟霞中夜悟此一段甚适，复检程子书云："至其理乃格物也。致知在所养，养知莫过于寡欲。"乃先得我心之所同然者。所谓至者，意、心、身至之也，如古人所谓"穷理犹穷其巢穴之穷"，必身至之也。世以想象记诵为穷理者远矣。山居曾整理《古本大学》及《中庸》二《测》，因令人录奉一阅，乃区区近年用心要处也。[1]

从《大学》学上看，阳明的"良知之悟"是上本周敦颐的"主静"说，在大学"三纲"中突显"明明德"一纲，用"心体体认"解释"明明德"；在大学"八目"中突显"致知"一目为最根本的环节，用"致良知"解释"致知"，致知即致良知，建构了一个以"良知"为本体、以致良知为工夫的心学体系。湛若水的"烟霞之悟"则是上本于程颢的"格物"说，在大学"三纲"中突显"止至善"一纲，用"分殊体认"解释"止至善"；在大学"八目"中突显"格物"一目为最根本的环节，用"止至善"（修身）解释"格物"，格物即至理，建构了一个以"至善"为本体、以随处体认天理为工夫的心学体系。所谓"烟霞之悟"，就

[1]　《泉翁大全集》卷九《寄陈惟濬》。按：陈九川在正德十三年四月因谏武宗南巡削籍归临川，即湛若水此《寄陈惟濬》中所云"知吾惟濬得旨归故山。景川道惟濬独本抗谏，想坐此也"，故可确知此《寄陈惟濬》作在正德十四年七月，至八月则陈九川已来南昌见阳明。书中言"近编得《遵道录》"，按《遵道录》自署编成在"正德己卯春三月望"。

是他认识到"格物"就是至理，格物就是随处体认天理，格物作为一种工夫论，就是指人的身、心、意都是在格物上用功，格物贯通了八目，合内外之道，格物、致知、正心、诚意、修身、齐家、治国、平天下都是在格物至理，都是在随处体认天理，三纲也是这样贯通合一，所以他说："格物者，即至其理也。意、心、身至于家、国、天下，随处体认天理也。"由此湛若水甚至认为陆学也是支离之学，没有合内外之道，象山之说"但恐主内太过"，他在《叙遵道录》中谈到他的这一"烟霞之悟"说："今之为朱、陆之辨者赜矣，或失则外，或失则内，或失则高，或失则下，皆支离之咎也。支离也者，二之之谓也。孔孟没而免于支离者，鲜矣，吾弗敢遵焉尔。"而在《答王宜学二条》中，他把自己的"烟霞之悟"说得更清楚：

> 《古本大学》，仆亦数年理会，乃叹《大学》之道不明久矣。所谓八条目，正窃疑之。此两条反复推本，皆原格物，即实一事耳，非有所谓八也。如明德、亲民，其下手只在止至善耳，非有三也……格物，即止至善也，圣贤非有二事，自意、心、身至家、国、天下，无非随处体认天理，体认天理即格物也……程子曰："格者，至也；物者，理也；至其理，乃格物也。致知在所养，养知莫过寡欲。"仆向在山中，忽悟此一段，后检程书见此，深得我心之同然，遂沛然自信，持之久而未敢以语人。[1]

湛若水的"烟霞之悟"，是把格物、致知、正心、诚意、修身、

---

[1]《泉翁大全集》卷九。

齐家、治国、平天下都说成是在"格物"（随处体认天理，至其理）；阳明的"良知之悟"，是把格物、致知、正心、诚意、修身、齐家、治国、平天下都说成是在"致知"（致良知，体认心体）。这是心学诠释上的"格物"说与"致知"说的对立。湛若水曾说"阳明公初主'格物'之说，后主'良知'之说"（《阳明先生墓志铭》），就指阳明在"良知之悟"后由主"格物"转向主"致知"，而湛若水却一主"格物"不变。湛若水批评陆象山"主内太过"，实际也是在批评阳明王学"主内太过"，所以他确实一时"未敢以语人"。但陈九川在八月来到南昌，把湛若水作《古大学测》与《中庸测》的事告诉了阳明，两人展开了这样一番对答：

> 又问："甘泉近亦信用《大学古本》，谓格物犹言造道。又谓穷理如穷其巢穴之穷，以身至之也。故格物亦只是随处体认天理，似与先生之说渐同。"先生曰："甘泉用功，所以转得来。当时与说'亲民'字不须改，他亦不信。今论格物亦近，但不须换物字作理字，只还他一物字便是。"后有人问九川曰："今何不疑'物'字?"曰："《中庸》曰'不诚无物'，程子曰'物来顺应'，又如'物各付物''胸中无物'之类，皆古人常用字也。"他日先生亦云然。

> 后在洪都，复与于中、国裳论内外之说。渠皆云："物自有内外，但要内外并着功夫，不可有间耳。"以质先生，曰："功夫不离本体，本体原无内外。只为后来做功夫的分了内外，失其本体了。如今正要讲明功夫不要有内外，乃是本体功夫。"

> 又问："陆子之学何如?"先生曰："濂溪、明道之后，还是象山，只是粗些。"九川曰："看他论学，篇篇说出骨髓，句句似针膏肓，却不见他粗。"先生曰："然他心上用过

> 功夫，与揣摹依仿，求之文义，自不同。但细看有粗处，用
> 功久当见之。"[1]

阳明这些话实际都是针对湛若水而言。陈九川说湛若水"似与先生之说渐同"，只是指湛若水在《大学古本》及"亲民"等的解说上转向了阳明，所以阳明说他"转得来"。阳明认为不须把"格物"的"物"字改为"理"字，是因为湛若水把格物解为"至理""造道"，对格物作了错误的解说。阳明认为心本体（良知）无内外，所以他是从本体上讲心无内外；而湛若水却认为格物无内外，所以他是从工夫上讲物无内外。因此，阳明认为陆学"在心上用过功夫"，不能说他"主内太过"，言下之意，倒是说湛若水的"随处体认天理"是"主内不过"了。

　阳明对陈九川已初步表达了他对湛若水的"格物"与"随处体认"的看法。到九月，杨骥与薛侃归潮州，阳明便写了致湛若水与方献夫二信托杨骥送到西樵。两封信的意思一样，阳明在致方献夫信中说：

> 《大学》旧本之复，功尤不小，幸甚幸甚！其论象山处，举孟子"放心"数条，而甘泉以为未足，复举"东西南北海有圣人出，此心此理同"，及"宇宙内事皆己分内事"数语。甘泉所举，诚得其大，然吾独爱西樵子之近而切也。见其大者，则其功不得不近而切，然非实加切近之功，则所谓大者，亦虚见而已耳。自孟子道性善，心性之原，世儒往往能言，然其学卒入于支离外索而不自觉者，正以其功之未切耳。此

> 吾所以独有喜于西樵之言，固今时对证之药也。古人之学，
> 切实为己，不徒事于讲说。[1]

阳明认为湛若水引陆象山的"心即理"说是"诚得其大"，但还
缺"切进之功"，所以仍是"虚见而已"。阳明所说的"切进之
功"，就是指致良知的工夫，知行合一的工夫，"不徒事于讲说"。
方献夫有回信说：

> 西樵山中近来士类渐集，亦颇知向方，但未见有实得力
> 者。大抵此学真是数百年绝学，非卓有实见者难以言矣。甘
> 泉大有倡率讲明之意，近构学舍数十于山，以延学者，将来
> 必有成就，此亦一盛事也。其所立言大旨，虽少与生未翕然
> 者，然未敢悬论……尝获观《朱子晚年定论》《传习录》二
> 书，多所启发，《朱子晚年定论》固是先生纳约自牖之意，
> 非其至者，然得此一书，与士子省却多少言语。其《传习
> 录》中间论《中庸》戒惧慎独为一处，真是破学者万世之
> 疑。及谆谆"天理"二字，又是于学者日用甚切，此等处诚
> 不可无。惟格物博文之说，生尚有未释然者，但难以纸笔指
> 陈，当俟面见请益。先生之说，或是一时救偏补弊之论，但
> 恐学者不知，而反有疑于中正归一之极也……甘泉于此处亦
> 疑，望不惜平心博论，以致于大同也，幸甚！[2]

方献夫对阳明之说其实多有否定。对《朱子晚年定论》，他认为
不过是一部"先生纳约自牖之意，非其至者"的书。对《传习

---

[1] 《王阳明全集》卷四《答方叔贤》。
[2] 《西樵遗稿》卷八《柬王阳明》书二。

录》，他认为阳明的"格物博文之说"令人起疑，是"一时救偏补弊之论"。湛若水所以质疑阳明的"格物"之说，就是因为阳明把"格物"解为"正心"，同湛若水把"格物"解为"至理"（造道）不合，在工夫论上，湛若水主"格物"，而阳明主"致知"。

湛若水的回答也同方献夫一样。他先在给方献夫的信中强辨说：

> 观阳明书，似未深悉愚意。吾所举象山宇宙性分之语，所谓性分者，即吾弟所举本心之说耳，得本心，则自有以见此矣。本心宇宙恐未可二之也。承教明道"存久自明，何待穷索"，最简切，但须知所存者何事，乃有实地。首言"识得此意，以诚敬存之"，知而存也；又言"存久自明"，存而知也。知行交进，所知所存，皆是一物。其终又云："体之而乐，亦不患不能守。"大段要见得这头脑亲切，存之自不费力耳……阳明书并寄，一阅便还。[1]

针对阳明批评湛若水尚缺少"切进之功"的工夫，湛若水提出了"存知交修并进"的工夫修养论：以诚敬存心，以致知至理，存知兼修，所谓知而存也，存而知也，知行交进。这种存知兼修，同朱熹说的敬知双修如出一辙，实际还是对他的"格物"工夫的具体演绎，所以他强调"所知所存，皆是一物"，所知所存都要落实到"实地"——格物（即至理）上，故他说"格物为实地"，"须知所存者何事，乃有实地"，这还是他说的随处体认天理，与阳明的"体认心体""致良知"不合。无怪湛若水在给方献夫的

---

[1]《泉翁大全集》卷八《答方西樵》。

信中还说得比较清晰，而在给阳明的回信中却含糊地说：

> 诸所论说，皆是斩新自得之语。至《朱子晚年定论》一编，似为新见。第前一截则溺于言语，后一截又脱离于言语，似于孔子所谓"执事敬"内外一致者，两失之耳。承奖进之意极厚，至读《与叔贤书》，又不能无疑。所谓宇宙性分，与张子《西铭》、程子识仁同一段，皆吾本心之体，见大者谓之大，见近者谓之近，恐未可以大小远近分也。凡兄所立言，为人取法，不可不精也。[1]

湛若水实际全否定了阳明对他的批评。所谓"前一截则溺于言语，后一截又脱离于言语"，是说阳明把朱熹早年的支离外索格物之说看成是"溺于言语"，而把朱熹晚年求理于心的定论（陆氏心学）又看成是"脱离于言语"，都是失于一偏（主外太过与主内太过），内外不合，所以是"两失之"。对于阳明批评他的宇宙性分之说，湛若水用"理一分殊"来反驳，认为他的说法同张载《西铭》的"理一分殊"与程子的"识仁"说（仁为体）相合，仁为本体，是"理一"；知见大见小见远见近，是"分殊"，符合程子内外合一的"求之中道"，不偏内偏外，并不是"非实加切进之功"。

显然，在"良知之悟"与"烟霞之悟"以后，阳明已转向大阐"良知"之说，湛若水则转向大阐"格物"之说，阳明与湛若水在思想上的差距加大，在对《大学》体系的诠释上全然不能相合。所以湛若水仍迟迟不把《古大学测》与《中庸测》寄给阳

---

[1]《泉翁大全集》卷八《答阳明都宪》。

明，而阳明又投入到紧张的处置平宸濠叛乱的善后事宜中，两人的讲学论辨中止了一个时候。直到正德十五年二月，方献夫给阳明寄来了他的《大学原》，才算恢复了阳明与方献夫、湛若水的讲学论辨。方献夫的《大学原》其实同湛若水的《古大学测》思想稍有异，他作《大学原》与《中庸原》的宗旨就是要批驳朱熹的《大学中庸章句》，他在给湛若水信中说："无《章句》，则《二原》不必作。区区之志则如此。"[1] 他后来在给闻人诠的信中更说："此二书，仆留心三十年矣，而得于山中静功尤多……大抵《大学》复旧本，全在致知、诚意二章，此仆初意也。二章若不如此解，则复旧本无谓。今如仆说，似甚坦然，平易明白，不费气力，不费词说。"[2] 方献夫的《大学原》的主旨就是用"格物"来解说"致知""诚意"，所以他在《大学》上主"致知""诚意"，实际还是主"格物"，同湛若水主"格物"的思想相类，而同阳明主"致知（致良知）"的思想迥然不同。他在给阳明的信中也自道出了这层意思：

> 又《大学原》一册，并呈请教。此书虽未敢以为定论，然生数年学力所得如此，实于心思而身体之，非苟说也。切以为《大学》一书只如此看，多少平易明白，而学亦不难矣。何如何如？有未当处，仍乞不惜指示。尚有《中庸原》一册，录未及，续当奉去。[3]

阳明读了《大学原》，全盘否定了方献夫的《大学》解说，他在

[1]《西樵遗稿》卷八《复湛太史》书九。
[2]《西樵遗稿》卷八《与侍御闻人提学》。
[3]《西樵遗稿》卷八《柬王阳明》书三。

回信中直率地说：

> 承示《大学原》，知用心于此深密矣。道一而已，论其
> 大本大原，则《六经》《四书》无不可推之而同者，又不特
> 《洪范》之于《大学》而已。此意亦仆平日于朋友中所常言
> 者。譬之草木，其同者，生意也；其花实之疏密，枝叶之高
> 下，亦欲尽比而同之，吾恐化工不如是之雕刻也。今吾兄方
> 自喜以为独见新得，锐意主张是说，虽素蒙信爱如鄙人者，
> 一时论说当亦未能遽入。且愿吾兄以所见者实体诸身，必将
> 有疑；果无疑，必将有得；果无得，又必有见，然后鄙说可
> 得而进也。学之不明几百年矣，近幸同志如甘泉、如吾兄者，
> 相与切磋讲求，颇有端绪，而吾兄忽复牵滞文义若此，吾又
> 将谁望乎？君子论学，固惟是之从，非以必同为贵。至于入
> 门下手处，则有不容于不辩者，所谓毫厘之差、千里之谬矣。
> 致知格物，甘泉之说与仆尚微有异，然不害其为大同。若吾
> 兄之说，似又与甘泉异矣……近与甘泉书，亦道此，当不以
> 为罪也。[1]

阳明已经完全在用他的"致良知"说批评方献夫的牵制文义、支
离强解的"格物"说。所以湛若水也避开了阳明的学问论辨的锋
芒，先在正月有信给阳明，只告诉说自己已避盗远居发履冡下。
阳明连写了两封信给他，除了关心他的避乱离家的旷寂生活外，
特别指出他的学问有支离内外、逐外忘内之弊。到七月，湛若水
才有回信，对阳明的批评作了强力辩护，说：

---

[1] 《王阳明全集》卷五《答方叔贤》书一。

> 西樵两承远虑，非骨肉之义，何以及此？……所示前此
> "支离之憾"，恐兄前此未相悉之深也。夫所谓"支离"者，
> 二之之谓也，非徒逐外而忘内，谓之"支离"；是内而非外
> 者，亦谓之"支离"。过犹不及耳，必体用一原，显微无间，
> 一以贯之，乃可免此。仆在辛、壬之前，未免有后一失；若
> 夫前之失，自谓无之；而体用显微，则自癸、甲以后，自谓
> 颇见归一。不知兄之所憾者安在也？[1]

湛若水的说法尤值得玩味，在这里他既总结了自己思想的发展，
又同阳明的思想作了比较，也指出了未来两人圣学（心学）的发
展方向。他认为自己在辛、壬之前（按：指入山归居之前）思想
有"是内而非外"的支离之弊，但无"逐外而忘内"的支离之
弊，这是对他的"随处体认天理"思想的最好肯定，隐含了对阳
明早期心学思想"是内而非外"弊病的批评。他认为自己在辛、
壬以后思想已内外兼重，内外合一，会归于一，这是对他的"格
物"说的最好肯定，隐含了对阳明后期"是内而非外"的"致良
知"思想的批评。所以他认为未来圣学（心学）的正确发展方向
应该是兼取两家之长，达到心物兼重，内外合一，体用一原，显
微无间，克除支离二分，一以贯之，消弭各自学问的偏颇。湛若
水认为这才是真正的"孔门心法"[2]。

　　湛若水这封信估计应就是杨鸾在七月初从西樵带来给阳明的，
正好这时杨骥病逝，杨鸾请阳明与湛若水作文祭奠，给了两人借
作祭文再次论辨学问异同的机会。两人都认定杨骥是尊信自己思
想的弟子，阳明在祭文中说："秋初，士鸣过赣，凶变适传……昔

---

[1] 《泉翁大全集》卷八《答阳明》。
[2] 参见《泉翁大全集》卷三十一《孔门传授心法论》。

尚谦为吾言：潮有二凤，盖指士德昆季也。后皆相继为我得，自以为斯文之瑞，而今失其一矣，呜呼伤哉！"[1] 湛若水却在祭文中认定杨骥是尊信他的思想的弟子，他特别用杨骥的例子点出了他与阳明思想的异同说：

> 道丧千载，学失其心。失之者，岂惟逐物而迁？盖有心心相持，束缚天君，如髢如钳，则忘则助，二者支离而愈分，而不知本体之自然者，即事而在，不存而存，内外合一，而不容二三以入也……君师阳明，谓予同道。仕鸣来樵，合一是讨。逾年君来，昆季其究。君时是内，恶物之疚（按：指是内非外）。君病憔悴，予曰"心病"。予忧予言，予言砭订。君亦予然，匪则来正（按：指杨骥来学甘泉，消除重内轻外之弊，内外合一）。孰病孰知，生也则幸……若吾仕德者，可谓知学而得师矣。[2]

湛若水说的这些话，同他在七月寄给阳明的信中说的话完全一样。在他看来，杨骥初从阳明受学，有"是内非外"之病，"恶物之疚"；后来向湛若水问学纠偏，认识到形上心本体自然纯明，但又形下即事而在，即物而存，遂能做到内外合一，消除了支离二分之病。湛若水用杨骥思想转变的例子批评了阳明"重内轻外"的致良知，肯定了自己"内外合一"的格物说。

对湛若水的这些自以为是的说法，阳明没有马上回信反驳论辨。直到正德十六年二月杨鸾有书来求作墓铭，阳明才在给杨鸾的信中谈了他的看法，实质就是严厉批驳湛若水的说法的：

---

[1] 王守仁：《奠杨少默》，《饶平县志》卷二十。
[2] 《泉翁大全集》卷五十七《奠杨仕德文》。

喻及"日用讲求功夫，只是各依自家良知所及，自去其障，扩充以尽其本体，不可迁就气习以趋时好"。幸甚幸甚！果如是，方是致知格物，方是明善诚身。果如是，德安得而不日新！业安得而不富有！谓"每日自检，未有终日浑成片段"者，亦只是致知工夫间断。夫仁，亦在乎熟之而已。又云："以此磨勘先辈文字同异，工夫不合，常生疑虑。"又何为其然哉？区区所论"致知"二字，乃是孔门正法眼藏，于此见得真的，直是建诸天地而不悖，质诸鬼神而无疑，考诸三王而不谬，百世以俟圣人而不惑！知此者，方谓之知道；得此者，方谓之有德。异此而学，即谓之异端；离此而说，即谓之邪说；迷此而行，即谓之冥行……所谓"此学如立在空中，四面皆无倚靠，万事不容染着，色色信他本来，不容一毫增减。若涉些安排，着些意思，便不是合一功夫"，虽言句时有未莹，亦是仕鸣见得处，足可喜矣。但须切实用力，始不落空。若只如此说，未免亦是议拟仿象，已后只做得一个弄精魄的汉，虽与近世格物者症候稍有不同，其为病痛，一而已矣。诗文之习，儒者虽亦不废，孔子所谓"有德者必有言"也。若着意安排组织，未有不起于胜心者，先辈号为有志斯道，而亦复如是，只是习心未除耳。仕鸣既知致知之说，此等处自当一勘而破，瞒他些子不得也。[1]

阳明实际是在用他的主"致知"说（致良知）批评湛若水的主"格物"说，他批评的"近世格物者"是把湛若水也包括进去了。湛若水称他的主"格物"说是"孔门心法"，阳明则称他

---

[1]《王阳明全集》卷五《与杨仕鸣》。

的主"致知"说是"孔门正法眼藏",两人的思想形成了鲜明的对立。

阳明把凡一切同他的"致良知"思想相异的学说都斥为"异端""邪说",无疑把湛若水的"格物至理"说也包括了进去。大概湛若水感到阳明对他的思想还缺少全面的了解,终于决定把《古大学测》与《中庸测》寄给他看,正好陈洸(世杰)要赴京会试,湛若水便托他将"二测"带给阳明。陈洸在五月会试后南归经南昌,把"二测"送呈阳明。阳明读了湛若水的"二测"后,更加相信了自己的判断,他一连写了两封回信给湛若水,坚持自己的看法,重点都是在辨析湛若水的"格物"说与自己的"致知"说的根本不同。第一封信说:

> 世杰来,承示《学庸测》,喜幸喜幸!中间极有发明处,但于鄙见尚大同小异耳。"随处体认天理"是真实不诳语,鄙说初亦如是;及根究老兄命意发端处,却似有毫厘未协,然亦终当殊途同归也。修、齐、治、平,总是格物,但欲如此节节分疏,亦觉说话太多。且语意务为简古,比之本文反更深晦,读者愈难寻求,此中不无亦有心病?莫若明白浅易其词,略指路径,使人自思得之,更觉意味深长也。高明以为何如?致知之说,鄙见恐不可易,亦望老兄更一致意,便间示知之。此是圣学传心之要,于此既明,其余皆洞然矣。意到肯切处,不得不直,幸不罪其僭妄也。叔贤《大学》、《洪范》之说,其用力已深,一时恐难转移,此须面论,始有可辩正耳,会间先一及之。[1]

---

[1]《王阳明全集》卷五《答甘泉》。按:阳明的第二封信今佚。

阳明断然认为自己的"致知"（致良知）是"圣学传心之要"，委婉否定了湛若水的"格物"说。第二封论"格物"说的信，估计就是在六月南海伦以谅中举归经南昌来见阳明，阳明托他带给湛若水的。这封信可能言词比较激烈，后来亡佚，但从同时阳明写给伦以训的《答伦彦式》书中，犹可仿佛领略印证阳明在给湛若水第二封信中的内容。阳明在给伦以训的信中主要谈了他对"主静"的认识，说：

> 近令弟过省，复承惠教……谕及"学无静根，感物易动，处事多悔"……大抵三言者，病亦相因。惟学而别求静根，故感物而惧其易动；感物而惧其易动，是故处事而多悔也。心，无动静者也。其静也者，以言其体也；其动也者，以言其用也。故君子之学，无间于动静。其静也，常觉而未尝无也，故常应；其动也，常定而未尝有也，故常寂；常应常寂，动静皆有事焉，是之谓集义。集义故能无祇悔，所谓动亦定，静亦定者也。心一而已，静，其体也，而复求静根焉，是挠其体也；动，其用也，而惧其易动焉，是废其用也。故求静之心即动也，恶动之心非静也，是之谓动亦动，静亦动，将迎起伏，相寻于无穷矣。故循理之谓静，从欲谓之动。欲也者，非必声色货利外诱也，有心之私皆欲也。故循理焉，虽酬酢万变，皆静也。濂溪所谓"主静"，无欲之谓也，是谓集义者也。从欲焉，虽心斋坐忘，亦动也。告子之强制，正助之谓也，是外义者也。[1]

阳明在这里详论周敦颐的主静无欲说也是针对湛若水而发。湛若

---

[1]《王阳明全集》卷五《答伦彦式》。

水把自己的"格物"说推本于程颢的格物至理说，所以他把格物、致知、诚意、正心、修身、齐家、治国、平天下都说成是在"格物"，要求随处体认天理，"体认分殊"；阳明则把自己的"致知"说推本于周敦颐的主静无欲说，所以他把格物、致知、诚意、正心、修身、齐家、治国、平天下都说成是在"致知"，要求致良知，"体认心体"。因此阳明论辨周敦颐的主静无欲说，实际就是在论述自己的"致知"说（致良知），批评湛若水的"格物"说。引人注目的是，阳明在这里提出了心体无动静与心用有动静之说，认为心体为静，心用为动；静为体，动为用；循理（善）为静，从欲（恶）为动；体用一源，动静一如，善恶一体。这一思想同他以前说的心体无善恶、心用有善恶、善恶为一件的思想相合，也开了他后来的"王门八句教"（四无教与四有教）说的"心无善恶"与"心有善恶"的先河，隐隐留下了他由"王门四句教"向"王门八句教"（四无教与四有教）演进转变的依稀足迹。

阳明在信中批评湛若水的"格物"说与否定他的"二测"的鲜明立场，触痛了态度一向低调含糊、模棱两可的湛若水，他一反常态，在七月给阳明寄来了一封长篇论书，以前所未有的激烈言词详辨他的"格物"与"随处体认天理"之说。信中针锋相对说：

> 两承手教格物之论，足见至爱。然仆终有疑者，疑而不辨之则不可，欲辨之亦不可。不辨之，则此学终不一，而朋友见责。王宜学则曰："讲求至当之归，先生责也。"方叔贤则亦曰："非先生辨之，其谁也？"辨之，则稍以兄喜同而恶异，是己而忽人；是己而忽人，则己自圣而人言远矣，而阳明岂其然乎？乃不自外而僭辨之。盖兄之"格物"说，有

不敢信者四：自古圣贤之学，皆以"天理"为头脑，以"知行"为工夫。兄之训格为正，训物为念头之发，则下文诚意之意，即念头之发也；正心之正，即格也，于文义不亦重复矣乎？其不可一也。又于上文知止能得为无承，于《古本》下节以修身说格致为无取，其不可二也。兄之"格物"训云："正念头也。"则念头之正否，亦未可据。如释老之虚无，则曰："应无所住而生其心。""无诸相，无根尘。"亦自以为正矣。杨墨之时，皆以为圣矣，岂自以为不正而安之？以其无学问之功，而不知其所谓正者乃邪，而不自知也其所自谓圣，乃流于禽兽也。夷、惠、伊尹，孟子亦以为圣矣，而流于隘与不恭而异于孔子者，以其无讲学之功、无始终条理之实、无智巧之妙也。则吾兄之训，徒正念头，其不可三也。论学之最始者，则《说命》曰"学于古训，乃有获"，《周书》则曰"学古人官"，舜命禹则曰"惟精惟一"，颜子述孔子之教则曰"博文约礼"，孔子告哀公则曰"学、问、思、辨、笃行"，其归于知行并进，同条共贯者也。若如兄之说，徒正念头，则孔子止曰"德之不修"可矣，而又曰"学之不讲"，何耶？止曰"默而识之"可矣，而又曰"学而不厌"，何耶？又曰"信而好古敏求者"，何耶？子思止曰"尊德性"可矣，而又曰"道问学"者，何耶？所讲、所学、所好、所求者，何耶？其不可四也。考之本章既如此，稽之往圣又如彼，吾兄确然自信而欲人以必从，且谓"圣人复起不能易者"，岂兄之明有不及此？盖必有蔽之者耳。

若仆之鄙说，似有可采者五：训"格物"者为"至其理"，始虽自得，然稽之程子之书，为先得同然，一也。考之章首"止至善"，即此也，上文"知止，能得"，为知行并进至理工夫，二也。考之《古本》下文，以修身申格致，为于学者极有力，三也。《大学》曰"致知在格物"，程子则曰"致知在所养，养知在寡欲"，以涵养寡欲训格物，正合《古本》以修身申格物之旨为无疑，四也。以格物兼知行，其于自古圣训学、问、思、辨、笃行也，精一也，博约也，学古、好古、信古也，修德、讲学也，默识、学不厌也，尊德性、道问学也，始终条理也，知言养气也，千圣千贤之教为不谬，五也。五者可信，而吾兄一不省焉，岂兄之明有不及此？盖必有蔽之者耳。

仆之所以训格者，至其理也；至其理云者，体认天理也；体认天理云者，兼知行、合内外言之也，天理无内外也。陈世杰书报，吾兄疑仆"随处体认天理"之说为求于外，若然，不几于义外之说乎？求即无内外也。吾之所谓"随处"云者，随心、随意、随身、随家、随国、随天下，盖随其所寂所感时耳，一耳。寂则廓然大公，感则物来顺应，所寂所感不同，而皆不离于吾心中正之本体。本体，即实体也，天理也，至善也，物也，而谓求之外，可乎？致知云者，盖知此实体耳，天理也，至善也，物也，乃吾之良知良能也，不假外求也。但人为气习所蔽，故生而蒙，长而不学则愚，故学、问、思、辨、笃行诸训，所以破其愚，去其蔽，警发其良知良能者耳，非有加也，故无所用其丝毫人力也。如人之梦寐，人能唤之惺耳，非有外与之惺也。故格物则无事矣，《大学》之事毕矣。若徒守其心，而无学、问、思、辨、笃行之功，则恐无所警发，虽似正实邪，下则为老、佛、杨、墨，上则为夷、惠、伊尹是也。何者？昔曾参芸瓜，误断其根，父建大杖击之，死而复苏。曾子以为无所逃于父为正矣，

> 孔子乃曰：“小杖受，大杖逃。”乃天理矣。一事出入之间，
> 天人判焉，其可不讲学乎？诘之者则曰：“孔子又何所学？心
> 焉耳矣。”殊不知孔子至圣也，天理之极致也，仁熟义精也，
> 然必七十乃从心所欲不逾矩。人不学，则老死于愚耳矣。若
> 兄之聪明，非人所及，固不敢测。然孔子亦尝以学自力，以
> 不学自忧矣，今吾兄望高位崇，其天下之士所望风而从者也，
> 故术不可不慎，教不可不中正，兄其图之！兄其图之，则斯
> 道可兴，此学可明矣。若兄今日之教，仆非不知也，仆乃尝
> 述方之人也。且仆获交于兄十有七年矣，受爱于兄亦可谓深
> 矣。尝愧有怀而不尽吐，将为老兄之罪人，天下后世之归咎，
> 乃不自揣其分，倾倒言之。若稍有可采，乞一俯察；若其谬
> 妄，宜摈斥之，吾今可默矣。[1]

这确实是湛若水生平“吐尽情怀”的一篇论学书，对他的“随处
体认天理”的心学体系与阳明的“致良知”的心学体系的异同得
失作了全面的论述辨析。在他看来，他的“随处体认天理”的心
学体系与阳明的“致良知”的心学体系都是从儒家《大学》学中
转换生成的本体工夫论体系，但湛若水是以“天理”为“大头
脑”，而阳明是以“良知”为“大头脑”，所以湛若水拈取“格
物”作为心学的根本环节，而阳明却拈取“致知”作为心学的根
本环节。湛若水是以“修身”来解说“格物”，而阳明是以“致
知”来解说“格物”。所以湛若水把“格物”解释为“至理”，
把“致知”解释为“知止”；而阳明把“格物”解释为“正心”，
把“致知”解释为“致良知”。湛若水把“格物”解释为“至

---

[1]　《泉翁大全集》卷九《答阳明王都宪论格物》。

理"，所以提出了"随处体认天理"；阳明把"格物"解释为"正心"，所以提出了"正念头"，这一根本诠释差异加深了两人思想的对立分歧。由此湛若水批评阳明的"正念头"有"主内太过"之病，认为念头有善有恶，有正有邪，如"无学问之功""无讲学之功，无终始条理之实"，不加"知行并进，同条共贯"之功，有内无外，徒守其心，而无学、问、思、辨、笃行的工夫，则不能明辨念头的正邪善恶，徒劳盲目妄正念头而已；而阳明则批评湛若水的"随处体认天理"有"主外太过"之弊，"为求于外"，随处逐物求理，有外无内，内外支离二分。显然，湛若水的"随处体认天理"的思想体系与阳明的"致良知"的思想体系在心学的诠释上存在很大差异，两人的共倡共论圣学并没有能弥合两人心学诠释体系的内在差异与分歧的鸿沟，终究未能共同达到兼知行、合内外、统动静、体用一源、显微无间、圆融为一的心学至极境界。但值得注意的是，湛若水在论辨中终于接受认同了阳明的"良知"说，认识到随处体认天理都离不开吾心中正本体，而心本体就是良知，不假外求，但为习气私欲所蔽，所以须去蔽、扩充，警发良知——这就叫致良知（致知）。湛若水对良知说的认同，可以说是阳明在江西同湛若水论辨学问异同、共倡圣学的最大成功，因而湛若水这封论学书也推动了阳明归越对自己的良知心学作进一步的反思与重构。

湛若水的长篇论学书，是湛若水同阳明十七年来论辨学问、共倡圣学的一个总结，也宣告了阳明在江西五年来同湛若水讲学论道的结束。阳明收到湛若水这封信时，升任阳明为南京兵部尚书的朝命也正好下到了钱塘。阳明以一个良知心学的大师走出了江西，但心学前路依旧茫茫，他就是怀揣着湛若水的这封论学书，回越中去继续大力弘阐良知心学之教了。

第十五章
挣扎在嘉靖"学禁"的厄境中

归居绍兴：浙中良知心学的兴起

阳明在正德十六年八月下旬回到了绍兴。他把这次归省看作是归休，做好了归隐林下论道的打算，不想再出仕。这时浙中的士子同江西的士子相比思想状态已有所落后，他们普遍对阳明的良知心学还缺少了解，早期待着良知学大师来"启蒙"开悟。阳明以一个天下闻名的良知心学儒宗归来，南天启明煌煌升起，又极大吸引了四方士子纷纷来问良知心学，冷落的绍兴光相坊故居成了叩问良知之道的"圣地"。首先来问道的是归安的陆澄，他一连写了两封信来问良知之学，阳明都回信作了详密的论析。第一封信说：

> ……来书云"良知亦有起处"云云。此或听之未审。良知者，心之本体，即前所谓恒照者也。心之本体，无起无不起，虽妄念之发，而良知未尝不在，但人不知存，则有时而或放耳；虽昏塞之极，而良知未尝不明，但人不知察，则有时而或蔽耳。虽有时而或放，其体实未尝不在也，存之而已耳；虽有时而或蔽，其体实未尝不明也，察之而已耳。若谓良知亦有起处，则有时而不在也，非其本体之谓矣。
>
> 来书云"元神、元气、元精，必各有寄藏发生之处，又有真阴之精、真阳之气"云云。夫良知一也，以其妙用而言谓之神，以其流行而言谓之气，以其凝聚而言谓之精，安可以形象方所求哉？真阴之精，即真阳之气之母；真阳之气，即真阴之精之父。阴根阳，阳根阴，亦非有二也。苟吾良知

之说明，则凡若此类皆可以不言而喻。[1]

如果说阳明在第一封信中对"良知"与"致良知"作了"易简"的论述，那么他在第二封长信中对"良知"与"致良知"作了"广大"的阐释，第一次恢宏大气地完整展现了他的"易简广大"的良知心学的本体工夫论体系。阳明这封长信正好同湛若水的论学长信针锋相对，把其中的观点通贯梳理出来，真可谓是阳明生平所仅见的一篇最气势弘远、思辨深邃的良知心学思辨哲学的大论，他旗帜鲜明地提出了一系列良知心学的根本：

> 性无不善，故知无不良，良知即是未发之中，即是廓然大公、寂然不动之本体，人人之所同具者也。但不能不昏蔽于物欲，故须学以去其昏蔽；然于良知之本体，初不能有加损于毫末也。知无不良，而中、寂、大公未能全者，是昏蔽之未尽去，而存之未纯耳。体即良知之体，用即良知之用，宁复有超然于体用之外者乎？……

> 理无动者也，"常知、常存、常主于理"，即"不睹不闻、无思无为"之谓也。不睹不闻、无思无为，非槁木死灰之谓也，睹、闻、思、为一于理，而未尝有所睹、闻、思、为，即是动而未尝动也，所谓"动亦定，静亦定，体用一原"者也。……

> 未发之中，即良知也，无前后内外而浑然一体者也。有事无事，可以言动静，而良知无分于有事无事也。寂然感通，可以言动静，而良知无分于寂然感通也。动静者所遇之时，心之本体固无分于动静也。理无动者也，动即为欲。循理，则虽酬

---

[1] 《传习录》卷中《答陆原静》。

酢万变而未尝动也；从欲，则虽槁心一念而未尝静也。动中有静，静中有动，又何疑乎？有事而感通，固可以言动，然而寂然者未尝有增也；无事而寂然，固可以言静，然而感通者未尝有减也。动而无动，静而无静，又何疑乎？无前后内外而浑然一体，则至诚有息之疑，不待解矣。未发在已发之中，而已发之中未尝别有未发者在；已发在未发之中，而未发之中未尝别有已发者存，是未尝无动静，而不可以动静分者也……周子"静极而动"之说，苟不善观，亦未免有病。盖其意从"太极动而生阳，静而生阴"说来。太极生生之理，妙用无息，而常体不易。太极之生生，即阴阳之生生。就其生生之中，指其妙用无息者而谓之动，谓之阳之生，非谓动而后生阳也；就其生生之中，指其常体不易者而谓之静，谓之阴之生，非谓静而后生阴也。若果静而后生阴，动而后生阳，则是阴阳动静截然各自为一物矣。阴阳，一气也，一气屈伸而为阴阳；动静，一理也，一理隐显而为动静。春夏可以为阳为动，而未尝无阴与静也；秋冬可以为阴为静，而未尝无阳与动也。春夏此不息，秋冬此不息，皆可谓之阳、谓之动也；春夏此常体，秋冬此常体，皆可谓之阴、谓之静也……所谓动静无端，阴阳无始，在知道者默而识之，非可以言语穷也。……

　　知此（良知为之主），则知未发之中，寂然不动之体，而有发而中节之和，感而遂通之妙矣。然谓良知常若居于优闲无事之地，语尚有病。盖良知虽不滞于喜怒忧惧，而喜怒忧惧亦不外于良知也。……

　　照心非动者，以其发于本体明觉之自然，而未尝有所动也，有所动即妄矣；妄心亦照者，以其本体明觉之自然者，未尝不在于其中，但有所动耳，无所动即照矣。无妄无照，非以妄为照，以照为妄也。照心为照，妄心为妄，是犹有妄有照也。有妄有照则犹贰也，贰则息矣。无妄无照则不贰，不贰则不息矣。……

必欲此心纯乎天理，而无一毫人欲之私，此作圣之功也。必欲此心纯乎天理，而无一毫人欲之私，非防于未萌之先，而克于方萌之际不能也。防于未萌之先，而克于方萌之际，此正《中庸》"戒慎恐惧"、《大学》"致知格物"之功，舍此之外，无别功矣。夫谓"灭于东而生于西""引犬上堂而逐之"者，是自私自利，将迎意必之为累，而非克治洗荡之为患也。今曰"养生以清心寡欲为要"，只"养生"二字，便是自私自利，将迎意必之根。有此病根潜伏于中，宜其有"灭于东而生于西""引犬上堂而逐之"之患也。……

"不思善不思恶时认本来面目"，此佛氏为未识本来面目者设此方便。"本来面目"，即吾圣门所谓"良知"，今既认得良知明白，即已不消如此说矣，"随物而格"，是"致知"之功，即佛氏之"常惺惺"，亦是常存他本来面目耳。体段工夫，大略相似。但佛氏有个自私自利之心，所以便有不同耳。今欲善恶不思，而心之良知清静自在，此便有自私自利、将迎意必之心，所以有"不思善不思恶时用致知之功，则已涉于思善"之患。孟子说"夜气"，亦只是为失其良心之人指出个良心萌动处，使他从此培养将去。今已知得良知明白，常用致知之功，即已不消说夜气，却是得兔后不知守兔，而仍去守株，兔将复失之矣。欲求宁静、欲念无生，此正是自私自利、将迎意必之病，是以念愈生而愈不宁静。良知只是一个良知，而善恶自辨，更有何善何恶可思？良知之体本自宁静，今却又添一个求宁静；本自生生，今却又添一个欲无生，非独圣门致知之功不如此，虽佛氏之学亦未如此将迎意必也。只是一念良知，彻头彻尾，无始无终，即是前念不灭，后念不生。今却欲前念易灭，而后念不生，是佛氏所谓断灭种性，入于槁木死灰之谓矣。……

良知本来自明。气质不美者，渣滓多，障蔽厚，不易开明；质美者渣滓原少，无多障蔽，略加致知之功，此良知便自莹彻，些少渣滓如汤中浮雪，如何能作障蔽？……

性一而已。仁义礼智，性之性也；聪明睿知，性之质也；喜怒哀乐，性之情也；私欲客气，性之蔽也。质有清浊，故情有过不及，而蔽有浅深也。私欲客气，一病两痛，非二物也……夫良知即是道，良知之在人心，不但圣贤，虽常人亦无不如此。若无有物欲牵蔽，但循着良知发用流行将去，即无不是道。但在常人多为物欲牵蔽，不能循得良知……学者，学循此良知而已，谓之知学，只是知得专在学循良知……但后儒之所谓"著察"者，亦是狃于闻见之狭，蔽于沿习之非，而依拟仿象于影响形迹之间，尚非圣门之所谓著察者也，则亦安得以己之昏昏，而求人之昭昭也乎？所谓"生知安行"，"知行"二字亦是就用功上说；若是知行本体，即是良知良能，虽在困勉之人，亦皆可谓之"生知安行"矣。……

圣人致知之功至诚无息，其良知之体皦如明镜，略无纤翳。妍媸之来，随物见形，而明镜曾无留染，所谓情顺万事而无情也。无所住而生其心，佛氏曾有是言，未为非也。明镜之应物，妍者妍，媸者媸，一照而皆真，即是生其心处；妍者妍，媸者媸，一过而不留，即是无所住处……致知之功，无间于有事无事，而岂论于病之已发未发邪？[1]

---

[1]《传习录》卷中《又答陆原静》。

显然，阳明在这封长篇论学书中，从哲学内在逻辑结构上对他的良知心学作了多层面多向度的论述，统摄了他以前所积累的各种心学思想与当下对心学的反思所得的新认识，整合融铸成了一个广大精微的良知心学的本体工夫论体系。最引人注目的是，他仿效朱熹用传统的体用思维方法建构了一个"理一分殊"的性学思辨哲学模式，也用传统的体用思维方法建构了一个体用一原、心物一体、善恶一件、知行合一、动静无端、阴阳无始的心学思辨哲学模式，这种心学思辨哲学模式贯穿着体用一如、显微无间的形上辩证法精神：

体 ←——→ 用	
本体	工夫
心	物
良知	致知
太极	动静阴阳
一理	动静阴阳
良知	精气神
形上	形下

从体上说 ←——→ 从用上说	
心无善恶	心有善恶
性无善恶	性有善恶
意无善恶	意有善恶
知无善恶	知有善恶
物无善恶	物有善恶
理无动静阴阳 ↓ 四无教	理有动静阴阳 ↓ 四有教

邹守益后来在《会昌胡慎夫请书》中说："先师提出'致良知'三字，贯彻显微体用而一之。"[1] 可谓一语中的。阳明就是用这种辩证的心学体用思辨哲学模式构建了自己王学的本体工夫论体系（"王门四句教"），也蕴含了他后来由"王门四句教"体系向"王门八句教（四无教与四有教）"体系演进的内在契机。所以可以说，这封长篇论学书是阳明良知心学思想体系演化发展之路上的一个夺目的里程碑，它超越了历来跼蹐在《大学》的狭隘圈子中论辨心学的局限，突破了经学训解的束缚，而从心本原上直接抒发畅论自己悟得的良知王学思想体系，故他自己也尤重视这篇完整建构良知心学思辨哲学体系的大论，认为抵得上"千经万典"，对越中士子说："原静所问，只是知解上转，不得已与之逐节分疏。若信得良知，只在良知上用功，虽千经万典，无不吻合，异端曲学，一勘尽破矣。何必如此节节分解？佛家有扑人逐块之喻，见块扑人则得人矣；见块逐块，于块奚得哉！"[2] 士子听了个个惕然醒悟。

　　从当时阳明归越讲学的处境看，阳明这封答陆澄的论学书实际也是对湛若水的论学书的最好回答，也成为他归居越中同浙中士子学者大阐良知心学的经典范本，收进了《传习录》。接着陆澄闻风而来问学的是西亭施儒。施儒在正德十年同阳明分手归居归安，得知阳明归越，立即写信表示要来讲论学问。阳明马上兴奋地回信说：

　　　　阳明病夫守仁顿首：别久，虽音问阔疏，然每思海内任道者之难得，千百之中而未能一二见，则如聘之者，能无时时往来于怀？忽辱书问，惠然有枉顾之兴，喜幸如何可言！稽山之

[1]《邹守益集》卷十六。
[2]《传习录》卷中《答陆原静书》跋。

下，鉴水之滨，敬当扫榻以俟也。承论情欲之际，未能脱然无
累，向往之志，甚为所牵制。人苦不自知；亦或知之，而甘于
自欺自弃耳，是以懵然终其身。吾兄吐露心事，明白洞达若
此，真可谓任道之器，千百之中而未能一二见者也。敬呈。

　　　　吴门山水窟，是处足清游。

　　　　深醉宁辞晚，微凉欲近秋。

　　　　千年怜谢展，百尺仰陈楼。

　　　　斜日悬高树，因君更少留。[1]

从这封信中可看到阳明荐引浙中士子入良知王学之门的迫切心情，
他称赞施儒为世不多见的"任道之器"，施儒与陆澄成了浙中士
子学者的榜样。就在这些纷纷涌入越中来问学受道的士子学者中，
阳明收了两个最得意的弟子：绍兴的王畿与余姚的钱德洪。

　　王畿字汝中，号龙溪。关于阳明如何收王畿为弟子流行着一
些奇怪的传闻，说是阳明暗中指示魏良器把落魄无羁的王畿引进
了王门。袁宗道说：

　　　　于时王龙溪妙年任侠，日日在酒肆博场中，阳明亟欲一
　　会，不来也。阳明却日令门弟子六博投壶，歌呼饮酒。久之，
　　密遣一弟子瞰龙溪所至酒家，与共赌。龙溪笑曰："腐儒亦能
　　博乎?"曰："吾师门下日日如此。"龙溪乃惊，求见阳明，
　　一睹眉宇，便称弟子矣。[2]

黄宗羲也说：

[1]　茅一相:《宝翰斋国朝书法》卷八《王守仁与聘之宪长书三通》。
[2]　《白苏斋类集》卷二十二《杂说》。

　　　　（魏）良器，字师颜，号药湖。洪都从学之后，随阳明
　　至越。时龙溪为诸生，落魄不羁，每见方巾中衣往来讲学者，
　　窃骂之。居与阳明邻，不见也。先生多方诱之，一日，先生
　　与同门友投壶雅歌，龙溪过而见之，曰："腐儒亦为是耶？"
　　先生答曰："吾等为学，未尝担板，汝自不知耳。"龙溪于是
　　稍相昵就，已而有味乎其言，遂北面阳明。[1]

这些大概都是出自小说家言的丑诋心学的诽讪笔法。阳明归越大
讲良知心学又遭到了越中程朱派与程朱官学的顽固抵制，"谤讪"
的疑云也由江右接踵飞入浙中。浙中一些"元老宿儒"多视阳明
的心学为"异物"，绍兴郡士也多骇而不信，甚至共盟发誓说：
"敢或党新说，共黜之！"阳明怎么会在"疑谤"处境中如此自污
其面，要弟子去六博投壶、歌呼饮酒来诱引学子？阳明看到学子
在学院中投壶，都要人呼："休离了根！"[2] 他又怎么会诱引学
子去六博投壶？所以还是王畿自己的说法比较可信，他在《绪山
钱君行状》中说：

　　　　追惟夫子还越，惟予与君二人最先及门。戴玉台巾，服
　　小中衣，睢睢相依，咸指以为异言异服，共诽讪之。予二人
　　毅然弗顾也。[3]

王畿戴起玉台巾、穿上小中衣虔诚来拜师问学，可见说他"每见
方巾中衣往来讲学者，窃骂之"也不足信。徐阶作的《龙溪王先

[1]《明儒学案》卷十九《江右王门学案》四《处士魏药湖先生良器》。
[2]《明儒学案》卷十九《江右王门学案》四《员外刘晴川先生魁》。
[3]《王畿集》卷二十。

生传》进一步印证了王畿的说法：

> 公讳畿……与文成王先生同郡宗人也。正德、嘉靖间，文
> 成倡明理学，其说以致良知为宗，郡之士骇而不信，至相与盟
> 曰："敢或党新说，共黜之！"公若不闻也者，首往受业焉。[1]

王畿与阳明居为邻，又是同宗，自然毋须阳明派弟子去引诱，王
畿即来拜师受学，可以说他是阳明归越后招收的第一个弟子，很
快成了浙中王门的中坚与砥柱人物。王畿因为与阳明为邻居，日
夕依侍，面受阳明之教也最多，最能领会阳明心学的精髓。赵锦
在《龙溪王先生墓志铭》中中肯评价王畿在王门中的地位与作
用说：

> 阳明之学以良知为宗，而一洗世儒支离之见，学者乍闻
> 其说，疑不能信。而其时元老宿儒多视为异物，而攻之惟恐
> 不力。当是时，求士之可与语者，盖千百不能一二，不啻空
> 谷之足音也。先生英迈天启，颖悟绝伦，阳明以为法器。故
> 其欲得先生也，甚于先生之欲事阳明。道合志同，日夕依侍，
> 独先生与钱绪山德洪辈数君子而已。[2]

钱德洪是阳明归越后另一个最先招收的余姚得意弟子。在九月中
旬，阳明有一次衣锦返乡的荣归余姚故里之行，拜访秘图山王氏
故居宗族亲党，祭扫祖茔，处理王氏故居家事，与余姚士人学子
讲学论道，实际也是一次归故里随地讲学揭示良知心学之行，收

---

[1]《王畿集·附录二》。
[2]《王畿集·附录二》。

了众多的余姚弟子。这时瑞云楼已为钱蒙僦居,钱德洪也出生在瑞云楼。阳明到余姚住在秘图山王氏故居,会见了王氏宗亲戚党,往穴湖山祭扫了祖坟,拜访了瑞云楼出生地。钱德洪说他"日与宗族亲友宴会,随地指示良知"。余姚自来名士乡贤荟萃,济济众多,像谢迁、冯兰、倪宗正、谢丕等人,他们都经历了一生官场的风波险恶归居还乡,阳明都登门拜访,同他们讲学唱酬。小野倪宗正是一个著名的诗人,生平作诗万余首,名传士林,他所居的清晖楼就在瑞云楼对面,钱德洪也是他的弟子,崇仰他的理学文章,甚至认为"两先生之文章、理学,洪皆尝心契其微,而不能强分优劣,犹之乎日月二曜之经天,人纵欲高下其议论,而不可得也"[1]。阳明偕谢迁、冯兰、施儒等人拜访了倪宗正,感怀唱酬,成为耸动余姚故里的一场慨今追昔的诗会。阳明吟了一首诗:

题倪小野清晖楼

经锄世泽著南州,地接蓬莱近斗牛。

意气元龙高百尺,文章司马壮千秋。

先机入奏功名盛,未老投簪物望优。

三十年来同出处,清晖楼对瑞云楼。[2]

谢迁吟了一首:

清 晖 楼 诗

阴翳气塞风狂舞,屋煤吹落皆尘土。

---

[1] 钱德洪:《突兀稿旧跋》,《倪小野先生全集》前。
[2] 《倪小野先生全集》后《清晖楼诗附》。

逆竖含沙射缙绅，一时正士胥解组。
吁嗟天王本圣明，六章八奏心独苦。
批鳞受杖几身危，血染襦袴毛蔽股。
慷慨归来义自高，筑室清晖屏华膴。
花光月色映楼台，玉碗冰壶耀今古。
琉璃屏外走明珠，老木当场何足数。
多君妙手更天成，一篙新诗动九五。
海内喧传解愠功，不特忠贞堪绳武。
琥珀杯清墨汁浓，烂醉挥毫惊李杜。
光芒万丈斗牛寒，清晖佳气接天府。[1]

冯兰也吟了一首：

清 晖 楼 诗

百尺高楼尺五天，昂头直撞斗牛边。
带经锄落三更月，仗剑冲开万里烟。
千顷陂涵黄叔度，一团骨胜柳公权。
南薰赐扇蒙恩渥，酷吏清风句独传。[2]

倪宗正一连吟了四首和诗：

过松陵用阳明韵

宝带桥边李郭舟，湖山诗景自天留。
鲈鱼上水未过午，鸿雁横空又是秋。

[1]《倪小野先生全集》后《清晖楼诗附》。
[2]《倪小野先生全集》后《清晖楼诗附》。

兰桂酒樽惊落帽，风尘关塞一登楼。

故人情话难为别，斜日辉辉野色浮。[1]

金宪施聘之过西清有题奉和二首

喜看庭树引乌栖，骢马留连日正西。

山郡宦流从此重，草堂诗柄自公提。

迂疏长带林泉癖，抚字应惭道路啼。

但得高轩时一过，饱闻清话可忘饥。

鱼沼游兮鸟树栖，菜畦新翠路东西。

山形环绕当盘礴，天象平分见摄提。

花影帘栊蝴蝶梦，竹枝庭院凤凰啼。

眼前未论仙茅种，紫菊丹芝可疗饥。

送　王　伯　安

相别十五载，相逢一把衣。

形容何落落，意气复依依。

远道琴为伴，清时剑有辉。

吾姚好山水，忆尔老同归。[2]

倪宗正也有深厚的经学家学渊源，在清晖楼，阳明又同他讲经论
道，把他比之为有经学根底的"苏东坡"。惊叹他的诗歌有苏东
坡的生动气韵，立即从他的万余首诗中选出有苏诗神韵的代表作，
集为《突兀稿》，亲自给作评点。这部《突兀稿评点》是阳明后

---

[1]《倪小野先生全集》卷七。

[2]《倪小野先生全集》卷五。

来回到绍兴写成，充满了对倪宗正诗歌的褒赞之辞，直把他奉为
当代的"苏东坡"，说：

> 世传倪小野为东坡后身，及观其文章气节，生平出处去
> 就，亦略与东坡相似。
> 东坡虽曰奇才，未免吐纳内典诸书。若吾友倪小野，唯
> 根柢《六经》，谓非纯粹以精者乎？
> 小野诗集不肯居陶杜后。近若信阳何大复、庆阳李崆峒，
> 视为大儿、小儿矣。
> 先生诗文逼近陶杜，近日何李诸公，远不能逮。[1]

这些评点其实也反映了阳明自己的文学思想与诗学思想，表明晚
年的阳明对宋诗有了新的认识，他自己的诗歌创作也在超越李何，
向陶杜近逼。

阳明与倪宗正的唱酬讲学论道，极大吸引了倪宗正的弟子
钱德洪的倾心崇仰。钱德洪在正德十四年补为邑庠弟子时就读
过了阳明的《传习录》，早对在江右论道讲学的阳明已心向往
之。这次阳明荣归故里，余姚乡中故老犹执著阳明往年的"劣
迹"猜疑不信，劝钱德洪不要去见阳明。钱德洪力排众议，在
征得其父钱蒙与其师倪宗正的同意后，通过阳明从侄王正心的
荐引介绍，率领了二侄钱大经、钱应扬以及余姚士子郑寅、俞
大本，执贽来见阳明，拜师受学。第二天，钱德洪率领了夏淳、
范应年、管州、郑寅、徐珊、吴仁、柴凤等七十四名余姚学子

---

[1] 见邵国麟《倪文忠公传》，钱德洪《突兀稿旧跋》等。

来受学[1]，开龙泉山中天阁，请阳明升座讲学。阳明像"释迦"说法一样向余姚士子大阐良知之教，他画龙点睛说：

> 知乃德性之知，是为良知，而非知识也。良知至微而显，故知微可与入德。唐虞受授，只是指点得一微字。《中庸》"不睹不闻"以至"无声无臭"，中间只是发明得一微字。[2]

阳明这次中天阁讲学，实际就是他同余姚士子举行的一场良知心学的讲会，开了中天阁讲会的先河，所以讲学结束后阳明就把中天阁讲学定为余姚士子的讲会，亲书"三八会期"于中天阁壁上，以后余姚士子定期聚同志讲学于中天阁，讲论良知心学，从中天阁讲会走出了一大群著名不俗的阳明弟子，推动了阳明良知心学在浙中的传播。后来黄宗羲提到这群余姚讲会弟子说：

> 余姚管州，字子行，号石屏，官兵部司务，每当入直，讽咏抑扬，司马怪之。边警至，司马章皇，石屏曰："古人度德量力，公自料才力有限，何不引退，以空贤路?"司马谩为好语谢之。以京察归。大州有《宿四祖山诗》："四子堂堂特地来。"谓蔡白石、沈古林、龙溪、石屏也。范引年，号半野，讲学于青田，从游者颇众。夏淳，字惟初，号复吾，以

---

[1]　按：这次来受学的七十四名余姚士子有不少是余姚县学诸生，名不可知。今可考知者有：钱德洪、夏淳、吴仁、管州、孙应奎、范引年、柴凤、杨珂、周于德、钱大经、钱应扬、谷钟秀、俞大本、钱德周、钱仲实、郑寅、徐珊、诸阳、黄文焕、黄中心、胡瀚、邹大绩、黄骥、叶鸣、黄嘉爱、徐允恭、胡希周、卢义之、孙堪、孙墀、孙升、严中、黄齐贤、黄元釜、黄夔、闻人诠、王正心、王正思、王正恕、王正愈、王正惠、王守礼、王守智、王守温、王守泰等。
[2]　《王畿集》卷二十《绪山钱君行状》。

乡举，卒官思明府同知。魏庄渠主天根天机之说，复吾曰："指其静为天根，动为天机，则可；若以静养天根，动察天机，是歧动静而二之，非所以语性也。"柴凤，字后愚，主教天真书院，衢、严之士多从之。孙应奎，字文卿，号蒙泉，历官右副都御史，以《传习录》为规范，董天真之役。闻人诠，字邦正，号北江，与绪山定《文录》刻之行世。即以寒宗而论，黄骥，字德良，尤西川纪其言阳明事。黄文焕，号吴南，开州学正，阳明使其子受业，有《东阁私抄》记其所闻。黄嘉爱，字懋仁，号鹤溪，正德戊辰进士，官至钦州守。黄元釜，号丁山；黄夔字子韶，号后川，皆笃实光明，墨守师说。以此推之，当时好修一世湮没者，可胜道哉！[1]

同倪宗正唱酬论学与选编《突兀稿评点》，龙泉山中天阁讲学与定期中天阁讲会，钱德洪来问学受业与收众多余姚士人为弟子，就是阳明这次荣归余姚故里讲论宣播良知心学的最大收获，这使他的良知心学大师的声名迅速在浙中远近传播。当他在九月下旬从余姚归绍兴时，有更多的四方士子学者纷纷赶来绍兴问良知心学，他们有的是虔心尊仰阳明的良知心学，有的是对阳明的良知心学还缺少了解，有的甚至是尊信程朱理学的学者，阳明都同他们认真展开论辨商讨。就在十月中，净峰张岳起复任行人，赴任途经绍兴来访。张岳学宗程朱，也是闽中程朱派的中坚，他来绍兴就是要同阳明论辨良知心学。两人讲论三日，终不能合。张岳在《与郭浅斋宪副》中详细谈到了他与阳明的三日争持不下的论辨说：

[1]《明儒学案》卷十一《浙中王门学案》。

　　明德亲民之说，往岁谒阳明先生于绍兴，如"知行""博约""精一"等语，俱蒙开示，反之愚心，尚未释然。最后先生忽语曰："古人只是一个学问，至如'明明德'之功，只在'亲民'，后人分为两事，亦失之。"某惶然，请问。先生曰："'民'字通乎上下而言，欲明'孝'之德，必亲吾之父；欲明'忠'之德，必亲吾之君；欲明'弟'之德，必亲吾之长。亲民工夫做得透彻，则己之德自明，非'亲民'之外，别有一段'明德'工夫也。"某又起请曰："如此，则学者固有身不与物接时节，如'戒慎乎其所不睹，恐惧乎其所不闻'，'相在尔室，尚不愧于屋漏'。又如《礼记》'九容'之类，皆在吾身不可须臾离者，不待亲民，而此功已先用矣。先生谓'明德工夫只在亲民'，不能无疑。"先生曰："是数节，虽不待亲民时已有此，然其实所以为亲民之本者在是。"某又请曰："不知学者当其不睹不闻之必戒谨恐惧，屋漏之必不愧于天，手容之必恭，足容之必重，头容之必直等事，是著实见得自己分上道理合是如此，工夫合当如此，则所以反求诸身者，极于幽显微细，而不敢有毫发之旷阙焉。是皆自明己德之事，非为欲亲民而先此以为之本也。如其欲亲民而先此以为之本，则是一心两用，所以反身者必不诚切矣。故事父而孝，事君而忠，事长而弟，此皆自明己德之事也。必至己孝矣、忠矣、弟矣，而推之教家国天下之为人子、为人臣、为人弟者，莫不然矣，然后为亲民之事。己德有一毫未明，固不可推以亲民，苟亲民工夫有毫发未尽，是亦自己分上自有欠阙，故必皆止于至善，而后谓之'《大学》之道'，非谓明德工夫只在亲民。必如老先生之言，则遗却未与民亲时节一段工夫，又须言所以为亲民之本以补之，但见崎岖费力，圣贤平易教人之意，恐不如是也。"先生再三镌诲曰："此处切要寻思。公只为旧说缠绕耳，非全放下，终难凑泊。"[1]

表面上张岳是同阳明讨论《大学》与《中庸》上的"明德""知行""亲民""持敬""博约""精一"等问题，实际这都同阳明的"致良知"紧密相关，所以两人其实是在进行一场"良知"学的论辨，后来黄宗羲点出了两人论辨的焦点说：

> 先生（张岳）曾谒阳明于绍兴，与语多不契。阳明谓公只为旧说缠绕，非全放下，终难凑泊。先生终执先入之言，往往攻击良知。其言："学者只是一味笃实向里用功，此心之外更无他事是矣。"而又曰："若只守个虚灵之识，而理不明，义不精，必有误气质做性、人欲做天理矣。"[2]

张岳坚持自己程朱理学的立场，归后作了《圣学正传》《载道集》等，算是对阳明的批驳回答。但两人这场良知论辨对浙中学者也是一个很大的震动，在这次论辨以后，又有更多的士子学者来绍兴求学问道，他们主要有揭阳的薛侃、海阳的陈应麟、仙居的金克厚、山阴的张元冲、宁海的石简、会稽的胡纯与沈炼、钱塘的孙景时、江山的何伦等，这就是钱德洪说的"远方同志日至"，阳明说的"四方同志之辱临"，在浙越广袤深厚的文化大地上，阳明唤醒了良知心学的春风，卧龙山下荒败的会稽书院（稽山书院）热闹起来，成了阳明同四方学子讲论良知心学的"圣地"，

[1]《小山类稿》卷六。
[2]《明儒学案》卷五十二《襄惠张净峰先生岳》。

一批一批四方来学的士子聚集在会稽书院受学,成了阳明王学的"同门"。[1]

薛侃在江西追随阳明受教二年,但那时阳明的良知心学还没有形成。阳明归越后,在会稽书院讲学,他的良知心学又深深吸引了薛侃。在十月,薛侃赴铨选入京,便特地转道绍兴来问良知心学,与同门聚于会稽书院,受良知之教三月之久。他还荐引了乾山陈应麟来绍兴受学,在过钱塘途中写信给阳明谈到自己的觉悟良知心学说:

> 侃愚,承教久,妄意有闻,至降伏不得去处,寻一义倚靠,自谓能守。比闻良知之说,百完皆碎,即因离索,倍加愤发,夜牖忽开,星月皎洁,眼前景物,莫非此意。日前每见得是,即为见缚,纵说得当,亦落言诠。以此顾见三生全无影响,孤负洪恩,罪积奚赎?抵今只依点明,足随炬进,世间得失,置却弗问,而用力得力去处,亦不敢执以为定。平时大病,只消意见不得,故有意便执,有执便碍。学不进长,皆坐此故。昨会陈校文,家兄旧徒也。集群议来相质。侃云:"此不须辨,知者可一言而解。"渠问言,侃谓:"今人小小自竖,皆知所避,以完其名,岂谓负天下之望,欲明斯学,而不能避斯世之疑乎?必有谓矣。"渠唯唯,与处虎跑一夕,大相倾向。年来相接,沉笃向里,言易就绪,未有若

---

[1] 按:薛侨《薛侃行状》云:"(薛侃)冬,过越,聚同门于会稽书院,讲学数月。"可见阳明归越后,主要在会稽书院与学子讲学。此会稽书院即稽山书院,《万历绍兴府志》卷十八《书院》:"府城内稽山书院,在卧龙山西冈,山阴地。宋朱晦庵氏尝司本郡常平事,讲学倡多士,三衢马天骥建祠祀之。其后,九江吴革因请为稽山书院,岁久湮废。明正德间,知县张焕改建于故址之西。"

　　斯人者。不日渡江来见。[1]

　　值得注意的是仙居金克厚的来学。他原是湛若水的弟子,困于科举场屋多年,听到阳明在会稽书院讲论良知心学,其父金抑庵便遣他来绍兴受学,很快成为虔诚的阳明弟子。湛若水在《封都水郎中抑庵金君配宜人汪氏同寿序》中说:"甘泉子曰:'嗟乎弘载,吾以询子,子之贤也,必有外教矣乎?'曰:'……抑庵公育诸弟友爱,殁则周其诸遗孤。严教乎厚也,使游学,馆谷其宾友,而周旋其食饮,遣之从阳明而学焉。曰:"毋务尔名,尔习尔诚。可以无家,不可以无学。"斯之谓外教矣乎!'"[2] 应大猷在《送金宏载令六合序》中也说:"余友金宏载氏尚志砥行,维裕以孚,而困于科举之学有年矣。既闻阳明先生之为圣贤之学也,而往事之,笃信力行,若贾之攒货,水之趋壑也。越明年而举于乡,又明年而举进士。"[3] 大概金克厚把自己问学阳明的事告诉了湛若水,引起了湛若水的关注,他立即写了一篇《求放心篇》,在十二月托陈洸(世杰)带给了阳明[4],两人又恢复了讲学论道。阳明归越大阐良知心学的日新气象,使湛若水感到自家平日在讲"理"上很多,而在讲"心"上太少,同阳明大讲"良知"的心学产生了距离,所以他专门写了《求放心篇》,论述自己对"心"与"求放心"的看法,希望同阳明大讲"良知"心学能"互相发明"。《求放心篇》说:

　　　　孟子之言求放心,吾疑之。孰疑之?曰:以吾心而疑之。

---

[1]《薛侃集》卷九《奉尊师阳明先生》书一。参见《薛侃集》卷七《陈乾山传》。
[2]《泉翁大全集》卷二十三。
[3]《光绪仙居县志》卷十九。
[4] 按:陈洸于是年中进士,先归潮,约在十二月再北上赴任,途经绍兴见阳明。

孰信哉？信吾心而已耳。吾常观吾心于无物之先矣，洞然而
虚，昭然而灵。虚者，心之所以生也；灵者，心之所以神也。
吾常观吾心于有物之后矣，窒然而塞，愦然而昏。塞者，心
之所以死也；昏者，心之所以物也。其虚焉、灵焉，非由外
来也，其本体也；其塞焉、昏焉，非由内往也，欲蔽之也，
其本体固在也。一朝而觉焉，蔽者彻，虚而灵者见矣。日月
蔽于云，非无日月也；鉴蔽于尘，非无明也；人心蔽于物，
非无虚与灵也。心体物而不遗，无内外，无终始，无所放处，
亦无所放时，其本体也。信斯言也，当其放于外，何者在内？
当其放于前，何者在后？何者求之？放者一心也，求者又一
心也，以心求心，所谓憧憧往来，朋从尔思，只益乱耳，况
能有存耶？夫欲心之勿蔽，莫若寡欲，寡欲莫若主一。[1]

湛若水显然是在论述他的"孔孟心法"，接续先前他与阳明论心
无内外的话题，认为心作为本体无内外，无始终，无外放无内求，
无内静外动，心是体用一原、内外合一的本体，因此在体认心体
上必须克服"重内轻外"或"重外轻内"的一偏之弊。把他这种
心论说得更简明的，是他同时写的《立心篇》，其中说："……心
有内乎？曰：心无内而有静。心有外乎？曰：心无外而有动……动
乎动，而不离于静，故不流；静乎静，而不离于动，故能实。藏
心于晦，发而愈明，神之贞也；役志于明，久而滋晦，神在外
也。"[2] 可见《立心篇》与《求放心篇》是论"心"的姊妹篇，

---

［1］《泉翁大全集》卷三十一。
［2］《泉翁大全集》卷三十一。按：《立心篇》与《求放心篇》并列在一起，应是同
　　时所作，估计湛若水是将《立心篇》与《求放心篇》一并寄阳明，其《寄阳
　　明》云"前附潮人数通，必彻左右"，可见湛若水寄书寄文非止一次。

湛若水应是将两篇心论同时寄给了阳明看的。这表明湛若水也在反复深思“心”的问题，逐渐向阳明的“良知”心说靠拢。但是他过于标异立奇，竟否定了孟子的“求放心”“收其放心”说，又同阳明的复心说相左。实际上孟子说的“放心”是指心的迷失，心的异化，所谓求放心、收放心，就是阳明说的通过去蔽、扩充以复归心体，心体复明，异化复归，人心复善。湛若水的否定“求放心”也明显同他的“心去蔽”说自相矛盾。在心物关系上，湛若水又提出了“观吾心于无物之先”“观吾心于有物之后”的说法，以为心有无物之先与有物之后的存在，这也同阳明说的“心含万物”“物在吾心”“心外无物”的思想矛盾。无怪阳明看了他的《求放心篇》后，写了一篇批驳辩说的文章，但是却把它寄给了陈洸，而没有寄给湛若水本人，实际是否定了湛若水的“心”说。到嘉靖元年正月，湛若水写了一信给阳明，追问此事，希望展开讨论。信中说：

> 仆遁迹荒野，索居离群，日夜以魂梦相寻于千里之外，如欲会晤漕溪之间，以究所未闻，而不知其势不可或得也。前附潮人数通，必彻左右，未蒙示下，以为怏怏。向送陈世杰《求放心》之说，正欲与高论互相发。迩闻渠报兄有辩说，恨不得一见以讲去我偏也。且兄又何嫌而不即示我耶？夫学救偏者也，如其不偏，何俟讲学？故学者，大公之道也。每见程氏兄弟说又不同，而张、朱订论不容少贷。昔者夫子忧学之不讲，夫讲必有同不同，不必同，所以求其同也。然后义理生焉。如彼二磨，其齿不齐，然后粟米出焉，故天地之所以能化生万物者，以阴阳变合之不齐也。兄其无嫌于小不齐之间，不直以教我，而或论说于人，无

益，惟兄其择焉。[1]

湛若水这封论学书对阳明热切发出了新的两人共倡共论圣学的呼唤，宣告了武宗正德时代两人共倡共论圣学的结束，也标志着世宗嘉靖时代两人共倡共论圣学的开始，推动阳明在嘉靖"学禁"的笼罩下向良知心学的更高境界迈进了。

丁忧讲学与"壬午学禁"

　　阳明在正德十六年八月归居绍兴后，直到十一月九日，朝廷才叙平定宸濠叛乱之功，颁下封赏，封阳明为新建伯、奉天翊卫推诚宣力守正文臣，特进光禄大夫、柱国，兼南京兵部尚书，参赞机务。岁支禄米一千石，给三代诰券，子孙世袭。迟到的封赏对归休的阳明来说已毫无意义，朝廷实际也没有兑现封赏的诚意，只是在十二月十九日遣行人赍白金文绮来慰劳一番，赐以羊酒而已。这场拖延了三年之久的封赏突然降临，对阳明来说是祸不是福，因为这场封赏是最后由朝廷宰辅杨廷和、费宏之流在私自删改纪功册的阴谋操作下颁定的，矛头正是对准立平叛首功的阳明，阻挡住了他的入朝入阁。钱德洪揭露宰辅们的阴谋说："先是先生平贼擒濠，俱琼先事为谋，假以便宜行事，每疏捷，必先归功本兵，宰辅憾焉。至是欲阳先生之进，乃抑同事诸人，将纪功册改造，务为删削。"封阳明一个南京兵部尚书的闲职，实则无异宣判

_____

[1]　《泉翁大全集》卷九《寄阳明》。

　　了阳明从此永远不可能入朝入阁的命运。而众多真正出生入死的立功人员被删削，不予封赏，实则无异是指他们为"冒功领赏"，阳明有滥功滥赏之嫌。阳明感到十分愤怒，马上在嘉靖元年正月十日上了《辞封爵普恩赏以彰国典疏》，辞免封爵，乞普恩赏。辞疏愤慨痛陈说：

　　　　上天之意，厌乱思治，将启陛下之神圣以中兴太平之业，故蹶其谋而夺之魄。斯固上天之为之也，而臣欲冒之，是叨天之功矣，其不敢受者一也……当时帷幄谋议之臣，则有若大学士杨廷和等，该部调度之臣，则有若尚书王琼等，是皆有先事御备之谋，所谓发纵指示之功也。今诸臣未蒙存褒，而臣独冒膺重赏，是掩人之善矣，其不敢受者二也……当时首从义师，自伍文定、邢珣、徐琏、戴德孺诸人之外，又有知府陈槐、曾玙、胡尧元等，知县刘源清、马津、傅南乔、李美、李楫及杨材、王冕、顾似、刘守绪、王轼等，乡官都御史王懋中，编修邹守益，御史张鳌山、伍希儒、谢源等诸人，臣今不能悉数……今赏当其功者固已有之，然施不酬劳之人尚多也。其帐下之士，若听选官雷济，已故义官萧禹，致仕县丞龙光，指挥高睿，千户王佐等……今闻纪功文册，复为改造者多所删削。其余或力战而死于锋镝，或犯难而委于沟渠，陈力效能者尤不可以枚举……复有举人冀元亨者，为臣劝说宁濠，反为奸党构陷，竟死狱中……乃今诸将士之赏尚多未称，而臣独蒙冒重爵，是袭下之能矣，其不敢受者三也……[1]

————————
[1]《王阳明全集》卷十三。

他又特地致札宰辅大臣，直言无忌指斥他们说：

> 册中所载，可见之功耳。若夫帐下之士，或诈为兵檄，以挠其进止；或伪书反间，以离其腹心；或犯难走役，而填于沟壑；或以忠抱冤，而构死狱中；有将士所不与知部领所未尝历、幽魂所未及泄者，非册中所能尽载。今于其可见之功，而又裁削之，何以励效忠赴义之士耶！[1]

疏上毫无反应，宰辅大臣们也不予理睬。这使阳明更为愤怒。席书写信来劝他再上一乞免封爵的小疏，即适可而止，信中说：

> 江西之事，如日月皎然，而全躯保妻子之臣从而媒蘗其短，此不足怪。大抵功高不赏，从古为然，宜乎言者之纷纷也！然邪不胜正，归正论者恒七八。执事处此，岂俟多言，宜再具疏，大略曰：言官论列，臣不敢辩。兹惟大事，仰仗天威，臣实无功，乞免爵封，以息群议。大意如此，字句不过十行，力疏三四而后已，则执事之道德，不可名言矣。[2]

但阳明愤怒难抑，他竟又写了一篇更长的《再辞封爵普恩赏以彰国典疏》上奏抗论，言辞激烈，反而招致权阉佞臣与宰辅大臣更大的指斥。这时世宗新帝登极，朝局又发生巨变，阳明寂寞归居林下，也连遭家门不幸，陷入困境，开始了丁忧守丧的"苦难历程"。

先是在正德十六年十二月十一日，阳明的岳母张氏卒。到嘉

[1]　王守仁：《与宰辅书》，见钱德洪《阳明先生年谱》"嘉靖元年"条下。
[2]　《元山文选》卷五《与王阳明书》五。

靖元年二月十二日，父海日翁王华又卒。阳明丁忧，归休成真，正是宰辅们所求之不得的，他们立即除李充嗣任南京兵部尚书，等于是剥夺了阳明的封赏。当朝局风向突变、四方士人纷纷跟风起用涌入新朝之际，丁忧的阳明却有一种被新帝与新朝抛弃的感觉，面对四方学子来学日众，他只有把全副精力投入到同四方来学士子的讲学论道中，默默铸造自己良知心学广大精微的体系大厦。当席书遣使来吊祭时，阳明回信表示了自己接续往圣任道讲学的决心说："伏惟执事长才伟志，上追古人，进德勇义，罕与俦匹。向见《鸣冤录》及承所寄《道山书院记》，盖信道之笃，任道之勤，海内同志莫敢有望下风者矣，何幸何幸！不肖方在苦毒中，意所欲请者千万，荒迷割裂，莫得其端绪。"[1]

三月，湛若水偕同西樵方献夫、改斋王思过江来吊王华丧，与阳明相见，当面展开了心学的商讨论辨。这次绍兴之会讨论的问题，湛若水自己多次提到过：

> 吾元年同方西樵、王改斋过江吊丧，阳明曾亲说："我此学，途中小儿亦行得，不须读书。"想是一时之言乎？未可知也。亦是吾后来见其学者说此，吾云："吾与尔说好了，只加学、问、思、辩、笃行，如此致之便是了。"[2]

> 壬午暮春，予吊兄戚。云致良知，奚必古籍？如我之言，可行厮役。[3]

> 二月，龙山公卒……后甘泉先生来吊，见肉食不喜，遣

---

[1]《王阳明全集》卷二十一《寄席元山》。
[2]《泉翁大全集》卷七十二《新泉问辩续录》。
[3]《泉翁大全集》卷五十七《奠王阳明先生文》。

书致责。先生引罪不辩。[1]

可见两人仍接续着先前讨论的话题，并就湛若水在《求放心篇》中提出的问题，围绕"心""良知""致知"展开论辨，阳明坚持认为人人心中有良知，他的良知心学就是要求体认心体，致良知就是一种去蔽、扩充其心的易简工夫，人人能行，所以他的良知心学连小儿厮役都能知能行。理在吾心，吾性自足，所以只须向内体认心体天理，这是一种德性之知，而读书是向外求理，是支离外索的闻见之知，所以致良知不须读书。湛若水仍坚持认为所谓致知就是随处体认天理，加学、问、思、辩、笃行的工夫，所以闻见之知不可无，读书不可弃。两人原有的思想矛盾分歧，在当面的论辨中反表现得更加尖锐触目。

其实湛若水与方献夫、王思这次是起用入朝复职北上，途经绍兴来吊祭的，他们与阳明见面主要还是讨论了朝中的政事问题。世宗登帝位，改号嘉靖，起录废籍，下诏凡以直谏谪罢废居的官员皆复官职。急功求利的士大夫们闻风而动，以岭南与浙中的士子为多。像湛若水、方献夫、黄绾原本是在武宗昏愦统治下沉沦下僚，感到难有作为，相约归居山林，潜隐等待时机已十年，现在世宗登极，贤君在位，贤臣聚朝，一个嘉靖清明的新朝出现，大礼议煌煌兴起，他们都认为大有作为的时机终于到来，纷纷应召出山入京了。所以紧接着湛若水、方献夫、王思之后，黄绾、应良、黄宗明、杨鸾等也应召起复入朝，途经绍兴来问政于阳明。这些人后来大多成了大礼议的中坚与领军人物，所以可以说他们的出山入朝就是冲着大礼议而来的。黄绾就

[1] 钱德洪：《阳明先生年谱》。

是由阳明弟子朱节疏荐他"志专正道，素行惬于舆情；心存王佐，学术明于泽物"[1]，应召入朝，他经绍兴来见阳明，一则是问政，二则是问学，竟正式执贽为阳明门人，所以他在《祭实翁先生文》中以弟子的口吻说："而又笃生令子，以圣人之学继往躅，开来裔，以济时艰，功存社稷，福及生民。颒仰天地，能几如之？绾从游令子，感淑恩私。"[2] 这些应召起用的阳明弟子在赴京前几乎都是先来绍兴向阳明问政问学，然后才北上入京，齐聚都下。湛若水在《赠石龙黄宗贤赴南台序》中道出了这一事实：

　　　　石龙黄子蚤志圣贤之学……嘉靖继统，与甘泉子并起废至京师。石龙子迁南台经历，后军俞君请曰："宗贤与子有同志之雅，宜为我有赠言；否则，无以酬置亭待二子之意也。"甘泉子辞曰："吾与宗贤期默成于道矣，恶乎言？"再至而再辞焉。既而应君元忠（良）、黄君才伯（佐）请曰："黄子与子有同志之雅，宜为吾同志有赠言。"甘泉子辞之，如辞俞君。既而王君公弼、欧君崇一、萧君子鸣、钱君汝冲、郑君窒甫，联王君、虞君、金君（克厚）、太常李君、廷评陆君、职方梁君（焯）、秋官陆君（澄）、太史邹君（守益）、春官陈君、韦君、黄君、魏君（良弼）、陈君、二薛君（薛侃、薛宗铠）、傅君、应君（典）、吴君之名，申应、黄之请。辞不可，乃言之曰："夫学，觉而已矣。伊尹，天民之先觉也。"[3]

但阳明却悲观地认为嘉靖新朝并非太平圣朝，而是危机潜伏，民

---

[1]《国朝献征录》卷三十四《黄公绾行状》。
[2]《黄绾集》卷二十八。
[3]《泉翁大全集》卷十七。

生多艰，充其量是个"小利贞"的时代，他已敏锐感觉到世宗新帝并非贤明君主，所以要这些起用入朝的弟子保持清醒头脑，面对新的困心衡虑、动心忍性的磨难。他写信给在京的薛侃说：

> 原中（应良）、宗贤（黄绾）、诚甫（黄宗明）前后去，所欲言者，想已皆能□悉。士鸣（杨鸾）、崇一（欧阳德）诸友咸集京师，一时同志聚会之盛，可想而知。但时方多讳，伊川所谓"小利贞"者，其斯之谓欤？道不同不相为谋，而仁者爱物之诚，又自有不容已者，要在默而成之，不言而信耳。困心衡虑，以坚淬其志节；动心忍性，以增益其不能。自古圣贤，未有不如此而能有立于天下者也。闻已授职大行，南差得便，后会或可有期。[1]

阳明的预感很快成为现实，大礼议的纷争捅破了虚假的"小利贞"的升平气象，暴露了新君世宗的专制独裁帝王的嘴脸。阳明反倒庆幸自己丁忧归居逃离了朝廷纷争的旋涡，在守丧的苦寂生活中，他用更虔诚的讲学论道来磨砺自己困心衡虑、动心忍性的灵魂，自求心的自我救赎，实现良知心我向终极精神境界的超升。他首先从同周衡的讲学论道上打开了良知心学发展远播的通道。

在湖广任应城县令的周衡，也受学于湛若水，深得随处体认天理说的精要。起先他在春间常写信给阳明问良知心学。到夏四月，他又遣门人米子荣递书来论辨致良知说与随处体认说的异同，还派了两个应城县学诸生来问学。阳明写了一篇详细的答书，主要从五个方面对自己的良知心学作了深度诠释：

---

[1]《阳明先生文录》卷二《寄薛尚谦》。

一是针对周衡提出的“何思何虑”就是“须识得何思何虑的气象”的说法，阳明认为所谓“何思何虑”并不是“无思无虑”，而是思虑体认一个天理，“更无别思别虑”。因为心即理，心体即天理，因此思虑天理实际就是体认心体，复归心体，他明确说：“心之本体即是天理，天理只是一个，更有何可思虑得？天理原自寂然不动，原自感而遂通，学者用功虽千思万虑，只是要复他本来体用而已。”[1]

二是针对周衡认为学者做功夫就是“要识认得圣人气象”，阳明认为“先认圣人气象”的说法是忘却了自家良知之心的“大头脑”，因为“圣人气象”并不是本体，圣人在我，心为本体，“大头脑”是良知，因此心学工夫不是先去体认“圣人气象”，而是要真切体认自己的良知之心，体认得良知之心澄明灵觉，圣人气象亦在其中。所以他强调说：“圣人气象自是圣人的，我从何处识认？若不就自己良知上真切体认……圣人气象何由认得？自己良知原与圣人一般，若体认得自己良知明白，即圣人气象不在圣人而在我矣。”

三是针对周衡认为“事上磨炼”就是要“一日之内不管有事无事，只一意培养本原”，不可谓“无事”，阳明认为一个人终日终身都在事上磨炼，不论有事无事，只作事上磨炼的工夫。所谓“事上磨炼”就是致良知的工夫，即尽吾心良知以应事接物，这是一种实致其良知的践履工夫。故他进一步指出：“事物之来，但尽吾心之良知以应之……凡处得有善有未善，及有困顿失次之患者，皆是牵于毁誉得丧，不能实致其良知耳。”

四是针对周衡认为致知不离格物，应“致知格物一并下”，

---

[1]《传习录》卷中《启问道通书》。

阳明认为格物是致知的工夫，格物即致知，格物致知一体为用，故知得致知即已知得格物。他精辟解释说："格物是致知工夫，知得致知，便已知得格物。若是未知格物，则是致知工夫亦未尝知也。"

五是针对周衝不理解二程"才说性，便已不是性"的性说，阳明认为性气合一，气即性，性即气，性气不分，说性说气不能落于一边，因为性是气之本原，故才说气即是性，便已落在气的一边，不是性之本原。在阳明看来，孟子道性善，就是从性之本原上说；但性不离气，性须在气上显现，无气也就无性可见。所以他强调恻隐、羞恶、辞让、是非之性也是气，"若见得自性明时，气即是性，性即是气，原无性气之可分也"。这显然已是在批评朱熹性气二分的天命之性与气质之性说。

阳明这篇《启问道通书》，是从一个"体认心体"的新视角诠释他的良知心学，可以说是对他的《答陆原静书》的重要补充，所以他自己也很看中这篇《启问道通书》，收进了《传习录》。因为书信往来一时还讲不清楚，到五月周衝改授福建邵武教授，他在赴任途中便特经绍兴来问学，由"体认圣人气象"谈到了读经，重点讨论了《易》学，周衝还把《古易》赠给了阳明。阳明后来有信给他说：

> 《古易》近时已有刻者，虽与道通所留微有不同，□□无大不相远。中间尽有合商量处，忧病中情思未能及，且请勿遽刊刻，俟二三年后，道益加进，乃徐议之，如何？《易》者，吾心之阴阳动静也；动静不失其时，《易》在我矣。自强不息，所以致其功。孔子云："五十以学《易》，可以无大过矣。"今以道通之年计之，正在学《易》之时，恐未宜

汲汲于是也。道通在诸友最为温雅近实，乃亦驰骛于此等不急之事，疑未之思欤？盛价去，昏愦草草莫既所怀，千万心亮！守仁拜手，道通郡博道契文侍。[1]

阳明仍是接着《启问道通书》中的"体认圣人气象"的话题，否定了周衝的读《易》学《易》。因为读《易》学《易》还是一种向外就经中"体认圣人气象"的工夫，而心学的大头脑是自家的"良知"，必须首先向内真切体认自家的良知之心，体认明觉了自家良知之心，圣人气象也自然就在其中。由此阳明以心说《易》，认为易即心，易学即心法，故易在我心，体认心易，"《易》者，吾心之阴阳动静也；动静不失其时，《易》在我矣。自强不息，所以致其功也"。因此他要求周衝首先要真切体认自家的良知之心，做自强不息的体认心体的工夫，而不是去从读《周易》中体认"圣人气象"，做向外驰骛的工夫。这同他说的"不须读书"是一个意思。

阳明同湛若水、方献夫、黄绾、周衝等人的讲学论辨，显示阳明在越大阐良知之教又跃上了一个新台阶，他的良知心学远向湖广、福建传播，甚至直入都下，吸引了更多的四方学子来越问学。阳明良知心学在浙中蒸蒸日上兴起的势头自然引起了嘉靖新帝与新朝权贵的严重关切，招来了朝野更激烈的"谤议"。自命不凡的世宗自我标榜是最尊仰精通程朱理学的有道帝君，亲自掌控起了思想禁锢的独裁"权柄"。新朝权贵们以杨廷和为首，也全都是固守程朱理学的信徒，他们在政事上同阳明矛盾不和，在学术上嫉视阳明的良知心学，直斥为"异端"，对阳明层层设防打击。所以随着嘉靖新帝的登位，阳明良知心学的厄运很快降临

[1] 王守仁：《与周道通书》一，日本天理图书馆藏《王阳明先生小像附尺牍》。

了。先是在六月四日，阳明上了《乞恩表扬先德疏》，请为父王华恤典赐谥。给大臣赐谥本来也是一个常行的惯例，礼部尚书毛澄却摭拾了王华当年的所谓"科场阴事"（暮夜受金、典文招议之类）不允。表面上这是针对王华的阴事劣迹，真正的原因还是出于毛澄对阳明心学的反感与平定宸濠叛乱的嫉妒。为此阳明特致札兵部尚书彭泽说：

> 伏惟执事才德勋烈动一世，忠贞之节，刚大之气，屹然独峙，百撼不摇，真足以廉顽而立懦。天子求旧图新，复起以相，海内仰望其风采，凡天下之韬伏埋滞，窒而求通，曲而求直者，莫不延颈跂足，望下风而奔诉。况先子素辱知与，不肖孤亦尝受教于门下，近者又蒙为之刷垢雪秽，谬承推引之恩，盖不一而足者，反自疏外，不一以其情为请，是委先子于沟壑，而重弃于大贤君子也，不孝之罪，不滋为其软？先子之没，有司以赠谥乞，非执事之悯之也，而为之一表白焉，其敢觊觎于万一乎？[1]

但是彭泽对朝局矛盾了如指掌，他自己也同毛澄之流在政事学术上不合，不敢为王华、阳明说情。事实上，就在毛澄拒绝给王华赐谥的同时，谤议阳明良知心学的鼓噪四起，朝廷已开始了对阳明良知心学公开的攻击与批判。这年八月的乡试，出卷多有隐诋良知心学的用意。江西副使顾应祥给阳明寄来江西的隐诋良知学的乡试策问卷，要阳明引起警惕。阳明毫不畏惧，反而更以举世非之而不顾的勇毅依旧坦然讲论良知心学，他回信顾应祥说：

---

[1]《王阳明全集》卷二十一《上彭幸庵》。

　　　　近得江西策问，深用警惕。然自反而缩，固有举世非之
　　而不顾者矣，其敢因是遂靡然自弛耶？《易》曰：“知至，至
　　之。”“知至”者，知也；“至之”者，致知也，此知行之所
　　以合一也。若后世致知之说，止说得一“知”字，不曾说得
　　“致”字，此知行所以二也。病发茶苦之人，已绝口人间事，
　　念相知之笃，辄复一及。[1]

程朱官学攻诋阳明的良知心学是离经叛道的“异端”，阳明却从
《周易》说的“知至，至之”上又找到了他的“致良知”与“知
行合一”的新的经典依据，用以反击程朱官学的诬谤，进一步发
展自己的良知心学。按捺不住的朝中反心学派权贵打手终于赤膊
上阵了。同江西乡试攻诋阳明心学相呼应，九月二日，巡按江西
监察御史程启充、吏科给事中毛玉秉承杨廷和、费宏一班宰辅的
意旨，上奏论劾阳明与宸濠交通勾结六大罪状，学术不正。程启
充自称得到了当年宸濠交通萧敬、陆完的私书，书中说要陆完想
法逐去巡抚孙燧，“代者汤沐、梁辰俱可，王守仁亦好”。毛玉也
奏劾阳明与宸濠勾结，遣冀元亨往南昌讲学联络，阳明赴南昌也
是去庆贺宸濠生日，指斥阳明心学“学术不正”。他们的奏劾，
在朝中掀起了一股打击阳明、“遏抑正学”（心学）的翻案风。户
科给事中汪应轸首先起来上奏为阳明辨诬，奏疏说：

　　　　窃见巡按江西监察御史程启充一本内，开据湖口县被问
　　知县章玄梅将原获逆濠奏本，私书伪旨抱首，合行具本封进。
　　内除已问决发遣钱宁、张锐、臧贤、陆完外，其有干太监萧

---

[1]《王阳明全集》卷二十七《与顾惟贤》书八。

敬、都御使汤沐，臣不知是非如何，独谓新建伯王守仁贪天
之功，宜追夺提究，则臣所未喻也。夫王守仁巡抚南、赣，
与南昌相去亦远。当逆濠作叛之时，乃能不俟诏旨，首倡大
义，兴集兵民，卒灭反贼。使其有一毫回顾之心，则必逗遛
不进，中立待变，决不举动。如是之光明号召，如是之勇敢
倡率，如是之激烈殄灭，如是之迅速也，而谓之"贪天之
功"可乎？且逆濠书内，止谓"王守仁亦好"，初无心腹交
结之实迹，盖欲成大事者，当浑沦持重，圭角不露，不使小
人得以窥测浅深。彼逆濠者，坠其术中而不自觉，此王守仁
之所以能成功也。纵使果有交通之情，比之党与自相擒获而
出首者，亦其在所优容，而不当复论其既往也。夫勇略震主
者身危，功盖天下者不赏，自古以来盖多有之，一王守仁何
足惜？但恐王守仁由此得罪，异日天下有事，谁肯出死力以
为国家耶？……[1]

接着刑部主事陆澄也上疏抗辨，主要痛斥了程、毛诬加给阳明六
大罪状的卑劣行径，说：

　　论者之意，大略有六：一谓宸濠私书，有"王守仁亦好"
一语；二谓守仁曾遣冀元亨往见宸濠；三谓守仁亦因贺宸濠
生辰而来；四谓守仁起兵，由于致仕都御史王懋中、知府伍
文定攀激；五谓守仁破城之时，纵兵焚掠，而杀人太多；六
谓宸濠本无能为，一知县之力可擒，守仁之功不足多，而其
捷本所陈，妆点过实。然究其本心，不过忌其功名而已。宸

---

[1] 《青湖文集》卷一《言官不谙事体不分功罪妄行举劾沮抑忠义疏》。

濠私书"王守仁亦好"之说，乃启充得于湖口知县章玄梅者。切惟刑部节奉钦依："原搜簿籍，既未送官封记收掌，又事发日久，别生事端，委的真伪难辨，无凭查究，着原搜获之人尽行烧毁。钦此。"今玄梅之书从何而来？使有之，何足凭据？……其遣冀元亨往见者，是守仁知宸濠素蓄逆谋，而元亨素怀忠孝，欲使启其良心，而因以探其密计尔。元亨一见，不合而归。使言合志投，当留信宿，何反逆之日，反在千里之外乎？……毛玉疑守仁因贺宸濠生辰，而偶尔遇变。殊不知守仁奉敕将往福建，而瑞金、会昌等县瘴气生发，不敢经行，故道出丰城。且宸濠生日在十三，而守仁十五方抵丰城，若贺生辰，何独后期而至乎？其谓守仁由王懋中等攀激起兵，尤为乖谬。守仁近丰城五里而闻变，即刻伪写两广都御史杨旦大兵将临火牌，于知县顾似接见之时，令人诈为驿夫入递，守仁佯喜，以为大兵既至，贼必易图，当令顾似传牌入城，以疑宸濠。又令顾似守城，许与拨兵助守。时有报称宸濠遣贼六百追房王都者，守仁回船而南风大逆，乃恸哭告天，而顷刻反风。守仁又恐贼兵追至，急乘渔舟脱身。此时王懋中安在？次日奔至蛇河，遇临江知府戴德孺，即议起兵。因不足恃，又奔入新淦城，欲与知县李美集兵。度不可居，复奔至吉安。见仓库充实，遂乃驻扎，传檄各处，起调军民。一面榜募忠义之士，方令伍文定以书请各乡官王懋中等盟誓勤王。而懋中又迟疑二日，乃始同盟……至于破城之时，焚者，宫中自焚，故内室毁而外宇存，官兵但救而无焚也。掠者，伍文定之兵乘胜夺贼衣资，众兵不然也。杀人者，知县刘守绪所领奉新之兵，以守仁号令"闭门者生，迎敌者死"，故杀迎敌者百余人。及守仁至，斩官兵杀掠者四十

> 六人，遂无犯者矣……夫宸濠积谋有年，一旦大发，震撼两
> 京，而守仁以一书生，谈笑平之于数日之内，功亦奇
> 矣！……今建不世之功，而遭不明之谤，天理人心安
> 在哉！[1]

汪应轸与陆澄的抗辨彻底戳穿了程启充、毛玉别有用心的逸毁，不料却招来了更多的"科道交章"的攻骂。御史向信上奏劾汪应轸与阳明是同乡，陆澄是阳明的门生，他们是相互"党比欺罔"，要求"请正其罪"。科道官也纷纷上章乞黜阳明封爵，罢去汤沐官，追论陆完，下萧敬法司治罪。监察御史张钺甚至旁攻侧击，弹劾前刑部尚书张子麟有书札与宸濠交通关节，用以影射与印证阳明与宸濠暗中勾结谋叛的行径。面对科道打手铺天盖地的攻骂叫嚣，阳明却很淡定自若，目光如炬，他早已看透这班以程朱理学禁锢天下士人头脑的朝廷权贵上疏谗诬他同宸濠勾结是表面的幌子，而诋毁禁锢他的良知心学才是真正居心险恶的阴谋，所以他抱着"无辩止谤"的信念，写信给陆澄，揭露这些以造谣诋毁为能事的"学禁"打手的嘴脸说：

> 某不孝不忠，延祸先人，酷罚未敷，致兹多口，亦其宜
> 然。乃劳贤者触冒忌讳，为之辩雪，雅承道谊之爱，深切恳
> 至，甚非不肖孤之所敢望也。"无辩止谤"，尝闻昔人之教
> 矣，况今何止于是！四方英杰以讲学异同之故，议论方兴，
> 吾侪可胜辩乎？惟当反求诸己，苟其言而是欤，吾斯尚有所
> 未信欤，则当务求其是，不当辄是己而非人也；使其言而非

---

[1]　陆澄：《辨忠谗以定国是疏》，见《王阳明全集》卷三十九附载。

软,吾斯既已自信软,则当益致其践履之实,以务求于自谦,所谓"默而成之""不言而信"者也。然则今日之多口,孰非吾侪动心忍性、砥砺切磋之地乎!且彼议论之兴,非必有所私怨于我,彼其为说,亦将自以为卫夫道也。况其说本自出于先儒之绪论,固各有所凭据,而吾侪之言骤异于昔,反若凿空杜撰者。乃不知圣人之学本来如是,而流传失真,先儒之论所以日益支离,则亦由后学沿习乖谬积渐所致。彼既先横不信之念,莫肯虚心讲究,加以吾侪议论之间或为胜心浮气所乘,未免过为矫激,则固宜其非笑而骇惑矣。此吾侪之责,未可专以罪彼为也。嗟呼!吾侪今日之讲学,将求异其说于人邪?亦求同其学于人邪?将求以善而胜人邪?亦求以善而养人邪?知行合一之学,吾侪但口耳耳,何尝知行合一邪!推寻所自,则如不肖者为罪尤重。盖在平时徒以口舌讲解,而未尝体诸其身,名浮于实,行不掩言,己未尝实致其知,而谓昔人致知之说未有尽。如贫子之说金,乃未免从人乞食。诸君病于相信相爱之过,好而不知其恶,遂乃共成今日纷纷之议,皆不肖之罪也。虽然,昔之君子,盖有举世非之而不顾,千百世非之而不顾者,亦求其是而已矣,岂以一时毁誉而动其心邪!惟其在我者有未尽,则亦安可遂以人言为尽非?伊川、晦庵之在当时,尚不免于诋毁斥逐,况在吾辈行有所未至,则夫人之诋毁斥逐,正其宜耳。凡今争辩学术之士,亦必有志于学者也,未可以其异己而遂有所疏外。是非之心,人皆有之,彼其但蔽于积习,故于吾说卒未易解。就如诸君初闻鄙说时,其间宁无非笑诋毁之者?久而释然以悟,甚至反有激为过当之论者矣。又安知今日相诋之力,不为异时相信之深者乎!……致知之说,向与惟濬及崇一诸友

> 极论于江西，近日杨仕鸣来过，亦尝一及，颇为详悉。今原
> 忠、宗贤二君复往，诸君更相与细心体究一番，当无余蕴矣。
> 孟子云："是非之心，知也。""是非之心，人皆有之。"即所
> 谓良知也。孰无是良知乎？但不能致之耳。《易》谓"知至，
> 至之"。知至者，知也；至之者，致知也。此知行之所以一
> 也。近世格物致知之说，只一"知"字尚未有下落，若
> "致"字工夫，全不曾道著矣。此知行之所以二也。[1]

这封信表明阳明已经预感到朝廷要禁锢他的良知心学的"学禁"
的来临，所以他警告弟子学者们不要以一时的毁誉而动其心，
敢于面对诋毁斥逐的命运。对这场御史科道官交章弹劾阳明的
事件，表面上世宗采取了息事宁人的态度，说："守仁一闻宸濠
之变，仗义兴兵，戡定大难，特加封爵，以酬大功，不必更议。
沐令自陈，其余宜遵前旨。"[2] 实际上他在心中已认定阳明是
"窃负儒名"的"憸人"，"尤非圣门之士"，"诋毁先儒，号召
门徒"，"传习邪说"，认定阳明所以平宸濠乱是"彼见我皇兄
亲征，知宸濠必为所擒，故乃同文定举事"，暗底向他张开"学
禁"的大网了。

　　事情果如阳明所料，只过了十来天，十月二十三日，礼科
给事中章侨、御史梁世骠又接连上书攻"异学"，乞禁"叛道
不经之书"，矛头直对阳明的良知心学。章侨奏劾说："三代以
下论正学，莫如朱熹。近有聪明才智足以号召天下者，倡异学
之说，而士之好高务名者靡然宗之。大率取陆九渊之简便，惮

---

[1]　《王阳明全集》卷五《与陆原静》书二。
[2]　《明世宗实录》卷十八。

朱熹为支离，及为文辞，务宗艰险。乞行天下，痛为禁革。"[1]
梁世骠随声附和。礼部复议，认定章、梁二人所言"深切时弊，
有补风教"。章侨所说"叛道不经之书"主要就指《朱子晚年
定论》《传习录》等；所说"聪明才智足以号召天下者"主要
就指阳明、王艮等。章、梁的奏劾说出了世宗的心里话，他马
上下诏说：

> 　　祖宗表章《六经》，颁降敕谕，正欲崇正学，迪正道，
> 端士习，育真才，以成正大光明之业。百余年间，人才浑厚，
> 文体纯雅。近年士习多诡异，文辞务艰险，所伤治化不浅。
> 自今教人取士，一依程朱之言，不许妄为叛道不经之书，私
> 自传刻，以误正学。[2]

嘉靖"学禁"就这样突发兴起。世宗一手钦定阳明的著作为"叛
道不经之书"，阳明的良知心学为诡异的"异学"，遭到"禁革"。
这场"壬午学禁"发生在大礼议热火朝天之际，所以它也具有党
禁的意义，那就是它在学术思想上的"禁革"密切配合了大礼议
在政治上的"禁锢"，学禁与党禁相互渗透，决定了阳明生命最
后短暂七年的悲剧命运。阳明勇毅无畏地倡导良知心学，最鲜明
彰显了他对学术思想上的"自由之思想，独立之精神"的追求，
大大触犯了官方程朱理学的禁网，它遭到统治者的禁绝是必然的。
这场"学禁"所以在壬午年兴起，正同阳明归越大阐良知心学有
关，他的良知心学形成了一股思潮广泛传播，随同他的众多弟子

[1]《明世宗实录》卷十九。
[2]《明世宗实录》卷十九。

起用入朝，良知心学的潮流也涌进了京都，引起了朝廷统治者的恐慌，其中尤以王艮三次穿奇装异服入都大讲良知心学，惊动了都下与朝廷，成为嘉靖"学禁"的导火线，直接引发了一场"学禁"之祸。

第一次入都之行在嘉靖元年春间。王艮先来越问学，帮助阳明建造书院，接待四方来学士子。一日聆受了阳明的"狂者胸次"之教后，他忽然问阳明："千载绝学，天启吾师倡之，可使天下有不及闻此学者乎？"阳明笑而不答。王艮决定学当年孔子周游列国，代阳明师传道天下，以昂奋的"狂者胸次"入都宣讲良知心学。他归泰州后，便制造了一个小蒲轮车，在车上大书："天下一个，万物一体。入山林求会隐逸，过市井启发愚蒙。遵圣道天地弗远，致良知鬼神莫测。欲同天下人为善，无此招摇做不通。知我者，其惟此行乎？罪我者，其惟此行乎？"[1] 他还作了一首怪异的《鳅鳝赋》吐露这次传道之行的目的说：

> 道人闲行于市，偶见肆前育鳝一缸，覆压缠绕，奄奄然若死之状。忽见一鳅从中而出，或上或下，或左或右，或前或后，周流不息，变动不居，若神龙然。其鳝因鳅得以转身通气，而有生意。是转鳝之身，通鳝之气，存鳝之生者，皆鳅之功也。虽然，亦鳅之乐也，非专为悯此鳝而然，亦非为望此鳝之报而然，自率其性而已耳。于是道人有感，喟然叹曰："吾与同类并育于天地之间，得非若鳅鳝之同育于此缸乎？吾闻大丈夫以天地万物为一体，为天地立心，为生民立命，几不在兹乎？"遂思整车束装，慨然有周流四方之志。少

---

[1]　董燧：《王心斋先生年谱》。

顷,忽见风云雷雨交作,其鳅承势跃入天河,投于大海,悠然而逝,纵横自在,快乐无边。回视樊笼之鳝,思将有以救之,奋身化龙,复作雷雨,倾满鳝缸。于是缠绕覆压者,皆欣欣然有生意。视其昚醒,精神同归于长江大海矣。道人欣然就车而行。或谓道人曰:"将入樊笼乎?"曰:"否。吾岂匏瓜也哉,焉能系而不食?""将高飞远举乎?"曰:"否。吾非斯人之徒与而谁与?""然则如之何?"曰:"虽不离于物,亦不囿于物也。"因诗以示之,诗曰:"一旦春来不自由,遍行天下壮皇州。有朝物化天人和,麟凤归来尧舜秋。"[1]

这篇奇特的讽谕赋就是心斋为自己北上入京、周流四方而作,他以"鳅"(神龙)隐喻阳明,以"鳝"隐喻天地生民万物,以得阳明良知心学的"道人"自况,欲效法当年孔子周游列国行道,遍行天下播撒阳明"良知"雨露,希冀"有朝物化天人和"。他沿途随地聚讲,直入京师,宣播良知心学,惊动朝廷,引起了朝中尊奉程朱理学的宰辅大臣的警觉。这时正逢朝廷大封这班为新朝更化翊戴立功的大臣杨廷和、蒋冕、毛纪、费宏、毛澄等人,王艮的到来搅了他们的升官梦,他在京师的良知心学的招摇呼喊尤使他们感到惊惧,所以当阳明上疏请为父王华赐谥时,毛澄马上摘取王华的"科场阴事"给以否决,已经敲响了"学禁"的前奏曲,王艮的张狂入都鼓吹良知心学实际是失败了。

　　第二次入都之行在嘉靖元年八月。王艮约在五月无功回到泰州,感叹说:"风之未远,道何由明?是某之罪也。"于是到八月,他又一次穿起古装异服,自命为"神龙",携二仆再驾招摇

[1]《王心斋先生遗集·王艮杂著》。

车北上，一路招摇聚讲，进入京师，张狂讲论心学一月，市井都人聚观如堵，朝臣士夫相顾愕眙，轰传都下，震动朝廷。这次入都，董燧在《王心斋先生年谱》中有详细叙述：

> 制一蒲轮……沿途聚讲，直抵京师。会山东盗起，德州集兵守关，不得渡。先生托以善兵法见州守，守曰："兵贵勇，某儒生，奈怯何？"先生曰："某有譬语，请为公陈之：家尝畜鸡母，其所畏者，鸢也。一日引其雏之野，鸢忽至，辄奋翼相斗，盖不复知鸢之可畏，其故何也？忧雏之心切耳。公民之父母，州之民皆赤子也。倘不忍赤子之迫于盗，何患无勇，将见奋翼相斗者愈于鸡母也。"州守听其言悟，益严于为备。遣人护先生渡河，复于其所往。比至都下，先夕有老叟梦黄龙无首，行雨至崇文，明变为人立，晨起，先生适至。时阳明公论学与朱文公异，诵习文公者颇牴牾之，而先生复讲论勤恳，冠服车轮悉古制度，人情大异。会南野先诸公都下，劝先生归。阳明公亦移书守庵公，遣人速先生。先生还会稽，见阳明公。公以先生意气太高，行事太奇，欲稍抑之，乃及门三日不得见。一日，阳明公送客出，先生长跪曰："某知过矣。"阳明公不顾。先生随入，至厅事，复厉声曰："仲尼不为已甚！"于是阳明公揖，先生起。

但董燧却隐去了王艮在京师的张狂行径与阳明何以愤怒催他速归绍兴的原因。倒是耿定向在《心斋王艮传》中讲出了真话："著书千余言，谆谆申孝弟，拟伏阙上。然先生风格既高古，所为又卓荦如是，朝士多相顾愕，贻劝止之。先生留一月，竟谐众心而返。还见文成，文成思裁之，不见。先生跪伏庭下，痛自省悔，久之，乃见。"[1] 原来王艮这次入都竟是想要伏阙上书，想用如此张狂行径轰动京师朝廷，千余言的奏书已经写好，从其中"谆谆申孝弟"看，无疑应是上大礼议书，最后被南野欧阳德等同门苦苦劝阻，才没有去伏阙上书。实际上，他最终没有伏阙上书和阳明愤怒催他速回绍兴的真正原因，就是由于他在都下张狂鼓吹良知心学，干犯"大礼议"，程启充、毛玉在九月二日受宰辅意旨上书论劾王阳明党恶，"学术不正"，京师形势凶险，已经敲响了"学禁"的警钟。王艮一回到绍兴，章侨、梁世骠便在十月二十三日上疏攻阳明心学为"异学"，阳明之书为"叛道不经之书"，乞请"学禁"，世宗马上下诏天下严行"学禁"。显然，正是王艮张狂入都鼓吹良知心学直接引发了这场"壬午学禁"，决定了阳明和他的良知心学在整个嘉靖时期遭到摈斥禁锢的命运。

第三次入都之行在嘉靖二年春间。王艮并没有吸取前二次入都之行碰壁失败的教训，反而更激起了他一腔冲决"学禁"罗网的张狂之心，要想赶在南宫春试举子齐聚京师之际入都大干一番。他先在正月来绍兴受教，然后又穿起奇装异服，驾小蒲车北上，一路随处讲学，进入都下，又张狂鼓吹良知心学，搅动春试场屋科举。这次入都的情况，王臣在《祭王心斋文》中说："癸未之春，予试春官。君时乘兴，亦北其辕。琅琅高论，起懦廉顽。偕寓连床，忘寐以欢。君既南归，予官贵土。师曰'乐哉，义聚仁辅'。"[2] 黄直在《祭王心斋文》中说得更清楚："癸未之春，会试举场。兄忽北来，驾车彷徨。随处讲学，男女奔忙。至于都下，见者仓皇。事迹显著，惊动庙廊。同志曰吁，北岂可长？再三劝

[1]《王心斋先生年谱》附录。
[2]《王心斋先生年谱》附录。

谕，下车解装。共寓京师，浩歌如常。我辈登科，兄乐未央。别
去数月，受职于漳。"[1] 王臣、黄直都是这次入都春试中进士，
亲眼看到了王艮在都下张狂鼓吹良知心学的一幕。所谓"见者仓
皇""惊动庙廊"，就是指王艮招摇狂热鼓吹良知心学的"琅琅高
论"更震骇了朝廷，也直接冲击了这年春间阴诋阳明心学的会试
科举。其实，"壬午学禁"本就是首先从科举考试上开刀雷厉风
行的，这年会试策士就以心学为问，阴诋阳明，阻遏尊信阳明心
学的士子中举入仕。所以阳明的弟子钱德洪、王畿等都意外落第。
阳明却把这次的会试看作是一场心学的"炼狱"，当钱德洪归绍
兴来见阳明时，阳明欣喜地说："圣学从兹大明矣!"钱德洪问：
"时事如此，何见大明?"阳明回答说："吾学恶得遍语天下士?
今会试录，虽穷乡深谷无不到矣。吾学既非，天下必有起而求真
是者。"王畿落第后慨叹："学贵自得，吾向者犹种种生得失之
心，然则仅解悟耳。"他马上焚毁了京兆所给的路券，来见阳明，
请终身师事阳明，自认为"我是师门一唯参"，"致良知三字，及
门者谁不闻? 惟我信得及"。雨石俞文德也落第，他也焚烧了路
引，来绍兴问学，阳明向他传授了良知心学。后来夏尚朴作诗称
颂说：

　　　俞纯夫落第南归，得见阳明先生，遂焚引归，即岩居，其志
可谓决矣。因次所诵阳明诗韵寄之，幸勿谓老生常谈见外也。
　　　道理平铺本自明，直须收敛见精英。
　　　独惭拙学违初志，更觉残龄畏后生。
　　　义利两途须早判，知行偏废岂能成?

————————
[1]《王心斋先生年谱》附录。

孔颜乐处平平地，不出虞廷敬畏情。[1]

其中反抗科场"学禁"最激烈的阳明弟子是徐珊，他一读了会试策问，愤慨说："吾恶能昧吾知以侪时好耶！"不对试卷拂衣走出场屋，归绍兴来见阳明。当时人都把他比为宋儒尹惇，称赞说："尹彦明后一人也。"阳明专为他的这一科场无畏壮举写了一篇元气淋漓的《书徐汝佩卷》，撕开了官方这场科场"学禁"禁绝心学的恐怖阴谋的面纱，以自己叛逆的"狂者胸次"表达了对"学禁"的最大蔑视：

> 壬午之冬，汝佩别予北上，赴南宫试。已而门下士有自京来者，告予以汝佩因南宫策问若阴诋夫子之学者，不对而出，遂浩然东归，行且至矣。予闻之，黯然不乐者久之。士曰："汝佩斯举，有志之士莫不钦仰歆服，以为自尹彦明之后，至今而始再见者也。夫人离去其骨肉之爱，赍粮束装，走数千里，以赴三日之试，将竭精弊力，惟有司之好是投，以蕲一日之得，希终身之荣，斯人之同情也。而汝佩于此独能不为其所不为，不欲其所不欲，斯非其有见得思义，见危授命之勇，其孰能声音笑貌而为此乎？是心也，固'富贵不能淫，贫贱不能移，威武不能屈者'者矣。将夫子闻之，跃然而喜，显然而嘉与之也；而顾黯然而不乐也，何居乎？"予曰："非是之谓也。"士曰："然则汝佩之为是举也，尚亦有未至欤？岂以汝佩骨肉之养且旦暮所不给，无亦随时顺应以少苏其贫困也乎？若是，则汝佩之志荒矣。"予曰："非是之

---

[1]《夏东岩先生诗集》卷六。

谓也。"士曰:"然则何居乎?"予默然不应,士不得问而退。他日汝佩既归,士往问于汝佩曰:"向吾以子之事问于夫子矣,夫子黯然而不乐,予云云,而夫子云云也,子以为奚居?"汝佩曰:"始吾见发策者之阴诋吾夫子之学也,盖怫然而怒,愤然而不平。以为吾夫子之学,则若是其简易广大也;吾夫子之言,则若是其真切著明也;吾夫子之心,则若是其仁恕公普也。夫子悯人心之陷溺,若己之堕于渊壑也,冒天下之非笑诋詈而日惇惇焉,亦岂何求于世乎?而世之人曾不觉其为心,而相嫉媢诋毁之若是,若是而吾尚可与之并立乎?已矣!吾将从夫子而长往于深山穷谷,耳不与之相闻,而目不与之相见,斯已矣。故遂浩然而归。归途无所事事,始复专心致志,沉潜于吾夫子致知之训,心平气和,而良知自发。然后黯然而不乐,曰:嘻吁乎!吾过矣。"士曰:"然则子之为是也,果尚有所不可软?"汝佩曰:"非是之谓也。吾之为是也,亦未不可;而所以为是者,则有所不可也。吾语子:始吾未见夫子也,则闻夫子之学而亦尝非笑之矣,诋毁之矣;及见夫子,亲闻良知之诲,恍然而大寤醒,油然而生意融,始自痛悔切责。吾不及夫子之门,则几死矣。今虽知之甚深,而未能实诸己也;信之甚笃,而未能孚诸人也。则犹未免于身谤者也,而遽尔责人若是之峻。且彼盖未尝亲承吾夫子之训也,使得亲承焉,又焉知今之非笑诋毁者,异日不如我之痛悔切责乎?不如我之深知而笃信乎?何忘己之困而责人之速也!夫子冒天下之非笑诋毁,而日谆谆然惟恐人之不入于善,而我则反之,其间不能以寸矣。夫子之黯然而不乐也,盖所以爱珊之至而忧珊之深也。虽然,夫子之心,则又广矣大矣,微矣几矣。不睹不闻之中,吾岂能尽以语子也?"汝佩见,备以其所以告于士者为问，予颔之而弗答，默然者久之。汝佩悚然若有省也。明日，以此卷入请曰："昨承夫子不言之教，珊倾耳而听，若震惊百里，粗心浮气，一时俱丧矣，请遂书之。"[1]

这篇甘"冒天下之非笑诋罾"写就的雄文，简直可以说是阳明抗击"嘉靖学禁"的宣言书，它与其说是阳明在颂扬徐珊反叛科场思想禁锢的大无畏壮举，毋宁说是阳明在表白自己甘冒天下人的非笑诋毁反抗官方"学禁"的泼天胆勇。这篇文章反映了心学士子在"学禁"笼罩下的普遍反抗心态，也成为阳明自己在"学禁"困境下砥砺奋进的新起点。

"狂者胸次"："学禁"困境下的砥砺奋进

在"学禁"阴霾的笼罩下，却有越来越多的四方士子学者奔赴绍兴来问学，嘉靖二年成了阳明大阐良知心学的一个新高峰。从开春正月起，就有一批一批学子闻风来绍兴受良知心学之教，吕本在《绪山钱公墓志铭》中说：

> 癸未，（钱德洪）下第归，晨夕在师侧，四方来从游，如薛中离、邹东廓、王心斋、欧阳南野、黄洛村、何善山、魏水洲、药湖诸君，咸集馆下，及闻风而来者，无虑数百人。必令引导，以端从入之途，皆称公"山中教授"。[2]

[1]《王阳明全集》卷二十四。
[2]《期斋吕先生文集》卷十二。

最初在正月，邹守益、黄宗明、马明衡都复职北上入京，途经绍兴来问学。邹守益同阳明参订讲论一个多月。阳明尤器重邹守益，同他游山览洞，讲学唱酬，分别时恋恋不舍，阳明携门人蔡宗兖、王世瑞、郭庆、魏良弼、魏良器等一直送邹守益到浮峰、萧山，唱酬相别。邹守益作了二首别诗：

同郭善夫魏师颜宿阳明洞

蹑足青霄石万寻，谢墩何处更投簪？

云穿草树春亭静，水点桃花洞口深。

屋漏拂尘参秘诀，匡床剪烛动幽吟。

千年射的（山名，在阳明洞中）谁能中？莫遣桑蓬负壮心。

侍阳明先生及蔡希渊王世瑞登浮峰书别

远随谢屐出东皋，直访梅岩（子真常隐于此）未惮劳。

杯酒百年几胜践，初晴千里见秋毫。

沙光映日开平野，石势连云涌海涛。

醉下长林生别思，烟汀回首越山高。[1]

阳明吟了三首和诗：

夜宿浮峰次谦之韵

日日春山不厌寻，野情原自懒朝簪。

几家茅屋山村静，夹岸桃花溪水深。

石路草香随鹿去，洞门萝月听猿吟。

---

[1]　《邹守益集》卷二十六。

禅堂坐久发清磬，却笑山僧亦有心。

再游浮峰次韵

廿载风尘始一回，登高心在力全衰。
偶怀胜事乘春到，况有良朋自远来。
还指松萝寻旧隐，拨开云石剪蒿莱。
后期此别知何地？莫厌花前劝酒杯。

再游延寿寺次旧韵

历历溪山记旧踪，寺僧遥住翠微重。
扁舟曾泛桃花入，歧路心多草树封。
谷口鸟声兼伐木，石门烟火出深松。
年来百好俱衰薄，独有幽探兴尚浓。[1]

阳明住宿在延寿寺，还是想念邹守益不已，说："江涛烟柳，故人倏在百里外矣!"一个弟子问："先生何念谦之之深也?"阳明回答说："曾子所谓'以能问于不能，以多问于寡，有若无，实若虚，犯而不校'。若谦之者，良近之矣!"其实他是担心邹守益在"学禁"之际入朝，容易触犯时忌，所以他在请邹守益转递给黄绾的信中说：

> 别去，得杭城寄回书，知人心之不可测，良用慨叹。然山鬼伎俩有穷，老僧一空无际，以是自处而已。讲学一事，方犯时讳，老婆心切，遂能缄口结舌乎？然须默而成之，不

[1]　《王阳明全集》卷二十。

言而信，不量浅深而哜哜多口，真亦无益也。议论欠简切，不能虚心平气，此是吾侪通患。吾兄行时，此病盖已十去八九，未审近来消释已尽否？谦之行便，草草莫既衷私，幸亮。[1]

阳明说的"时讳"就是指"学禁"。自"学禁"颁行天下以来，程朱派与程朱官学更是乘势群起而攻之，"谤议日炽"。阳明认为士夫不能缄口结舌，而应起来捍卫心学，所以他要弟子们面对"学禁"做大智大勇的信良知的"狂者"，而不要做唯唯诺诺的"乡愿"。他在正月的一次讲学中就向王艮、邹守益、薛侃、马明衡着重谈到了这层意思：

薛尚谦、邹谦之、马子莘、王汝止侍坐，因叹先生自征宁藩已来，天下谤议益众，请各言其故。有言先生功业势位日隆，天下忌之者日众；有言先生之学日明，故为宋儒争是非者亦日博；有言先生自南都以后，同志信从者日众，而四方排阻者日益力。先生曰："诸君之言，信皆有之，但吾一段自知处，诸君俱未道及耳。"诸友请问。先生曰："我在南都已前，尚有些子乡愿的意思在。我今信得这良知真是真非，信手行去，更不着些覆藏。我今才做得个狂者的胸次，使天下之人都说我行不掩言也罢。"尚谦出，曰："信得此过，方是圣人的真血脉。"[2]

在《传习录栏外书》中更详细记录了阳明对弟子们大发的狂者、

[1]《阳明文录》卷二《与黄宗贤》书一。
[2]《传习录》卷下。

乡愿之辨：

　　（薛尚谦、邹谦之、马子莘、王汝止侍坐）请问乡愿、
狂者之辨。曰："乡愿以忠信廉洁见取于君子，以同流合污无
忤于小人，故非之无举，刺之无刺。然究其心，乃知忠信廉
洁所以媚君子也，同流合污所以媚小人也，其心已破坏矣，
故不可与入尧舜之道。狂者志存古人，一切纷嚣俗染举不足
以累其心，真有凤凰于千仞之意，一克念，即圣人矣。惟不
克念，故阔略事情，而行常不掩。惟行不掩，故心尚未坏而
庶可与裁。"曰："乡愿何以断其媚世？"曰："自其讥狂狷知
之。而曰：'何为踽踽凉凉？生斯世也，为斯世也，善斯可
矣。'故其所为，皆色取不疑，所以谓之'似'。然三代以
下，士之取盛名于时者，不过得乡愿之似而已。究其忠信廉
洁，或未免致疑于妻子也。虽欲纯乎乡愿，亦未易得，而况
圣人之道乎！"曰："狂狷为孔子所思，然至于传道，不及琴
张辈，而传曾子，岂曾子乃狂狷乎？"曰："不然。琴张辈，
狂者之禀也。虽有所得，终止于狂。曾子，中行之禀也，故
能悟入圣人之道。"

狂者是圣人之道的真血脉，一切纷嚣俗染不足以累其心。故狂者
是真正的知行合一者，既"阔略事情"而又"行常不掩"。狂者
就是直依良知而行的君子，信得良知的真是真非，一任良知去做，
不着丝毫掩藏，勇往直前。这就是阳明对嘉靖"学禁"与"谤议
日炽"的回答。王艮就是听了他这番做勇行良知的"狂者"的教
导，才驾小蒲轮张狂入都，大逞"狂者气象"。而阳明在整个嘉
靖"学禁"的厄境中，也是以这种"狂者胸次"为精神支撑，自

我砥砺奋进。当萧鸣凤书来告诉"学禁"炽张、谤议日盛的情况时，阳明回答说："缪妄迂疏，多招物议，乃其宜然。每劳知己为之忧念不平，徒增悚赧耳。荼毒未死之人，此身已非己有，况其外之毁誉得丧，又敢与之乎？哀痛稍苏时，与希渊一二友喘息于荒榛丛草间，惴惴焉惟免于戮辱是幸，他更无复愿矣。"[1]

　　受到"狂者胸次"之教的薛侃，成了崇仰阳明良知心学的"狂者"，他留居在会稽山中受学半年，到六月才别阳明赴贵溪。阳明与他多有通信往返讲论良知心学，薛侃也常将自己写的文章送呈阳明审阅。有一次阳明回信给他说：

　　　　所留文字，忧病中不能细看，略阅一二篇，亦甚有笔力，气格亦苍老，只是未免知在过之耳。且宜俯就时格，一第不令先也。如须题目，今写一二去，闲中试一作，春半过此带来一看，兄弟中肯同作尤好。

　　　　《修身以道，修道以仁，人生而静，天之性也》

　　　　《学要鞭辟近里》

　　　　《论贺今上策立中宫表》

　　　　《问圣人之心未尝一日忘天下》

　　　　《夫子席不暇暖，而于沮溺、荷蓧丈人之贤皆有所未足，是可以知其本心矣。至其论太伯，则以为至德；论夷齐，则以为求仁得仁》

　　　　《四子言志，三子在皆欲得国而治，夫子盖未尝有所许也。及曾点有风浴咏归之谈，几于……》[2]

[1]　《王阳明全集》卷二十七《与萧子雍》。
[2]　王守仁：《与薛尚谦手札》一，手札真迹为美国私人收藏，计文渊《王阳明法书集》著录。

薛侃是在与阳明讨论如何作时文，但从阳明提供的题目看，都是涉及儒家重要的心性论思想问题与现实政治中的重要问题。像《论贺今上策立中宫表》，就指嘉靖元年九月册立陈氏为皇后事。阳明都要求他从良知心学上认识这些儒家的心性论思想。

另一个也受到阳明"狂者胸次"之教的郭庆，是在正月携弟子吴良吉一起来问良知心学。耿定向在《新建侯文成王先生世家》中记叙了两人来绍兴受教感悟的经过：

> 黄冈郭善甫挈其徒吴良吉走越受学，途中相与辨论未合。既至，郭属吴质之先生。先生方寓楼馆，不答所问。第目摄良吉者再。指所馆盂语曰："此盂中下乃能盛此馆，此案下乃能载此盂，此楼下乃能载此案，地又下乃能载此楼。惟下乃大也。"良吉退就舍，善甫问："先生何语？"良吉涕泗横下，呜咽不能对。良吉归，而安贫乐道，至老不负师门云。[1]

在这群来问学的士子学人中，最引人注目的还是五岳山人黄省曾（勉之）。这个姑苏南岳山人的气质、人格、思想旨趣最接近阳明山人，他耽嗜佛道，又好诗赋辞章，笔力雄放，爱游山访道，三教九流之书无所不读，百氏六艺之学无所不窥。早年向李梦阳学诗文，中年自悔溺于词章之学，说："以此求当于世，亦役我以老，而非真我。"于是他迢迢来绍兴问良知之学，执赘拜师于阳明洞中。黄宗羲描述他在绍兴的受教说：

---

[1]《耿天台先生文集》卷十三。

> 阳明讲道于越，先生执贽为弟子。时四方从学者众，每晨班坐，次第请疑，问至即答，无不圆中。先生一日彻领，汗洽重襟，谓门人咸隆颂陟圣，而不知公方廛理过，恒视坎途；门人拟滞度迹，而不知公随新酬应，了无定景。作《会稽问道录》十卷。东廓、南野、心斋、龙溪，皆相视而莫逆也。阳明以先生笔雄见朗，欲以《王氏论语》属之，出山不果。未几母死，先生亦卒。[1]

黄省曾是一个"方廛理过""随心酬应，了无定景"的阳明弟子，他从嘉靖二年到嘉靖六年一直来绍兴问学，深得阳明信任，竟以作《王氏论语》相托。在这六年的问学受教中，他记录了大量的传习语录，编成《会稽问道录》十卷，是了解阳明在嘉靖"学禁"中的思想动态最宝贵的资料，可惜钱德洪只选取了《会稽问道录》中一些论良知的语录编进《传习录》，致使《会稽问道录》亡佚不传。在今《传习录》卷下中，还保存了黄省曾记的语录六十八条，其中前面有三十余条就都记在嘉靖二年至三年之间，可以清楚看出阳明在"学禁"中以"狂者胸次"大阐良知心学的身影。他从三个方面更明晰易简地阐述了自己致良知、复心体的本体工夫论心学体系：

一是在本体论上，强调良知是生天生地生万物的"大头脑"本体，良知与天地人万物浑然为一体，心与物无对，心与事合一，"认得良知头脑是当，去朴实用功，自会透彻，到此便是内外两忘，又何心事不合一？"因此心含有无虚实，天地万物只是我良知之体的发用流行，良知之外无物。他明确说：

---

[1] 《明儒学案》卷二十五《南中王门学案》一《孝廉黄五岳先生省曾》。

圣人只是还他良知的本色，更不着些子意在。良知之虚，便是天之太虚；良知之无，便是太虚之无形。日月风雷山川民物，凡有貌象形色，皆在太虚无形中发用流行，未尝作得天的障碍。圣人只是顺其良知之发用，天地万物，俱在我良知的发用流行中，何尝又有一物超于良知之外，能作得障碍？

虽然人人心中有良知，心之本体无动静，但现实中的人因行而动，良知迷失，人心堕落，"道心"异化为"人心"，因此致良知就是要复归良知，惟危的"人心"复归惟微的"道心"，即所谓"还他良知的本色"，"良知原是完完全全，是的还他是，非的还他非……这良知还是你的明师"。他明确说：

良知是造化的精灵。这些精灵，生天生地，成鬼成帝，皆从此出，真是与物无对。人若复得他完完全全，无少亏欠，自不觉手舞足蹈，不知天地间更有何乐可代。

问道心人心。先生曰："'率性之为道'，便是道心；但着些人的意思在，便是人心。道心本是无声无臭，故曰'微'；依着人心行去，便有许多不安稳处，故曰'惟危'。"

二是在工夫论上，进一步阐明致良知是复心体、复良知的工夫。这种致良知的复心工夫包含了两方面的工夫："静处体悟"（体认心体，去蔽）与"事上磨炼"（推致心理，扩充）。他说：

迩来只说致良知。良知明白，随你去静处体悟也好，随你去事上磨炼也好，良知本体原是无动无静的。此便是学问头脑。

　　　　七情顺其自然之流行，皆是良知之用，不可分别善恶。
　　但不可有所着。七情有着，俱谓之欲，俱为良知之蔽；然才
　　有着时，良知亦自会觉，觉即蔽去，复其体矣。

　　　　天理在人心，亘古亘今，无有始终。天理即是良知，千
　　思万虑，只是要致良知。

阳明建构了一个致良知、复心体的本体工夫论心学体系：

良知（体）→致良知（工夫，用）
　　　　　　　　　↗静处体悟（体认心体）→去
　　　　　　　　　　蔽→知良知（复心）→知
　　　　　　　　　↘事上磨炼（推致心理）→扩
　　　　　　　　　　充→行良知（致知）→行

　　三是在致良知的复心论上，进一步用体用的思维方法构建体
用一如、善恶一件的心学思辨哲学模式，强调从体（本体）上说
心、意、知、物无善无恶，从用（工夫）上说心、意、知、物有
善有恶，"四无"与"四有"体现了体与用、本体与工夫的统一，
唯上根之人能悟得此境界。他反复说：

　　　　性无定体，论亦无定体，有自本体上说者，有自发用上
　　说者……性之本体原是无善无恶的，发用上也原是可以为善，
　　可以为不善的。

　　　　无知无不知，本体原是如此。譬如日未尝有心照物，而
　　自无物不照。无照无不照，原是日的本体。良知本无知，今
　　却要有知；本无不知，今却疑有不知，只是信不及耳。

　　　　良知只是个是非之心，是非只是个好恶，只好恶就尽了
　　是非，只是非就尽了万事万变。

> 性无善无不善……有善有恶又在物感上看……无善无不
> 善，性原是如此，悟得及时，只此一句便尽了。
> 心无体，以天地万物感应之是非为体。
> 只是人的资质不同，施教不可躐等。中人以下的人，便
> 与他说性说命，他也不省得，也须慢慢琢磨他起来。

这里已隐然包含了阳明后来说的"四无教"与"四有教"的
雏形。

显然，阳明这种致良知、复心体的心学思想体系，是自家从
实践中体认出来的，他唯我心独尊，良知独信，不被传统儒家经
说所束缚，不拘泥于经书的故训文义，勇于发离经叛道的新说，
激烈批判保守陈腐的程朱官学，真正彰显了他的"狂者胸次"所
特有的"狂"的思想反叛精神，他大发这种信吾心尊吾知的"狂
者胸次"，正是对"学禁"制造者攻击他的心学"叛道不经"的
有力回击。同湛若水相比，湛若水恰正缺少这种"狂者胸次"与
"狂者精神"，他尊信儒经，始终在经书故训的圈子中打转，阳明
说他"牵制于文义"就指他这个缺点。嘉靖元年八月湛若水上
《进讲后疏》，仍旧认为"臣所讲章，其词虽多，不过止在'体认
天理'四字"。直到嘉靖七年，他奉帝命撮取经书史鉴有关帝王
德政的资料写成《圣学格物通》，也还只是大发"体认天理"的
"格物"说。所以在嘉靖二年二月，当方献夫授吏部考功司员外
郎入都时，阳明就写信给方献夫，批评他和湛若水的"牵制于文
义"说：

> 此学蓁芜，今幸吾侪复知讲求于此，固宜急急遑遑，并
> 心同志，务求其实，以身明道学。虽所入之途稍异，要其所

志而同，斯可矣。不肖之谬劣，已无足论。若叔贤之于甘泉，亦乃牵制于文义，纷争于辩说，益重世人之惑，以启呶呶者之口，斯诚不能无憾焉。[1]

阳明其实是以自己的"狂者胸次"批评湛若水与方献夫的"牵制于文义"，不能直抒胸臆，但湛若水、方献夫、黄绾都没有能领会阳明的深意。到七月，当黄绾授南京都察院经历时，湛若水作了一篇《赠石龙黄宗贤赴南台序》，算是对阳明批评的回答，信序中仍坚持自己的看法说：

夫学，觉而已矣。伊尹，天民之先觉也。觉也者，知也；知觉也者，心之本体也。天地之常明也，以普万物而不遗；圣人之常知也，以照万事而无外。故知圆如天，行方如地。天包乎地，知通乎行。通乎行而知者，圣学之始终也。《易》曰："知至至之，知终终之。"《记》曰："聪明睿知达天德，其知也。"夫知之用大矣哉！……空知，禅也。知语、知默，知进、知退，知损、知益，通乎语默、进退、损益，而知不失其道，可以如圣矣。是故物至而知，知故知止，知止则不流，不流而后澄定，澄定而后能察见天理，察见天理而后能存存。学至存存焉，至矣……黄子曰："然焉，则可以别矣。且以语诸阳明子，何如也？"[2]

湛若水仍牵制于故训文义，不敢像阳明那样把知训为良知，把致知训为致良知。他把知训为觉，以为学者即觉，根据《大学》上

[1]　《王阳明全集》卷五《答方叔贤》书二。
[2]　《泉翁大全集》卷十七。

的说法，把"致知"解释为物至而知、知故知止、知止不流、不流澄定、澄定见理、见理存存，这同阳明的"致良知"说大相径庭。阳明立即写了一封信给黄绾，暗示他们牵制于经义之说而缺少以"狂者胸次"解经的真精神：

> 四方朋友来去无定，中间不无切磋砥砺之益，但真有力量能担荷得，亦自少见。大抵近世学者，只是无有必为圣人之志。近与尚谦、子莘、诚甫讲孟子"乡愿狂狷"一章，颇觉有所省发，相见时试更一论如何？闻接引同志孜孜不息，甚善，甚善！但议论之际，必须谦虚简明为佳。若自处过任而词意重复，却恐无益有损。[1]

但缺少"狂者胸次"的湛若水、方献夫、黄绾在"谤议日炽"的禁网下入朝做官，转而更热衷于投入到"大礼议"的纷争中，而触犯禁网讲学论道共倡心学的一面反而冷落下来。阳明同他们相反，他尽量回避卷入大礼议纷争的旋涡，而更以"狂者胸次"沉潜在同士子学者的讲论良知心学之中，在四月，霍韬因上《大礼疏》一时受阻，谢病归南海，途经绍兴，来同阳明论学论政。《石头录》上记载了这次两人的论学论政：

> 嘉靖二年癸未四月七日午，经武城。会王纯甫，极论王伯安学术，驻渡口。公集中有《与王伯安书》曰："读《传习录》，多有未领，盖贤知之过也。"又与黄致斋、张甬川论曰："知行合一，矫学者口耳蔽敝也。要之，知行亦自有辨"

---

[1] 《王阳明全集》卷五《与黄宗贤》。

云云。今自书云："极论王伯安学术。"或如此。[1]

霍韬是正宗的尊程朱学者，在大礼议上同张璁、桂萼、方献夫、黄绾为一派，他经武城同王道（纯甫）论朱陆之学，实际是当年朱陆之学异同论战的余响，所谓"极论王伯安学术"就是批评阳明的良知心学，应和了朝廷"学禁"的喧嚣。对霍韬的极论心学之非的"谤议"，阳明用再改定《大学古本傍释序》作了回答。在五月，薛宗铠授贵溪知县，途经绍兴来问学，阳明向他传授了良知心学，后来阳明有信给薛宗铠，再强调良知心学的根本工夫说：

> 承远顾，忧病中别去，殊不尽情。此时计已莅任，人民社稷必能实用格致之力，当不虚度日月也。心之良知是谓圣，圣人之学，致此良知而已矣。谓良知之外尚有可致之者，侮圣言者也，致良知为尽矣。令叔（薛侃）不审何时往湖湘？归途经贵溪，想得细绎一番。[2]

阳明就是用信里说的良知思想再改定《大学古本傍释序》的，重点在突显致良知的工夫论。就在写这封信时，他改定好了《大学古本傍释序》，并把它寄给了薛侃，在同时给薛侃的信中再次透露了他改定《大学古本傍释序》旨在突显致良知的工夫论说：

> 承喻"自咎罪疾，只缘'轻傲'二字累倒"，足知用力

---

［1］《石头录·石头录原编》。
［2］《阳明先生文录》卷二《与薛子修书》。

恳切。但知得轻傲处，便是良知；致此良知，除却轻傲，便
是格物。"致知"二字，是千古圣学之秘，向在虔时终日论
此，同志中尚多有未彻。近于《古本序》中改数语，颇发此
意，然见者往往亦不能察。今寄一纸，幸熟味！此是孔门正
法眼藏，从前儒者多不曾悟到，故其说卒入于支离。仕鸣过
虔，尝与细说，不审闲中曾论及否？谕及甘泉论仕德处，殆
一时意有所向而云，益亦未见其止之叹耳。仕德之学，未敢
便以为至，即其信道之笃，临死不贰，眼前曾有几人？所云
"心心相持，如毃如钳"正恐同辈中亦未见有能如此
者也。[1]

良知心学是知行合一的践履之学，须付诸实行，实致其良知。故
致良知的工夫是"千古圣学之秘""千圣不传之秘"，大阐致良知
的践履工夫成为阳明这时讲学论道的重心。惠州学子王一为来绍
兴受学，半载方归，阳明主要就是向他传授致知的"千圣不传
之秘"。阳明在《书王一为卷》中说：

　　王生一为自惠负笈来学，居数月，皆随众参谒，默然未尝
有所请。视其色，津津若有所喜然。一日，众皆退，乃独复入
堂下而请曰："致知之训，千圣不传之秘也，一为既领之矣。
敢请益。"予曰："千丈之木，起于肤寸之萌芽。子谓肤寸之外
无所益欤，则何以至于千丈？予谓肤寸之外有所益欤，则肤寸
之外，子将何以益之？"一为跃然起拜曰："闻教矣。"[2]

————————

[1]《王阳明全集》卷五《寄薛尚谦》。
[2]《王阳明全集》卷八。

同样，杨鸾来受学，阳明也是着重讲致良知的践履工夫，要他"实致其良知"，阳明后来连写了二书给杨鸾说：

> 别后极想念，向得尚谦书，知仕鸣功夫日有所进，殊慰所期。大抵吾党既知学问头脑，已不虑无下手处，只恐客气为患，不肯实致其良知耳。后进中如柯生辈，亦颇有力量可进，只是客气为害亦不小。行时尝与痛说一番，不知近来果能克去否？……往时亦尝与仕鸣论及此，想能不忘也。
>
> 前者是备录区区之语，或未尽区区之心；此册乃直述仕鸣所得，反不失区区之见，可见学贵乎自得也。古人谓"得意忘言"，学苟自得，何以言为乎？若欲有所记札以为日后印证之资，则直以己意之所得者书之而已，不必一一拘其言辞，反有所不达也。[1]

这里说的"直以己意之所得者书之而已，不必一一拘其言辞，反有所不达"，也有批评湛若水"牵制于文义"的意思。

到十月，欧阳德授六安知州，阳明同他加强了书信往来论学。欧阳德致书阳明说："初政倥偬，后稍次第，始得与诸生讲学。"阳明回答说："吾所讲学，正在政务倥偬中，岂必聚徒而后为讲学耶？"阳明同欧阳德的讲论良知心学，也是围绕"致良知"的工夫论展开，阳明独到地提出了"致良知"的四条本体工夫论原则：

1. 良知非离见闻，惟以致良知为主，则多闻多见皆致知之功；
2. 良知非断思虑，良知发用之思，自是明白简易，无憧憧纷

---

[1] 《王阳明全集》卷五《与杨仕鸣》书二、书三。

扰之患；

　　3. 良知非绝事，应实致良知，则行止、生死惟求自慊，而不为困；

　　4. 致知非为逆臆，致良知则知险知阻，自然明觉，而人不能罔。[1]

这四条致良知工夫论原则，实际也是他的良知心学体系的四条实践哲学原则：第一条"良知非离见闻"，是说"良知"为德性之知，"见闻"为闻见之知，德性之知不离闻见之知，闻见之知为德性之知之功，以德性之知为体，以闻见之知为用，以致良知为主（本），以致闻见为辅（末），二者不可偏废。第二条"良知非断思虑"，是说良知之心并非槁木死灰的寂灭之心，良知昭明灵觉，知善知恶，知是知非，所以良知并非无思无虑，而是有思有虑——这就是体认心体，体认心理，体认大本达道，也就是说，所思所虑只在一心的天理上，"所思所虑只是一个天理，更无别思别虑耳，非谓无思无虑也"，"一者天理，主一是一心在天理上"，这是良知本体之思。所谓"良知发用之思"，就是要扩充良知之心，推致心理于事事物物，使事事物物各具其理，"千思万虑，只是要致良知"，"只是顺其良知之发用，天地万物俱在我良知的发用流行中"。故良知之思是良知本体之思与良知发用之思的统一。第三条"良知非绝事"，是说心外无物（事），物（事）在吾心，心与物（事）不隔绝，浑然一体，因此致良知就是要实致其良知，在实事上致良知，事上磨炼，"致良知在格物上用功"，"就自己心地良知良能上体认扩充"，"随事随物精察此心之天理，以致其本然之良知"，"物即事也。如意用于事亲，即事亲为一物；

[1]　王守仁：《答欧阳崇一问致良知书》，见《国朝献征录》卷九《新建伯王文成公传》。

意用于治民，即治民为一物……物非意之用乎"。第四条"致知非为逆臆"，是说良知之心是自然澄明灵觉的本体，良知心体本然知善知恶，知是知非，因私欲恶念的蒙蔽而沉沦迷失，但良知犹在，不会泯灭。致良知就是要去除恶念私欲的蒙蔽，使人复归于自然明觉的良知心体。故致良知是一种复心体、合天理的良知良能的知行工夫，而不是主观妄想违悖天理的"逆臆"妄行。

　　阳明的致良知四原则，从实践哲学的高度规定了他的良知心学思想体系的本体论、方法论、认识论、工夫论的实践品格，把他的形上思辨的良知玄学升华为践履力行的实学，也打开了直接通向"王门四句教"乃至"王门八句教"（四无教与四有教）的思想体系之路。而阳明自己也把这种致良知四原则贯彻到同士子学者的讲学论道中，展开了更广阔的良知心学的践履力行的实学之教。还在七月，瑞泉南大吉来知绍兴府，带了弟南逢吉与侄南轩一起来受学，阳明就向他们强调良知心学重在践履力行。李维祯在《南郡守家传》中说：

　　　　绍兴守南公，名大吉，字元善，陕西渭南田市里人也……擢知绍兴……当是时，王新建方倡良知之学，公故出其门，间以政请益，新建曰"人言不如自知之明，自悔之笃。君乃问我，中得无有不足乎？此即良知，顾力行何如耳。"公大悟，于是霁威严，务以和得民。乃葺稽山书院，创尊经阁，简八邑才俊弟子肄业其中。[1]

冯从吾也说："瑞泉南先生……嘉靖癸未知绍兴。时王文成公倡道

[1]《大泌山房集》卷六十五。

东南,讲致良知之学,王公乃先生辛未座主也。先生既从王公学,得实践致力肯綮处,乃大悟曰:'人心果自有圣贤也,奚必他求?'于是时时就王公请益焉。"[1] 在南大吉的带头号召引领下,有更多的"八邑才俊弟子"来绍兴聆受这种践履力行的良知心学。值得注意的是在十一月,岭南才俊黄佐奉命册封金天华岳神,南下经杭城,也转道来绍兴问学,阳明同他讨论了践履力行的良知心学。黄佐记下了两人讲论七日的过程:

　　癸未冬,予册封道杭,会同窗梁日孚,谓:"阳明仰子。"予即往绍兴见之。公方宅忧,拓旧仓地,筑楼房五十间,而居其中。留予七日,食息与俱。始谈知行合一,予曰:"知以知此,行以成此,《中庸》两言一也,信矣。"因指茶中果曰:"食了乃是味,犹行了乃是知,多少紧切。"予曰:"知,目也;行,足也。询知公居,足以步目,一时俱到,其实知先行后。"公曰:"尊兄多读宋儒书。"予曰:"'知之非艰,行之唯艰。'岂宋儒耶?"曰:"《书》意在王忱不艰,可见行了乃是知。"予曰:"知之未尝复行也。使知不在先,恐行或有不善矣。"公默然,俄谓曰:"南元善昨送赋用'兮'字,兮,噫叹辞也,岂可诵德?"予曰:"《淇澳》诵德亦用'兮',似不妨。"公复默然。自是论征浰头诸贼,待以不杀,并及逆濠事甚悉,予曰:"濠离豫章,犹曹操离许,使英雄如公捣虚,汉不三国矣。"公叹曰:"直谅多闻,吾益友也。"最后出《大学古本》,予曰:"明明德于天下,仁也;慎独,则止于至善矣。意诚志仁,无恶也;无恶,犹有过。廓然大公,无心过,心正矣;物来顺应,无

[1]《关学编》三。

身过，身修矣。家国天下，举而措之。"公喜，即书夹注中。濒行，诣予舟，谓："主一为在此，不学无益。"托日孚携之归广。复论御狄治河缕缕，乃别，始知公未尝不道问学也。[1]

可见阳明主要同黄佐论知行合一，强调行的重要，"行了乃是知"，行是知之成，可是黄佐并没有领会他的意思。阳明拿出改定的《大学古本傍释》给他看，显然也是要他注意《大学》的致良知的践履力行工夫，黄佐却也回避不谈。如果把阳明对黄佐的知行合一之教与同时湛若水对黄佐的体认天理之教相比较，就可看出阳明与湛若水思想的明显不同。湛若水在送别黄佐时写了一篇《赠别黄太史序》，说：

> 太史黄子才伯曰："佐也于役于渭，誓将暌违，惟子教之。于亲于学，惟子教是蕲。"甘泉子曰："欲事亲者，其惟学乎！欲显亲者，其惟立身行道乎！"曰："学何学矣？"曰："心。故善学者如贯珠矣，不善学者如观珠矣。"曰："观珠与贯珠之形何以异？"曰："观珠者，观他珠也，多学而记之类也；贯珠者，我贯我珠也，自我得之也，一以贯之之类也，知识前言往行以蓄德也。"……黄子则既志乎心学矣，骎骎乎其进而不已矣，是以申告黄子之别。黄子曰："圣学其思乎！故曰：思不出其位。"甘泉子曰："是之谓心学矣。思曰睿，睿作圣。"请闻焉，曰："其中思矣乎！中思故不出其位；不出其位，故思无邪。出位而思，邪，邪也；正，亦邪也。其惟中思乎！"曰："盍谓中思？"曰："毋前尔思，毋后尔思，毋左尔思，毋右尔

---

[1]《庸言》卷九。

思，故曰中。中思也者，中心也。故曰：‘中心无为，以守至正。’至正，无邪思也。若夫左右前后而思焉，出位耳矣，恶能勿邪？故中则正矣，中正一以贯之，而圣学备矣。此舜闻见善言行，沛然若决江河，莫之能御也。其博约之教乎！”或曰：“子曰：‘予中思而已矣。’将不遗于四远乎？”甘泉子曰：“非然也。日月之照四方也，明在中也；尧德之明，思在中也，而光被四表，何远之遗？”或以告黄子，黄子曰：“唯唯！”甘泉子曰：“可以别矣。思知事亲矣。”[1]

同样与黄佐论学，湛若水讲了一个“思”字，强调“中思”；阳明却讲了一个“行”字，强调“知行合一”。黄佐带了湛若水的“思”之教来见阳明，自然听不进阳明的“行”之教了。

但是那些纷纷来学的八邑才俊之士大多还是领悟坚信了阳明的践履力行的良知心学，成为信仰勇毅的王门弟子。阳明甚至从他们当中选定了一个“可传衣钵”的心学传人——少谷郑善夫。郑善夫自正德八年来向阳明问学后，学业大进，以文行并粹、德艺双馨名著士林，徐爱说他“文以粹然，行之卓然”，士夫誉为光风霁月的“有道者”。林钎论郑善夫学行说：“郑子，博学而能反之者也。吾观少谷子《道论》《子通》《经世要谈》，悠哉言乎大旨，郁然可观其概之正而已。探其要，本忠信成节……余居京师，与游者尽海内名士，其志念深，常有以自下，故皆以道相胶漆。”[2] 正德十四年阳明平定宸濠叛乱后，时任礼部员外郎的郑善夫即上书请改历元，显示了他精通天文律历的渊博学识。阳明在江西与在绍兴时，郑善夫与阳明当多有通信往返论学论文，使

[1]《泉翁大全集》卷十八。
[2]《国朝献征录》卷二十七林钎《南京吏部验封清吏司郎中少谷郑公继之墓碑》。

阳明感到郑善夫最能领会他的"格物致知"之说，并能卓然践履
力行，遂有心"以衣钵相托"。就在十月，升任南京都察院经历
的黄绾携家过越访阳明，在绍兴受教一月有余。这时郑善夫也升
任南京吏部郎中，写信给黄绾说要到绍兴来访阳明。阳明便请黄
绾写信给郑善夫表达"以衣钵相托"的心意，亟盼他来绍兴。黄
绾在信中说：

> 　　近至越，会阳明，其学大进。所论"格致"之说，明白
> 的实，于道方有下手，真圣学秘传也！坐间，每论执事资禀
> 难得，阳明喜动于色，甚有衣钵相托之意，执事可一来否？
> 天地间此担甚重，非执事无足当之者，诚不宜自弃。近有一
> 书，欲执事一出，非为明时可任，实欲因此相聚，究所未究，
> 以卒此生耳。[1]

在"学禁"的罗网下，阳明已考虑起自己良知心学的道统传人，
因为峻厉的"学禁"淘洗锻炼了一番天下士人学子，士夫多噤不
敢言，阳明的门人弟子有的（如陈洸）甚至变节渝行，老一代的
弟子（如黄绾、方献夫）还依旧观望徘徊在阳明的良知心学藩篱
之外，新一代的弟子（如王畿、钱德洪）又还没有形成气候，所
以少谷郑善夫（时年三十九岁）便成了阳明最看好的担当衣钵真
传重任的良知心学传灯人。阳明与黄绾在绍兴等待郑善夫一月之
久，可惜郑善夫在来途游武夷山受阴寒，误服医药，在十二月二
十八日去世。衣钵传道真人意外夭折，火尽灯灭，阳明分外悲痛，
他写信给路迎说：

---

[1]　《黄绾集》卷十九《与郑继之书》三。

> 忧病中，远使惠问，哀感何已！守忠之讣方尔痛心，而
> 复□□（继之）不起，惨割如何可言！死者已矣，生者益孑
> 立寡助。不及今奋发砥砺，坐待渐尽灯灭，固将抱恨无穷。
> 自来山间，朋友远近至者百余人，因此颇有警发，见得此学
> 益的确简易，真是考诸三王而不谬，百世以俟圣人而不惑者。
> 惜无因复与宾阳一面语耳。郡务虽繁，然民人社稷，莫非实
> 学。以宾阳才质之美，行之以忠信，坚其必为圣人之志，勿
> 为时议所摇，近名所动，吾见其德日进而业日广矣。[1]

阳明不甘心于心学道统真传渐尽灯灭，他更以"必为圣人之志，勿为时议所摇"的勇决大阐良知心学，奋发砥砺。面对数以百计的远近来问学的士子，阳明修造了新的伯府邸与书院，以待莘莘学子，这就是黄佐说的"癸未冬……公方宅忧，拓旧仓地，筑楼房五十间，而居其中"。伯府的建造，主要给士人学者提供了居住讲学的场所。大致阳明在嘉靖二年春间开始造伯府新邸，到十二月底初步建成。到嘉靖三年春，又再建阳明书院相配。伯府拓地扩建而成，东起王衙弄，西至西小河，南至大有仓，北至上大路。伯府中建有十余处洞天景观，造天泉楼，开碧霞山房，凿碧霞池，池上架天泉桥。伯府大厅规模宏丽，梁架皆用楠木。主楼"天泉楼"就是用陈白沙的《题心泉》诗命名的，天泉桥下流淌的就是"心泉"，表示他要在天泉楼中汲取良知心学的"心泉"，日进常新。以伯府天泉楼为中心，形成了环环拱卫的士子学者居住生活

[1]　《王阳明全集》卷五《答路宾阳》。按：阳明此信中"□□"当是"继之"（郑善夫）二字无疑。盖此处原手稿作"继之"，编文集者不识其为郑善夫之字，误以为错字不词，遂删去作空白。《阳明先生文录》中收此书信，将此二空白妄填作"纯甫"，更误。按王道（纯甫）卒于嘉靖二十五年丙午，见《国朝献征录》卷二十六严嵩《吏部右侍郎王公道神道碑》。

与传道授业合一的教园格局。钱德洪描述学子诸生在这个林下成均园区的生活起居与受教讲学说：

> 先生初归越时，朋友踪迹尚寥落。既后四方来游者日进。癸未年已后，环先生而居者比屋，如天妃、光相诸刹，每当一室，常合食者数十人。夜无卧处，更相就席，歌声彻昏旦。南镇、禹穴、阳明洞诸山远近寺刹，徒足所到，无非同志游寓所在。先生每临讲座，前后左右环坐而听者，常不下数百人，送往迎来，月无虚日，至有在侍更岁，不能遍记其姓名者。每临别，先生常叹曰："君等虽别，不出在天地间，苟同此志，吾亦可以忘形似矣！"诸生每听讲出门，未尝不跳跃称快。尝闻之同门先辈曰："南都以前，朋友从游者虽众，未有如在越之盛者。此虽讲学日久，孚信渐博，要亦先生之学日进，感召之机申变无方，亦自有不同也。"[1]

这样一个开放式的山中教学传道的教育园区，成为四方学子瞻仰朝拜的良知心学的圣地，"先生之学日进，感召之机申变无方"，道出了阳明的良知心学在"学禁"笼罩下日进日新的发展与传播。就在他刚建造成这个传教传道的园区时，舒柏来问良知之学，阳明写给他一封答问书，精辟简要地阐述了自己的复心体、致良知的心学说：

> 夫君子之所谓"敬畏"者，非有所恐惧忧患之谓也，乃戒慎不睹、恐惧不闻之谓耳；君子之所谓"洒落"者，非旷

---

[1]　钱德洪：《传习录跋》。

荡放逸、纵情肆意之谓也,乃其心体不累于欲、无入而不自得之谓耳。夫心之本体,即天理也;天理之昭明灵觉,所谓良知也。君子之戒慎恐惧,惟恐其昭明灵觉者或有所昏昧放逸,流于非僻邪妄而失其本体之正耳。戒慎恐惧之功无时或间,则天理长存,而其昭明灵觉之本体,无所亏蔽,无所牵扰,无所恐惧忧患,无所好乐忿懥,无所意必固我,无所歉馁愧怍。和融莹彻,充塞流行,动容周旋而中礼,从心所欲而不逾,斯乃所谓真洒落矣。是洒落生于天理之常存,天理常存生于戒慎恐惧之无间,孰谓"敬畏之增,乃反为洒落之累"耶?惟夫不知洒落为吾心之体,敬畏为洒落之功,歧为二物而分用其心,是以互相牴牾,动多拂戾,而流于欲速助长。是国用之所谓"敬畏"者,乃《大学》之"恐惧忧患",非《中庸》之"戒慎恐惧"之谓矣。程子常言:"人言无心,只可言无私心,不可言无心。"戒慎不睹,恐惧不闻,是心不可无也。有所恐惧,有所忧患,是私心不可有也。尧舜之兢兢业业,文王之小心翼翼,皆敬畏之谓也,皆出乎其心体之自然也。出乎心体,非有所为而为之者,自然之谓也。敬畏之功无间于动静,是所谓"敬以直内,义以方外"也。敬义立而天道达,则不疑其所行矣。[1]

阳明这封信为他的心学的书院教育揭橥起了一面"复心"的旗帜:以良知为心体,以致良知(去蔽、扩充)为工夫;以"洒落"为心之体,以"敬畏"为洒落之功;以"戒慎恐惧"的致良知的工夫,使"失其本体之正"的异己之心复归昭明灵觉的

---

[1] 《王阳明全集》卷五《答舒国用》。

本然之心。姚江之水东流不息,在绍兴稽山下,诵诗笙歌如潮,在阳明建起伯府天泉楼与阳明书院以后,迎着日益强劲的"学禁"逆风,他的大阐良知心学的书院教育又以更恢宏博大的气魄展开了。

在"大礼议"纷争的漩涡中

然而对阳明最为不幸的是,十五岁的独裁嘉靖皇帝的登极,不仅把武宗留下的一份破败的江山社稷推向了危机的深渊,也给阳明准备了一生最大的个人悲剧。世宗一登上帝座,就刮起了"学禁"与"大礼议"的两股狂风,都不过是要为这个少年独夫天子的专断独裁扫清道路,两股狂风交织上升,交相为用,阳明遭到了"学禁"与"礼禁"的两方面的打击。

所谓"大礼议",说穿了不过是一场无谓无端无是非的皇族宗法继统名分称呼之争的荒诞闹剧,实际完全是由世宗所一手挑起,并始终为世宗在幕后黑手操控的。"大礼议"暴露了封建宗法皇统本身及其皇统继承制度(父死子承、兄终弟及)的荒谬性。世宗朱厚熜以藩王入统,勉强名义上以兄终弟及的方式当上皇帝,这一开始就潜伏了皇族宗法礼制不可解的悖论矛盾,给他侥幸地拥登帝位蒙上了一层阴影。原来宪宗朱见深生有二子:朱祐樘为纪氏所生,是为孝宗;朱祐杬为邵氏所生,立为兴王。孝宗与张氏(慈圣太后)生子朱厚照,是为武宗;兴王与蒋氏生子朱厚熜,立为世子。朱厚照与朱厚熜是堂兄弟。因为武宗无皇子,按照朱元璋在《皇明祖训》中规定的"凡朝廷无皇子,必兄终弟及，须立嫡母所生者，庶母所生虽长不得立"，须立嫡母所生子为帝，但武宗是孝宗的独子，无法执行"嫡母所生"这一兄终弟及的原则。首辅大臣杨廷和不得已采取了一种向上推的变通办法，上溯到宪宗，宪宗十四子中，三子即位为孝宗，四子即是兴王朱祐杬。这样，兴王朱祐杬勉强可以以孝宗长弟的身份继承皇位。但偏偏这时兴献王朱祐杬已经去世，只能去找他留下的一个长子朱厚熜，他倒算得上符合"立嫡以长"的原则，于是朱厚熜终于意外地以"嫡长孙"的身份获得了皇位继承人的资格，推上了皇帝的宝座。所以严格地说，这种曲线登帝继统的做法也是不符合兄终弟及的宗法继统原则的，只是朝廷大臣在绝嗣绝统万般无奈之下采取的一种牵强附会的救统救嗣手法。这种有违宗法之"礼"的曲线继统就必然要有强制性的附加条件，那就是要求世宗尊称孝宗为"皇考"，称张氏为"皇母"；改称本生父兴献王为"皇叔考"，称生母蒋氏为"皇叔母"，这一方面可从表面上虚伪地彰显出朱厚熜兄终弟及继承帝位的合法性，另一方面也具有防范、限制新帝朱厚熜将来皇权自我膨胀独断横行的用意。对顺利当上皇帝的世宗来说，这种称呼上的改变本也不是什么大不了的事，并不具有威胁到他的独断皇权统治的实质性意义，相反还用温情脉脉的"礼"的面纱掩盖并美化了世宗不合兄终弟及宗法继统原则的身份，少年天子不识其中利害关系，反而触发了他的敏感早熟的帝王独裁心态，挑起事端，气势汹汹带头起来抵制，把这场最初旨在反对改变父母称呼的世宗皇帝一己一私之争美其名曰"大礼议"，从为本生父母争改称皇考、皇母，发展到为父母争立皇帝、皇后尊号，直到为从未当过皇帝的本生父争"宗"立世室，祀皇考于太庙，明堂祭天以本生父祭配天，最终实现了"称宗祔庙"的荒唐帝梦，充分暴露了世宗独夫暴君的狰狞面目。

这场所谓"大礼议"已经走向大礼议的反面,把一个争父母名分称呼的"礼议"变成了一场为没有当过皇帝的"本生父"争入帝入统入宗入庙的血腥杀戮,完全搅乱破坏了皇权统治者自己建立起来的伪善的封建宗法皇统制度与"生为帝统,死为庙统"、宗庙祭祀左昭右穆的庙统世系。当时胡铎就一针见血指出:"考献王不已则宗,宗不已则入庙,入庙则当有祧。以藩封虚号之帝,而夺君临治世之宗,义固不可也!入庙则有位,将位于武宗上乎?武宗下乎?生为之臣,死不得跻于君。然鲁尝跻僖公矣,恐异日不乏夏父之徒也。"[1] 胡铎戳穿了"大礼议"的荒谬性与世宗挑起大礼议的真正罪恶用心,也道出了阳明在"大礼议"中所以态度前后变化的根本原因。

尤值得注意的是,胡铎在这里也道出了世宗挑起大礼议之争的另一险恶用心:他所以拒绝尊孝宗为"皇父"、张氏为"皇母",也是针对抱养来的"民间子"武宗,将入宗的兴献王位于武宗之上,实际上否定了武宗的入"宗"地位。因为武宗不是张氏所生,而是孝宗听信太监李广抱养入宫的一个"民间子",一个非大明皇族血统的"伪皇帝",早已世人皆知。在正德十年以来朝廷发生的立皇储之争,已经捅破了武宗这一身世之谜及其绝育无后不可救药的绝症病源,大臣杨一清、刘春等提出立兴献王世子为皇储,得到了阳明响应,也上疏请立皇储。所以正德十年以来的立皇储、建太子之争,其实就是"大礼议"之争的前奏曲。世宗与朝廷大臣、佞幸阉竖对武宗的"民间子"卑贱身世的丑事都是心中有数而又难以启齿的,所以他们都借堂皇的"大礼议"发"夏父之徒"的弦外之音。世宗断然不肯认"伪皇帝"武

---

[1]　《明史》卷一百九十六《胡铎传》。

宗之父孝宗为"皇考"、母张氏为"皇母"，他把兴献王强行入宗入统，也就无异于意味着把"民间子"武宗驱逐出了"皇统帝宗"，这就是世宗挑起"大礼议"的不可告人的目的。阳明最早看出了武宗的伪皇帝、真暴君的面目，又最早主张立兴献王长子朱厚熜为皇太子，所以他对世宗及张璁、桂萼等大礼议派挑起"大礼议"一开始采取了支持的态度。

大礼议其实在世宗一即位以后就已开始。正德十六年四月二十七日，就在即位后的第五天，世宗在西角门朝见群臣，下了二大诏命：一是命礼部定议武宗谥号，二是命礼部会官定议兴献王主祀封号。内阁首辅杨廷和提出依汉定陶王与宋濮王例，以程颐《代彭思永议濮王礼疏》为据，建议尊孝宗曰"皇考"，称兴献王为"皇叔考"，母妃为"皇叔母"，自称"侄皇帝"，别立益王次子崇仁王为兴王。五月七日，礼部尚书毛澄会同文武大臣集议，通过了杨廷和提出的建议，上奏给世宗。世宗看了十分恼怒，说："人孰无父母，奈何使我不获伸！"他马上驳回，命令礼部重议——"大礼议"就这样爆发了。世宗表面上不露声色，实际早已成竹在胸。所以他一面诏见杨廷和赐座温语，企图打动杨廷和改变主意；一面又派心腹宦官到毛澄家，下跪磕头，送上大量黄金，遭到毛澄拒绝。以后毛澄又两次会同廷臣集议上奏，都被态度强硬的世宗否决，礼议呈争持胶着状态。直到七月三日，一个永嘉新科进士张璁上了大礼议的奏疏，才打破了大礼议的沉闷局面，给世宗私天下的君权独断提供了理论的"依据"。

张璁是一个深受永嘉事功学熏陶的功利士子，热衷于功名进取与利禄追逐，但他七上科举落第，仕途蹭蹬，命运不济。后来阳明弟子萧鸣凤替他算命说：你以后三年成进士，再过三年会骤贵。张璁果然在正德十六年考中进士，观政大理寺。在都下，他窥测大礼议风向，揣摩世宗帝意，以为猎取荣华富贵、飞黄腾达的机遇到了，很快抢在七月三日上了大礼议疏。他从虚幻的"孝"的皇家最高宗法伦理道德上美化了世宗"尊亲"的格天帝德，提出了"继统不继嗣"的说法，认为："皇上以兴世子入继武宗皇帝统，非继孝宗嗣也。今以后武宗则弟，以后孝宗则自有子，奈何舍献王勿考而考孝宗，使献王有子而无子，皇上有父而无父哉！"[1] 张璁对君权皇族虚伪的"孝亲"宗法伦理的美化本身也是虚伪荒谬的，他批驳杨廷和、毛澄等人所揭出的诸多问题，其实是皇权统治者人为制定的皇族宗法继统制度体系内部自身不可克服的矛盾，杨廷和提出的办法固然无力解决，而张璁提出的办法更无力克服，如果说杨廷和提出的解决办法在防范世宗皇权独裁膨胀上毕竟还起一点约束警示作用，那么张璁提出的解决办法却为世宗的个人专断独裁肆意妄为打开了通道，二种解决办法无所谓是非对错，而高下利弊可以立判。但张璁提出的办法适合了世宗个人皇权独裁的需要，深得世宗的欢心，世宗的皇权独裁之心果然膨胀起来，得寸进尺，竟迫不及待地把杨一清、蒋冕、毛澄召进文华殿，提出要把兴献王立为皇帝，蒋氏立为皇后，说："朕欲尊父为兴献皇帝，母为兴献皇后，祖母为康寿皇太后。"可以说，从世宗由提出改兴献王为皇考、蒋氏为皇母进到提出立兴献王为皇帝、蒋氏为皇后的那一刻起，"大礼议"已越出了大礼议的范围，走向了大礼议的反面，堂皇的"大礼议"变成了皇帝自坏"大礼"本身的"大礼反"，世宗的破坏皇统宗法继承制度的专断独裁、肆意妄为如决堤之水，不可遏止。

当张璁上大礼议奏疏时，恰逢阳明也应召起程北上赴京，要

---

[1] 《国榷》卷五十二"正德十六年七月"条。

"大界以政"，阳明对大礼议的态度一向是明朗的，这使处在大礼
议旋涡中心的杨廷和、毛澄尤感到害怕，显然，他们阻遏阳明入
朝界受大政的一个主要原因，还在于极力摒斥阳明参预"大礼
议"。阳明归越家居后，失掉了直接议政议礼的资格，但他对
"大礼议"却更加关切起来。在十月，兵部主事霍韬写了《大礼
议》，批驳杨廷和、毛澄之说，为张璁张大声势，他在上疏之前就
先把《大礼议》寄给阳明看。到嘉靖元年二月，兵部右侍郎席书
写成《大礼疏》，也先寄给阳明看，都得到了阳明的肯定。阳明
后来在给霍韬的信中提到这件事说：

> 往岁曾辱《大礼议》见示，时方在哀疚，心善其说，而
> 不敢奉覆。既而元山亦有示，使者必求覆书，草草作答，意
> 以所论良是。而典礼已成，当事者未必能改，言之徒益纷争，
> 不若姑相与讲明于下，俟信从者众，然后图之。[1]

阳明对霍韬、席书的大礼议疏都表示了认同，并作了指导。实际
在霍韬、席书上大礼议疏之前，张璁在十一月又上了《大礼或
问》，进一步为世宗的独断专横的合"法"性与合"礼"性辩护。
霍韬、席书都是受到张璁的激发跟着上大礼议疏的。如果说霍韬
的《大礼议》还斤斤纠缠在改兴献王为皇考、改蒋氏为皇母的问
题上，那么席书的《大礼疏》就已经进到要立兴献王为皇帝、立
蒋氏为皇后的问题上，认为"今日议宜定号曰'皇考兴献帝'，

---

[1] 《王阳明全集》卷二十一《与霍兀厓宫端》。按：钱德洪《阳明先生年谱》："是
时大礼议起……霍兀厓、席元山、黄宗贤、黄宗明先后皆以大礼问，竟不答。"
今观阳明此札，钱德洪之说显误。

别立庙大内，岁时祀太庙毕，仍祭以天子之礼"[1]。他们的上奏
大礼议遭到了杨廷和、毛澄的抵制，霍韬后来被迫谢病归，而席
书一直不敢上《大礼疏》，秘密把它送给桂萼看，得到了桂萼的
赏识。但世宗在张璁上大礼议疏的鼓动下独断气焰高涨，步步进
逼，先在十月强行御定"以朕既承大统，父兴献王宜称兴献帝，
母兴献后，宪庙贵妃邵氏为皇太后"，世宗母蒋氏终于从大明门中
门进入了皇宫。到十二月，世宗又进一步要求内阁拟诏，给兴献
帝、后都加上一个"皇"字。到嘉靖元年正月，礼科给事中熊浃
承世宗帝意上疏说："臣愚谓兴献王尊以帝号，别建一庙，以示不
敢上跻于列圣。母妃则尊为皇太后，而少杀其徽称，以示不敢上
同于慈寿。"[2] 于是世宗干脆敕谕礼部"本生母兴献后加上尊号
为'兴国太后'，宪庙贵妃邵氏皇太后加上尊号为'寿安皇太
后'"。三月，世宗正式向全国颁布了上尊号的诏书。

　　大礼议派的节节胜利与阳明关注大礼议的态度，鼓舞了黄绾、
方献夫、黄宗明、应良、王艮、邹守益、欧阳德、薛侃、杨鸾、
马明衡等一大批门人弟子，他们也都认为风云际会、大有作为的
时代到来，乘着复职起用的风势涌入都下，卷进了大礼议的旋涡
中。在嘉靖元年二月王华卒时，他们便都借着吊祭王华的机会来
绍兴向阳明问大礼议，像黄绾、方献夫、黄宗明都在来绍兴问大
礼议后入都，成为大礼议派的中坚人物。阳明在给薛侃的信中劝
诫他们"时方多讳……道不同不相为谋，而仁者爱物之诚，又自
有不容已者，要在默而成之，不言而信耳"[3]，实际就是要他们
在大礼议上谨言慎行。尤引人注目的是王艮的入都伏阙上书，他

［１］《明通鉴》卷五十"嘉靖元年二月"条。
［２］《明史》卷一百九十七《熊浃传》。
［３］《阳明先生文录》卷二《寄薛尚谦》。

显然是看准与吃透了阳明支持大礼议派的态度，才在嘉靖元年八月入都，在京中一方面大讲良知心学，另一方面要伏阙上大礼议书。王艮最重孝道，从他的上书是要"谆谆申孝弟"来看，显然同张璁谆谆申"孝亲"的大礼议疏一致，可见王艮是站在张璁的大礼议派一方的。只是他的在京张狂大讲良知心学触发了"学禁"，他的伏阙上大礼议书没有成功，阳明才急急把他叫回绍兴。

　　但"壬午学禁"的兴起使阳明对朝廷的"大礼议"引起了高度警觉，促使他把"学禁"同"大礼议"联系起来思考，用他的良知心学来认识这场独夫私天下的"大礼议"，采取了既不偏于大礼议派又不偏于大礼议反对派的立场。九月，有一个监生何渊上书请立世室奉兴献帝，如同周祀文王的遗意。十二月，兵科给事中史道上疏弹劾杨廷和，攻击杨廷和在大礼议上"于兴献帝一'皇'字、'考'字乃欲以去就争之，实为欺妄"，御史曹嘉也弹劾彭泽阻塞言路，迫使杨廷和、蒋冕、毛纪、毛澄、林俊、乔宇、彭泽等人上章乞休，拒绝再到阁、部议事，世宗已心生驱逐杨廷和等人之意。这都给阳明以很大的震动。嘉靖二年正月，邹守益在复职起用入都之前来绍兴问学，主要也是问大礼议事，阳明反复叮咛他入都要谨慎从事，并在请他递给黄绾的信中说"知人心之不可测，良用慨叹"，要黄绾、邹守益等在京弟子谨言慎语，"不量浅深而呶呶多口，真无益也"[1]。四月，霍韬因上《大礼议》受沮归南海，途经绍兴来见阳明，阳明对这个尊程朱学者不从"良知"之学上论"大礼议"已心生微词。所以到六月薛侃也复职进京后，阳明专门写信给在京的薛侃、黄宗明、马明衡，要他们在大礼议上千万谨慎郑重：

[1]《阳明先生文录》卷二《与黄宗贤》书一。

前日贱恙，深不欲诸君出，顾正恐神骨亦非久耐寒暑者。
乃今果有所冒辛，而不至于甚，亦足以警也。自此千万珍重
珍重！贱躯悉如旧，但积弱之余，兼此毒暑，人事纷沓，因
是更须将息旬月，然后敢出应酬耳。味养之喻，已领盛意。
守身为大，岂敢过为毁瘠，若疾平之后，则不肖者亦不敢不
及也。所云私抄，且付之公论，未须深讲。"山静若太古，日
长如小年。"前日已当面语，今更为诸君诵之。守仁白，尚
谦、诚甫、世宁三位道契文侍。[1]

事实上，由于阳明对"大礼议"态度的变化，阳明的门人弟子在
大礼议上也发生了分化，他们入京后，只有黄绾、方献夫、黄宗
明、顾应祥等少数几个人转向了大礼议派，而大多数弟子邹守益、
薛侃、欧阳德、马明衡、季本、王思、王时柯、夏良胜等都转向
了大礼议反对派。阳明对这两派弟子采取了两可的态度，不作是
非褒贬，而希望他们都能站在"良知"的立场公正论"大礼议"。
在七月，江西副使顾应祥考满进京，他在途中写了一篇《大礼
论》，准备进上。他站在张璁的大礼议派立场说：

礼也者，本乎天理，而合乎人情者也。是理也，以其得
于天而言，则谓之理；以其存诸心而言，则谓之性；以其发
于外而应事接物，则谓之情；情之发而各当乎理，则谓之礼。
谓之礼者，以其有仪文节序而言也。是故情也者，礼之本也；
三千三百，礼之文也。圣人缘情以制礼，本乎天理而合乎人
情者也。今上以孝宗皇帝之侄、兴献王之子，武宗皇帝晏驾

---

[1] 《壮陶阁书画录》卷十《明王阳明手札册》。

无嗣，遗诏遵祖训兄终弟及之文，入继大统。礼官援引汉哀帝、宋英宗故事，拟上考孝宗，称兴献为叔父，圣母为叔母，而以益府次子崇仁王为兴献后。揆之天理人情，窃恐有未安也……今上生于孝庙宾天之后，实未尝立为嗣，亦未尝育于宫中也，安得比为人后之礼乎？上在藩邸，称兴献曰父也，圣母曰母也；一旦贵为天子，则曰非吾父也，叔也；非吾母也，叔母也，于人心安乎？天理顺乎？孝子之于亲，事死如事生，事亡如事存也。兴献王生前止有一子，今复以崇仁王为后，兴献有灵，必曰吾子已为帝，安得复有此子乎？必不享其祭也。且既以崇仁王为后，则圣母乃一国之母，不宜迎入宫中矣。身为天子，而不得以天下养其母，岂得为孝乎？议礼诸臣何其不思之甚也！然则追尊之礼何如？曰：追尊非古也。古者父为士，子为天子、诸侯，则祭以天子、诸侯，其尸服以士服，可见其无追尊之礼也。武王追王太王、王季，以其肇基王迹，非泛焉而尊之也。追尊之典起于后世。今品官，一品封及曾祖，三品以上封及祖，七品以上封及父母，岂有天子而不得尊其父母乎？尊之以天子之号可也。既尊以天子之号，则主藏于何所乎？曰：别立一庙，如奉先殿故事，则既得尽其诚孝之心，而于正统无干矣。如是则人心安，而天理得矣。故曰：礼也者，本乎天理，而合乎人情者也。[1]

据顾应祥自己说："此论乃嘉靖二年考满赴京途中所作，因畏避人讥干进，不曾敢出，止被江西士子抄录，传至王阳明先生处，故阳明有书。"[2] 阳明致书顾应祥，正式明确表露了他对大"大礼

[1]《静虚斋惜阴录》卷首《大礼论》。
[2]《静虚斋惜阴录》卷首《大礼论》附。

议"的态度与看法,说:

> 近见《礼论》,足知日来德业之进。秦汉以来,礼家之说往往如仇,皆为不闻致良知之学耳。[1]

顾应祥站在大礼议派一边论礼,与张璁观点一致。但他强调"圣人缘情以制礼,本乎天理而合乎人情者","礼"都是人按照自己的一定需要制定出来的,并不存在一个先天绝对、通古今之用的"礼",因而不必、也不可能一定要从历史的记载或古人的说法上去找合"礼"存在的"依据",如"追尊"之礼,他就认为不是古礼。因此重要的是缘情本理以制礼,以公心论大礼。这个思想得到了阳明的首肯,所以说他"日来德业之进"。实际上,阳明正是用这个观点对古今的礼议礼争作了否定性的批判。他说的"秦汉以来,礼家之说往往如仇,皆为不闻致良知之学耳",就首先包含了对当前"大礼议"双方的尖锐批评。在他看来,人是缘情本理以制"礼"的,所谓制礼合乎人情,就是说合乎"良知"的公心,因此在"大礼议"上,应当以"良知"的公心议大礼、定皇统。但无论是大礼议派还是大礼议反对派,都没有能出以"良知"的公心,而都是出以悖公悖理悖情的私心:在大礼议派方,世宗完全是以独夫私天下的独断之心控制大礼议,而张璁、桂萼之辈也都是以投机钻营的功利之心干政求进,为皇帝的私天下与虚伪的皇统论证辩护,借以达到个人的飞黄腾达;在大礼议反对派方,也同样没有能从"良知"的公心议大礼,相反用程朱的理学来掩盖他们的悖良知悖人情的礼说。阳明自己就是从

---

[1]《静虚斋惜阴录》卷首《大礼论》附。

"良知"的公心立场来看"大礼议"的：当大礼议反对派开始提出要称孝宗为皇考、张氏为皇母时，阳明反对这种悖良知悖人情的做法，而同意大礼议派的称兴献王为皇父、蒋氏为皇母；但是当大礼议派从主张称兴献王为皇父、蒋氏为皇母进到要尊立兴献王为皇帝、蒋氏为皇后，以至要为世宗的"本生父"争入帝入统入宗入庙时，阳明又否定了世宗这种悖良知悖人情悖大礼的专制独裁行径。这就是阳明从最初支持大礼议派到最后全盘否定"大礼议"的思想转变的根本原因。所以当嘉靖二年十月黄绾来绍兴受教一月有余，阳明同他讲论"大礼议"还很相投；但在十一月刑部尚书林俊因大礼议触忤世宗致仕归，经绍兴来见阳明时，阳明又对这个大礼议反对派中坚表示了同情愤慨（这时黄绾还在绍兴）[1]，这里已透露了阳明在"大礼议"上态度转变的消息。

　　到嘉靖三年，"大礼议"又因为桂萼、方献夫、席书、黄绾的介入而再掀巨澜。这时张璁与桂萼都在南京任职，黄绾正好也到了南京任都察院经历，三人情投意合，又与席书、方献夫五人结成了一个大礼议派的强力集团。正月二十一日，南京刑部主事桂萼便上了《正大礼疏》，他特把南京兵部右侍郎席书的《大礼疏》与吏部员外郎方献夫的《大礼疏》一并附上，张大声势。桂萼在《正大礼疏》中说：

　　　　今礼官失考典章，遏绝陛下纯孝之心，纳陛下于与为人后之非，而灭武宗之统，夺献帝之宗，且使兴国太后压于慈寿太后，礼莫之尽，三纲顿废，非常之变也！……愿速发明

─────────

[1]　按：钱德洪《阳明先生年谱》云："公相对感慨时事，慰从行诸友，及时勉学，无负初志。"所谓"相对感慨时事"，即主要论"大礼议"事。

诏，称孝宗曰皇伯考，兴献帝皇考，别立庙大内，正兴国太
后之礼，定称圣母，庶协事天事地之道……今陛下奉祖训入
继大统，未尝受孝宗诏为之子也，则陛下非为人后，而为入
继之主也明甚。考兴献帝，母兴国太后，又何疑！臣闻非天
子不议礼，天下有道，礼乐自天子出。臣久欲以请，乃者复
得席书、方献夫二疏，伏望奋然裁断……[1]

桂萼是整个嘉靖时期狂热鼓吹"学禁"与"大礼议"的最危险的
人物，他的狂妄叫嚣"非天子不议礼，天下有道，礼乐自天子
出"，极大地煽起了世宗为本生父争皇统、入皇宗的独裁专断之
心，对大礼议反对派动了杀机。二月，杨廷和被迫去职致仕。礼
部尚书汪俊集官议大礼，揭明大礼议的真相说："前后章疏，惟张
璁、霍韬、熊浃与桂萼议同。其两京诸臣凡八十余疏，二百五十
余人，徒如部议。桂萼等肆言无忌，宜罪。"[2] 世宗迫不及待地
举起了屠刀。二月三十日是昭圣太后（张氏）的生辰，世宗却下
诏免朝贺。御史马明衡（阳明弟子）、朱淛上疏谏劝，逮下镇抚
司。修撰舒芬（阳明弟子）又上章再谏，夺俸三月。御史季本
（阳明弟子）、陈逅，户部员外郎林应聪等接连上章疏救，皆下
狱。季本贬为揭阳主簿，林应聪谪为徐闻县丞，陈逅降为合浦
主簿。阳明听到朝中大礼议陡生变故的消息后，对大礼议反对
派表示了极大同情与支持，他后来说："今年夏，闻君（林应
聪）以直言被谪，果信其为文章气节者矣。"[3] 张璁、桂萼乘
胜追击，在三月又上章说："本生对所后而言，实阳与而阴夺之

---

[1]《明史》卷一百九十六《桂萼传》。
[2]《国榷》卷五十三"嘉靖三年二月"条。
[3]《王阳明全集》卷二十四《题梦槎奇游诗卷》。

也。世无两考之礼，礼官正借此为辞，明皇上为孝宗之子云尔。不亟去本生，虽称皇考，实与皇叔无异。谨条七事。"[1] 世宗马上罢去了礼部尚书汪俊。黄绾居然吹捧世宗处置大礼议"圣明"，有"尧舜之资"，大臣都是党比悖理，欺忤皇上，他兴奋地写信告诉阳明说：

> 近日石斋（杨廷和）与石潭（汪俊）之去，其详可悉闻否？原其事情所处，恶可谓朝廷之过？此事全赖圣明。若天地包荒，只依诸公所处，国事当如何耶？虽诸公如此悖理，如此党比，欺忤至矣！然犹从容斟酌，略无纤毫愤懥之情，此分明尧舜之资，但惜无人辅翼，扩充此心，以为苍生之福。今不惟不能扩充，反为摧挫抑遏，以使消沮疑阻，岂古大臣引君当道之理如是也？世道之衰，天理不明，至此极矣！为恨何如，亦无怪乎！桂子实所谓"强臣抗君"者也。御史毛玉江西勘事，专迎当路之意，敢公然丑正如此，其有可慨何如也！[2]

黄绾是一个最善见风使舵、见机而作的士夫典型，当他写这封信时，他已追随张璁、桂萼、席书、方献夫接连上了三次大礼议疏，一次在二月十二日，一次在二月二十八日，一次在三月二十九日，被邹守益斥为"一二奸人"。黄绾不知阳明这时对"大礼议"的看法已经转变，还在信中大赞世宗与张璁、桂萼之流，阳明自然十分反感，他保持了沉默，不予回答。阳明最痛恨世宗的独裁专权，杀戮士夫，尤反感张璁、桂萼之流充当独裁皇帝打手，把大

[1]《国榷》卷五十三"嘉靖三年三月"条。
[2]《黄绾集》卷十九《寄阳明先生书》二。

礼议作为博取高官的捷径，希望大礼议派的双方都能以"良知"的公心论大礼。黄绾偏在这时跳出来做了张璁、桂萼的帮凶。从大礼议派（御用派）的思想与成分看，他们多是不信王学者，激烈反对阳明良知心学，像世宗独尊朱学而反王学，竟以"学禁"禁锢天下士人头脑。张璁、桂萼都是尊奉官方程朱理学的信徒，不信王学，充当了"学禁"的急先锋。霍韬崇仰朱学，攻诋王学尤力。方献夫与阳明论学一向不合。就是黄绾也从来没从心底接受阳明的良知心学，以致后来到嘉靖"学禁"时公开反叛阳明，斥阳明良知心学为"禅学"。这些大礼议派人物攻击阳明的良知心学为"邪说"，他们断然不会从"良知"的公心公正地议大礼。所以从政治上说，"大礼议"不过是适应了曲线继统的新君专制独裁的需要，它成了确立世宗新君专权独裁统治的象征与标志。整个世宗时代昏庸暴虐的专制比武宗有过之而无不及，实际就是由"大礼议"的纷争开其端，由张璁、桂萼、方献夫、席书、黄绾之辈推波助澜而形成。故当黄绾把他的三篇大礼疏寄给阳明时，阳明仍不作回答，只在给黄宗明的信中委婉含蓄地说：

> 近得宗贤寄示《礼疏》，明甚。诚甫之议，当无不同矣。古之君子，恭敬撙节退让以明礼，仆之所望于二兄者，则在此而不彼也。果若是，以为斯道之计，进于议礼矣。[1]

阳明对黄绾的大礼疏只说了一句"明甚"，不置可否，实际是含蓄地否定了他的大礼议说。他强调要黄绾学"古之君子"，在大礼议中"恭敬撙节退让以明礼"，显然是反对黄绾追随张璁、桂

---

[1]　《王阳明全集》卷二十一《与黄诚甫》书一。

萼鼓动世宗钦定大礼议、专权独裁、杀戮反对派士夫的做法，阳明的真意即"在此而不在彼"，能做到"此"，才是真正"进于议礼"。实际上阳明这时赞赏的已不是黄绾，而是痛斥黄绾为"奸人"的邹守益，他才是阳明心目中的"恭敬撙节退让以明礼"的"君子"。就在黄绾连上三次大礼议疏以后，同黄绾针锋相对，四月二十六日，邹守益上了《大礼疏》，其中就痛斥了张璁、桂萼、黄绾这些"奸人"。他说：

> 伏蒙皇上欲隆本生之恩，屡下群臣会议，以求天下之公，而公卿至于台谏百执事交章论奏，推大宗小宗之议，辩正统私亲之等，惟恐误蹈前代覆辙，此皇上舍己从人，务以礼尊亲，而群臣献可替否，思以义事君，甚盛节也！继而一二奸人妄以强说欺君，上激圣怒，陛下不察而误信之。尊号之上，断自宸衷，大小臣工，莫敢匡救。近日建室之议，复劳圣谕诘责，以为"欺朕冲年，甚失纲常，败父子之情，伤君臣之义"，而公卿至于台谏百执事，畏惧天威，不敢复陈一言以解陛下之疑，而所司以渐奉行，道路相传，且谓有"孝长子"之称。是陛下狥情以为孝，群臣顺令以为忠，若长此而不已，则陛下独断于上，而不顾天下万世之公论；群臣依阿于下，以苟一时之富贵，而忽宗社长久之计，弃礼害义，非国家之福也。[1]

邹守益的看法同阳明完全一致。世宗见了大怒说："邹守益这厮出位妄言，不修本业，既知忌惮，又来渎慢，好生轻易！着锦衣卫拿送镇抚司,打着问了来说!"邹守益下狱拷掠,最后谪广德州判官。他赴谪南下来绍兴见阳明,受教一月。阳明完全肯定了他的抗章论大礼议奸人的壮举,称叹说:"如保赤子,心诚求之。"邹守益说:"一官应迹优人,随遇为故事耳。"阳明说:"《书》称'允恭克让',谦之信恭让矣,自省允克何如?"阳明称赞他是真正的"恭敬撙节退让以明礼"的君子。后来邹守益作了二首诗提到他在绍兴一个多月的受教说:

赠董萝石用韵

昔登天泉楼,获读从吾篇。

千里想高标,神气已倏然。

矧此薰风舟,一月款幽言。

再拜沉瀣惠,炎歊涤新愆。

海滨出片云,飘飘无染着。

老至家益贫,浩歌有余乐。

太虚皆吾庐,何处不可泊?

世态如群蝇,腥膻争前却。

愿溥从吾方,为世赠大药。[1]

董沄也作了一首别诗说:

留别邹东廓先生

西水从东廓,江干更若邪。

---

[1] 《邹守益集》卷二十五。

> 春风虽一月，到处是吾家。
>
> 却病黄连酒，降魔紫笋茶。
>
> 别离真不易，奈此夕阳斜。[1]

可悲的是正当邹守益还在绍兴受阳明良知礼教的时候，黄绾竟又紧追席书上《大礼考议》之后，进上了《大礼私议》，得到了世宗的赏识，为张璁、桂萼、方献夫的进京重用起了关键的推动作用，这不啻是黄绾对阳明的一次"反叛"。六月，张璁、桂萼应诏赴京。谈迁谈到这时激化了的大礼议情势说：

> 嘉靖三年六月壬寅，张璁、桂萼再陈大礼，时入京，廷臣欲捽之，绝勿与通。数日始朝，亟出东华门，走武定侯郭勋所。勋喜甚，约为内助。给事中张翀等、御史郑本公等，交章沮之，不听。勋即奏其事。上夜召见璁，曰："祸福与尔共之，如众汹汹何？"对曰："彼众为政耳。天子至尊，明如日，威如霆，畴敢抗者，需锦衣卫数力士足矣！"上颔之。[2]

张璁杀气腾腾的叫嚣给世宗壮了胆。在六月十三日，世宗进张璁、桂萼为翰林院学士，方献夫为侍读学士，朝臣一片哗议。学士丰熙、修撰杨维聪、舒芬、编修王思（阳明弟子）以羞与张、桂、方为伍，上章乞罢官。吏部尚书乔宇也上奏请罢张、桂、方新命。吏科都给事中李学曾与河南道监察御史吉棠等联同官七十四人上奏论劾张璁、桂萼。

　　在朝中大礼议尖锐激化的形势下，终于有一个都御史吴廷举

---

[1]《从吾道人诗稿》卷上。
[2]《国榷》卷五十三"嘉靖三年六月"条。

起来上章，荐举阳明上大礼议，以化解大礼议派双方的矛盾。原来阳明在四月服阕，他被摒斥蛰伏二年，例应起复，现在总算可以出山论政议礼了。就在四月，吴廷举上章荐举阳明参预大礼议说：

> 遵崇典礼，议之三年，而群臣各持一说，迄今未定。洪武中议之三年，而群臣各集众稽古，著成《孝慈录》，以为世法。今宜遍敕天下亲王，各具一疏；敕两京五府、六部、都察院、通政司、大理寺，谕属建白各类奏；敕十三省抚臣，各谕属类奏亦如之。两京科道听自为奏，而致仕在告家居大学士谢迁、梁储、杨一清，尚书韩文、邵宝、王守仁、邓庠、吴洪、林廷选、蒋升，都御史陈金、王璟、李承勋、方良永，卿孙绪、少卿潘府、都穆，参政朱应登，副使李梦阳、洪范、魏校、佥事姜麟、盛端明，知府刘绩、刘武臣，皆累朝旧臣，一时士望。当专使赍敕至其家，令各具奏，量地远近，克期上之。陛下留中览观，并下礼部、翰林院、国子监详订。是亦兼总条贯，既具以闻，因召二三大臣，日坐便殿，采择施行，类编成书，上告天地、宗庙、社稷，下诏中外华夷臣民，成我明一经，正前代之谬。[1]

吴廷举是陈白沙弟子，在思想上同阳明的心学相合，关系甚密。在大礼议上，他折中于大礼议派与大礼议反对派之间而倾向于大礼议反对派，所以大礼议派攻他"首鼠两端，隐附邪说"。在大礼议两派矛盾对抗到势不两立、世宗专横到决意一手钦定大礼之

---

[1] 《明世宗实录》卷三十八"嘉靖三年四月"条。

际，吴廷举提出广泛征询"民意"之法，多方倾听朝野内外上下意见，集众稽古，择善施行，不失为防止君主独断偏信、臣下投机钻营的善法。但世宗独断钦定大礼议之心已决，不可动摇，大礼议派更清楚知道吴廷举所荐举的人都倾向于大礼议反对派，特别是阳明，是世宗钦定的"学禁"首要禁锢的"传习邪说"的"憸人"，岂容再请他来搅乱破坏"大礼议"已定的成局？所以大礼议派很快奏劾吴廷举"隐附邪说""欺罔皇上九大罪"，否决了吴廷举的议案。朝臣们只好眼睁睁地看着"大礼议"的危局烂下去，终至不堪收拾，矛盾一下子总爆发，世宗举起了杀戮的屠刀。

　　到七月，世宗决意钦定大礼议了。先是张璁、桂萼列十三事上奏，条陈礼官欺罔之罪。张、桂的奏章等于给世宗钦定大礼议提供了行动的"蓝本"，世宗马上采纳施行。十二日，世宗召百官至左顺门，强行宣命说："本生圣母章圣皇太后，今更定尊号曰'圣母章圣皇太后'，后四日，恭上册宝。"这是世宗要钦定大礼议的信号，成了"左顺门事件"的直接导火线，大礼议反对派被迫整个行动起来。十三日，礼部右侍郎朱希周上奏说"诏令之颁，未及三月，忽奉谕更定，则明诏为虚，不足取信天下"。十四日，兵部尚书秦金、右副都御史王时中、吏部左侍郎何孟春等，浩敕吏部左侍郎贾詠、翰林学士丰熙等，太常寺卿汪举等，给事中张翀等，御史余翔等，吏部郎中余宽等，户部郎中黄待显等，兵部郎中陶滋等，刑部郎中相世芳等，工部郎中赵儒等，大理寺正毋德纯等，行人司正高节等，都纷纷上奏说"尊号不当去'本生'字"。接着大学士毛纪、石珤又再上疏。世宗均不予理睬。十五日，这班二百余名朝臣栖栖惶惶一起来到左顺门，匍匐跪拜待命，他们有的高呼"太祖高皇帝"，有的高呼"孝宗皇帝"，声泪俱下。世宗却漠然高居文华殿，命令朝臣退下，朝臣不肯，连阁臣毛纪、石珤也赶来跪拜，世宗大怒，命司礼太监一一记录下朝臣名氏，将首犯丰熙、张翀、余翱、余宽、黄待显、陶滋、相世芳、毋德纯逮捕下狱。修撰杨慎、检讨王元正摇撼宫门大哭，众朝臣也一起痛哭，哀声震帝廷。世宗更加暴怒，又逮捕了五品以下员外郎马理等一百三十四人入狱，四品以上及司务等官皆待罪，对他们进行了残酷的拷掠折磨。谈迁描述这场血腥的杀戮说：

　　癸未（二十日），锦衣卫以系狱及待罪凡二百二十人，令再拷。学士丰熙、修撰杨慎、检讨王元正、给事中张翀、刘济、御史余翱、郎中余宽、黄待显、陶滋、相世芳、寺正毋德纯，皆谪戍。四品以上夺俸，五品以下各杖。编修王相、王思、给事中毛玉、裴绍宗、张原、御史胡琼、张日韬、郎中胡琏、杨淮、户部员外郎高平、申良、主事俞祯、仵瑜、臧应奎、张澯、殷承叙、安玺、司务李可登，卒杖下。

　　甲申，恭穆献皇帝神主至京，奉安观德殿，上册宝。

　　己丑，少保兼太子太保、吏部尚书、谨身殿大学士毛纪罢……再杖翰林修撰杨慎、检讨王元正、给事中刘济，永戍。给事中安磐、张汉卿、御史王时柯削籍。

　　八月癸巳朔，外转给事中于桂、陈洸、史道、阎闳、御史曹嘉各复秩。洸尝讦潮阳知县宋元翰，元翰为录以辨冤，而潮阳男子林钰、嫠妇赖氏蜂起诣阙。吏部例转湖广佥事，不即赴，上疏用旧衔，力称张璁等，攻费宏、金献民等，又吏部尚书乔宇、文选郎中夏良胜（阳明弟子），用舍任意，挤于桂、阎闳、史道、曹嘉。上是之，降宇南京太仆少卿，良胜茶陵知州。洸因击大学士费宏、尚书金献民、赵鉴、侍

> 郎吴一鹏、朱希周、郎中刘天民、薛蕙、余才、给事中郑一
> 鹏，皆目为"邪党"。[1]

其实世宗杀戮大礼议反对派最阴毒的手段，还在于把陈洸等一班
凶人提拔进朝，弹劾击逐朝中的大礼议反对派，把他们定为"邪
党"禁锢起来，同"学禁"声气相通。陈洸原是阳明的弟子，但
他中进士后热衷于追逐高官厚爵，反叛阳明，追随张璁、桂萼、
席书，疯狂弹击大礼议反对派，成为大礼议中的头号凶人。自此
朝中的大礼议反对派被一网打尽。实际大礼议反对派中不少都是
阳明弟子，如邹守益、季本、薛侃、马明衡、王元正、王时柯、
舒芬、应良、王思、应大猷、党以平、万潮、郭持平、夏良胜等，
打击斥逐他们也具有"学禁"的意义。所以那种把大礼议的纷争
说成是君权与相权的矛盾或是王学与朱学的矛盾，实在都是捕风
捉影、不副事实的臆说。

　　阳明在绍兴听到朝中发生的"左顺门事件"，大礼议反对派
被打成"邪党"，在朝的阳明弟子被逐，也感到分外震惊，他预
言的"秦汉以来，礼家之说往往如仇，皆为不闻致良知之学耳"
成了血淋淋的现实。就在七月，当次峰林应聪赴谪徐闻，道经钱
塘，给阳明送来了《梦槎奇游诗卷》时，阳明精心作了一篇《题
梦槎奇游诗卷》，抨击了世宗及其御用派用杀戮钦定"大礼议"
的暴行，称颂林应聪才是一个真正"闻致良知之学"的"君子"：

> 　　君子之学，求尽吾心焉尔。故其事亲也，求尽吾心之孝，
> 而非以为孝也；事君也，求尽吾心之忠，而非以为忠也。是

---

[1]《国榷》卷五十三"嘉靖三年七月、八月"条。

故夙兴夜寐，非以为勤也；剸繁理剧，非以为能也；嫉邪祛蠹，非以为刚也；规切谏诤，非以为直也；临难死义，非以为节也。吾心有不尽焉，是谓自欺其心；心尽，而后吾之心始自以为快也。惟夫求以自快吾心，故凡富贵贫贱、忧戚患难之来，莫非吾所以致知求快之地。苟富贵贫贱、忧戚患难而莫非吾致知求快之地，则亦宁有所谓富贵贫贱、忧戚患难者足以动其中哉？世之人徒知君子之于富贵贫贱、忧戚患难无入而不自得也，而皆以为独能人之所不可及，不知君子之求以自快其心而已矣。林君汝桓之名，吾闻之盖久，然皆以为聪明特达者也，文章气节者也。今年夏，闻君以直言被谪，果信其为文章气节者矣。又逾月，君取道钱塘，则以书来道其相爱念之厚，病不能一往为恨，且惓惓以闻道为急，问学为事。呜呼！君盖知学者也，志于道德者也，宁可专以文章气节称之？已而郡守南君元善示予以《梦槎奇游诗卷》，盖京师士友赠之南行者。予读之终篇，叹曰：君知学者也，志于道德者也，则将以求自快其心者也；则其奔走于郡县之末也，犹其从容于部署之间也；则将地官郎之议国事，未尝以为抗，而徐闻丞之亲民务，未尝以为琐也；则梦槎未尝以为异，而南游未尝以为奇也。[1]

阳明这篇文章重点论"学"与"知学者"，实际都是针对"大礼议"而发，这个"学"就是指求尽吾心的"致良知之学"，这个"知学者"就是指"闻致良知之学"的君子。林应聪的《梦槎奇游诗卷》是在京士友送他赴谪作的诗，这些"京师士友"就是指

[1]《王阳明全集》卷二十四。

在京的大礼议反对派。阳明一再称颂林应聪是“君知学者也”，
“君盖知学者也，志于道德者也，宁可专以文章气节称之”，就是
指林应聪在大礼议上发求尽吾心、致良知之学的礼说，“以直言被
谪”。同林应聪相对立，阳明批判了世宗及其御用派的不以“良
知”公心独断钦定大礼议的卑劣做法。在大礼议上，世宗自我标
榜“纯孝”的帝心，张璁、桂萼则打起了“忠君”的旗帜。阳明
指出了他们的虚伪欺骗，所谓“故其事亲也，求尽吾心之孝，而非
以为孝也”，就是对世宗虚伪的“孝亲”的批判；所谓“事君也，
求尽吾心之忠，而非以为忠也”，就是对张璁、桂萼之流骗人的
“忠君”的批判，故阳明强调说：“吾心有不尽焉，是谓自欺其心；
心尽，而后吾之心始自以为快也。”可以说，《题梦槎奇游诗卷》是
阳明从“致良知之学”对世宗独断钦定“大礼议”的一个批判总
结。所以当林应聪又寄来二首诗时，阳明作了沉痛的和诗吟道：

林汝桓以二诗寄次韵为别

断云微日半晴阴，何处高梧有凤鸣？
星汉浮槎先入梦，海天波浪不须惊。
鲁郊已自非常典，膰肉宁为脱冕行？
试向沧浪歌一曲，未云不是《九韶》声。

尧舜人人学可齐，昔贤斯语岂无稽？
君今一日真千里，我亦当年苦旧迷。
万里由来吾具足，六经原只是阶梯。
山中仅有闲风月，何日扁舟更越溪？[1]

---

[1]《王阳明全集》卷二十。

见素林俊也寄来了二首和诗：

赠次峰次阳明韵

假寐官斋作晚晴，雷阳何意动先鸣？

眼间世事只如梦，海上风涛故未惊。

沃壤不殊忘在客，好山无数重兹行。

圣皇孝理崇尧舜，驿使传来是吉声。

如面人心岂尽齐？危微精一属参稽。

四儒殁后留遗响，七圣途穷待指迷。

海邑言游今礼乐，越裳职贡旧航梯。

桃源此去无多路，老爱相从是建溪。[1]

阳明诗云"鲁郊已自非常典，腊肉宁为脱冕行"，是用春秋鲁国的典故，鲁定公十四年春鲁有事于郊，腊肉不至，夫子伤王道之不成，遂去鲁远行。阳明用以表示对新帝世宗的霸道独裁统治的失望，恨王道礼乐之不行，面对人间瓦缶雷鸣，《九韶》乐熄，他要像孔夫子那样上天入地求道，自求精神的涅槃。对世宗钦定的"大礼议"，阳明认为是"非常典"，给予了全盘否定。

在"左顺门事件"之后，"大礼议"走向了"大礼禁"，世宗目无王法，更加独断专横，在经过了一番陈洸遍劾扫荡大礼议反对派朝臣后，独裁道路完全打通，世宗在九月五日正式钦定大礼，诏颁天下。谈迁记录下了这场独裁皇帝丑恶大骗局诏颁天下的一幕：

---

[1]《见素续集》卷四。

（嘉靖三年八月）庚戌，先是礼部右侍郎吴一鹏驳陈洸疏非是，久不下。已，得旨，以席书《大礼考议》、方献夫《大礼论》、璁、萼前后三疏并南宁伯毛宽等疏下部集议。时书适至京，与璁、萼、献夫等集议阙左门。书等上言："伯父子侄，分不可易。世无二道，人无二本。孝宗皇帝本伯也，宜曰'皇伯考'；昭圣皇太后本伯母也，宜曰'伯母'。献皇帝本父也，已去'本生'，宜曰'皇考'；章圣太后本母也，已去'本生'，宜曰'圣母'。武宗仍曰'皇兄'，庄肃皇后曰'皇嫂'。名义如此，大伦大统，两有归矣。奉神主而别为祢室，于至亲不废，隆尊号而不入太庙，于正统无嫌。"上善之。

甲寅，给事中陈洸遍劾争大礼费宏、毛纪、吴一鹏、汪俊、金献民、朱希周、汪伟、赵鉴、余才、刘天民、薛蕙、郑一鹏。于是宏等乞归，不许。

（九月）丙寅，定大礼。称孝宗敬皇帝曰"皇伯考"，昭圣康惠慈寿皇太后曰"皇伯母"，恭穆献皇帝曰"皇考"，章圣皇太后曰"圣母"。择日祭告，颁诏天下。

丙子，诏曰："朕本宪纯皇帝之孙，恭穆献皇帝之子。逮皇兄武宗毅皇帝上宾，仰尊祖训，兄终弟及，遗诏命朕嗣皇帝位……朕祗敬九庙，尊养二官，正统大义，未尝有间，惕然此心，夙夜不忘……已告天地、宗庙、社稷，称孝宗敬皇帝曰'皇伯考'，昭圣皇太后曰'皇伯母'，恭穆献皇帝曰'皇考'，章圣皇太后曰'圣母'。各正厥名，天伦无悖。朕方同心以和典礼之衷，敬事以建臣民之极，期以得万国之欢心，致天人之佑助。布告中外，咸使闻知。"[1]

[1]《国榷》卷五十三"嘉靖三年八月、九月"条。

世宗的诏颁"大礼议"于天下，正同他的诏颁"学禁"于天下一样，实际不过就是诏颁"礼禁"于天下，对在绍兴服阕将起用复出的阳明不啻是当头棒喝，使他清醒看穿了"大礼议"悖反良知的无端纷争的实质。在诏颁"礼禁"的黯淡的暮秋，阳明在碧霞池上静坐悟道，心空如水，他一连作了四首秋声诗，悲慨而又豁达地吟道：

碧霞池夜坐

一雨秋凉入夜新，池边孤月倍精神。

潜鱼水底传心诀，栖鸟枝头说道真。

莫谓天机非嗜欲，须知万物是吾身。

无端礼乐纷纷议，谁与青天扫宿尘？

秋　声

秋来万木发天声，点瑟回琴日夜清。

绝调迥随流水远，余音细入晚云轻。

洗心真已空千古，倾耳谁能辩《九成》？

徒使清风传律吕，人间瓦缶正雷鸣。

秋　夜

春园花木始菲菲，又是高秋落叶稀。

天迥楼台含气象，月明星斗避光辉。

闲来心地如空水，静后天机见隐微。

深院寂寥群动息，独怜乌鹊绕枝飞。

夜　坐

独坐秋庭月色新，乾坤何处更闲人？

　　　　　　高歌度与清风去，幽意自随流水春。

　　　　　　千圣本无心外诀，《六经》须拂镜中尘。

　　　　　　却怜扰扰周公梦，未及惺惺陋巷贫。[1]

这四首秋诗就是阳明对世宗钦定诏颁"大礼议"的回答。所谓"无端礼乐纷纷议，谁与青天扫宿尘"，就是对"大礼议"无端纷争闹剧的全盘否定，他期望着真正得千圣良知之诀的圣人出来一扫青天俗尘，这就是他早说过的乱纷纷的"礼家之说往往如仇，皆为不闻致良知之学耳"。所谓"徒使清风传律吕，人间瓦缶正雷鸣"，就是把这场"大礼议"看成是人间瓦缶雷鸣、《箫韶》九成潜隐的皇家闹剧，对大礼议派与大礼议反对派都予以了否定。阳明坚信终究会有"闻致良知之学"的圣人与君子起来荡涤这瓦缶雷鸣、礼乐纷乱的污浊尘世，所以他十分自信地说"千圣本无心外诀，《六经》须拂镜中尘"。阳明自己"闲来心地如空水，静后天机见隐微"，要效法"潜鱼水底传心诀，栖鸟枝头说道真"，在林下讲学论道。所以在世宗诏颁"大礼议"于天下后，阳明却把全身心投入到大阐良知心学中，思想又有新的飞跃。虽然所谓"大礼议"以后竟又装模作样纷争了十多年，但大礼议反对派已不复存在，世宗日见昏愦暴虐，不可救药，更是"无端礼乐纷纷议"，毫无是非意义可言，阳明也感到回天无力，采取了置身事外、不置可否、不闻不问的态度。

———————————

[1]《王阳明全集》卷二十。

第十六章
生平学问思想的第二次总结

心泉日新：阳明书院与稽山书院的兴起

阳明在嘉靖三年四月服阕，正逢世宗一手钦定"大礼议"，阳明的复职起用受阻，依旧弃置不用，废居在家。这反而给他在绍兴山林讲学、大阐良知之教提供了最好的机会与时间，实现了他的良知心学的又一新的飞跃，直接推动他完成了生平学问思想的第二次总结。

以建立阳明书院为标志，嘉靖三年又成了阳明大阐良知之学的高峰之年。还在正月时，心斋王艮来会稽问学，就请阳明建造书院，以居四方来学士子。阳明便请王艮负责建造，在至大寺左筑楼屋斋舍为阳明书院，与周边的能仁、光相、至大、天妃众多寺刹连成一片。书院由王艮负责管理，传授阳明心学。董燧描述书院内的传道授业说：

> 嘉靖三年甲申，（王艮）在会稽。是年春，四方学者聚会稽日众，请阳明公筑书院城中，以居同志。多指百姓日用以发明良知之学。大意谓："百姓日用条理处，即是圣人条理处。圣人知，便不失；百姓不知，便会失。"同志惕然有省。未几，阳明公谢诸生不见，独先生侍左右。或有谕诸生，则令先生传授。[1]

钱德洪也描述说：

---

[1] 董燧：《王心斋先生年谱》。

　　先是师在越，四方同门来游日众，能仁、光相、至大、天妃各寺院，居不能容。同门王艮、何秦等乃谋建楼居斋舍于至大寺左，以居来学。师没后，同门相继来居，依依不忍去。是年（嘉靖十六年）汝员与知府汤绍恩拓地建祠于楼前。取南康蔡世新肖师像，每年春秋二仲月，郡守率有司主行时祀。[1]

　　每一室常合食者数十人，夜无卧所，更番就席，歌声彻昏旦……先生每临席，诸生前后左右环坐而听，常不下数百人。[2]

王阳明在给泰州知府王臣的信中，也谈到了他请王艮经营料理阳明书院说：

　　王汝止来，得备闻政化之善，殊慰倾想。昔人谓："做官夺人志。"若致知之功能无间断，宁有夺志之患耶？……此间朋友相聚，颇觉比前有益，欲共结庐山中，须汝止为之料理。而汝止以往岁救荒事，心必欲辞去。今乃强留于此，望公弼一为解纷，事若必不可为，然后放令汝止归也。[3]

这里说的"欲共结庐山中，须汝止为之料理"，就指请王艮经营料理阳明书院。书院大约在下半年建造成，数以百计的四方学子涌进了阳明书院。

　　到二月，绍兴郡守南大吉以"门生"执贽来受学，悟得阳明

[1]　钱德洪：《阳明先生年谱·附录一》。
[2]　钱德洪：《刻文录叙说》。
[3]　《阳明先生文录》卷二《与王公弼书》一。

良知心学，于是他决定增辟修复卧龙山下的稽山书院，聘阳明来主讲良知心学。南大吉初见阳明问学，阳明就向他发良知之教，两人有这样一番对答：

南大吉问："大吉临政多过，先生何无一言？"

阳明说："何过？"

南大吉说了几件过错事。

阳明说："吾言之矣。"

南大吉说："何？"

阳明说："吾不言，何以知之？"

南大吉说："良知。"

阳明说："良知非我常言而何？"

南大吉遂领悟而去。[1]

以后南大吉又不时来问学。有一次他来问阳明："身过可勉，心过奈何？"阳明回答说："昔镜未开，可得藏垢；今镜明矣，一尘之落，自难住脚。此正入圣之机也，勉之！"这是说的致良知的工夫（去蔽、扩充）。南大吉就是在这次问学后回去修复稽山书院，他通过考试选取八邑诸生优秀者，升入稽山书院，月给廪饩，请阳明督教讲习。到嘉靖四年初，书院内又建成了明德堂、尊经阁。在"学禁"笼罩下，阳明书院与稽山书院却以开放独特的良知心学的教育极大吸引了天下士子，规模远远超过了在江西的讲学。钱德洪说：

于是辟稽山书院，聚八邑彦士，身率讲习以督之。于是萧璆、杨汝荣、杨绍芳等来自湖广，杨士鸣、薛宗铠、黄梦星等来自广东，王艮、孟源、周衡等来自直隶，何秦、黄弘

---

[1]　钱德洪：《阳明先生年谱》。

纲等来自南赣，刘邦采、刘文敏等来自安福，魏良政、魏良器等来自新建，曾忭来自泰和。宫刹卑隘，至不能容。盖环坐而听者三百余人。先生临之，只发《大学》万物同体之旨，使人各求本性，致极良知以至于至善，功夫有得，则因方设教。故人人悦其易从。[1]

这是就阳明书院与稽山书院两地合言，所谓"环坐而听者三百余人"是指一次听讲受学的诸生。钱德洪所提到的来受教的门人学子实在太少，就今天尚可考知的人还有：

浙中：遂昌朱应钟，嵊县周晟、胡乐，仙居林应麒、张奇、金克厚，汤溪胡东，萧山来弘振、来汝贤，余姚姜子羔、诸大伦、孙应奎、徐珊、钱蒙、钱德洪、钱德周、钱仲实、钱楩、诸偁，永康程梓、卢可久、应兼、应典、李琪、周桐，西安王玑，会稽范瓘、季本，海盐王洪、王玫，新昌潘日升、潘日章、江山王修易、徐霈，诸暨骆骧，太平叶慎，黄岩施悌，海宁徐禾、董澐、董毂，钱塘陈荆献、陈善、王潼，杭州孙景时，山阴朱篴、朱箷、张元冲，绍兴王畿，秀水金榜。

江右：安福邹守益、尹一仁、刘文敏、刘文快、刘文协、刘文恺、刘文悌、刘子和、刘晒、刘祐、刘继权、刘爆、刘熄、刘邦采、刘晓、刘敬夫、王世俊、张鳌山，泰和胡尧时、王贞善、曾忭、曾才汉，庐陵刘冕、刘辂、梁廉、邓周，万安刘汝翱、刘週，兴国钟圆，赣县蔡世新，雩都黄弘纲、何廷仁、何秦，新建魏良器、魏良政，临川陈九川。

湖广：应城杨绍芳、杨继芳，麻城毛凤起，蕲水蔡月泾，辰州杨月山、萧璆，安陆杨汝荣，通山朱廷立。

岭南：揭阳林闻、陈琠，南海梁焯、方绍魁，海阳成子学，南海杨鸾。

南直隶：婺源汪诠，歙城程铎，松溪程文德，休宁汪尚和，泰州王艮，高邮张绖，苏州黄省曾，宜兴周衝，滁州孟源。

陕右：渭南南大吉、南逢吉、南轩、尚班爵。

在阳明书院与稽山书院中，这些来学士子都得以亲聆阳明的良知之教。南湖张绖多年困顿场屋，八上春官不第，在嘉靖三年来绍兴问学，受教数月，阳明就是向他发《大学》的心理合一、万物同体的本体论与致良知的工夫论之教，劝他立志于致良知的圣贤之学，跳出场屋举业的困扰。在张绖告别阳明归南湖时，阳明作了一篇立志说的文章送他：

> 执谦枉问之意甚盛。相与数月，无能为一字之益，乃今又将远别矣，愧负，愧负！今时友朋，美质不无，而有志者绝少。谓圣贤不复可冀，所视为准的者，不过建功名，炫耀一时，以骇愚夫俗子之观听。呜呼！此身可以为尧、舜，参天地，而自期若此，不亦可哀也乎？故区区于友朋中，每以立志为说，亦知往往有厌其烦者，然卒不能舍是而别有所先。诚以学不立志，如植木无根，生意将无从发端矣。自古及今，有志而无成者则有之，未有无志而能有成者也。远别无以为赠，复申其立志之说。贤者不以为迂，庶勤勤执谦枉问之盛心为不虚矣。[1]

阳明的立志说虽是针对张绖落第举子而发，但实际是针对整个现

---

[1] 《王阳明全集》卷二十七《寄张世文》。

实的科举与学校教育而言，所谓"谓圣贤不复可冀，所视为准的者，不过建功名，炫耀一时，以骇愚夫俗子之观听"，"此身可以为尧、舜，参天地，而自期若此，不亦可哀也乎"，就包含了对当下科举与学校教育的批判，也包含了对张璁、桂萼这些热衷于建功名、炫耀一时以骇世俗观听的功利之徒的抨击。阳明强调他的阳明书院与稽山书院的教育与官学教育不同，是要培养立志于良知圣贤之学的君子。张綖受教有悟，他作了一首诗感叹吟道：

感述呈王阳明

芃芃原上草，历历壤中英。
春风一披拂，烨烨生光荣。
我生百无能，承志穷一经。
云胡不自励，蹉跎日沉沦。
俯怀痀瘘子，贱技何足云。
凝神以累垸，亦得垂其名。
造物实匪私，所志贵专精。
冉冉白日晚，踽踽空江滨。
盛年忽已壮，叹息将何成？[1]

与张綖同时，休宁汪尚和也来阳明书院问学受教。阳明也是向他强调要立志于"为己之学"，他后来作赠言给汪尚和说：

足下数及吾门，求一言之益，足知好学勤勤之意。人有

[1] 《张南湖先生诗集》卷一。

言："古之学者为己，今之学者为人。"今之学者须先有笃实为己之心，然后可以论学。不然，则纷纭口耳讲说，徒足以为为人之资而已。仆之不欲多言者，非有所靳，实无可言耳。以足下之勤勤下问，使诚益励其笃实为己之志，归而求之，有余师矣。有能一日用其力于仁矣乎？我未见力不足者。足下勉之！"道南"之说，明道实因龟山南归，盖亦一时之言，道岂有南北乎？凡论古人得失，莫非为己之学。诵其诗，读其书，不知其人，可乎？是以论其世也，是尚友也。果能有所得于尚友之实，又何以斯录为哉？节夫姑务为己之实，无复往年务外近名之病，所得必已多矣，此事尚在所缓也。凡作文，惟务道其心中之实，达意而止，不必过求雕刻，所谓修辞立诚者也。[1]

书院教育不是培养张璁、桂萼式的嗜官好名的功利之徒，阳明把良知圣贤之学、为己之学与明道之学统一起来，作为书院教育的最高培养目标；把传道、授业与解惑结合起来，作为书院教学讲学的良法，德艺共进，知行合一。这就是他的阳明书院与稽山书院的教育的特点。人人心中有良知，人人可以为圣贤，通过良知教育使人复归善心本体，所以他在书院教育与讲学中以良知育人，做到有教无类，因材施教，师生切磋，自由讨论，教学相长，对症下药，引而不发，与学子打成一片，尤强调学子受良知之教的躬行践履。就在三月，海宁一个六十七岁的老诗人萝石董沄，以杖肩挑自己的瓢笠诗卷来绍兴见阳明。这个老诗人嗜读内典，究心释老，不好儒学，耽迷词章之学。阳明

---

[1] 《王阳明全集》卷二十七《与汪节夫书》。

同他讲学论道娓娓不倦，连日夜谈论良知之学，把他从耽迷佛道之路上拉了回来。董沄经一番聆教谈论后如梦大醒，对何秦说："吾见世之儒者支离琐屑，修饰边幅，为偶人之状，其下者贪饕争夺于富贵利欲之场，而尝不屑其所为，以为世岂真有所谓圣贤之学乎？直假道于是以求济其私耳！故遂笃志于诗，而放浪于山水。今吾闻夫子良知之说，而忽若大寐之得醒，然后知吾向之所为，日夜弊精劳力者，其与世之营营利禄之徒，特清浊之分，而其间不能以寸也。幸哉！吾非至于夫子之门，则几于虚此生矣。吾将北面夫子而终身焉，得无既老而有所不可乎？"何秦祝贺他说："先生之年则老矣，先生之志何壮哉！"[1]两个月后，董沄便再来绍兴，执贽拜为弟子，自号"从吾道人"。在天泉楼中，在阳明书院中，阳明对董沄几乎每天都悉心指点，董沄每天受教反省，都写有自省录，请阳明一一作批示评说，董沄后来集为《日省录》。他在《从吾道人语录日省录》中说：

　　从吾道人曰：吾昔侍先师阳明夫子于天泉楼，因观白沙先生诗云："夜半汲山井，山泉日日新。不将泉照面，白日多飞尘。飞尘亦何害，莫弄桔槔频。"遂稍有悟千圣相传之机，不外于末后一句，因又号"天泉绠翁"云。

　　余尝以反求诸己为问。先师曰："反求诸己者，先须扫去旧时许多谬妄、劳攘、圭角，守以谦虚，复其天之所以与我者。持此正念久之，自然定静，遇事物之来，件件与他理会，无非是养心之功，盖事外无心也。所以古人云：'若人识得

------

[1]《王阳明全集》卷七《从吾道人记》。

心，大地无寸土。'此正是合内外之学。"

阳明在这里实际是就天泉楼壁上题的白沙《题心泉》诗发"默坐澄心，体认天理"之教，但他已完全从自己的"良知"说上诠释了"默坐澄心，体认天理"的思想。这座题有白沙《题心泉》诗的天泉楼（外通天泉桥），成了阳明心学之悟的象征，天泉楼即觉悟之楼，白沙的《题心泉》诗，成为他在天泉楼日日汲取"心泉"、日新又日新的座右铭。阳明对董沄的良知心学之教，就是以他赠给董沄的诗所说的"尔身各各自天真，不用求人更问人"为修心育人的准则，揭起了"求心"的旗帜，题于壁上的白沙《心泉》诗道出了阳明"求心"思想的真蕴。实际上，阳明的"求心"思想正本自陈白沙，陈白沙把"求心"作为自己的"心学法门"说："为学当求诸心。必得所谓虚明静一者为之主……此心学法门也。"[1] 所谓"求心"，就是要体认良知心体，反求诸己心，致良知以"复其天之所以与我者"。董沄后来把自己在天泉楼的受教心得编为一集，题名"求心录"，具体印证了阳明这种"求心"的育人理念。《求心录》中大谈"求心"，充满了陈白沙的心学说教，但更多记录了阳明的"求心"的良知心学思想。如在《求心录》中，董沄特意记录了阳明三首求心诗：

> 甘泉先生寄先师诗云："一念正时便是惺，须知惺处亦无情。无情知见真知见，到了参前即性灵。"先师答之云："休论寂寂与惺惺，不妄由来即性情。笑却殷勤诸老子，翻从知见觅虚灵。"

---

[1]　《陈献章集》卷一《书自题大塘书屋诗后》。

《敬次先师韵求教》：“为学当从一念真，莫将闻见骇时人。要知静默无为处，自有圆虚不测神。谷种滋培须有事，镜光拂拭反生尘。藏而后发无方体，听取江门碧玉陈。”（按：阳明原诗见《王阳明全集》卷二十）

先师诗云：“人间白日醒犹睡，老子山中睡亦醒。醒睡两非还两是，溪云漠漠水泠泠。”学者纷纷解说，愈解愈远。请看“溪云”一句，已注之矣。

其实“求心”也成了阳明书院与稽山书院的一面教育旗帜，阳明以一个“心泉缚翁”的心学大师向诸生学子讲学传教，汲心泉，传心诀，说道真，每当自己体悟心学有得，他都会把门人学子召集到天泉楼前，天泉桥上，碧霞池畔，大阐良知之教，那里成了阳明师生歌诗吟赋、击鼓泛舟、讲学论道的名教乐地。在八月中秋，阳明就燕集一百一十名门人学子欢聚于天泉桥上，中秋月自如昼，诸生歌诗诵赋，弹琴吹箫，金石丝竹齐奏，湖上鼓棹而歌，远近应答。阳明即席赋诗二首：

月 夜 二 首
（与诸生歌于天泉桥）

万里中秋月正晴，四山云霭忽然生。
须臾浊雾随风散，依旧青天此月明。
肯信良知原不昧，从他外物岂能撄？
老夫今夜狂歌发，化作钧天满太清。

处处中秋此月明，不知何处亦群英？
须怜绝学经千载，莫负男儿过一生。

> 影响尚疑朱仲晦，支离羞作郑康成。
>
> 铿然舍瑟春风里，点也虽狂得我情。[1]

阳明的中秋诗充满了一股悲慨之气，寓意遥深。这时正当朝廷发生"左顺门事件"，世宗以杀戮钦定了"大礼议"，"学禁"与"礼禁"双管齐下。阳明慨叹"肯信良知原不昧，从他万物岂能撄"，就是坚信人心良知不灭，绝学长存，任他暴君世宗的"学禁"与"礼禁"也不可阻遏。阳明中秋师徒聚会的真意，就是要向诸生学子大骋"狂者胸次"的情怀，唱出了"老夫今夜狂歌发，化作钧天满太清"的心声。在天泉楼前，他像孔子一样向门人学子畅发良知"狂者"的有道气象说：

> 昔孔门求中行之士不可得，苟求其次，其惟狂者乎？狂者志存古人，一切声利纷华之染，无所累其衷，真有凤凰翔于千仞气象。得是人而裁之，使之克念，日就平易切实，则去道不远矣。予自鸿胪以前，学者用功尚多拘局；自吾揭示良知头脑，渐觉见得此意者多，可与裁矣。[2]
>
> 昔者孔子在陈，思鲁之狂士。世之学者，没溺于富贵声利之场，如拘如囚，而莫之省脱。及闻孔子之教，始知一切俗缘，皆非性体，乃豁然脱落。但见得此意，不加实践以入于精微，则渐有轻灭世故、阔略伦物之病。虽比世之庸庸琐琐者不同，其为未得于道一也。故孔子在陈思归以裁之，使入于道耳。诸君讲学，但患未得此意。今幸见此，正好精诣

---

[1]　《王阳明全集》卷二十。
[2]　钱德洪：《刻文录叙说》。

力造，以求至于道，无以一见自足而终止于狂也。[1]

狂者勇在进取，阳明说的狂者气象就是一种臻于至道的不断进取精神，一种实致良知入于精微的践履精神，要敢于克除欲念，摈弃一切声利纷华之习，精诣力造，日日求新精进，勇造至道。正是这种日日求新、勇造至道的狂者进取精神成就了阳明登上良知心学的巅峰。当有人谤讪他讲论良知心学时，阳明回答说："古之狂者，嘐嘐圣人而行不掩，世所谓败阙也，而圣人以列中行之次；忠信廉洁，刺之无可刺，世所谓完全也，而圣门以为德之贼。某愿为狂以进取，不愿为乡愿以媚世。"[2] 所以阳明这番天泉楼发"狂者胸次"以总结自我精神奋进之路的讲话，已蕴含了要总结自己自鸿胪以来的学问思想的用意。所谓"予自鸿胪以前，学者用功尚多拘局；自吾揭示良知头脑，渐觉见得此意者多，可与裁矣"，就是说他自鸿胪以后觉悟良知头脑的学问思想可以"裁定"，予以总结了；所谓"孔子在陈，思归以裁之，使入于道耳"，就是说他也要学着孔子对自己归越以来的学问思想予以"裁定"，以"使入于道"了。阳明的中秋讲道论学，成了他要总结归越以来生平学问思想的信号。

阳明想要总结自己归越以来的学问思想，是受到他在阳明书院与稽山书院同诸生学子讲学论道的推动，也是阳明书院与稽山书院的书院教育的实际需要。就在董沄来问学的同时，钱蒙也偕钱德洪、钱德周、钱仲实三子来问学。钱蒙号心渔翁，不仅是一个精通星象筮占的《易》学家，而且也是一个精通音律的盲音乐

---

[1] 钱德洪：《阳明先生年谱》。
[2] 《邹守益集》卷二《阳明先生文录序》。

家，善鼓瑟吹箫。他目盲而心不盲，"有目眚而无心睫"，相信人虽目盲不见，但人心灵觉相通，良知不昧，心学可以触类而通，所以他也以高龄老身来绍兴向阳明问良知心学。钱德洪讲到他在绍兴的受良知心学说：

> 德洪携二弟德周、仲实读书城南。洪父心渔翁往视之。魏良政、魏良器辈与游禹穴诸胜，十日忘返。问曰："承诸君相携日久，得无妨课业乎？"答曰："吾举子业无时不习。"家君曰："固知心学可以触类而通，然朱说亦须理会否？"二子曰："以吾良知求晦翁之说，譬之打蛇得七寸矣，又何忧不得耶？"家君疑未释，进问先生。先生曰："岂特无妨，乃大益耳！譬之治家，其产业、第宅、服食、器物皆所自置，欲请客，出其所有以享之；客去，其物具在，还以自享，终身用之无穷也。今之为举业者，譬之治家不务居积，专以假贷为功，欲请客，自厅事以至供具，百物莫不遍借，客幸而来，则诸贷之物一时丰裕可观；客去，则尽以还人，一物非所有也。若请客不至，则时过气衰，借贷亦不备，终身奔劳，作一窭人而已。是求无益于得，求在外也。"明年乙酉大比，稽山书院钱楩与魏良政并发解江、浙。家君闻之，笑曰："打蛇得七寸矣。"

可见在阳明书院与稽山书院的教育中，并不废习举子业，但书院的教育以"求心"的良知心学育人，所以阳明强调心学是本，举业是末；心学是自有，举业是外求。治业先要治心，心学不妨举业，相反，修明心学，有益举业，犹如打蛇得七寸。阳明盛赞瞽翁钱蒙目盲心不昧、游心太玄、不执有无得丧的"心渔"处世哲

学,用自己的致良知的心学独到精辟地诠释了钱蒙的"心渔"处
世哲学的真谛。他专为钱蒙作了一篇《心渔歌》咏道:

心 渔 歌
为钱翁希明别号题

有渔者歌曰:

渔不以目惟以心,心不在鱼渔更深。

北溟之鲸殊小小,一举六鳌未足歆。

敢问何如其为渔耶?曰:吾将以斯道为网,良知为纲,
太和为饵,天地为舫。絜之无意,散之无方。是谓得无所得,
而忘无可忘者矣。[1]

钱蒙的"心渔"是同阳明的"求心"一致的,在阳明看来,钱蒙
的"心渔"人生哲学就是以至道为网,以良知为纲,与天地万物
浑然一体,游心于有无之间,物我两忘,无所执著,渔无所渔,
得无所得,忘无可忘。邹守益在《四然翁赞》中具体描述钱蒙这
种"心渔"的人生哲学说:

三岁失明,继连失怙恃,寄食于星卜间。已而读《易》
龙冈,遂神于著。好鼓瑟,按九徽为准,纵横上下,曲中音
节。尝自制杖箫,杖长七尺,纳箫于窾,兴至辄取而吹之,
声振林谷。闲居自评诗文,或放古调为歌辞,号曰《雪夜
吟》。晚慕严陵之操,别号"心渔"。马子明衡为之传,其事
皆奇伟可诵。[2]

---

[1]《王阳明全集》卷二十。
[2]《邹守益集》卷十九。

钱蒙善作歌诗，能仿古调为歌辞，诵古歌曲，这是因为他精通音律，又能亲手操弹，还能自制乐器，曲中音节。在阳明书院与稽山书院中，歌诗是学子诸生每日的功课，也是书院教育与讲会不可或缺的重要方面，故阳明把"歌诗"列为书院教育的三大功课之一，从他的诗中说的"铿然舍瑟春风里"，"老夫今夜狂歌发"，也可以看出这一点。这种歌诗诵诗需要有相关的歌诗与歌法，正是钱蒙所擅长。阳明很快审订了自己的《阳明九声四气歌法》，估计也是受到钱蒙的影响。

在阳明书院与稽山书院中，阳明就是这样在同诸生学子的讲学论道中发展着自己的良知心学，由博返约，不断升华。他尤善于针对学子各自的不同思想状况与水平讲论良知心学的精华，因人施教，因事制宜，达到传道、授业、解惑三统一的教育效果。诸暨宰朱廷立屡次来绍兴问学问政，就典型体现了阳明这一教育理念及其教育效果。阳明在《书朱子礼卷》中生动记述了朱廷立来绍兴问学问政的经过说：

> 子礼为诸暨宰，问政，阳明子与之言学而不及政。子礼退而省其身，惩己之忿，而因以得民之所恶也；窒己之欲，而因以得民之所好也；舍己之利，而因以得民之所趋也；惕己之易，而因以得民之所忽也；去己之蠹，而因以得民之所患也；明己之性，而因以得民之所同也。三月而政举，叹曰："吾乃今知学之可以为政也已！"
>
> 他日，又见而问学，阳明子与之言政而不及学。子礼退而修其职，平民之所恶，而因以惩己之忿也；从民之所好，而因以窒己之欲也；顺民之所趋，而因以舍己之利也；警民之所忽，而因以惕己之易也；拯民之所患，而因以去己之蠹

也;复民之所同,而因以明己之性也。期年而化行,叹曰:
"吾乃今知政之可以为学也已!"

　　他日,又见而问政与学之要。阳明子曰:"明德、亲民,
一也。古之人明明德以亲其民,亲民所以明其明德也。是故
明明德,体也;亲民,用也。而止于至善,其要矣。"子礼退
而求至善之说,炯然见其良知焉,曰:"吾乃今知学所以为
政,而政所以为学,皆不外乎良知焉。信乎,止至善其要
也矣!"[1]

阳明把问学与问政结合起来,因人因事解惑,由近及远,由外而
内,层层深入,从即人即事的启发破惑入手,开导治学与理政的
良法,最后达到对良知心学之道的认识,臻于明德至善的至道,
知行合一,躬行践履——这就是阳明与众不同的传道、授业、解
惑相统一的书院教育之道。

　　在阳明书院与稽山书院中,阳明都是用这种教育之道引导来
学诸生学子。朱篪、朱篪兄弟来绍兴问学,阳明就重点同他们谈
立志与知行合一,他特给朱篪作了一卷赠言说:

　　守谐问为学,予曰:"立志而已。"问立志,予曰:"为
学而已。"守谐未达。予曰:"人之学为圣人也,非有必为圣
人之志,虽欲为学,谁为学? 有其志矣,而不日用其力以为
之,虽欲立志,亦乌在其为志乎? 故立志者,为学之心也;
为学者,立志之事也。譬之弈焉:弈者,其事也;'专心致
志'者,其心一也;'以为鸿鹄将至'者,其心二也;'惟弈

----

[1]《王阳明全集》卷八。

秋之为听'，其事专也；'思援弓缴而射之'，其事分也。"守
谐曰："人之言曰：'知之未至，行之不力。'予未有知也，
何以能行乎？"予曰："是非之心，知也，人皆有之。子无患
其无知，惟患不肯知耳；无患其知之未至，惟患不致其知耳。
故曰：'知之非艰，行之惟艰。'今执途之人而告之以凡为仁
义之事，彼皆能知其为善也；告之以凡为不仁不义之事，彼
皆能知其为不善也。途之人皆能知之，而子有弗知乎？如知
其为善也，致其知为善之知而必为之，则知至矣；如知其为
不善也，致其知为不善之知而必不为之，则知至矣。知犹水
也，人心之无不知，如水之无不就下也；决而行之，无有不
就下者。决而行之者，致知之谓也。此吾所谓知行合一
者也。"[1]

而诸偁来绍兴问学，阳明就重点同他谈心外无理与致良知，他特
给诸偁作了一卷赠言说：

他日，复请曰："致知者，致吾心之良知也，是既闻教
矣。然天下事物之理无穷，果惟致吾之良知而可尽乎？抑尚
有所求于其外也乎？"复告之曰："心之体，性也，性即理
也。天下宁有心外之性？宁有性外之理乎？宁有理外之心乎？
外心以求理，此告子'义外'之说也。理也者，心之条理
也。是理也，发之于亲则为孝，发之于君则为忠，发之于朋
友则为信。千变万化，至不可穷竭，而莫非发于吾之一心。
故以端庄静一为养心，而以学问思辩为穷理者（按：指朱熹

[1]　《王阳明全集》卷八《书朱守谐卷》。

之说),析心与理而为二矣。若吾之说,则端庄静一亦所以穷理,而学问思辨亦所以养心,非谓养心之时无有所谓理,而穷理之时无有所谓心也。此古人之学所以知行并进而收合一之功,后世之学所以分知行为先后,而不免于支离之病者也。"曰:"然则朱子所谓如何而为'温清之节',如何而为'奉养之宜'者,非致知之功乎?"曰:"是所谓知矣,而未可以为致知也。知其如何而为温清之节,则必实致其温清之功,而后吾之知始至;知其如何而为奉养之宜,则必实致其奉养之力,而后吾之知始至。如是乃可以为致知耳。若但空然知之为如何温清奉养,而遂谓之致知,则孰非致知者耶?《易》曰:'知至,至之。'知至者,知也;至之者,致知也。此孔门不易之教,百世以俟圣人而不惑者也。"[1]

这两篇给朱篪、诸偁的书卷赠言有异曲同工之妙,它们不仅是阳明在书院的讲学教学的讲稿记录,而且是阳明论述自己的良知心学本体工夫论体系的精妙论文。两篇文章相得益彰,对他的良知心学体系的本体论与工夫论两个向度都作了经典的解说,对他归越以来的良知心学思想体系作了提纲挈领式的概括总结。

在阳明书院与稽山书院中,最引人注目的还是五岳山人黄省曾年年来绍兴受教问学。他才华横溢,善于领会阳明的良知心学,博学深思,也最认真记录下了阳明讲学论道的语录。他将嘉靖二年到六年自己记的阳明语录汇编成的十卷《会稽问道录》,是对阳明书院与稽山书院中生动活泼的教育教学的笔笔忠实记录,也记下了嘉靖时期阳明不断思考、提升、总结自己良知心学的步步

---

[1]《王阳明全集》卷八《书诸阳伯卷》。按:"阳伯"当作"扬伯"。

足迹。他在嘉靖二年归苏州后，一直在思考阳明的良知心学，同阳明有论学书信往来。到嘉靖三年五月，他写出了《格物说》《修道注》，实际是对阳明的格物说与修道说的补充发挥。他把这两篇文章寄给了阳明，阳明有回信评论说：

> 屡承书惠，兼示述作，足知才识之迈，向道肯切之难得也，何幸何幸！然未由一面，鄙心之所欲效者，尚尔郁而未申，有负盛情多矣！君子学以为己。成己成物，虽本一事，而先后之序有不容紊。孟子云："学问之道无他，求其放心而已矣。"诵习经史，本亦学问之事，不可废也；而忘本逐末，明道尚有"玩物丧志"之戒；若立言垂训，尤非学者所宜汲汲矣。所示《格物说》《修道注》，诚荷不鄙之盛，切深惭悚，然非浅劣之所敢望于足下者也。且其为说，亦于鄙见微有未尽。何时合并，当悉其义，愿且勿以示人。孔子曰："五十以学《易》，可以无大过矣。"充足下之才志，当一日千里，何所不可到，而不胜骏逸之气，急于驰骤奔放，抵突若此，将恐自蹶其足，非任重致远之道也。《古本》之释，不得已也。然不敢多为辞说，正恐葛藤缠绕，则枝干反为蒙翳耳。短《序》亦尝三易稿，石刻其最后者，今各往一本，亦足以知初年之见，未可据以为定也。[1]

阳明这封信尤值得注意。阳明批评黄省曾的好读三教九流之书，究心百氏六艺之学，学问驳杂，这里就涉及对格物致知的认识。阳明在正德十三年定《大学古本》，并为作序与傍释；同时又定

---

[1]　《王阳明全集》卷五《与黄勉之》书一。

《中庸古本》，为作《修道说》以发中庸之意，这篇《修道说》实际就是为定《中庸古本》所作的序。黄省曾作的《格物说》，就是发挥阳明正德十三年所作《大学古本傍释序》中的格物说；他作的《修道注》，就是为阳明的《修道说》（即《中庸古本序》）所作的注解。但阳明正德十三年所作《大学古本序》与《修道说》均没有论及“良知”与“致良知”（那时他还没有“良知之悟”），是后来才不断修改，加进了“良知”与“致良知”的内容，这就是阳明说的“短《序》亦尝三易稿，石刻其最后者”。黄省曾用的还是正德十三年的本子，所以阳明说初本是“初年之见，未可据以为定”，认为黄省曾所作注说“于鄙见微有未尽”，因此他便把石刻定本的《大学古本序》与《修道说》寄给了黄省曾。阳明说“何时合并，当悉其义”，就是指将《大学古本》与《中庸古本》合并为一书，应当要在洞悉“良知”与“致良知”以后才可行。这里流露了他对《大学古本傍释》的不满，透露了他要另作真正洞悉“良知”与“致良知”的《大学问》的消息了。

于是黄省曾便在六月一日又赶来绍兴问学。针对黄省曾学问的驳杂之病，阳明作了一篇《自得斋说》赠给黄省曾，要他技进于道，躬行致良知的践履工夫，说：

> 孟子云：“君子深造之以道，欲其自得之也。自得之则居之安；居之安则资之深；资之深则取之左右逢其原。故君子欲其自得之也。”夫率性之谓道，道，吾性也；性，吾生也，而何事于外求？世之学者，业辞章，习训诂，工技艺，探赜而索隐，弊精极力，勤苦终身，非无所谓深造之者，然亦辞章而已耳，训诂而已耳，技艺而已耳。非所以深造于道也，

> 则亦外物而已耳，宁有所谓自得逢原者哉！古之君子，戒慎
> 不睹，恐惧不闻，致其良知而不敢须臾或离者，斯所以深造
> 乎是矣。是以大本立而达道行，天地以位，万物以育，于左
> 右逢原乎何有？黄勉之省曾氏，以"自得"名斋，盖有志于
> 道者。请学于予，而蕲为之说。予不能有出于孟氏之言也，
> 为之书孟氏之言。嘉靖甲申六月朔。[1]

阳明认为，道即性，性即生，吾性自足，不假外求，所以他要
求黄省曾只在致良知上下功夫，"致其良知而不敢须臾或离"。
这是阳明在躬行践履上对黄省曾的要求，也是他对整个书院来
学士子的要求。黄省曾这次来受良知之教的情况，全都被他自
己记录下来，表明黄省曾由衷领悟接受了阳明的良知心学之教，
所以阳明竟以作《王氏论语》相托，而黄省曾也面请阳明将他
的良知心学写成书（即后来的《人学问》），以嘉惠后学，供
书院诸生教学之用。他约在冬十一月间归吴以后，仍进一步勤
勉思考涵泳阳明的良知心学之教，写成问学数条，寄给阳明求
教。阳明深思熟虑地写了一封详细答书，对他的良知说作了精
辟的评述：

> 勉之别去后，家人病益狼狈，贱躯亦咳逆泄泻相仍，
> 曾无间日，人事纷沓未论也。用是《大学古本》曾无下
> 笔处，有辜勤勤之意。然此亦自可徐徐图之，但《古本》
> 白文之在吾心者，未能时时发明，却有可忧耳。来问数
> 条，实亦无暇作答，谛观简末恳恳之诚，又自不容已于

---

[1]　《王阳明全集》卷七。

言也。

来书云："以良知之教涵泳之，觉其彻动彻静，彻昼彻夜，彻古彻今，彻生彻死，无非此物。不假纤毫思索，不得纤毫助长，亭亭当当，灵灵明明，触而应，感而通，无所不照，无所不觉，无所不达，千圣同途，万贤合辙。无他如神，此即为神；无他希天，此即为天；无他顺帝，此即为帝。本无不中，本无不公。终日酬酢，不见其有动；终日闲居，不见其有静。真乾坤之灵体，吾人之妙用也。窃又以为《中庸》诚者之明，即此良知为明；诚之者之戒慎恐惧，即此良知为戒慎恐惧。当与恻隐羞恶一般，俱是良知条件。知戒慎恐惧，知恻隐，知羞恶，通是良知，亦即是明。"云云。此节论得已甚分晓。知此，则知致知之外无余功矣；知此，则所谓建诸天地而不悖，质诸鬼神而无疑，百世以俟圣人而不惑者，非虚语矣。诚明戒惧，效验功夫，本非两义。既知彻动彻静，彻死彻生，无非此物，则诚明戒惧与恻隐羞恶，又安得别有一物为之欤？

来书云："阴阳之气，䜣合和畅而生万物。物之有生，皆得此和畅之气。故人之生理，本自和畅，本无不乐。观之鸢飞鱼跃，鸟鸣兽舞，草木欣欣向荣，皆同此乐；但为客气物欲搅此和畅之气，始有间断不乐。孔子曰'学而时习之'，便立个无间断功夫，悦则乐之萌矣。朋来则学成，而吾性本体之乐复矣，故曰'不亦乐乎'。在人虽不我知，吾无一毫愠怒以间断吾性之乐，圣人恐学者乐之有息也，故又言此。所谓'不怨''不尤'，与夫'乐在其中''不改其乐'，皆是乐无间断否？"云云。乐是心之本体。仁人之心，以天地万物为一体，䜣合和畅，原无间隔，来书谓"人之生理，本自和畅，本无不乐，但为客气物欲搅此和畅之气，始有间断不乐"是也。时习者，求复此心之本体也，悦则本体渐复矣。朋来则本体之讦合和畅，充周无间。本体之讦合和畅，本来如是，初未尝有所增也。就使无朋来而天下莫我知焉，亦未尝有所减也。来书云"无间断"，意思亦是。圣人亦只是至诚无息而已，其工夫只是时习。时习之要，只是谨独。谨独即是致良知，良知即是乐之本体。……

来书云："韩昌黎'博爱之谓仁'一句，看来大段不错，不知宋儒何故非之？以为爱自是情，仁自是性，岂可以爱为仁？愚意则曰：性即未发之情，情即已发之性，仁即未发之爱，爱即已发之仁。如何唤爱作仁不得？言爱，则仁在其中矣。孟子曰：'恻隐之心，仁也。'周子曰：'爱曰仁。'昌黎此言，与孟、周之旨无甚差别。不可以其文人而忽之也。"云云。博爱之说，本与周子之旨无大相远。樊迟问仁，子曰："爱人。"爱字何尝不可谓之仁欤？昔儒看古人言语，亦多有因人重轻之病，正是此等处耳。然爱之本体固可谓之仁，但亦有爱得是与不是者，须爱得是方是爱之本体，方可谓之仁。若只知博爱而不论是与不是，亦便有差处。吾尝谓博字不若公字为尽。……

来书云："有人因薛文清'过思亦是暴气'之说，乃欲截然不思者。窃以孔子曰：'吾尝终日不食，终夜不寝以思。'亦将谓孔子过而暴其气乎？以愚推之，惟思而外于良知，乃谓之过。若念念在良知上体认，即如孔子终日终夜以思，亦不为过。不外良知，即是何思何虑，尚何过哉。"云云。"过思亦是暴气"，此语说得亦是。若遂欲截然不思，却是因噎而废食者也。来书谓"思而外于良知，乃谓之过。若

> 念念在良知上体认，即终日终夜以思，亦不为过。不外良知，
> 即是何思何虑"，此语甚得鄙意。……[1]

阳明在这里实际提出了认识"良知"的四原则：一是良知即本体，
"真乾坤之灵体，吾人之妙用"，致知即是致良知，故致知之外无
余功；二是良知是心本体，故致良知的工夫就是要复心之本体，
"求复此心之本体"；三是良知之心即仁爱之心，良知知善知恶，
故仁爱之心也应知是知非；四是体认心体即体认良知，故思虑只
在良知上思虑，念念在良知上体认。阳明这四条"良知"本体论
原则，是同他提出的四条实践工夫论原则统一的，不仅成为他在
阳明书院与稽山书院中讲论良知心学所恪守的教学原则，而且也
成为他总结自己生平学问所遵循的思想原则。阳明这封致黄省曾
的论学书，表明他的生平学问思想的第二次总结已经遵循着这四
条良知思想原则展开了。

"心泉绠翁"：第二次学问思想的总结

阳明对自己生平学问思想的两次总结，正如他自己所说的，
是把他任南京鸿胪寺卿作为界线，前期是对正德十三年以前的
学问思想的总结，后期是对正德十三年以后的学问思想的总结，
前后期学问思想的不同，就在对良知心学的认识上：正德十三年
以前，他还没有提出良知说；正德十四年他才有了"良知之

---

[1] 《王阳明全集》卷五《与黄勉之》书二。

悟"。所以阳明后期的学问思想的总结实际就是对他的良知心学思想的总结，这就是他自己清楚说的："予自鸿胪以前，学者用功尚多拘局；自吾揭示良知头脑，渐觉见得此意者多，可与裁矣。"[1]

阳明开始想要对自己的良知心学作总结，是在嘉靖三年八月。他在中秋月夜的天泉楼讲话中说"孔子在陈思归以裁之，使入于道也"，又说"自吾揭示良知头脑，渐觉见得此意者多，可与裁矣"，意思就是说他要学着孔子对自己归越以来的学问思想作裁定总结了。正是在八月中秋以后，这个天泉楼的"心泉缳翁"便从四个方面展开了对自己学问思想的总结：

一）新编刻《传习录》（称为《新录》）。选取八篇文章，定为"传习录续编"（下卷），由南大吉、南逢吉合前《传习录》（三卷）刻于绍兴，分为上下二册。

这个新本《传习录》编刻在嘉靖三年十月，历来有两个问题没有搞清楚：一是选取了哪八篇文章，二是谁选定这八篇文章的。钱德洪在《传习录卷中序》中说"下册摘录先师手书，凡八篇"，认为这八篇文章是南大吉选定的，这八篇文章就是：

《答徐成之》二书

《答周道通书》

《答陆清伯书》二书

《答欧阳崇一书》

《答罗整庵书》

《答聂文蔚》第一书

---

[1]　钱德洪：《刻文录叙说》。

这个说法显然是错误的，因为《答欧阳崇一书》作在嘉靖五年，
《答聂文蔚》第一书也作在嘉靖五年，怎么可能会收进嘉靖三年
编刻的《传习录》中？其实根据今存《传习录》本子，可以清楚
看出这八篇文章应是：

　　　　　《答徐成之》二书
　　　　　《启问道通书》
　　　　　《答陆原静》二书
　　　　　《答罗整庵少宰书》
　　　　　《训蒙大意示教读刘伯颂等》
　　　　　《教约》

因为其他几篇书都作在嘉靖四年以后，不可能收入嘉靖三年的
《传习录》中。到嘉靖二十九年王畿刊刻《传习录》于绍兴，里
面又增加了《答人论学书》《答欧阳崇一书》《答聂文蔚书》《示
弟立志说》四篇书，已失嘉靖三年刻本原貌。[1] 到嘉靖三十三年
钱德洪刊刻《传习录》于水西精舍，才剔除《示弟立志说》与
《答徐成之》二书，增加《答聂文蔚》第二书，并附上《朱子晚
年定论》，变成今传的《传习录》本子面貌。

　　至于这八篇文章的选定者，是阳明自己，而不是南大吉。南
大吉在《传习录序》中说："吉也从游宫墙之下，其于是《录》
也，朝观而夕玩，口诵而心求……故命逢吉弟校续而重刻之，以

────────────

［1］　按：今存有王畿嘉靖二十九年刻本《传习录》（藏中国国家图书馆），其中增加
　　　了四篇书：《答人论学书》（即《答顾东桥书》）、《答欧阳崇一书》、《答聂文
　　　蔚》第一书、《示弟立志说》，除《示弟立志说》外，都作在嘉靖四年以后。今
　　　传本《传习录》卷中并无《示弟立志说》，今人邓艾民作《传习录注疏》，于卷
　　　中加进《示弟立志说》一篇，未作说明，也未作注，不知有何版本依据。

传诸天下。"可见南大吉在续刻此《新录》以前，就已得到阳明
手定的八篇《新录》朝观夕玩。阳明在《与周道通书》中也说：
"《新录》一册，寄览。六月朔日。"[1] 此《新录》一册即指阳明
手定的八篇文章，表明阳明最迟在六月以前已手定此八篇文章作
为"新录"。又据南逢吉《答徐成之书跋》说："吉尝以此书请问
先生……"[2] 如果此八书是南大吉、南逢吉所编，怎么还要去问
阳明？他们不了解情况又怎么能选定此八书？这只能说明这八书
是阳明自己所定。

　　阳明选定这八篇文章入录是有深意的。这八篇文章以《答陆
原静》书为核心，构建了一个易简广大的良知心学体系。原来的
《传习录》（三卷）并没有良知心学的内容，现在补上新录，新录
同旧录沟通，完整展现了阳明良知心学发展的思想历程。所以正
如南大吉在《传习录序》中点明阳明编新录以总结良知心学的用
心说：

　　　　道之不明于天下，治之所以不能追复前古者，其所由来
　　远矣。是《录》也，门弟子录阳明先生问答之辞，讨论之
　　书，而刻以示诸天下者也。吉也从游官墙之下，其于是
　　《录》也，朝观而夕玩，口诵而心求，盖亦自信之笃，而窃
　　见夫所谓道者，置之而塞乎天地，溥之而横乎四海，施诸后
　　世，无朝夕人心之所同然者也。故命逢吉弟校续而重刻之，
　　以传诸天下。天下之于是《录》也，但勿以闻见梏之，而平
　　心以观其意；勿以门户隔之，而易气以玩其辞。勿以录求录

[1]　王守仁：《与周道通书》三，《王阳明先生小像附尺牍》，真迹藏日本天理图
　　书馆。
[2]　见王畿嘉靖二十九年刻本《传习录》卷下《答徐成之》二书后附。

也，而以我求录也，则吾心之本体自见，而凡斯《录》之言，皆其心之所固有，而无复可疑者矣。则夫大道明于天下，而天下之所以平者，将亦可俟也已。嘉靖三年冬十月十有八日，赐进士出身、中顺大夫、绍兴府知府、门人渭北南大吉谨序。[1]

这八篇文章，明晰记录下了阳明的良知心学思想体系的形成发展过程的始终。《答徐成之》二书作于正德六年[2]，是阳明生平论辨朱陆之学异同的重头文章，也是他后来同两京程朱派展开朱陆之学论战的"前奏曲"，表明他的心学思想正在新变突进中。阳明将这两篇书收入《传习录》的用意，南逢吉在《答徐成之》书后作跋做了重要说明：

> 吉尝以此书请问先生，曰："此书于格致诚正及尊德性而道问学处说得尚支离。盖当时亦就二君所见者，将就调停说过，细详文义，然犹未免分为两事也。"尝见一友问云："朱子以存心、致知为二事，今以道问学为尊德性之功，作一事如何？"先生云："天命于我之谓性，我得此性之谓德。今要尊我之德性，须是道问学。如要尊孝之德性，便须学问个孝；尊弟之德性，便须学问个弟。学问个孝，便是尊孝之德性；学问个弟，便是尊弟之德性。不是尊德性之外，别有道问学之功；道问学之外，别有尊德性之事也。心之明觉处谓之知，知之存主处谓之心，原非有二物；存心便是致知，致知便是存心，亦非有二事。"曰："存心恐是静中存养，意与道问学

---

[1]《传习录栏外书》。
[2] 按：《王阳明全集》此二书注作于"壬午"（嘉靖元年），误。

不同。"曰:"就是静中存养,还谓之学否?若亦谓之学,亦
即是道问学矣。"观者宜以此意求之。[1]

可见阳明认为《答徐成之》二书是他的心学思想发展上的承上启
下的二篇重要文章,虽然其中在论述格致诚正与尊德性道问学上
尚有支离二分之病,但已经朦胧认识把握到存心与致知、尊德性
与道问学的统一,再向前走就达到尊德性与道问学体用合一、存
心与致知工夫贯通的境界,迈入良知心学的新天地了。阳明正是
从自己良知心学的生成发展的意义上把《答徐成之》二书选入了
新录。

《答罗整庵少宰书》作于正德十五年,这是在正德十四年的
"良知之悟"以后,阳明已建立起了他的致良知的心学本体工夫
论体系。故这篇答罗钦顺书表面上是在辨解他的"朱子晚年定
论"说等问题,实际却是在阐述他的致良知的心学本体工夫论体
系,他为自己的致良知心学体系作了这样高度易简的概括:

> 故格物者,格其心之物也,格其意之物也,格其知之物
> 也;正心者,正其物之心也;诚意者,诚其物之意也;致知
> 者,致其物之知也,此岂有内外彼此之分哉!理一而已……
> 故就物而言,谓之格;就知而言,谓之致;就意而言,谓之
> 诚;就心而言谓之正。

阳明的心学是以心为本体,心物合一,心理合一,主体客体已无
"内外彼此之分",所以格心即格物,正心即正物;反之亦然。可

[1] 见王畿嘉靖二十九年刻本《传习录》卷下《答徐成之》二书后附。

见阳明的心学消泯了主客的二元对立,也消泯了"唯心"与"唯物"的对立。阳明这些话,已包含了阳明后来提出的"王门四句教"乃至"王门八句教"的合理内核。

《答陆原静》二书作于正德十六年[1],是在《答罗整庵少宰书》的基础上对自己的良知心学本体工夫论思想体系的一个广大精微的总结与提升。在《答陆原静》书中,阳明提出了一个体用一如、显微无间的哲学思辨逻辑模式,用以建构了他的宏大玄思的形上良知心学本体工夫论思想体系。因此可以说《答陆原静》二书是对他的良知心学本体工夫论思想体系最经典的解说,《新录》八书就是以《答陆原静》二书为纲整合组织起来的。

《启问道通书》作于嘉靖元年[2],是对《答陆原静》二书提出的良知心学本体工夫论体系的进一步演绎展开,深度诠释了他的良知本体工夫论体系的五大心学命题:一是认为良知知善知恶,知是知非,故"何思何虑"不是说无思无虑,而是要一心思虑天理,体认心体,复归心体;二是认为良知是心学的"大头脑",故心学工夫不是先去体认"圣人气象",而是要真切体认自己的良知心体;三是认为"事上磨炼"就是致良知的工夫,即尽吾心之良知以应事接物,须终日终身都在事上磨炼;四是认为格物与致知是统一的,格物是致知的工夫,格物致知一体为用;五是认为性气合一,性气不分,故性气不能支离为二,说性说气都不能落于一边。

《训蒙大意示教读刘伯颂等》与《教约》作于正德十五年[3],是他在赣大兴社学的产物。阳明尤重视这两篇文章,是

---

[1] 按:《阳明先生文录》注此书作于"甲申"(嘉靖三年),误。
[2] 按:《阳明先生文录》注此书作于"甲申",误。
[3] 按:钱德洪《阳明先生年谱》将此二文定在正德十三年作,误。

因为这两篇文章是为社学书院的人本主义的良知教育而作，把他的良知心学思想贯彻到了社学书院的教育制度与教育方法中。阳明在《训蒙大意》中开门见山说："古 之 教 者，教 以 人伦……惟当以孝弟忠信礼义廉耻为专务。"这种以孝弟忠信礼义廉耻为本的人伦教育，就是一种人本主义的良知教育，它的涵养培育的方法，就是从"存心""修德"入手，以歌诗、习礼、读书为人伦教育的三大功课，"宜诱之歌诗以发其志意，导之习礼以肃其威仪，讽之读书以开其知觉"。他在《教约》中也说："每日功夫，先考德，次背书诵书，次习礼，或作课仿，次复诵书讲书，次歌诗。凡习礼歌诗之类，皆所以常存童子之心。"阳明自己在阳明书院与稽山书院就实行了这种良知的人伦教育。可以说这两篇文章是着重论述阳明的良知教育思想的，在他的整个良知心学思想体系中不可或缺，故阳明把这两篇文章慎重选入了《新录》。

　　显然，《新录》八篇的组合构成了一个阳明完整的良知心学的本体工夫论思想体系，从这一意义上说，阳明选编《新录》，与旧录合集刊刻，鲜明具有总结自己正德十四年"良知之悟"以来形成的良知心学的用意，是他的第二次生平学问思想总结的"第一要义"，自此他的《传习录》才真正作为一部论述良知心学的哲学著作呈现在士子学者面前。

　　二）撰成《大学问》，总结致良知的《大学》思想体系，作为"教典"用于书院的教育与讲会中。

　　阳明的《大学问》（又作《大学或问》），是对他的《大学古本傍释》的升华与超越。关于这本著作的宗旨与写作经过，钱德洪在《大学问跋》中作了重要说明：

　　《大学问》者，师门之教典也。学者初及门，必先以此
意授，使人闻言之下，即得此心之知无出于民彝物则之中；
致知之功，不外乎修齐治平之内。学者果能实地用功，一番
听受，一番亲切。师常曰：“吾此意思有能直下承当，只此修
为，直造圣域，参之经典，无不吻合，不必求之多闻多识之
中也。”门人有请录成书者，曰：“此须诸君口口相传，若笔
之于书，使人作一文字看过，无益矣。”嘉靖丁亥八月，师起
征思、田，将发，门人复请，师许之。录既就，以书贻洪曰：
“《大学或问》数条，非不愿共学之士尽闻斯义，顾恐藉寇兵
而赍盗粮，是以未欲轻出。”盖当时尚有持异说以混正学者，
师故云然。[1]

他在《大学问序》中也说：“吾师接初见之士，必借《学》《庸》
首章以指示圣学之全功，使知从入之路。师征思、田，将发，先
授《大学问》，德洪受而录之。”[2] 可见这部《大学问》虽然是
到嘉靖六年八月起征思、田前夕才著录成书，但实际早已写成，
是作为“教典”（类似于讲稿或讲义）向阳明书院与稽山书院的
学子诸生大阐《大学》之道所用，故钱德洪说“《大学问》者，
师门之教典也。学者初及门，必先以此意授”。阳明最早想作
《大学问》是在嘉靖三年，也有要总结自己的致良知的《大学》
思想体系的用意，是出于黄省曾之请。据阳明在给黄省曾的信中
说：“勉之别去后……人事纷沓未论也。用是《大学古本》曾无
下笔处，有辜勤勤之意。然此亦自可徐徐图之，但《古本》白文

---

[1] 《王阳明全集》卷二十六《大学问》后。
[2] 《王阳明全集》卷二十六《大学问》首。

之在吾心者，未能时时发明，却有可忧耳。"[1] 阳明这封信作在嘉靖三年十一月前后，所谓"用是《大学古本》曾无下笔处"，就指写《大学问》。所谓"有辜勤勤之意"，就指黄省曾请阳明作《大学问》。所谓"然此亦自可徐徐图之"，就指以后慢慢深思熟虑写作《大学问》。可见阳明最初在嘉靖三年冬间起意作《大学问》，到嘉靖四年徐徐从容写成，即用于阳明书院与稽山书院的讲学教育中，成为引导学子诸生进入王门心学的"教典"。因为"学禁"日严，谤议日炽，阳明不愿书录刊刻《大学问》给程朱官学提供攻击的口实，只在门人同志中口相授受。弟子多次请求刊刻《大学问》，他都不同意。甚至到嘉靖六年五月，邹守益升南京主客郎中，途经绍兴来见阳明，商议《大学问》著录成文与刊刻事，阳明仍不同意。他在给钱德洪的信中说明了原委：

> 《大学或问》数条，非不愿共学之士尽闻斯义，顾恐藉寇兵而赍盗粮，是以未欲轻出。且愿诸公与海内同志口相授受，俟其有风机之动，然后刻之非晚也。此意尝与谦之面论，当能相悉也。江、广两途，须至杭城始决。若从西道，又得与谦之一话于金、焦之间。冗甚，不及写书，幸转致其略。[2]

到了嘉靖六年八月阳明赴两广前夕，邹守益再请刻《大学问》，阳明终于同意，由邹守益将《大学问》附刻于《大学古本》中。邹守益作了一跋阐发《大学问》的宗旨说：

---

[1]《王阳明全集》卷五《与黄勉之》书二。
[2]《王阳明全集》卷二十七《与德洪》。

　　　　圣学之明，其在《大学》乎！圣学之不明，其在《大学》乎！古者自小子至于成人，初无二教，故曰"蒙以养正，圣功也"；自天子至于庶人，初无二学，故曰"壹是皆以修身为本"……求诸吾身而足者，执规矩以出方圆也；求诸万物而愈不足者，揣方圆以测规矩也。絜矩以平天下，天下之大道也……呜呼！修己以敬，可以安百姓；戒慎恐惧，可以位育；扩充四端，可以保四海。夫非守约施博之要乎？圣学之偏，要在一者无欲，无欲则静虚动直；定性之教，以大公顺应学天地圣人之常，其于《大学》之功，同邪异邪？阳明先师恐《大学》之失其传也，既述《古本》以息群疑，复为《问答》以阐古本之蕴。读者虚心以求之，沂濂洛以达孔孟，其为同为异，必有能辨之者。[1]

阳明作《大学问》的宗旨，阳明自己已说得很清楚："吾此意思有能直下承当，只此修为，直造圣域。参之经典，无不吻合，不必求之多闻多识之中也。"钱德洪也明确说："《大学问》者，师门之教典也……使人闻言之下，即得此心之知，无出于民彝物则之中；致知之功，不外乎修齐治平之内。"这就是说，《大学问》是借用《大学》之道来诠释自己的良知心学，从对"良知"的本体论与"致良知"的工夫论二方面的诠释上，构建了一个当下直截的致良知的心学本体工夫论思想体系，以此修为，可以"直造圣域"。如果说，《大学古本傍释》是对他"良知之悟"以前的心学的大学思想的总结（致良知是后来所加）；那么《大学问》就是对他"良知之悟"以后的良知心学的大学思想的总结。《大学

　　　　　　　　　　

[1]《邹守益集》卷十七《跋古本大学》。

问》的论述实际分两个部分：前一部分论述《大学》的"三纲"，是诠释"良知"的心本论；后一部分论述"八目"中的"格致诚正"四目，是诠释"致良知"的工夫论。[1]

在论述"三纲"上，阳明认为"大学"即人学，即大人之学，即人与万物一体之学，他用万物一体之学解释"大学"说："大人者，以天地万物为一体者也……大人之能以天地万物为一体也，非意之也，其心之仁本若是，其与天地万物而为一也。"人所以与天地万物浑然为一体，是因为人心为仁，这是一种亲亲仁民、泛爱众物的"一体之仁"。阳明就用这种"一体之仁"解说"明明德"一纲，认为"一体之仁"人皆有之，明明德就是明这种"一体之仁"，复这种"一体之仁"的心体，说："故夫为大人之学者，亦惟去其私欲之蔽，以自明其明德，复其天地万物一体之本然而已耳；非能于本体之外而有所增益之也。"显然，这里说的"明德"、"一体之仁"、"本体"，就是他说的良知本体。于是他又用这种"一体之仁"解释"亲民"一纲，认为"明明德"是一体之仁之"体"，"亲民"是一体之仁之"用"，说："明明德者，立其天地万物一体之体也；亲民者，达其天地万物一体之用也。"明明德表现在亲民上，亲民是为了明明德，体用合一。明明德就是要亲天下万民万物，这就是亲民亲物的"一体之仁"，故他强调说："君臣也，夫妇也，朋友也，以至于山川鬼神鸟兽草木也，莫不实有以亲之，以达吾一体之仁，然后吾之明德始无不明，而真能以天地万物为一体矣。"于是他又用这种"一体之仁"解释"止至善"一纲，认为"至善"就是指"良知"心体，因此至善

---

[1]　按：钱德洪说："致知之功，不外乎修齐治平之内。"可见《大学问》也有论"修齐治平"四目的部分。今存《大学问》有论"格致诚正"四目而无论"修齐治平"四目，疑论"修齐治平"四目部分或散佚，姑记疑于此。

是达到明德、亲民的"极则"与终极目标，"是乃民彝物则之极"。他明确说："至善者，明德、亲民之极则也。天命之性，粹然至善，其灵昭不昧者，此其至善之发见，是乃明德之本体，而即所谓良知也。"这种至善的良知知善知恶，知是知非，所以是明明德与亲民所遵循的"规则"，说："止至善之于明德、亲民也，犹之规矩之于方圆也，尺度之于长短也，权衡之于轻重也。"这种至善的良知在吾心，应当向吾心致知内求，而不能向外格物求理。所以阳明强调指出："人惟不知至善之在吾心，而求之于其外，以为事事物物皆有定理也；而求至善于事事物物之中，是以支离决裂，错杂纷纭，而莫知有一定之向。"这种求至善于吾心的工夫，就是"致良知"。于是阳明进而重点论述了《大学》"格致诚正"四目，揭橥起他的"致良知"的心学工夫论。

在论述"格致诚正"四目上，阳明首先从总体上揭示了格致诚正四目的关系，尤有重要意义。他说：

　　盖身、心、意、知、物者，是其工夫所用之条理，虽亦各有其所，而其实只是一物；格、致、诚、正、修者，是其条理所用之工夫，虽亦皆有其名，而其实只是一事。何谓身？心之形体运用之谓也；何谓心？身之灵明主宰之谓也；何为修身？为善而去恶之谓也。吾身自能为善去恶乎？必其灵明主宰者欲为善而去恶，然后其形体运用者始能为善而去恶也。故欲修其身者，必在于先正其心也。然心之本体则性也，性无不善，则心之本体本无不正也，何从而用其正之之功乎？盖心之本体本无不正，自其意念发动，而后有不正。故欲正其心者，必就其意念之所发而正之，凡其发一念而善也，好之真如好好色；发一念而恶也，恶之真如恶恶臭，则意无不诚，而心可正矣。

阳明在这里对"格致诚正"四目的论述，已经包含了他的"王门四句教"的心学思想体系，表明他的"王门四句教"原来是从《大学》的"格致诚正"四目发展而来，只是这时他的论述还不十分明晰简约，没有能提炼出"四句教"的格言警句来作为王门的心传诀。

阳明更注重对"致知"与"格物"二目的论述。在"致知"上，他把"致知"解释为"致良知"，说：

> 致者，至也，如云丧致乎哀之致。《易》言"知至，至之"，"知至"者，知也；"至之"者，致也。"致知"云者，非若后儒所谓充广其知识之谓也，致吾心之良知焉耳。良知者，孟子所谓"是非之心，人皆有之"者也。是非之心，不待虑而知，不待学而能，是故谓之良知。是乃天命之性，吾心之本体，自然灵昭明觉者也。凡意念之发，吾心之良知无有不自知者。其善欤，惟吾心之良知自知之；其不善欤，亦惟吾心之良知自知之，是皆无所与于他人者也……今欲别善恶以诚其意，惟在致其良知之所知焉尔。何则？意念之所发，吾心之良知既知其为善矣，使其不能诚有以好之，而复背而去之，则是以善为恶，而自昧其知善之良知矣；意念之所发，吾之良知既知其为不善矣，使其不能诚有以恶之，而复蹈而为之，则是以恶为善，而自昧其知恶之良知矣。

阳明把《大学》说的"致知"同《易》说的"知至，至之"与孟子说的"良知良能"贯通起来，认为"知"就是指"良知心体”，“致知”就是指“致良知”。由此他统一了“致知”与“诚意”，认为意念所发有善有恶，但良知本体知善知恶，所以诚意须识别意念的善恶，而唯有致良知能明善去恶。所谓“致知”不是去充实闻见知识，而是要致吾心之良知，复归灵昭明觉的良知本体。

在“格物”上，阳明把“格物”与“致知”统一起来，认为致知在于格物，物格而后知至，说：

> 故致知必在于格物。物者，事也，凡意之所发必有其事，意所在之事谓之物。格者，正也，正其不正以归于正之谓也。正其不正者，去恶之谓也。归于正者，为善之谓也。夫是之为格。《书》言“格于上下”，“格于文祖”，“格其非心”，格物之格实兼其义也。良知所知之善，虽诚欲好之矣，苟不即其意之所在之物而实有以为之，则是物有未格，而好之之意犹为未诚也；良知所知之恶，虽诚欲恶之矣，苟不即其意之所在之物而实有以去之，则是物有未格，而恶之之意犹为未诚也。今焉于其良知所知之善者，即其意之所在之物而实为之，无有乎不尽；于其良知所知之恶者，即其意之所在之物而实去之，无有乎不尽。然后物无不格，而吾良知之所知者无有亏缺障蔽，而得以极其至矣。

阳明把格物解为正心，但他用“致知”（致良知）来解说“格物”，他说的“格”就具有“致”的意义，“格物”一目也具有了“致良知”工夫的意义，所以说“物无不格，而吾良知之所知者无有亏缺障蔽，而得以极其至矣”。在“格物”上，阳明特别强调这个“物”不是指外物，而是指心中之事，“物者，事也”，“意所在之事谓之物”（如孝之事、悌之事、忠之事、信之事等，均指心中之事）。物是意的着在、显现，意念的发动有善恶，故物也有善恶，这样阳明说的"格物"也就具有了"为善去恶"的意义，他的"王门四句教"说的"为善去恶是格物"一教就从此出。

尤不同凡响的是，阳明在《大学问》最后对自己的大学思想体系作了一个精辟的总论：

> 夫理无内外，性无内外，故学无内外。讲习讨论，未尝非内也；反观内省，未尝遗外也。夫谓学必资于外求，是以己性为有外也，是义外也，用智者也；谓反观内省为求之于内，是以己性为有内也，是有我也，自私者也，是皆不知性之无内外也……格物者，《大学》之实下手处，彻首彻尾，自始学至圣人，只此工夫而已，非但入门之际有此一段也。夫正心、诚意、致知、格物，皆所以修身，而格物者，其所用力日可见之地。故格物者，格其心之物也，格其意之物也，格其知之物也；正心者，正其物之心也；诚意者，诚其物之意也；致知者，致其物之知也，此岂有内外彼此之分哉？理一而已。以其理之凝聚而言，则谓之性；以其凝聚之主宰而言，则谓之心；以其主宰之发动而言，则谓之意；以其发动之明觉而言则谓之知；以其明觉之感应而言，则谓之物。故就物而言，谓之格；就知而言，谓之致；就意而言，谓之诚；就心而言，谓之正。正者，正此也；诚者，诚此也；致者，致此也；格者，格此也，皆所谓穷理以尽性也。天下无性外之理，无性外之物。[1]

阳明从本体论与工夫论两个哲学维度上，对他的致良知、复心体

---

[1]　见万历刻本《大学问》。按《王阳明全集》中的《大学问》遗漏此一段总论。

的主"一"的哲学体系作了大气磅礴的概括，抵得上整整一部
《传习录》的千言万语。

无疑，《大学问》作为王门的"教典"，是对阳明的《大学》
思想体系的一个总结，也就是对他的致良知的本体工夫论心学思
想体系的一个总结，成为阳明后来立"王门四句教"的文本依
据。它超越了《朱子晚年定论》，也超越了《大学古本傍释》，同
新编本《传习录》珠联璧合，相互发明，成为两部阐释致良知的
本体工夫论心学思想体系的经典著作。

三）编集刊刻《居夷集》与《阳明先生文录》，全面展现阳
明的心学思想发展历程。

阳明很重视自己诗文的编集，他早就把反映自己早年思想所作的
诗文编为《上国游》，大约有总结与告别早年思想与创作的意义，所
以不出以示人。在正德十四年"良知之悟"以后，他的思想有了新变
飞跃，所以归越以后，在门人弟子的推动下，他便有了整理编刻自己
诗文集的打算，也有总结自己思想发展的心路历程的用意。

最早在嘉靖二年，徐珊在南宫春试中弃卷不对而归，阳明作
《书徐汝佩卷》称赞了他的高尚壮举，徐珊感慨说："昨承夫子不
言之教，珊倾耳而听，若震惊百里，粗心浮气，一时俱丧矣。"他
正是受到阳明这篇《书徐汝佩卷》的激赏与"学禁"的刺激才提
出编刻《居夷集》，以明阳明之学不是"异学"，也用以自明虔从
阳明良知心学的决心。当时正逢"学禁"雷厉风行，阳明的书被
目为"叛道不经之书"，不准私自传刻，徐珊这时编刻阳明的
《居夷集》，是公然反"学禁"之道而行。罗洪先说："君（徐
珊）事先生最久，自谪所有片言，皆谨录而传之。"[1] 实际徐珊

────────
[1]《罗洪先集》卷四《辰州虎溪精舍记》。

编《居夷集》肯定是得到了阳明的同意，并向他提供了相关的诗文资料，所以《居夷集》才能很快编成。徐珊在《居夷集跋》中说："集凡二卷，附集一卷，则夫子逮狱时及诸在途之作并刻之，亦以见无入不自得焉耳。门人徐珊顿首拜书。"[1] 到嘉靖三年四月，阳明的弟子丘养浩来任余姚知县，便刊刻了徐珊编校的《居夷集》。丘养浩在《叙居夷集》中说：

> 《居夷集》者，阳明先生被逮责贵阳时所著也。温陵后学丘养浩刻以传诸同志……养浩生也后，学不知本，政不足以率化。先生辄合而教之，岁月如道，典刑在望，愧无能为新主簿之可教，而又无能为元城之录也。引以言同校集者，韩子柱廷佐，徐子珊汝佩，皆先生门人。嘉靖甲申夏孟朔丘养浩以义书。[2]

韩柱在《居夷集跋》中也说："夫文以载道也。阳明夫子之文，由道心而达也……门人韩柱百拜识。"可见《居夷集》是征得阳明的允准，由阳明的三名弟子徐珊、丘养浩、韩柱所编集刊刻。所谓"道心"，就是指阳明的心学，表达了他们编刻《居夷集》是要展现阳明的心路发展历程的用意。

但《居夷集》只是编录了阳明谪居龙场驿前后所写的诗文，而门人弟子与诸生学子却更渴望能将阳明自"良知之悟"以来的诗文编录成集，作为最好的"教典"供他们认识领悟接受阳明的良知心学之用。所以在编刻《居夷集》以后，门人弟子又有编集刊刻阳明文录之请，但阳明一直不同意，弟子中间也有

---

[1]《居夷集》末附。按：今传《居夷集》藏上海图书馆。
[2]《居夷集》首。

不同看法。其实阳明早就有编集自己文稿的打算,钱德洪在《刻文录叙说》中说:"或问:'先生所答示门人书稿,删取归并,作数篇训语以示将来,如何?'先生曰:'有此意。但今学问自觉所进未止,且终日应酬无暇。他日结庐山中,得如诸贤有笔力者,聚会一处商议,将圣人至紧要之语发挥作一书,然后取零碎文字都烧了,免致累人。'"但门人弟子对编集阳明文稿有不同意见,钱德洪在《刻文录叙说》中提到门人弟子的不同议论说:

> 裒刊《文录》,诸同门聚议不同久矣。有曰:"先生之道无精粗,随所发言,莫非至教,故集文不必择其可否,概以年月体类为次,使观者随其所取而获焉。"此久庵诸公之言也。又以"先生言虽无间于精粗,而终身命意,惟以提揭人心为要,故凡不切讲学明道者,不可录也"。此东廓诸公之言也。二说相持,罔知裁定。

到嘉靖五年七月,任广德州判官的邹守益建立复初书院,感到教师与教材缺乏,他自作了《论语讲章》《谕俗礼要》等,寄给阳明审阅,并请阳明给复初书院择师往教。邹守益谈到了讲章教材的缺乏与编写的问题,阳明有回信说:"后世大患,全是士夫以虚文相诳……今欲救之,惟有返朴还淳是对症之剂。故吾侪今日用工,务在鞭辟近里,删削繁文始得。然鞭辟近里,删削繁文,亦非草率可能,必须讲明良知之学。"[1] 这里说"鞭辟近里,删削繁文","讲明良知之学",已涉及阳明自己文录的编集,成为他

---

[1]《王阳明全集》卷六《寄邹谦之》书三。

编集自己文录的准则。所以大约就在这以后，邹守益开始了阳明文录的收集整理编定。到嘉靖六年春间，他已经收集齐阳明的文稿。四月，他便来书请阳明刊刻。阳明最后同意选取其中三分之一的近稿编为《阳明先生文录》，命钱德洪重加编次，另又再选取数篇，作为附录一卷，由邹守益刻板于广德。钱德洪在《刻文录叙说》中详细叙述了《阳明先生文录》的编集刊刻的经过说：

> 嘉靖丁亥四月，时邹谦之谪广德，以所录先生文稿请刻。先生止之曰："不可。吾党学问，幸得头脑，须鞭辟近里，务求实得，一切繁文靡好，传之恐眩人耳目，不录可也。"谦之复请不已。先生乃取近稿三之一，标揭年月，命德洪编次，复遗书曰："所录以年月为次，不复分别体类者，盖专以讲学明道为事，不在文辞体制间也。"明日，德洪掇拾所遗，复请刻。先生曰："此爱惜文辞之心也。昔者孔子删述《六经》，若以文辞为心，如唐、虞、三代，自《典》《谟》而下，岂止数篇？正惟一以明道为志，故所述可以垂教万世。吾党志在明道，复以爱惜文字为心，便不可入尧、舜之道矣。"德洪复请不已。乃许数篇，次为附录，以遗谦之，今之广德板是也。先生读《文录》谓学者曰："此编以年月为次，使后世学者，知吾所学前后进诣不同。"又曰："某此意思赖诸贤信而不疑，须口口相传，广布同志，庶几不坠。若笔之于书，乃是异日事，必不得已然后为此耳。"又曰："讲学须得与人人面授，然后得其所疑，时其浅深而语之。才涉纸笔，便十不能尽一二。"

又在《阳明先生年谱》中更明确地说：

> 四月，邹守益刻《文录》于广德州。
>
> 守益录先生文字请刻。先生自标年月，命德洪类次，且遗书曰："所录以年月为次，不复分别体类，盖专以讲学明道为事，不在文辞体制间也。"明日，德洪掇拾所遗请刻，先生曰："此便非孔子删述《六经》手段。三代之教不明，盖因后世学者繁文盛而实意衰，故所学忘其本耳。比如孔子删《诗》，若以其辞，岂止三百篇？惟其一以明道为志，故所取止。此例《六经》皆然。若以爱惜文辞，便非孔子垂范后世之心矣。"德洪曰："先生文字，虽一时应酬不同，亦莫不本于性情，况学者传诵日久，恐后为好事者掇拾，反失今日裁定之意矣。"先生许刻《附录》一卷，以遗守益，凡四册。

可见阳明是学着孔子删述《六经》删定自己的文稿，他选取了自己三分之一的近稿，亲自标明每篇写作年月，编次为《文录》四册，冀在"垂范后世"，"垂教万世"。阳明入选文录的标准，就是选取自己那些明道论心、讲明良知"大头脑"的近作，这些文章都是"鞭辟近里，务求实得"的实文，目的在于"使后世学者，知吾所学前后进诣不同"。显然，阳明选编论述良知大头脑的近稿文章为《文录》[1]，是对他的良知心学发展进路历程的总结，同他的新本《传习录》与《大学问》宗旨相同。阳明手定选编的《文录》，成了后人编集的《王文成公全书》的核心部分。

---

[1] 按：这里说的"近稿"，包括了著名的《答顾东桥书》《答欧阳崇一》《答聂文蔚》第一书等，这些书后来才由钱德洪编入《传习录》中。

四）作《突兀稿评点》，审订《阳明九声四气歌法》，总结自
己生平的诗学歌法思想。

阳明其实也是弘正嘉时期的一个诗风独具的诗歌名家，形成
了自己独特的诗学思想与诗歌创作。心学的人本哲学思想，规范
了他的重心重我、重情重理的诗学思想与诗歌创作；这种重心重
我重情重理的诗学思想同他的明道修心的人本教育理念相结合，
又形成了他的独树一帜的美育思想，这都是他要总结自己生平学
问思想的重要方面。他在嘉靖元年编刻的《突兀稿评点》，是选
取了著名诗人倪小野的诗歌名篇，给以评点评述，丰富生动地反
映了他的诗学思想，实际也有概括总结自己的诗学思想的意义。
在这之前，阳明在正德十五年为社学书院作的《训蒙大意》与
《教约》，也已表现出了他对社学书院的诗歌美育与歌诗法的重
视。在《训蒙大意》中，他强调诗歌的美育作用，认为学校教育
的一个重要方面是要"诱之歌诗以发其志意"，以情感人，"今教
童子，必使其趋向鼓舞，中心喜悦，则其进自不能已。譬之时雨
春风，霑被卉木，莫不萌动发越，自然日长月化……故凡诱之歌
诗者，非但发其志意而已，亦以泄其跳号呼啸于咏歌，宣其幽抑
结滞于音节也"。在《教约》中，阳明对抒发志意的歌诗作了这
样的规定："凡歌诗，须要整容定气，清朗其声音，均审其节调，
毋躁而急，毋荡而嚣，毋馁而慑，久则精神宣畅，心气和平矣。"
这里其实已包含了他发明的"九声四气歌法"的雏形，并已用
于社学书院教育中，亲见这一幕歌诗习礼盛况的邹守益说："予
尝受学于阳明先生，获见虔州之教，聚童子数百，而习以《诗》
《礼》，洋洋乎《雅》《颂》威仪之隆也！"[1] 所以在嘉靖三年

[1]　《邹守益集》卷二《谕俗礼要序》。

阳明选取八篇文章新编《传习录》时，特把《训蒙大意》与《教约》二篇选编入《传习录》中，足见阳明非常看中这两篇文章，这两篇文章编入《传习录》，是阳明要总结自己的诗学思想与歌诗法的先声。

阳明在归越以后，更注重对歌诗歌法的研究。因为歌诗歌法涉及乐律乐学，阳明同弟子学者经常谈论起歌诗乐律的问题。黄省曾记下了他同弟子的一次论乐律歌诗的重要谈话：

先生曰："古乐不作久矣。今之戏子，尚与古乐意思相近。"未达，请问。先生曰："《韶》之九成，便是舜的一本戏子。《武》之九变，便是武王的一本戏子。圣人一生实事，俱播在乐中。所以有德者闻之，便知他尽善尽美，与尽美未尽善处。若后世作乐，只是做些词调，于民俗风化绝无关涉，何以化民善俗？今要民俗反朴还淳，取今之戏子，将妖淫词调俱去了，只取忠臣孝子故事，使愚俗百姓人人易晓，无意中感激他良知起来，却于风化有益，然后古乐渐次可复矣。"曰："洪要求元声不可得。恐于古乐亦难复。"先生曰："你说元声在何处求？"对曰："古人制管候气，恐是求元声之法。"先生曰："若要去葭灰黍粒中求元声，却如水底捞月，如何可得？元声只在你心上求。"曰："心如何求？"先生曰："古人为治，先养得人心和平，然后作乐。比如在此歌诗，你的心气和平，听者自然悦怿兴起。只此便是元声之始。《书》云'诗言志'，志便是乐的本。'歌永言'，歌便是作乐的本。'声依永，律和声'，律只要和声，和声便是制律的本。何尝求之于外？"曰："古人制候气法，是意何取？"先生曰："古人具中和之体以作乐。我的中和，原与天地之气相应，候天地之气，协凤凰之音，不过去验我的气果和否，此是成律已后事，非必待此以成律也。今要候灰管，先须定至日。然至日子时恐又不准，又何处取得准来？"[1]

这条语录记在嘉靖四年，阳明审定"九声四气歌法"前夕。在这一年的春间，王襞随父王艮也来绍兴受学，焦竑在《王东崖先生襞墓志铭》中说："（王襞）随父至阳明公所。士大夫会者千人，公命童子歌，多嗫嚅不能应，先生意气恬如，歌声若金石。公召视之，知为心斋子，诧曰：'吾固知越中无此儿也。'辄奇而授之学。是时龙溪、绪山、玉芝皆在公左右，先生以公命悉师事之。"[2] 大约阳明正是从这些童子身上看到他们不善歌诗，所以就在这次歌诗谈话以后，阳明正式审订了自己的《阳明九声四气歌法》，把它用到阳明书院与稽山书院的教育与讲会中。正是这场论乐律歌诗的谈话，揭开了阳明的"九声四气歌法"的古歌法渊源的秘密。

阳明的"九声四气歌法"实际是一种诗歌的诵唱法，或者说，是把诵诗与歌诗结合起来的一种歌诗法，它把音乐音阶上的"五声"（宫、商、角、徵、羽）同字音声调上的"四调"（平、上、去、入）结合起来，形成了一种诵、歌相结合的独特的歌诗法。阳明的"九声四气歌法"的乐学思想特点，是认为乐为心声，人的中和之气与天地之气相和，人的中和之乐与天地之音相应，因此诗歌的节奏抑扬强弱也与四时之序相合，可以用四时之气来调节其音调，清朗其声音，抑扬其旋律。这就是阳明的"九声四气歌法"的用气用声的原理。与黄省曾同时来绍兴问学的近

[1] 《传习录》卷下。
[2] 《国朝献征录》卷一百十四。

斋朱得之，在《稽山承语》中记载了一条语录，道出了阳明的
"九声四气歌法"的这一特点：

> 歌诗之法，"直而温，宽而栗，刚而无虐，简而无傲"。
> "歌永言，声依永"而已。其节奏抑扬，自然与四时之叙相合。

王畿在《华阳明伦堂会语》中更清楚地说：

> 宋子命诸生歌诗，因请问古人歌诗本意。先生曰："……
> 《礼记》所载'如抗如坠，如槁木贯珠'，即古歌法。后世不
> 知所养，故歌法不传。至阳明先师，始发其秘，以春夏秋冬、
> 生长收藏四义，开发收闭为按歌之节，传诸海内，学者始知
> 古人命歌之意。先师尝云：'学者悟得此意，直歌到尧、舜、
> 羲皇，只此便是学脉，无待于外求也。'"[1]

王畿指出了"九声四气"的歌法特点是"以春夏秋冬、生长收藏
四义，开发收闭为按歌之节"。实际上，在乐歌的唱法上本存在着
如何发音、发气与按节拍的问题，"九声四气"的歌法就是从三
个方面来调控"按歌之节"的：

> 以"金玉钟鼓"控制歌诗节奏的快慢，节拍的强弱；
> 以"四气"控制歌诗发音的高低、强弱、长短；
> 以"九声"控制歌诗发气的轻重缓疾、悠扬柔和，声调
> 的平上抑扬。

——————————

[1]《王畿集》卷七。

阳明论"四气"法说：

　　"个"春之春，口略开。"个"春之夏，口开。"人"春之秋，声在喉。"心"春之冬，声归丹田。"有仲尼"亦分作春夏秋冬，而俱有春声。"自"夏之春，口略开。"将"夏之夏，口开。"闻"夏之秋，声在喉。"见"夏之冬，声归丹田。"苦遮迷"亦分作春夏秋冬，而俱有夏声。"而今指与真头面"，首二字稍续前句，末三字平分，无疾迟轻重，但要有萧条之意。声在喉，秋也，亦宜春、宜夏、宜冬。"只"冬之春，声归丹田，口略开。"是"冬之夏，声归丹田，口开。"良"冬之秋，声在喉。"知"冬之冬，声归丹田，口略开。"更莫疑"上四字，至冬之冬时，物闭藏剥落已尽。此三字，一阳初动，剥而既复。故第五字声要高，以振起坤中不绝之微阳。六字、七字稍低者，阳气虽动，而发端在下，则甚微也。要得冬时不失冬声，声归丹田，冬也，亦宜春、宜夏、宜秋。天有四时，而一不用，故冬声归于丹田，而口无闭焉。[1]

先秦时代古人就已以气说声，候气制律（十二律），音乐上的五声（宫商角徵羽）运用到字音的声调上，就有"四声"（平上去入）之说，也是用春夏秋冬四气来解说四声调，如沈约在《答甄公论》中说："四声者，正以春为阳中，德泽不偏，即平声之象；夏草木茂盛，炎炽如火，即上声之象；秋霜凝木落，去根离本，即去声之象；冬天地闭藏，万物尽收，即入声之象。"后来邵雍在

---

[1]　张鼐：《虞山书院志》卷四《阳明九声四气歌法》。

《皇极经世》中提出了四气的"韵法"："韵法：开闭者律天，清浊者吕地。先闭后开者，春也；纯开者，夏也；先开后闭者，秋也；冬则闭而无声。"张行成详细解说这种"韵法"说：

> 声色臭味皆物之精英，发乎外者也。声为阳，色为阴。臭为阳，味为阴。而各具四时之四变，则十六之数也。物有声而不通变，惟人之灵则通之。康节以声音各十六等推万物之数，元会运世者，气之数，故以推天地；律吕者，声之数，故以推万物。二者一理而已。声音律吕，其别何也？单出为声，一之倡也，故为律而属天；杂比为音，二之和也，故为吕而属地。声以字为主，字有平上去入四声，有轻有重，则清浊也；音以响为主，响有开发收闭四音，有抑有扬，则辟翕也。声者体也，音者用也。天统乎体，地分乎用。以律唱吕，因平上去入之声而见辟翕之音者，因体生用者也，故辟翕为律天；以吕和律，因开发收闭之音而见清浊之声者，因用生体也，故清浊为吕地也。东为春声，阳为夏声，衔凡为冬声，则擎收者秋声也。[1]

由此可见阳明的"四气"法是从先秦的"候气制律"、沈约的"四声论"、邵雍的"韵法"发展而来，所以他特醒目地把邵雍的一首《自述》诗作为歌诗典范选入了"九声全篇"中。

阳明又论"九声"法说：

> 九声：曰"平"，曰"舒"，曰"折"，曰"悠"，曰

---

[1] 张行成：《皇极经世观物外篇衍义》卷八《观物外篇》。

"发"，曰"扬"，曰"串"，曰"叹"，曰"振"。"平"者，机主于出声，在舌之上齿之内，非大非小，无起无落，优柔涵蓄，气不促迫。"舒"者，即声在舌齿，而洋洋荡荡，流动轩豁，气度广远。"折"者，机主于入，而声延于喉，渐渐吸纳，亦非有大小起落，其气顺利活泼。"悠"者，声由喉以归于丹田和柔涓涓，其气深长，几至于尽，而复有余韵反还。"发"者，声之豪迈，其气直遂而磊磊落落。"扬"者，声之昌大，其气敷张而襟怀畅达。"串"者，上句一字联下句二字，声仅成听，其气累累如贯珠然。"叹"者，其声浅短，气若微渺剥落。"振"者，声之平而稍寓精锐，有消索振起之意。凡声主于和顺，妙在慨叹，发舒得尽，以开释其郁结；涵泳得到，以荡涤其邪秽。

古人候气制律，以三分损益法定十二律，在音乐上提出了五声、七声、九声等。音乐的"九声"指五声（宫、商、角、徵、羽）四清（宫清、商清、角清、徵清）。把音乐上的五声、九声运用到字音的声调上，也有五声、九声的声调说。值得注意的是，像广东话就具有九声调（阴平声、阴上声、阴下声、阳平声、阳上声、阳去声、阴入声、中入声、阳入声）。陈白沙是广东新会人，自然熟悉广东话的九声调。在张鼐的《虞山书院志》中，就醒目著录了陈白沙的"古诗歌法"：

　　㲉㲉㲉㲉㲉金金金于平折以平悠〇采舒蘩折悠玉〇金于发沼扬〇于折悠泚串玉金于串以串〇用平折〇之叹玉〇金公平侯折〇之平事悠玉〇金公平侯折〇之平事悠玉玉玉㲉㲉㲉㲉㲉金金金于平折以平悠〇采舒蘩折悠玉〇金

于发涧扬〇之折悠〇中串围金于串以串〇用平折〇之叹围〇
金公平侯折〇之平宫悠围〇金公平侯折〇之平宫悠围围围
鼓鼓鼓鼓鼓金金被平折之平悠〇僮舒僮折悠围〇金
凤发夜扬〇在折悠〇公串围金被串之串〇祁平折〇祁叹围〇
金薄平言折〇旋平归悠围〇金被串之串〇祁平折〇祁叹围〇
金薄平言折〇旋平归悠围围围[1]

　　陈白沙的"古诗歌法"用"八声"[2]，阳明的"九声四气歌
法"用"九声"，由此可见，阳明的"九声四气歌法"是直接受
了陈白沙的古歌法的影响，是阳明在天泉楼汲取白沙"心泉"的
一个重要方面，也是为他总结自己的良知心学所用，"九声四气歌
法"成为体认涵泳良知心体的一种诗教"心法"。所以他慎重其
事对弟子朱得之说："且如歌诗一事，一歌之间直到圣人地位。若
不解良知上用功，纵歌得尽如法度，亦只是歌工之悦人耳。若是
良知在此歌，真是瞬息之间邪秽涤荡，渣滓消融，直与太虚同
体。"[3] 又说："学者悟得此意，直歌到尧舜羲皇，只此便是学
脉，无待于外求也。"[4]

　　阳明的第二次生平学问思想的总结，是立足于他的良知心学
思想之上的总结，比他的第一次生平学问思想的总结更广大精微，
广泛涉及了他的心学思想、经学思想、教育思想、诗学思想、音
乐思想等各方面。借着这次学问思想总结的动力，他的良知心学
新的飞跃又起步了。

---

[1]　张萧：《虞山书院志》卷四《射诗》。
[2]　按：陈白沙是引《诗经》中的四言诗解说，所以少用了"振"一声。
[3]　朱得之编：《稽山承语》。
[4]　《王畿集》卷七《华阳明伦堂会语》。

讲道日进——走向"王门四句教"

阳明的学问思想的总结，是在不断的讲学论道中实现的，因此对阳明来说，总结不是终结，而是新的起点。在嘉靖四年，他又展开了更广泛的讲学论道，推动他实现了又一次心学思想的飞跃。

就在正月，南大吉来问政问学，阳明同他大谈《大学》之道，南大吉问学问政有得，回去后就把他的莅政堂取名为亲民堂。阳明为他作了一篇《亲民堂记》，详细记录了这次问政问学的谈话：

> 南子元善之治越也，过阳明子而问政焉。阳明子曰："政在亲民。"曰："亲民何以乎？"曰："在明明德。"曰："明明德何以乎？"曰："在亲民。"曰："明德、亲民，一乎？"曰："一也。明德者，天命之性，灵昭不昧，而万理之所从出也。人之于其父也，而莫不知孝焉；于其兄也，而莫不知弟焉；于凡事物之感，莫不有自然之明焉。是其灵昭之在人心，亘万古而无不同，无或昧者也，是故谓之明德。其或蔽焉，物欲也。明之者，去其物欲之蔽，以全其本体之明焉耳，非能有以增益之也。"曰："何以在亲民乎？"曰："德不可以徒明也。人之欲明其孝之德也，则必亲于其父，而后孝之德明矣；欲明其弟之德也，则必亲于其兄，而后弟之德明矣。君臣也，夫妇也，朋友也，皆然也。故明明德必在于亲民，而亲民乃所以明其明德也，故曰一也。"曰："亲民以明其明德，修身焉可矣，而何家、国、天下之有乎？"曰："人者，天地之心也；民者，对己之称也；曰民焉，则三才之道举矣。是故亲

吾之父以及人之父，而天下之父子莫不亲矣；亲吾之兄以及人之兄，而天下之兄弟莫不亲矣。君臣也，夫妇也，朋友也，推而至于鸟兽草木也，而皆有以亲之，无非求尽吾心焉，以自明其明德也。是之谓明明德于天下，是之谓家齐国治而天下平。”曰：“然则乌在其为止至善者乎？”“昔之人固有欲明其明德矣，然或失之虚罔空寂，而无有乎家国天下之施者，是不知明明德之在于亲民，而二氏之流是矣；固有欲亲其民者矣，然或失之知谋权术，而无有乎仁爱恻怛之诚者，是不知亲民之所以明其明德，而五伯功利之徒是矣。是皆不知止于至善之过也。是故至善也者，明德亲民之极则也。天命之性，粹然至善。其灵昭不昧者，皆其至善之发见，是皆明德之本体，而所谓良知者也。至善之发见，是而是焉，非而非焉，固吾心天然自有之则，而不容有所拟议加损于其间也。有所拟议加损于其间，则是私意小智，而非至善之谓矣。人惟不知至善之在吾心，而用其私智以求之于外，是以昧其是非之则，至于横鹜决裂，人欲肆而天理亡，明德亲民之学大乱于天下。故止至善之于明德亲民也，犹之规矩之于方圆也，尺寸之于长短也，权衡之于轻重也。方圆而不止于规矩，爽其度矣；长短而不止于尺度，乖其制矣；轻重而不止于权衡，失其准矣；明德亲民而不止于至善，亡其则矣。夫是之谓大人之学。大人者，以天地万物为一体也；夫然后能以天地万物为一体。”元善喟然而叹曰：“甚哉！大人之学若是其简易也。吾乃今知天地万物之一体矣！吾乃今知天下之为一家，中国之为一人矣！”[1]

---

[1] 《王阳明全集》卷七。

对照《大学问》可以发现，这篇记论《大学》三纲同《大学问》完全一样，连用语都惊人相同，可以说《亲民堂记》是《大学问》的翻版，这清楚表明这时阳明的《大学问》已经大致写成，并把它作为口相授受的"教典"开始向门人学子口授心传了。与南大吉同时，南逢吉也来问格物致知与博文约礼之说，阳明也同他大谈博文约礼的良知心学，作了一篇《博约说》，把博文约礼与格物致良知统一起来，说：

> 南元真之学于阳明子也，闻致知之说而恍若有见矣。既而疑于博约先后之训，复来请曰："致良知以格物，格物以致其良知也，则既闻教矣。敢问先博我以文，而后约我以礼也，则先儒之说，得无亦有所不同欤？"阳明子曰："理，一而已矣；心，一而已矣。故圣人无二教，而学者无二学。博文以约礼，格物以致其良知，一也。故先后之说，后儒支缪之见也。夫礼也者，天理也。天命之性具于吾心，其浑然全体之中，而条理节目森然毕具，是故谓之天理。天理之条理谓之礼。是礼也，其发见于外，则有五常百行，酬酢变化，语默动静，升降周旋，隆杀厚薄之属。宣之于言而成章，措之于为而成行，书之于册而成训，炳然蔚然，其条理节目之繁，至于不可穷诘，是皆所谓文也。是文也者，礼之见于外者也；礼也者，文之存于中者也。文，显而可见之礼也；礼，微而难见之文也。是所谓体用一源而显微无间者也。是故君子之学也，于酬酢变化、语默动静之间而求尽其条理节目焉，非他也，求尽吾心之天理焉耳矣；于升降周旋、隆杀厚薄之间而求尽其条理节目焉，非他也，求尽吾心之天理焉耳矣。求尽其条理节目焉者，博文也；求尽吾心之天理焉者，约礼也。

> 文散于事而万殊者也，故曰博；礼根于心而一本者也，故曰
> 约。博文而非约之以礼，则其文为虚文，而后世功利辞章之
> 学矣；约礼而非博学于文，则其礼为虚礼，而佛老空寂之学
> 矣。是故约礼必在于博文，而博文乃所以约礼。二之而分先
> 后焉者，是圣学之不明，而功利异端之说乱之也……博文以
> 约礼，格物以致其良知也，亦宁有二学乎哉!"[1]

阳明用体用一源、显微无间的"心一分殊"论证了博文约礼与格
物致知的合一，认为礼是理的条理，文是礼的显现；礼是根于心
而为一本，文是散于事而为万殊，所以博文约礼也就是格物致知。
显然，《博约说》也是从格物致知上阐述《大学》之道，它与
《亲民堂记》一起构成了发挥演绎《大学问》的良知心学体系的
双璧。

同阳明与南大吉、南逢吉讲学论道相映成趣的，是连城老儒
童世坚也在春初千里迢迢来绍兴问学。童世坚无意于科举功名，
隐居林下十余年。这次他携自己写的《八策》来见阳明，在绍兴
受教三月。阳明劝他毁弃《八策》，而沉潜躬行致良知的心学。
在《传习录栏外书》中记下了一条阳明与童世坚讲论《易》与
"圣人分两"的语录：

> 童克刚问："《传习录》中以精金喻圣，极为明切。惟谓
> 孔子分两不同万镒之疑，虽有躯壳起念之说，终是不能释
> 然。"师不言。克刚请之不已。师曰："看《易经》便知道
> 了。"克刚必请明言。师乃叹曰："早知如此起辨生疑，当时

---

[1]《王阳明全集》卷七。

便多说这一千也得。今不自锻炼金之程色，只是问他人金之
轻重，奈何！"克刚曰："坚若早得闻教，必求自见。今老而
幸游夫子之门，有疑不决。怀疑而死，终是一憾。"师乃曰：
"伏羲作《易》，神农、黄帝、尧、舜用《易》。至于文王演
卦于羑里，周公又演爻于居东，二圣人比之用《易》者似有
间矣。孔子则又不同。其壮年之志，只是东周，故梦亦周公。
尝曰：'文王既没，文不在兹乎？'自许自志，亦只二圣人而
已。况孔子玩《易》，韦编乃至三绝，然后叹《易》道之精，
曰：'假我数年，五十以学《易》，可以无大过。'比之演卦
演爻者更何如？更欲比之用《易》如尧、舜，则恐孔子亦不
自安也。其曰：'我非生而知之者，好古以求之者。'又曰：
'若圣与仁，则吾岂敢？抑之为不厌。'乃其所至之位。"

阳明就是在这样的讲学论道中一面为诸生学子解惑启悟，同时也
提升深化了自己对"良知"心学的认识。正是在同童世坚的讲论
中，阳明对"良知"有了新的诗意感悟，他一连作了四首良知诗
呈示诸生学子，指明入道之方：

咏良知四首示诸生

个个人心有仲尼，自将闻见苦遮迷。
而今指与真头面，只是良知更莫疑。

问君何事日憧憧？烦恼场中错用功。
莫道圣门无口诀，良知两字是参同。

人人自有定盘针，万化根源总在心。

却笑从前颠倒见，枝枝叶叶外头寻。

无声无臭独知时，此是乾坤万有基。
抛却自家无尽藏，沿门持钵效贫儿。[1]

诸生纷纷唱和，童世坚吟了二首和诗：

和阳明先生示教

年华六十苦憧憧，只为支离枉用功。
自听阳明山上鼓，千槌万擂此声同。

子午原来有一针，周公定在指南心。
越裳迷失如无此，沃日吞天何处寻？[2]

王畿吟了四首和诗：

和良知四韵

谩于感处问憧憧，虚寂从教证圣功。
但得无心如尺镬，羲文一派古今同。

古来学《易》有宣尼，读罢韦编更不迷。
两画乾坤无一字，纷纷著象转增疑。

鸳鸯传谱不传针，万古经纶只此心。

[1]《王阳明全集》卷二十。
[2]《嘉靖汀州府志》卷十七《词翰》。

　　闻道具茨迷圣解，空中鸟迹若为寻！

　　浮生役役了何时，《坤》《复》之间好立基。
　　莫道仙家能抱一，儒门亦自有婴儿。[1]

阳明这四首咏良知诗，是用诗的语言高昂唱出了对良知本体的由衷赞颂，抵得上儒家经书千言万语的繁琐说教。四诗是要向世人指明良知的"真头面"，所以这四首诗成了阳明致良知、复心体的心学的"传心诀"，"指南针"，"圣门正法眼藏"。无怪他马上把第一首诗作为咏良知的经典歌诗选入了他的"九声四气歌法"中，让诸生学子们朝夕涵泳颂唱。在阳明书院，以老儒童世坚为楷模，诸生学子都从这四首诗中领悟了阳明的良知心学，刘侯在为童世坚归闽写的《送寻乐先生归连城序》中道出了这一事实：

　　闽之连城有克刚童先生，稽古好学，老而不倦，志在寻乎孔颜之乐，因以"寻乐"自号，而卒亦未有以见其真也。不远数千里请学于阳明夫子之门，获闻夫子致良知之教，欣然若有悟焉。既三月，以老而不能久旅也，告别归，同门之士咸绎其寻乐之说以为赠。侯学也晚，未能有得于道，乌乎言？虽然，亦概闻之矣：孔颜之乐，吾心之真乐也；吾心之真乐，吾心之本体也。运元化而不劳，流太虚而不息者，吾心之本体也。以其无累然，真乐之所由名也。孔颜非有以乐，有以全其心之本体而靡有加损焉已也。然则乐其可寻乎？曰：可。心之本体，一天人，合物我，贯古今，而无有或异者也。

---

[1]　《王畿集》卷十八。

> 人之失之者，动于己私，而本体未尝亡也。寻之者，去其己
> 私之动，以复其本，吾夫子致良知之教是也。知也者，本体
> 之明也。己私之动，而本体之明未尝不知也，莫之察而莫之
> 致焉耳。恐惧乎其不闻，戒慎乎其不睹，知之精而去之决焉，
> 本体于是乎可几也。是故致知者，真乐之门也。精焉，明焉，
> 久不息焉，肱枕瓢巷之天，斯不专于孔颜矣。昧是而外寻焉，
> 伪也。[1]

可以说，在阳明的门人弟子中，是刘侯第一个用如此明晰简易的
语言概括出了阳明的致良知、复心体的本体工夫论体系，表明诸
生学子已多能准确领悟阳明的心学思想。所以阳明兴奋地写信给
邹守益说："近时四方来游之士颇众，其间虽甚鲁钝，但以'良
知'之说略加点拨，无不即有开悟，以是益信得此二字真吾圣门
正法眼藏。谦之近来所见，不审又如何矣？南元善益信此学，日
觉有进，其见诸施设，亦大非其旧。"[2] 他说的能即开悟的四方
来游之士就主要指刘侯、童世坚等人。同那些昔日的旧道友旧弟
子如湛若水、黄绾、方献夫、黄宗明等比起来，这些人反而比新
进弟子学者显得落后保守了。这时方献夫在京师，湛若水、黄绾、
黄宗明在南都，都投入大礼议的纷争，中断了与阳明的讲学论道，
特别是湛若水埋头作《圣学格物通》，要想实践他的"随处体认
天理"的格物思想，引起阳明的关注。他没有直接去信批评湛若
水，但是却在给邹守益的信中批评了湛若水坚守的"随处体认天
理"之说，信中说：

---

[1] 刘侯：《送寻乐先生归连城序》，《连城童氏族谱》卷五《名公贻赠》。
[2] 《王阳明全集》卷五《与邹谦之》书二。

比遭家多难，工夫极费力，因见得"良知"两字比旧愈加亲切。真所谓大本达道，舍此更无学问可讲矣。"随处体认天理"之说，大约未尝不是，只要根究下落，即未免捕风捉影，纵令鞭辟向里，亦与圣门致良知之功尚隔一尘。若复失之毫厘，便有千里之谬矣。四方同志之至此者，但以此意提掇之，无不即有省发，只是著实能透彻者，甚亦不易得也。世间无志之人，既已见驱于声利词章之习，间有知得自己性分当求者，又被一种似是而非之学兜绊羁縻，终身不得出头。缘人未有真为圣人之志，未免挟有见小欲速之私，则此种学问，极足支吾眼前得过。[1]

湛若水后来也认为心外无理，物在心中，因此"随处体认天理"实际还是体认心中之理，所以阳明说"'随处体认天理'之说，大约未尝不是"。但阳明认为心是本体，物是心的发用，故首先要体认心体，使良知复明，心体复归，再加随处体认天理之功。这就是说，先要从大本上体认心体，然后在分殊上体认天理，而湛若水离开了体认心体去随处体认天理，所以阳明说他"亦与圣门致良知之功尚隔一尘"。这就是阳明的"致良知"与湛若水的"随处体认天理"的根本差异，而湛若水的《格物通》的根本问题也就在这里。

阳明这封致邹守益的信又引发了两人的一场论辨。就在阳明写了这封致邹守益的信后，四月，南大吉建成尊经阁，阳明作了一篇《稽山书院尊经阁记》，论经学即心学，强调"求心"，体认心体，其实也隐有批评湛若水的"随处体认天理"之意，所以他

[1]　《王阳明全集》卷六《寄邹谦之》书一。

把这篇阁记寄给了湛若水。阁记说：

> 心也，性也，命也。通人物，达四海，塞天地，亘古今，无有乎弗具，无有乎弗同，无有乎或变者也……君子之于《六经》也，求之吾心之阴阳消息而时行焉，所以尊《易》也；求之吾心之纪纲政事而时施焉，所以尊《书》也；求之吾心之歌咏性情而时发焉，所以尊《诗》也；求之吾心之条理节文而时著焉，所以尊《礼》也；求之吾心之欣喜和平而时生焉，所以尊《乐》也；求之吾心之诚伪邪正而时辨焉，所以尊《春秋》也……故《六经》者，吾心之记籍也，而六经之实则具于吾心……而世之学者，不知求《六经》之实于吾心，而徒考索于影响之间，牵制于文义之末，硁硁然以为是《六经》矣……[1]

湛若水的"随处体认天理"就注重从六经中体认天理，他的《格物通》也有"考索于影响之间，牵制于文义之末"的弊病。阳明的"求心"说也是针对湛若水而言。与此同时，山阴知县吴瀛重修县学成，阳明作了一篇《重修山阴县学记》，再次指出圣学即心学，强调"求尽其心"。学记说：

> 夫圣人之学，心学也。学以求尽其心而已……圣人之求尽其心也，以天地万物为一体也……故圣人之学不出乎尽心……盖圣人之学无人己，无内外，一天地万物以为心；而禅之学起于自私自利，而未免于内外之分，斯其所以为异也。

---

[1]《王阳明全集》卷七。

> 今之为心性之学者，而果外人伦，遗事物，则诚所谓禅矣；
> 使其未尝外人伦，遗事物，而专以存心养性为事，则固圣门
> 精一之学也，而可谓之禅乎哉！[1]

阳明强调圣学就是"求尽其心"之学，是同他阁记中说的"求心"之学一致的，他批评"外人伦，遗事物"的禅学，也是对湛若水一向指责他"不疑佛老""到底是空"的回答。湛若水收到阳明的阁记后，也没有正面回答，但他在七月为邹守益作的《广德州儒学新建尊经阁记》中谈了自己的看法，并把它寄给了阳明，算作是正面的回应。阁记说：

> 甘泉子曰："夫经也，径也，所由以入圣人之径也。或
> 曰：警也，以警觉乎我也。傅说曰：'学于古训。'夫学，觉
> 也，警觉之谓也。是故《六经》皆注我心者也，故能觉吾
> 心。《易》以注吾心之时也，《书》以注吾心之中也，《诗》
> 以注吾心之性情也，《春秋》以注吾心之是非也，《礼》《乐》
> 以注吾心之和序也。"曰："然则何以尊之?"曰："其心乎！
> 故学于《易》而心之时以觉，是能尊《易》矣；学于《书》
> 而心之中以觉，是能尊《书》矣；学于《诗》而心之性情以
> 觉，是能尊《诗》矣；学于《春秋》《礼》《乐》而心之是
> 非和序以觉，是能尊《春秋》《礼》《乐》矣。觉斯存矣，是
> 故能开聪明，扩良知……故曰：《六经》觉我者也。"[2]

可见湛若水基本上还是接着阳明的《稽山书院尊经阁记》说的，

---

[1]《王阳明全集》卷七。
[2]《泉翁大全集》卷二十七。

但根本的问题是他仍守定自己的"随处体认天理"，回避了阳明从根本源头上说的"求心""求尽其心""体认心体"。结果两人在心我觉悟的认知理路上方向完全相反：阳明从"求心"（体认心体）出发，认为吾心觉《六经》，"《六经》之实则具于吾心"；相反，湛若水从"随处体认天理"出发，认为《六经》觉吾心，"《六经》皆注我心者也，故能觉吾心"，《六经》是"入圣人之径"。阳明没有立即正面回答湛若水的说法，直到九月他才在给邹守益的信中，对湛若水的思想作了一个总的否定评价：

> "随事体认天理"，即戒慎恐惧功夫，以为尚隔一尘，为世之所谓事事物物皆有定理而求之于外者言之耳。若致良知之功明，则此语亦自无害，不然即犹未免于毫厘千里也。来喻以为恐主于事者，盖已深烛其弊矣。寄示甘泉《尊经阁记》，甚善甚善！其间大意亦与区区《稽山书院》之作相同。《稽山》之作，向尝以寄甘泉，自谓于此学颇有分毫发明。今甘泉乃谓"今之谓聪明知觉，不必外求诸经者，不必呼而能觉"之类，则似急于立言，而未暇细察鄙人之意矣。后世学术之不明，非为后人聪明识见之不及古人，大抵多由胜心为患，不能取善相下。明明其说之已是矣，而又务为一说以高之，是以其说愈多而惑人愈甚。凡今学术之不明，使后学无所适从，徒以致人之多言者，皆吾党自相求胜之罪也。今良知之说，已将学问头脑说得十分下落，只是各去胜心，务在共明此学，随人分限，以此循循善诱之，自当各有所至。若只要自立门户，外假卫道之名，而内行求胜之实，不顾正学之因此而益荒，人心之因此而愈惑，党同伐异，覆短争长，

　　而惟以成其自私自利之谋，仁者之心有所不忍也！[1]

这是阳明批评湛若水最严厉的一次。湛若水保持了沉默，没有再同阳明论辨下去，他转而沉潜在《格物通》的撰写中，要用此书来证明经史书是"入圣人之径"，《六经》"能觉吾心"。同湛若水"求之《六经》"相反，阳明却一如既往更加砥砺奋进走"自求吾心"之路，展开了更广泛的讲学论道。这时有三名弟子黄省曾、黄修易、朱得之同时来绍兴问学，记下了大量阳明讲学论道的语录[2]，反映了阳明这时的思想动态的细微变化与他内心深处良知心学新变突进的潜在涌动。阳明同朱得之的讲学论道重点在阐发致良知的本体工夫论思想体系，他反复对朱得之论述本体与工夫的关系说："本体要虚，工夫要实。""合着本体，方是工夫；做得工夫，方是本体。""做得工夫，方见本体。""做工夫的，便是本体。"本体与工夫合一，在《稽山承语》中，朱得之记录下了阳明对致良知的本体工夫论心学体系的最经典的论述：

　　道无形体，万象皆其形体；道无显晦，人所见有显晦。以形体而言，天地一物也；以显晦而言，人心其机也。所谓心即理也者，以其充塞氤氲而言谓之气，以其脉络分明而言谓之理，以其流行赋畀而言谓之命，以其禀受一定而言谓之性，以其物无不由而言谓之道，以其妙用不测而言谓之神，以其凝聚而言谓之精，以其主宰而言谓之心，以其无妄而言谓之诚，以其无所倚着而言谓之中，以其无物可加而言谓之

<hr/>

[1]　《王阳明全集》卷六《寄邹谦之》书五。
[2]　按：黄省曾记语录编为《会稽问道录》，朱得之记语录编为《稽山承语》，黄修易记语录编入《传习录》。

极，以其屈伸消息往来而言谓之易，其实则一而已。今夫茫茫堪舆，苍然隤然，其气之最粗者欤？稍精则为日月、星宿、风雨、山川；又稍精则为雷电、鬼怪、草木、花卉；又精而为鸟兽鱼鳖、昆虫之属；至精而为人，至灵至明而为心。故无万象则无天地，无吾心则无万象矣。故万象者，吾心之所为也；天地者，万象之所为也；天地万象，吾心之糟粕也。要其极致，乃见天地无心，而人为之心。心失其正，则吾亦万象而已；心得其正，乃谓之人。此所以为天地立心，为生民立命，惟在于吾心。此可见心外无理，心外无物。所谓心者，非今一团血肉之具也，乃指其至灵至明、能作能知者也——此所谓良知也；然而无声无臭，无方无体——此所谓"道心惟微"也。以此验之，则天地日月、四时鬼神莫非一体之实理，不待有所彼此比拟者。古人之言合德合明、如天如神、至善至诚者，皆自下学而言，犹有二也；若其本体，惟吾而已，更何处有天地万象？此大人之学所以与天地万物一体也。一物有外，便是吾心未尽处，不足谓之学。[1]

这是阳明对自己的彻底惟"心"的心物合一、心理合一的心学思想体系的最高本体论概括，在这里，阳明从心与万物一体无间的视角对"心"的本体论诠释，已经把"心"从"自我""真己""真吾"上升到了宇宙本体的高度，认为天地万物万象都是心本体所生，"万象者，吾心之所为也；天地者，万象之所为也；天地万物，吾心之糟粕也"。因此有心才有天地万物万象，没有心也就没有天地万物万象，"无万物则无天地，无吾心则无万象矣"，"若

---

[1] 朱得之编：《稽山承语》，又《明儒学案》卷二十五《明经朱近斋先生得之语录》。

其本体，惟吾而已，更何处有天地万物"。在阳明看来，宇宙一心，太虚圆融，万物一体，心物合一，心外无物，万物都只是心（体）的发用（用），所谓气、理、命、性、道、神、精、诚、中、极、易、仁、义、意、知、物，都不过是"心"本体的不同发用流行，因而也不过都是对"心"本体的不同称谓而已。万物万象与心绝对同一，圆融为一，没有差别。他一再向弟子学者明确论述这种心物合一、心外无物、宇宙惟我一"心"的思想说：

> 仙家说到虚，圣人岂能虚上加得一毫实？佛氏说到无，圣人岂能无上加得一毫有？但仙家说虚，从养生上来；佛氏说无，从出离生死苦海上来，却于本体上加却这些子意思在，便不是他虚无的本色了，便于本体有障碍。圣人只是还他良知的本色，更不着些子意在。良知之虚，便是天之太虚；良知之无，便是太虚之无形。日月风雷山川民物，凡有貌象形色，皆在太虚无形中发用流行，未尝作得天的障碍。圣人只是顺其良知之发用，天地万物俱在我良知的发用流行中，何尝又有一物超于良知之外，能作得障碍？[1]

阳明善于感性直观地同弟子学者一起体认这种宇宙惟我一心、心外无物的心本体论思想，黄省曾记载他亲见的一幕说："先生游南镇，一友指岩中花树问曰：'天下无心外之物，如此花树，在深山中自开自落，于我心亦何相关？'先生曰：'你未看此花时，此花与汝心同归于寂；你来看此花时，则此花颜色一时明白起来，便知此花不在你的心外。'"[2] 阳明就是用这种宇宙惟我

---

[1]《传习录》卷下。
[2]《传习录》卷下。

一"心"的心物合一、心外无物、以心起灭天地万物的心学思想来解释花的起灭的。正是这个心物合一、心理合一、以心为体的心学体系，直接推动阳明走向了"王门四句教"，也最终推动他超越"王门四句教"走向了"王门八句教"（四无教与四有教）。

在湛若水之后，阳明就是继续用这种心物合一、心理合一、彻底惟"心"的心学体系同士子学者展开了论辨，其中尤同诗人顾璘的论辨，直接推动他提出了"王门四句教"。顾璘，号东桥居士，是"金陵四大家"的著名诗人，与阳明关系甚密。据他在《跋王阳明与路北村书卷》中说："阳明尝与余论学，力主行即是知之说，其言具载其《传习录》，余以为偶出奇论耳。今观与北村书，取子路'何必读书，然后为学'之言，乃知其学亦不必专信孔氏也。此其独往之勇，何必驰险寇虏降王类邪?"[1] 可见顾璘是读了阳明的《朱子晚年定论》、新编《传习录》等，多有疑问不解，便在九月致书阳明，提出质疑。阳明写了一篇论学长书，作了详细的论辨回答。这篇《答顾东桥书》是阳明生平写的最长的一篇论学书，后来作为阳明论良知心学最重要的一篇大论收进了《传习录》。[2] 在信中，阳明对自己的良知心学作了方方面面的论证，重点阐述了良知心学的六个重要思想：

一是论知行合一并进之说。针对顾璘"然工夫次第不能无先后之差""若真谓行即是知，恐其专求本心，遂遗物理"的说法，阳明认为知行并进，不分先后，以心理合一为体，以知行并进为功。知行工夫本不可离，知即行，行即知，"知之真切笃实处，即是行；行之明觉精察处，即是知"。所以真知即所以为行，不行不足以谓

---

[1] 《顾华玉集·凭几集续编》卷二。
[2] 《传习录》卷中。

之知；真行即所以为知，不知不足以谓之行。所谓知即是行、行即是知，并不是"专求本心，遂遗物理"，因为心即理，心外无理，心理不二，故求心即求理，知行合一；唯有以心理为二，以理在外物，"外心以求物理"，才会导致知行分离、"专求本心，遂遗物理"之弊。所以阳明说："心，一而已。以其全体恻怛而言谓之仁，以其得宜而言谓之义，以其条理而言谓之理。不可外心以求仁，不可外心以求义，独可外心以求理乎？外心以求理，此知行所以二也。求理于吾心，此圣门知行合一之教。"

二是论尽心、知性、知天之说。孟子的尽心、知性、知命说，后世儒家有不同解释，如宋儒朱熹以尽心、知性、知天为物格知致，以存心、养性、事天为诚意、正心、修身，以夭寿不贰、修身以俟为知至仁尽。阳明认为这是将知行割裂，格致诚正分离，"岂可专以尽心、知性为知，存心、养性为行乎"？他从心理合一、知行合一上指出，尽心、知性、知命是生知安行，圣人之事；存心、养性、事天是学知利行，贤人之事；夭寿不贰、修身以俟是困知勉行，学者之事。他具体论证这种根基不同的三等人的知行之功说：

> 夫心之体，性也；性之原，天也。能尽其心，是能尽其性矣……存其心者，未能尽其心者也，故须加存之之功，必存之既久，不待于存而自无不存，然后可以进而言尽。盖知天之知，如知州、知县之知……是与天为一者也。事天则如子之事父，臣之事君，犹与天为二也。天之所以命于我者，心也，性也，吾但存之而不敢失，养之而不敢害……至于夭寿不贰，则与存其心者又有间矣。存其心者虽未能尽其心，固已一心于为善，时有不存，则存之而已；今使之夭寿不贰，是犹以夭寿贰其心者也……若曰死生夭寿皆有定命，吾但一

心于为善，修吾之身，以俟天命而已。[1]

这种针对根基不同的三等人的尽心、存心、修身说，已经包含了他后来针对根基深浅不同人立的"王门八句教"（四无教与四有教）的萌芽。

三是论格物致良知之说。阳明认为，朱熹说的"格物"是就事事物物上穷究其理，"致知"是以吾心求理于事事物物之中，这是析心与理为二。阳明说的致知格物，是认为心即理，理在吾心，心理为一，所以致知就是致吾心良知之理于事事物物，致知就是致良知之理，致知即格物。致知是致理，格物是得理。他说："吾心之良知，即所谓天理也。致吾心良知之天理于事事物物，则事事物物皆得其理矣。故曰：致吾心之良知者，致知也；事事物物皆得其理者，格物也。是合心与理而为一者也。"因此阳明进一步认为，致良知的工夫从二方面入手，一是去蔽，二是扩充。所以他一方面强调说："今欲去此之蔽，不知致力于此（指致良知），而欲以外求，是犹目之不明者，不务服药调理以治其目，而徒伥伥然求明于其外，明岂可以自外求哉"；另一方面他又强调："夫学、问、思、辨、笃行之功，虽其困勉至于人一己百，而扩充之极，至于尽性知天，亦不过致吾心之良知而已。"由此阳明从知行合一上更强调致良知是躬行践履的工夫，致良知在于行，知行并进，认为"知致知必在于行，而不行之不可以为致知也明矣"。

四是论心学的心、意、知、物的逻辑结构关系。阳明良知心学的心—意—知—物的逻辑构架，是借用《大学》的格知诚正四目建构起来的，这就是他的"王门四句教"的逻辑结构：

---

[1]《王阳明全集》卷二《答顾东桥书》。

正心→心→无善无恶是心之体

诚意→意→有善有恶是意之动

致知→知→知善知恶是良知

格物→物→为善去恶是格物

阳明在江西"良知之悟"以后就已注重对心、意、知、物的四重逻辑关系的探讨，在正德十五年写的《答罗整庵少宰书》中，他对心、意、知、物及其正心、诚意、致知、格物之说作了一次简约的总结。到归越后，他对心、意、知、物的逻辑结构关系更有了进一步的思考与明确的认识，在正德十六年写的《又答陆原静》书中提出了体用一源的思辨哲学逻辑模式，用以阐释心、意、知、物的四重范畴及其逻辑关系，并在《大学问》中又作了一次总结。这次在同顾璘的论辨中，阳明实际就是用《又答陆原静》与《大学问》中的思想对心、意、知、物的逻辑关系作了更进一步的全面论述。他用体用一源的思辨逻辑模式论述心、意、知、物的逻辑关系说：

> 心者，身之主也；而心之虚灵明觉，即所谓本然之良知也。其虚灵明觉之良知应感而动者，谓之意。有知而后有意，无知则无意矣，知非意之体乎？意之所用，必有其物，物即事也……凡意之所用无有无物者，有是意即有是物，无是意即无是物矣，物非意之用乎？……故言"穷理"则格致诚正之功皆在其中，言"格物"则必兼举致知、诚意、正心。

他对心（正心）、意（诚意）、知（致知）、物（格物）之功作了这样的总结：

　　意欲温凊，意欲奉养者，所谓意也，而未可谓之诚意；必实行其温凊奉养之意，务求自慊而无自欺，然后谓之诚意。知如何而为温凊之节，知如何而为奉养之宜者，所谓知也，而未可谓之致知；必致其知如何为温凊之节者之知，而实以之温凊，致其知如何为奉养之宜者之知，而实以之奉养，然后谓之致知。温凊之事，奉养之事，所谓物也，而未可谓之格物；必其于温凊之事也，一如其良知之所知，当如何为温凊之节者而为之，无一毫之不尽；于奉养之事也，一如其良知之所知，当如何为奉养之宜者而为之，无一毫之不尽，然后谓之格物……

　　心者，身之主也……"格"之字义……是则一皆正其不正以归于正之义……言格物则必兼举致知、诚意、正心，而后其功始备而密。[1]

在这里，阳明的"王门四句教"已呼之几出。

　　五是论德性之知与闻见之知的统一。阳明认为在人的德知合一的修德认知结构中，德性之知为主，闻见之知为次；德性之知为本，闻见之知为辅。德性之知即良知，是求之于内在之心，而不能求之于外来闻见。因为心即理，所以学就是学此心，求也是求此心。孔子说的"一以贯之"，就是致吾心之良知。尊德性与道问学也是统一的，尊德性是向内求心，道问学是"以畜德性"。德性之知就是致良知，即用中致精一于道心，所以阳明说："惟以用中而致其精一于道心耳。道心者，良知之谓也。君子之学……要皆知行合一之功，正所以致其本心之良知。"

———————

[1]　《王阳明全集》卷二《答顾东桥书》。

六是论拔本塞源的复心说。阳明的拔本塞源论，实际是从万物一体之仁上论述他的致良知、复心体的心学体系，主张通过清除私欲、扩充公心的致良知工夫使异化的心体复归，也就是说，通过破除拔本塞源的去蔽扩充工夫使良知复明，塞者通，本者返。阳明认为良知之心本自灵明昭觉，但因私恶物欲的蒙蔽熏染，使良知之心沉沦异化，拔其本，塞其源，堕于拔本塞源的迷途。因此必须通过去蔽扩充的致良知工夫使异化的人心复归，本返源通，阳明称为"复其心体之同然"。他反复论述自己这种去蔽扩充以复归心体、本返源通的复心思想说：

> 夫圣人之心，以天地万物为一体，其视天下之人，无外内远近，凡有血气，皆其昆弟赤子之亲，莫不欲安全而教养之，以遂其万物一体之念。天下之人心，其始亦非有异于圣人也，特其间于有我之私，隔于物欲之蔽，大者以小，通者以塞，人各有心，至有视其父子兄弟如仇雠者，圣人有忧之，是以推其天地万物一体之仁以教天下，使之皆有以克其私，去其蔽，以复其心体之同然。
>
> 其教之大端，则尧、舜、禹之相授受，所谓"道心惟微，惟精惟一，允执厥中"。而其节目则舜之命契，所谓"父子有亲，君臣有义，夫妇有别，长幼有序，朋友有信"五者而已。唐、虞、三代之世，教者惟以此为教，而学者惟以此为学……无有闻见之杂，记诵之烦，辞章之靡滥，功利之驰逐，而但使之孝其亲，弟其长，信其朋友，以复其心体之同然。……
>
> 盖其心学纯明，而有以全其万物一体之仁，故其精神流贯，志气通达，而无有乎人己之分，物我之间。譬之一人之身……盖其元气充周，血脉条畅，是以痒疴呼吸，感触神应，

有不言而喻之妙。此圣人之学所以至易至简,易知易从,学
易能而才易成者,正以大端惟在复心体之同然。[1]

阳明从圣人之心、圣人之教、圣人之学三方面论证了他的致良知、
复心体的复心思想,明确宣称他的良知心学是一个返本归源复心
的思想体系,一个人心救赎的思想体系,他几乎用一个狂者胸次
的热情诗人的如椽巨笔,痛斥污浊尘世拔本塞源的人心沉沦陷溺,
大声呼唤着人心堕落的救赎与异化人心的复归:

　　三代之衰,王道熄而霸术猖。孔孟既没,圣学晦而邪说
横……斯人沦于禽兽夷狄……世之学者,如入百戏之场,欢
谑跳踉,骋奇斗巧,献笑争妍者,四面而竞出,前瞻后盼,
应接不遑,而耳目眩瞀,精神恍惑,日夜遨游淹息其间,如
病狂丧心之人,莫自知其家业之所归。时君世主亦皆昏迷颠
倒于其说,而终身从事于无用之虚文,莫自知其所谓……盖
至于今,功利之毒沦浃于人之心髓,而习以成性也几千年矣。
相矜以知,相轧以势,相争以利,相高以技能,相取以声誉。
其出而仕也,理钱谷者则欲兼夫兵刑,典礼乐者又欲与于铨
轴,处郡县则思藩臬之高,居台谏则望宰执之要……记诵之
广,适以长其敖也;知识之多,适以行其恶也;闻见之博,
适以肆其辨也;辞章之富,适以饰其伪也。是以皋、夔、稷、
契所不能兼之事,而今之初学小生皆欲通其说,究其术。其
称名僭号,未尝不曰吾欲以共成天下之务;而其诚心实意之
所在,以为不如是则无以济其私而满其欲也。呜呼!以若是

[1]《王阳明全集》卷二《答顾东桥书》。

> 之积染，以若是之心志，而又讲之以若是之学术，宜其闻吾
> 圣人之教，而视之以为赘疣枘凿，则其以良知为未足，而谓
> 圣人之学为无所用，亦其势有所必至矣！……所幸天理之在
> 人心，终有所不可泯，而良知之明，万古一日，则其闻吾拔
> 本塞源之论，必有恻然而悲，戚然而痛，愤然而起，沛然若
> 决江河而有所不可御者矣！非夫豪杰之士无所待而兴起者，
> 吾谁与望乎？[1]

"魂兮归来"，这是一个在"学禁"罗网底下的心学大师呼吁人心
复归的痛苦呐喊，他用良知心学为世人指明了一条返本通源的人
心复归之路，也正是他这个"豪杰之士"自己要走的恻然而起、
愤然而行的人心救赎之路。

阳明在《答顾东桥书》中实际提出了一个"复其心体之同
然"的复心复良知思想体系，它以良知同然之心为本体，以去蔽
扩充的致良知为工夫，构成了他的"心—意—知—物"的本体工
夫论的逻辑结构体系——这就是他的"王门四句教"的本体工夫
论思想体系。经过同顾璘的论辨，致良知、复心体的"四句教"
体系已经定位定型，他提炼出了"四句"格言作为心传的心诀。
到嘉靖五年春间，他向弟子们正式提出了"王门四句教"，朱得
之记下了这不寻常的一幕：

> 杨文澄问："意有善恶，诚之将何稽？"师曰："无善无
> 恶者心也，有善有恶者意也，知善知恶良知也，为善去恶
> 者格物也。"曰："意固有善恶乎？"曰："意者心之发，本自

---

[1]　《王阳明全集》卷二《答顾东桥书》。

> 有善而无恶，惟动于私欲而后有恶也。惟良知自知之，故学
> 问之要曰致良知。"[1]

这是阳明第一次用四句格言来总括他的致良知心学体系，可以称
是阳明的初本"王门四句教"：

心：无善无恶者心也

意：有善有恶者意也

知：知善知恶者良知也

物：为善去恶者格物也

这个初本"王门四句教"同他后来的修正本"王门四句教"还有差
距。但不管怎样，它宣告了阳明的"王门四句教"的诞生。从"良
知之悟"起步到提出"四句教"的心传心诀，阳明走过了七年的上
下求索的心路历程，完成了他的"王门四句教"的本体工夫论思想
体系的建构。然而这一对"王门四句教"的总结也不是阳明的心学
之路的终点，它又成了阳明向更高的心学至极境界飞跃的起点。

天泉之悟："王门八句教"的"传心秘藏"

实际上，就在阳明提出"王门四句教"的同时，他对"王
门四句教"又已开始了新的反思。弟子杨文澄的质疑恰好促使

---

[1] 朱得之编：《稽山承语》。

他重新审视自己的"王门四句教"之说。杨文澄提出的意如何知善知恶与意有无善恶两个问题，阳明都没有正面作出明确的回答，而他做的解释却反而同他先前的看法产生了矛盾，这主要表现在：

1）关于"心"，阳明说"无善无恶者心也"，但他向来认为心是"至善"（如《大学问》），心就是《大学》中说的"止于至善"的"至善"，心是至善的本体，不是"无善恶"。阳明在给季本的信中说得更清楚："其云'善者圣之体'，意固已好，善即良知……故区区近有'心之良知是谓圣'之说。"[1]

2）关于"意"，阳明说意是"心之发"，没有讲"意之动"（意之发），一方面说意"有善有恶"，一方面又说"意者心之发，本自有善而无恶"，又是承认意有善无恶，说法有矛盾，也同他说的"有善有恶是意之动"有矛盾，这里把"意"与"意之发""心之发"（有善无恶）与"意之发"（有善有恶）两个问题混同起来。

3）关于"知"，阳明说"知善知恶者良知也"，以良知为知善知恶的本体，但他向来认为知是昭明灵觉的无知本体，是"寂然不动之体"，良知无知，如他说："无知无不知，本体原是如此。譬如日未尝有心照物，而自无物不照。无照无不照，原是日的本体。良知本无知，今却要有知；本无不知，今却疑有不知，只是信不及耳。"[2] 良知本体无知，知善知恶、知是知非只是良知本体的发用工夫。

杨文澄正是从这方面提出了质疑，后来王畿也是从这方面提出了质疑，被阳明所接受。这表明阳明初提出的"王门四句教"还不够完善，阳明后来逐渐意识到这里问题就出在他把体与用、

---

[1]《王阳明全集》卷六《答季明德》。
[2]《传习录》卷下。

本体与工夫混淆起来。本来,阳明对体与用、本体与工夫的关系有着清醒理性的认识,他早在《又答陆原静》的长篇论学书中就提出了体用一原、心物一体、善恶一件、知行合一、动静无端、阴阳无始的心学思辨哲学模式,认为从体上看,心、良知、性、理、物无善无恶;从用上看,心、良知、性、理、物有善有恶;从本体上看,心、意、知、物无善无恶;从工夫上看,正心、诚意、致知、格物有善有恶。但在他初提出的"王门四句教"中并没有完美体现出这种体用一源、本体工夫一统、心物一体的心学精神。所以在一提出"王门四句教"以后,阳明就沿着这一问题不断深入思考,整个嘉靖五年,他的讲学论道都是围绕着如何认识"王门四句教"展开的。

先在三月,监察御史聂豹渡钱塘江来见阳明,两人讲论旬日,重点讨论了良知与致良知的问题,阳明在给聂豹的信中作了总结。信中阳明明确认为天地万物与吾心一体,良知之心不虑而知,不学而能:

> 夫人者,天地之心。天地万物,本吾一体者也。生民之困苦荼毒,孰非疾痛之切于吾身者乎?不知吾身之疾痛,无是非之心者也。是非之心,不虑而知,不学而能,所谓良知也。良知之在人心,无间于圣愚,天下古今之所同也。世之君子惟务致其良知,则自能公是非,同好恶,视人犹己,视国犹家,而以天地万物为一体。[1]

这就是说,良知心体无知,无善无恶,无是无非;但致良知(工夫)则能知善知恶,知是知非。这是对"王门四句教"中的"知

[1]《传习录》卷中《答聂文蔚》。

善知恶者良知也"第三句的补充修正。所以阳明更昂奋地宣称良
知心学是一个救赎"病狂丧心"的复心思想体系：

> 天下之人心皆吾之心也，天下之人犹有病狂者矣，吾安
> 得而非病狂乎？犹有丧心者矣，吾安得而非丧心乎？……今
> 诚得豪杰同志之士扶持匡翼，共明良知之学于天下，使天下
> 之人皆知自致其良知，以相安相养，去其自私自利之蔽，一
> 洗谗妒胜忿之习，以济于大同，则仆之狂病固将脱然以愈，
> 而终免于丧心之患矣。[1]

接着在四月，欧阳德也来书问学，两人围绕"王门四句教"展开
了论辨，阳明重点阐述了同"知善知恶者心也"第三句相关的四
个问题：

是分析了德性之知与闻见之知的关系，认为良知就是德性
之知，德性良知是本体"大头脑"，闻见之知是良知本体之用，
多闻多见是致良知之功。因此良知不滞于见闻，而又不离于见闻。
但致良知是学问的大头脑，是圣学的"第一义"；如专求之于见
闻之外，便失掉了大头脑，落在"第二义"。所以他强调说："盖
日用之间，见闻酬酢，虽千头万绪，莫非良知之发用流行，除却
见闻酬酢，亦无良知可致矣。"[2] 这里他把体与用、本体与工夫
的不即不离、不二不一的关系作了精辟论述。

二是分析了知与思的关系，认为知是体，思是用；良知即理，
思是良知的发用；良知寂然无知，思则知善知恶，知是知非。这
里以思为"心之发"，思知善知恶，纠正了"王门四句教"中的

---

[1]《传习录》卷中《答聂文蔚》。
[2]《传习录》卷中《答欧阳崇一》。

意是"心之发"的说法。所以阳明强调说："思是良知之发用。若是良知发用之思，则所思莫非天理矣。良知发用之思自然明白简易，良知亦自能知得。"

三是分析了良知与集义的关系，认为义者即心的得其宜，人若能致良知，则心得其宜，这就叫"集义"。所以集义就是致良知，阳明认为："凡劳其筋骨，饿其体肤，空乏其身，行拂乱其所为，动心忍性以增益其所不能者，皆所以致其良知也。"阳明把致良知、集义同诚意联系起来，认为诚意就是致良知、集义，意有诚伪，但意无善恶。他强调说："凡学问之功，一则诚，二则伪，凡此皆是致良知之意欠诚一真切之故。"在这里，他纠正了"有善有恶者意也"第二句的说法。

四是分析了良知心体无知与良知之发知善知恶的关系，认为良知本然昭明灵觉，"良知常觉常照"，不虑而知，不学而能；良知心之发用（致良知）则知善知恶，知是知非。所以他强调说："良知常觉常照。常觉常照，则如明镜之悬，而物之来者自不能遁其妍媸矣。""至诚则无知而无不知，不必言'可以前知'矣。""盖良知之在人心，亘万古，塞宇宙，而无不同，不虑而知，恒易以知险；不学而能，恒简以知阻，先天而天不违，天且不违，而况于人乎？况于鬼神乎？"这里对"知善知恶者良知也"第三句作了补证。

同聂豹、欧阳德的讲学论辨，是阳明这时同士子学者讲论"王门四句教"的最主要的方面，深化了他自己对"王门四句教"的认识。这使他更清醒意识到，对他的致良知的心学要从心上体悟，从事上践履实行，而不能拘泥于斤斤从字句上理解他的"王门四句教"，把"王门四句教"当作永恒不变的心诀。[1] 他在一

---

[1] 按：所谓"王门四句教"，是后来阳明弟子总结出来的说法，阳明自己并没有说过"王门四句教"的话。

次同门人学子的讲学中特别谈到了这个问题：

> 一友问功夫不切。先生曰："学问功夫，我已曾一句道尽，如何今日转说转远，都不著根？"对曰："致良知盖闻教矣，然亦须讲明。"先生曰："既知致良知，又何可讲明？良知本是明白，实落用功便是。不肯用功，只在语言上转说转糊涂。"曰："正求讲明致之之功。"先生曰："此亦须你自家求，我亦无别法可道。昔有禅师，人来问法，只把麈尾提起。一日，其徒将麈尾藏过，试他如何设法。禅师寻麈尾不见，又只空手提起。我这个良知就是设法的麈尾。舍了这个，有何可提得？"少间，又一友请问功夫切要。先生旁顾曰："我麈尾安在？"一时在坐者皆跃然。[1]

阳明用禅帅"麈尾"为喻，说明他的"工门四句教"的良知心学重在心悟与践行，不要被语言文字所束缚，堕入言筌。所以他在同士子学者讲论"王门四句教"的良知心学的同时，却更注重对良知心体与致良知的当下直接的阐释，他一连作了多首生动直观的良知诗，要诸生学子去体悟践行：

示 诸 生 三 首

尔身各各自天真，不用求人更问人。
但致良知成德业，谩从故纸费精神。
乾坤是易原非画，心性何形得有尘？
莫道先生学禅语，此言端的为君陈。

----

[1]《传习录》卷下。

人人有路透长安，坦坦平平一直看。
尽道圣贤须有秘，翻嫌易简却求难。
只从孝弟为尧舜，莫把辞章学柳韩。
不信自家原具足，请君随事反身观。

长安有路极分明，何事幽人旷不行？
遂使蓁茅成间塞，仅教麋鹿自纵横。
徒闻绝境劳悬想，指与迷途却浪惊。
冒险甘投蛇虺窟，颠崖堕壑竟亡生。

答人问良知二首

良知即是独知时，此知之外更无知。
谁人不有良知在，知得良知却是谁？

知得良知却是谁？自家痛痒自家知。
若将痛痒从人问，痛痒何须更问为？

答 人 问 道

饥来吃饭倦来眠，只此修行玄更玄。
说与世人浑不信，却从身外觅神仙。[1]

赠岑东隐先生

圣学工夫在致知，良知知处即吾师。
勿忘勿助能无间，春到园林鸟自啼。[2]

---

[1]《王阳明全集》卷二十。
[2]《阳明先生文录》卷四《赠岑东隐先生》之二。

阳明作这些通俗直白的咏良知的哲理诗，是要引导士子学人去体悟他的"王门四句教"的良知心学的内在精神，同时也显示了他自己在讲论中对"王门四句教"的良知心学认识的超越提升。这些诗表明他已认识到了自己良知心学的根本心学精神就在于"体认心体"（体认良知），致良知的心学修行要从"体认心体"的本体上入手，而不是从"体认分殊"的工夫上入手。还在五月，他就把自己这一认识写信告诉瑶湖王臣说："凡认贼作子者，缘不知在良知上用功，是以有此。若只在良知上体认，所谓'虽不中，不远矣'。"[1] 在心学上，他终于用"体认心体"同湛若水的"体认分殊"（随处体认天理）划清了界线。到十二月，古庵毛宪来书问学，肯定了湛若水的"随处体认"说："归休来，承甘泉先生示以随处体认天理，更觉亲切，循是用功，颇有效验。五十以前，此心尚杂；今则义利分明。"[2] 阳明在回信中却用自己的"体认心体"否定了湛若水的"随处体认天理"，他比较两者的异同说：

　　　凡鄙人所谓"致良知"之说，与今之所谓"体认天理"之说，本亦无大相远，但微有直截迂曲之差耳。譬之种植，"致良知"者，是培其根本之生意，而达之枝叶者也；"体认天理"者，是茂其枝叶之生意，而求以复之根本者也。然培其根本之生意，固自有以达之枝叶矣；欲茂其枝叶之生意，亦安能舍根本而别有生意可以茂之枝叶之间者乎？吾兄忠信近道之资，既自出于侪辈之上，近见胡正人，备谈吾兄平日工夫又皆笃实肯切，非若世之徇名远迹而徒以支离于其外者。只如此用力不已，自当循循有至，所谓殊途而同归者也。亦

---

[1]　《王阳明全集》卷六《与王公弼》书一。
[2]　《古庵毛先生文集》卷二《奉王阳明书》一。

奚必改途易业，而别求所谓为学之方乎?[1]

阳明不满于弟子毛宪在学术上改换门庭。他把自己的王学同湛学作了比较，认为自己的"致良知"是从"体认心体"的根本入手，先培其根本，可以由根本而达枝叶;湛若水的"随处体认天理"却是从"体认分殊"的枝叶入手，先茂其枝叶，只能舍根本而败枝叶。这就是说，阳明的"致良知"是由本体入手到工夫，而湛若水的"随处体认"是由工夫入手而离本体。阳明就是用"体认心体"（致良知）与"体认分殊"（随处体认）最终划判了他与湛若水的心学的根本分歧，也成了他与湛若水二十余年来讲论共倡圣学的最后结论。可以说，阳明这封《与毛古庵宪》书，标志着他与湛若水一生讲学论道的结束。

在这以后，阳明同士子学者的讲学论道都突显了他这种"体认心体""体认良知"的思想。嘉靖六年二月，朱得之归靖江，阳明同他着重谈论"体认心体""体认良知"，朱得之记录下了这一席谈话:

> 嘉靖丁亥，得之将告归，请益。师曰:"四方学者来此相从，吾无所畀益也，特与指点良知而已。良知者，是非之心，吾之神明也。人皆有之，但终身由之而不知者众耳。各人须是信得及，尽著自己力量，真切用功，日当有见……近来学者与人论学，不肯虚心易气，商量个是当否，只是求伸其说，不知此已失却为学之本，虽论何益?……"[2]

[1]《王阳明全集》卷六《与毛古庵宪》。按:原题多一"副"字为误。
[2] 朱得之编:《稽山承语》。

这里说的"失却为学之本"的"近来学者"，就是指湛若水。到三月，魏良政携魏良弼书来绍兴问学，阳明在给魏良弼的信中更明确谈到体认良知，并重点论说了"意"与"知"的关系：

> 所云"任情任意，认作良知；及作意为之，不依本来良知，而自谓良知"者，既已察识其病矣。意与良知当分别明白。凡应物起念处，皆谓之意。意则有是有非，能知得意之是与非者，则谓之良知。依得良知，即无有不是矣。所疑"拘于体面，格于事势等患"，皆是致良知之心未能诚切专一。若能诚切专一，自无此也。凡作事不能谋始与有轻忽苟且之弊者，亦皆致知之心未能诚一，亦是见得良知未透彻。若见得透彻，即体面事势中，莫非良知之妙用。除却体面事势之外，亦别无良知矣。岂得又为体面所局，事势所格？即已动于私意，非复良知之本然矣。[1]

这里说的"拘于体面，格于事势等患"，就是暗指湛若水的"随处体认天理"之弊。阳明把"意"解释为"起念"，"凡应物起念处，皆谓之意"，"意"有是有非，有公有私；又把"知"解释为"能知得意之是与非者"，良知昭明灵觉，故凡依得良知为是，凡不依得良知为非。这是对他的"王门四句教"的补充修正。

到四月，莆田马明衡又书来问学，阳明在回信中更详细阐述了他的"体认心体"（体认良知）与以良知求知、以致良知求理的思想，说：

---

[1]《王阳明全集》卷六《答魏师说》。

　　良知之说,往时亦尝备讲,不审迩来能益莹彻否?明道
云:"吾学虽有所受,然'天理'二字,却是自家体认出来。"
良知即是天理。体认者,实有诸己之谓耳。非若世之想象讲说
者之为也。近时同志,莫不以良知为说,然亦未见有能实体认
之者,是以尚未免于疑惑。盖有谓良知不足以尽天下之理,而
必假于穷索以增益之者;又以为徒致良知未必能合于天理,须
以良知讲求其所谓天理者,而执之以为一定之则,然后可以率
由而无弊。是其为说,非实加体认之功而真有以见夫良知者,
则亦莫能辩其言之似是而非也……良知之外,更无知;致知之
外,更无学。外良知以求知者,邪妄之知矣;外致知以为学
者,异端之学矣。道丧千载,良知之学久为赘疣,今之友朋知
以此事日相讲求者,殆空谷之足音欤?[1]

阳明这篇《与马子莘》书开头论"根本盛而枝叶茂",与《与毛古
庵宪》书论"根本枝叶"意同,二书并列在一起,故可肯定《与马
子莘》书中所批评的"必假于穷索以增益之者"也是暗指湛若水及
其弟子之说。阳明认为心学就是求诸己心之学,因此体认良知就是
体认心理。从本体上说,良知之外更无知;从工夫上说,致知之外
更无理。在良知之外以求知,是邪妄之知;在致知之外以求理,是
异端之理。这是对他的"王门四句教"的新阐释。

　　阳明同这些士子学者的讲论良知心学,清楚表明他对先前提
出的"王门四句教"一直在作不断的反思,有了新的认识,需要
进一步修正诠释他原初的"王门四句教"之说了。嘉靖六年三
月,阳明先向弟子学者公开提出了他对"王门四句教"的修正之

[1]《王阳明全集》卷六《与马子莘》。

说，黄直详记下了他的修正之说：

　　先儒解"格物"为格天下之物，天下之物如何格得？且谓一草一木亦皆有理，今如何去格？纵格得草木来，如何反来诚得自家意？我解"格"作"正"字义，"物"作"事"字义。《大学》之所谓身，即耳、目、口、鼻、四肢是也。欲修身，便是要目非礼勿视，耳非礼勿听，口非礼勿言，四肢非礼勿动。要修这个身，身上如何用得工夫？心者，身之主宰。目虽视，而所以视者心也；耳虽听，而所以听者心也；口与四肢虽言、动，而所以言、动者心也。故欲修身，在于体当自家心体，常令廓然大公，无有些子不正处。主宰一正，则发窍于目，自无非礼之视；发窍于耳，自无非礼之听；发窍于口与四肢，自无非礼之言、动。此便是修身在正其心。然至善者，心之本体也。心之本体，那有不善？如今要正心，本体上何处用得功？必就心之发动处才可著力也。心之发动不能无不善，故须就此处著力，便是在诚意。如一念发在好善上，便实实落落去好善；一念发在恶恶上，便实实落落去恶恶。意之所发，既无不诚，则其本体如何有不正的？故欲正其心在诚意。工夫到诚意，始有著落处。然诚意之本，又在于致知也。所谓"人虽不知，而己所独知"者，此正是吾心良知处。然知得善，却不依这个良知便做去；知得不善，却不依这个良知便不去做，则这个良知便遮蔽了，是不能致知也。吾心良知既不能扩充到底，则善虽知好，不能著实好了；恶虽知恶，不能著实恶了，如何得意诚？故致知者，意诚之本也。然亦不是悬空的致知，致知在实事上格。如意在于为善，便就这件事上去为；意在于去恶，便就这件事上去

> 不为。去恶固是格不正以归于正，为善则不善正了，亦是格
> 不正以归于正也。如此，则吾心良知无私欲蔽了，得以致其
> 极，而意之所发，好善去恶，无有不诚矣！诚意工夫，实下
> 手处在格物也。若如此格物，人人便做得，"人皆可以为尧、
> 舜"，正在此也。[1]

阳明在这里提出的看法，已同他的原初"王门四句教"的说法有
差异。如认为心体是至善，"至善者，心之本体也。心之本体，那
有不善"。但心之发用则有善有恶，"心之发动不能无不善"。认
为修身就是体认心体，"故欲修身，在于体当自家心体，常令廓然
大公，无有些子不正处"。认为意无善恶，但意之发动有善有恶，
好善去恶，"意之所发，既无不诚，则其本体如何有不正的"？认
为致知是诚意之本，诚意所以能识别善恶，是因为良知能知善知
恶。认为诚意是在事上诚意，格物也是在事上格物，所以诚意实
下手处在格物等。这些看法都是在他同士子学者讲论"王门四句
教"的良知心学中得到的新认识，需要修正他原来的王门四句话
的表述了。所以大约就在这次谈话以后不久，阳明提出了修正本
的"王门四句教"：

大学四目	心学四重逻辑范畴	初本四句教	修正本四句教
正心	心	无善无恶者心也	无善无恶是心之体
诚意	意	有善有恶者意也	有善有恶是意之动
致知	知	知善知恶者良知也	知善知恶是良知
格物	物	为善去恶者格物也	为善去恶是格物[2]

---

[1]《传习录》卷下。
[2] 见《传习录》卷下"丁亥年九月，先生起征思、田"条。

显然，阳明是在力图用他的体用一源、本体功夫一贯的思想修正他的"王门四句教"。按照这种体用一源、本体工夫一贯说，他认为从"体"（本体）上说，心、意、知、物无善无恶；从"用"（工夫）上说，心、意、知、物有善有恶。他就是用这种思想修正四句话，注意区分对体与用、本体与工夫的不同表述。如第一句他区分了体与用，说明心体无善无恶，但心之发用则有善有恶。第二句他也区分了体与用，说明意无善恶，但意之发用则有善恶。然而阳明的这一体用一源的思想在用以修正四句教的表述时没有能贯彻到底，如第三句"知善知恶是良知"，就没有把良知之体无善无恶与良知之发用知善知恶明确区分开来。第四句"为善去恶是格物"，也没有把物之体无善无恶与格物之发用有善有恶明确区分开来。所以阳明修正的"王门四句教"向弟子学者公开以后，反而在弟子学者中产生了更大的分歧争议。当时黄省曾记下了钱德洪与王畿两人对"王门四句教"的争议说：

> 丁亥年九月，先生起复征思、田。将命行时，德洪与汝中论学。汝中举先生教言曰："无善无恶是心之体，有善有恶是意之动，知善知恶是良知，为善去恶是格物。"德洪曰："此意如何？"汝中曰："此恐未是究竟话头。若说心体是无善无恶，意亦是无善无恶的意，知亦是无善无恶的知，物是无善无恶的物矣。若说意有善恶，毕竟心体还有善恶在。"德洪曰："心体是天命之性，原是无善无恶的。但人有习心，意念上见有善恶在，格致诚正修，此正是复那性体功夫。若原无善恶，功夫亦不消说矣。"[1]

----

[1]《传习录》卷下。

钱德洪自己在《阳明先生年谱》中则是这样叙述两人的争论的:

> 九月壬午,发越中。
>
> 是月初八日,德洪与畿访张元冲舟中,因论为学宗旨。畿曰:"先生说'知善知恶是良知,为善去恶是格物',此恐未是究竟话头。"德洪曰:"何如?"畿曰:"心体既是无善无恶,意亦是无善无恶,知亦是无善无恶,物亦是无善无恶。若说意有善有恶,毕竟心亦未是无善无恶。"德洪曰:"心体原来无善无恶,今习染既久,觉心体上见有善恶在,为善去恶,正是复那本体功夫。若见得本体如此,只说无功夫可用,恐只是见耳。"畿曰:"明日先生启行,晚可同进请问。"[1]

王畿看到了"王门四句教"四句之间的矛盾,认为"恐未是究竟话头"。如阳明认为良知就是心本体,第一句说"无善无恶是心之体",是以心体为无善无恶;但第三句说"知善知恶是良知",又是以良知为有善有恶,两句话是矛盾的。又如第二句说"有善有恶是意之动",是认为意之发用(意之动)有善有恶,实际无异于已承认了意无善无恶。所以王畿认为"心体既是无善无恶,意亦是无善无恶,知亦是无善无恶,物亦是无善无恶"是对的,这同阳明认为从体上看心、意、知、物无善无恶,从用上看心、意、知、物有善有恶的思想是一致的,所以阳明后来认同并接受了王畿的看法。可以说,正是王畿提出的质疑话头激发了阳明的"天泉之悟"——由"王门四句教"向"王门八句教"(四无教与四有教)的思想飞跃。

----

[1] 钱德洪《阳明先生年谱》"嘉靖六年"条。

　　嘉靖六年九月八日晚上，钱德洪与王畿侍阳明坐于天泉桥上受教，这是阳明赴两广征思田前夕的最后一次讲学论道，后人称为"天泉证道"会。师弟子的讲学论道从讨论修正本的"王门四句教"上开始，先是钱德洪与王畿各自提出了不同的看法请问。阳明当下受到王畿看法的激发顿然自悟，提出了四无教与四有教（"王门八句教"），代替了"王门四句教"，这就是他的最后的心学之悟——"天泉之悟"。其实这场天泉讲论本来也很简单明了，但因为钱德洪与王畿两人的记载大有出入，造成了后人理解极大的歧异。钱德洪认为天泉证道会上阳明提出了"王门四句教"，要人守定"王门四句教"的宗旨；王畿认为天泉证道会上阳明提出了"四无教与四有教"，取代了"王门四句教"，要人遵行四无教与四有教。二说截然对立，使人莫知所从，"天泉证道"成为一大迷案。其实两人所叙谁对谁错，本是可以了然分别清楚的。先看钱德洪的记叙说：

　　　　是日夜分，客始散，先生将入内，闻洪与畿候立庭下，先生复出，使移席天泉桥上。德洪举与畿论辩请问。先生喜曰："正要二君有此一问。我今将行，朋友中更无有论证及此者，二君之见正好相取，不可相病。汝中须用德洪功夫，德洪须透汝中本体。二君相取为益，吾学更无遗念矣。"德洪请问。先生曰："有只是你自有，良知本体原来无有，本体只是太虚。太虚之中，日月星辰，风雨露雷，阴霾饐气，何物不有？而又何一物得为太虚之障？人心本体亦复如是。太虚无形，一过而化，亦何费纤毫气力？德洪功夫须要如此，便是合得本体功夫。"畿请问。先生曰："汝中见得此意，只好默默自修，不可执以接人。上根之人，世亦难遇。一悟本体，即见功夫，物我内外，一齐尽透，此颜子、明道不敢承当，岂可轻易望人？二君已后与学者言，务要依我四句宗旨：无善无恶是心之体，有善有恶是意之动，知善知恶是良知，为善去恶是格物。以此自修，直跻圣位；以此接人，更无差失。"畿曰："本体透后，于此四句宗旨何如？"先生曰："此是彻上彻下语，自初学以至圣人，只此功夫。初学用此，循循有入，虽至圣人，穷究无尽。尧、舜精一功夫，亦只如此。"先生又重嘱咐曰："二君以后再不可更此四句宗旨。此四句中人上下无不接着。我年来立教，亦更几番，今始立此四句。人心自有知识以来，已为习俗所染，今不教他在良知上实用为善去恶功夫，只去悬空想个本体，一切事为，俱不著实。此病痛不是小小，不可不早说破。"是日洪、畿俱有省。[1]

钱德洪的记叙含混不明，前后矛盾。前面说"汝中须用德洪功夫，德洪须透汝中本体"，实际就是指阳明在发四无教与四有教，钱德洪都含糊带过，使人不知所云。前面阳明分明一直在谈四无教与四有教，到最后却忽然笔锋一转，大谈起"王门四句教"，说"二君已后与学者言，务要依我四句宗旨"，"二君以后再不可更此四句宗旨"，明显前言不搭后语，牛头不对马嘴，末段有钱德洪遂己意私加的嫌疑，记叙不足据信。

与钱德洪不同，黄省曾的记叙显得比较清楚明白：

　　　　是夕，侍坐天泉桥，各举请正。先生曰："我今将行，正

---

[1]　钱德洪：《阳明先生年谱》。

要你们来讲破此意。二君之见正好相资为用，不可各执一边。我这里接人原有此二种：利根之人直从本源上悟入，人心本体原是明莹无滞的，原是个未发之中，利根之人一悟本体，即是功夫，人己内外，一齐俱透了；其次（按：指中根以下之人）不免有习心在，本体受蔽，故且教在意念上实落为善去恶，功夫熟后，渣滓去得尽时，本体亦明尽了。汝中之见，是我这里接利根人的；德洪之见，是我这里为其次立法的。二君相取为用，则中人上下皆可引入于道。若各执一边，眼前便有失人，便于道体各有未尽。"既而曰："已后与朋友讲学，切不可失了我的宗旨：无善无恶是心之体，有善有恶是意之动，知善知恶是良知，为善去恶是格物。只依我这话头随人指点，自没病痛。此原是彻上彻下功夫。利根之人，世亦难遇，本体功夫，一悟尽透。此颜子、明道所不敢承当，岂可轻易望人？人有习心，不教他在良知上实用为善去恶功夫，只去悬空想个本体，一切事为俱不着实，不过养成一个虚寂。此个病痛不是小小，不可不早说破。"是日德洪、汝中俱有省。[1]

黄省曾记叙最真实清楚的地方，就是他把钱德洪所极力掩饰回护的阳明说的四无教与四有教直白讲了出来：所谓"我这里接人原有此二种"，就是指四无教与四有教；四无教为利根之人所设，四有教是为中根以下之人所设；四无教是从本体上入手，四有教是从工夫上入手。仅此已足以充分证明阳明在天泉证道会上是发"四无教与四有教"的宗旨，而不是发"王门四句教"的宗旨。

[1]《传习录》卷下。

钱德洪把这一真相含混掩饰起来，黄省曾大致还原了这一天泉证道的真相。只可惜黄省曾当时并不在场，估计是他在天泉谈话后去向王畿与钱德洪探问记录下来的，而后来钱德洪把他的记录编进了《传习录》时[1]，很可能也是钱德洪在末后另加上了“既而曰”一段话，造成阳明在天泉证道会上似乎是发“王门四句教”宗旨的假象，这反而进一步造成了前后说法与记叙的明显矛盾。

弄清黄省曾与钱德洪两人说法的不同，再来比照考量王畿的记叙，就可发现王畿的记叙完全真实可信。王畿在《天泉证道纪》中，详细记叙了天泉证道的讲论始末，揭开了阳明在天泉证道会上发“四无教与四有教”宗旨的真秘：

> 阳明夫子之学，以良知为宗，每与门人论学，提四句为教法：“无善无恶心之体，有善有恶意之动，知善知恶是良知，为善去恶是格物。”学者循此用功，各有所得。绪山钱子谓：“此是师门教人定本，一毫不可更易。”先生谓：“夫子立教随时，谓之权法，未可执定。体用显微只是一机，心意知物只是一事，若悟得心是无善无恶之心，意即是无善无恶之意，知即是无善无恶之知，物即是无善无恶之物。盖无心之心，则藏密；无意之意，则应圆；无知之知，则体寂；无物之物，则用神。天命之性，粹然至善，神感神应，其机自不容已，无善可名，恶固本无，善亦不可得而有也，是谓无善无恶。若有善有恶，则意动于物，非自然之流行，著于有矣。自性流行者，动而无动；著于有者，动而动也。意是心

_____

[1]　按：黄省曾编有《会稽问道录》，黄省曾此条所记当原在《会稽问道录》中，后为钱德洪选入《传习录》中。

之所发，若是有善有恶之意，则知与物一齐皆有，心亦不可谓之无矣。"绪山子谓："若是，是坏师门教法，非善学也。"先生谓："学须自证自悟，不从人脚跟转。若执著师门权法，以为定本，未免滞于言诠，亦非善学也。"时夫子将有两广之行，钱子谓曰："吾二人所见不同，何以同人？盍相与就正夫子？"晚坐天泉桥上，因各以所见请质。夫子曰："正要二子有此一问。吾教法原有此两种：四无之说，为上根人立教；四有之说，为中根以下人立教。上根之人，悟得无善无恶心体，便从无处立根基，意与知、物，皆从无生，一了百当，即本体便是工夫，易简直截，更无欠剩，顿悟之学也；中根以下之人，未尝悟得心体，未免在有善有恶上立根基，心与知、物，皆从有生，须用为善去恶工夫，随处对治，使之渐渐入悟，从有以归于无，复还本体，及其成功一也。世间上根人不易得，只得就中根以下人立教，通此一路。汝中所见，是接上根人教法；德洪所见，是接中根以下人教法。汝中所见，我久欲发，恐人信不及，徒增躐等之病，故含蓄到今。此是传心秘藏，颜子、明道所不敢言者。今既已说破，亦是天机该发泄时，岂容复秘？然此中不可执著。若执四无之见，不通得众人之意，只好接上根人，中根以下人无从接授；若执四有之见，认定意是有善有恶的，只好接中根以下人，上根人亦无从接授。但吾人凡心未了，虽已得悟，不妨随时用渐修工夫。不如此，不足以超凡入圣，所谓上乘兼修中下也。汝中此意，正好保任，不宜轻以示人，概而言之，反成漏泄。德洪却须进此一格，始为玄通。德洪资性沉毅，汝中资性明朗，故其所得，亦各因其近。若能互相取益，使吾教法上下皆通，始为善学耳。"自此海内相传天泉证悟之论，道脉始归于一云。[1]

王畿记叙思路清晰，记录准确，理解无误，举凡钱德洪所有意掩饰与略去的阳明话语都原本地记录下来，无可辩驳地证明阳明在"天泉证悟"会上是发"四无教与四有教"，而不是发"王门四句教"。同这篇《天泉证道纪》相印证的，还有他写的《答程方峰》书与《致知议辨》。《答程方峰》中说：

> 天泉证道大意，原是先师立教本旨，随人根器上下，有悟有修。良知是彻上彻下真种子，智虽顿悟，行则渐修。譬如善才在文殊会下得根本知，所谓顿也；在普贤行门参德云五十三善知识，尽差别智，以表所悟之实际，所谓渐也。此学全在悟，悟门不开，无以征学。然悟不可以言思期必而得。悟有顿渐，修亦有顿渐。著一"渐"字，固是放宽；著一"顿"字，亦是期必。放宽便近于忘，期必又近于助。要之，皆任识神作用，有作有止，有任有灭，未离生死窠臼。若真信良知，从一念入微承当，不落拣择商量，一念万年，方是变识为智，方是师门真血脉路。[2]

《致知议辨》中说：

> 先师教人尝曰："至善无恶是心之体，有善有恶是意之动，知善知恶是良知，为善去恶是格物。"盖缘学者根器不同，故用功有难易。有从心体上立基者，有从意根上立基者。

─────────
[1]《王畿集》卷一。
[2]《王畿集》卷十二。

> 从心体上立基，心便是个至善无恶的心，意便是个至善无恶
> 的意，便是致了至善无恶的知，格了至善无恶的物；从意根
> 上立基，意是个有善有恶的意，知便是有善有恶的知，物便
> 是有善有恶的物，而心亦不能无不善之杂矣。故须格其心之
> 不正以归于正，虽其用功有难易之殊，而要之复其至善之体，
> 则一而已。[1]

以后王畿作《绪山钱君行状》，赵锦作《龙溪王先生墓志铭》，耿
定向作《新建侯文成王先生世家》，徐阶作《龙溪王先生传》等，
都是采用了《天泉证道纪》中的说法。就阳明本人来说，他在天
泉证道会上发四无教与四有教以后，在赴两广一路上都同门人学
者发四无教的宗旨，无可怀疑地证明钱德洪认为阳明在天泉证道
会上发"王门四句教"、要人守定"王门四句教"宗旨的说法是
完全错误的。如钱德洪、王畿送阳明到富阳，阳明就又阐"四无
教"与"四有教"，邹守益在《青原赠处》中记叙并解释说：

> 钱、王二子送于富阳。夫子曰："予别矣，盍各言所
> 学？"德洪对曰："至善无恶者心，有善有恶者意，知善知恶
> 是良知，为善去恶是格物。"畿对曰："心无善而无恶，意无
> 善而无恶，知无善而无恶，物无善而无恶。"夫子笑曰："洪
> 甫须识汝中本体，汝中须识洪甫工夫。二子打并为一，不失
> 吾传矣！"……良知之旨，其天命之性乎！是性也，不睹不
> 闻，无声无臭，而莫见莫显，体物不遗，不睹不闻，真体常
> 寂，命之曰诚；莫见莫显，妙用常感，命之曰神；常寂常感，

---

[1]　《王畿集》附录三《致知议辨》第11段。

常虚常灵，有无之间，不可致诘，命之曰几。性焉安焉，知
几其神，以止至善，天运川流，不舍昼夜；复焉执焉，见几
而作，迁善改过，雷厉风飞，不俟终日。有所忿懥好乐则不
寂，不寂则挠其体；亲爱贱恶而辟则感不通，不通则窒其用。
慎哉，其惟独乎！独也者，几也。于焉戒惧，于焉恐惧，日
瑟僩，日赫咺，日精微，日广大。礼仪威仪，无适非仁；发
育峻极，无适非天。是为诚立神通，全生全归之学。世之拟
议言动，绳趋矩步，而贞纯未融，其蔽也支；独抱玄机与造
化游，而人伦庶物脱略未贯，其蔽也虚，皆师门所弗
与也。[1]

钱德洪、王畿追送阳明至严滩，阳明又发"有心无心，实相幻
相"之说，再揭"王门八句教"（四无教与四有教）的"吾宗"。
黄直记录下了他亲见的一幕：

先生起行征思、田，德洪与汝中追送严滩，汝中举佛家
实相幻相之说。先生曰："有心俱是实，无心俱是幻；无心俱
是实，有心俱是幻。"汝中曰："有心俱是实，无心俱是幻，
是本体上说工夫；无心俱是实，有心俱是幻，是工夫上说本
体。"先生然其言。[2]

王畿自己记叙更清楚：

夫子赴两广，予与君送至严滩。夫子复申前说，二人正

---

[1]《邹守益集》卷三。
[2]《传习录》卷下。

好互相为用，弗失吾宗。因举"有心是实相，无心是幻相；有心是幻相，无心是实相"为问，君拟议未及答，予曰："前所举是即本体证工夫，后所举是用功夫合本体。有无之间，不可以致诘。"夫子莞尔笑曰："可哉！此是究极之说，汝辈既已见得，正好更相切劘，默默保任，弗轻漏泄也。"二人唯唯而别。[1]

追忆严陵别时，申诲之言有曰："我拈出'良知'两字，是是非非自有天则，乃千圣秘藏。虽昏蔽之极，一念自反，即得本心，可以立跻圣地。只缘人看得太易，反成玩忽，如人不见眼睫毫，以其太近也。然中间尚有机窍，良知知是知非，其实无是无非。无者，万有之基，冥权密运，与天同游，人知神之神，不知不神之神也。若是非分别太过，纯白受伤，非所以畜德也。"[2]

徐阶在《龙溪王先生传》中，更是独具慧眼地对阳明如何立"四无教与四有教"作了前后条理通贯的明晰揭示，一目了然：

文成论学曰："无善无恶心之体，有善有恶意之动，知善知恶是良知，为善去恶是格物。"诸君子胥守之。公独曰："心、意、知、物，本是一机，若悟得心无善无恶，则意、知与物，亦皆如是。夫无心之心，其机密；无意之意，其应圆；无知之知，其体寂；无物之物，其用神。如前所云，特夫子随人立教权法耳，未可为定本也。"丁亥秋，文成将赴两广，

[1]　《王畿集》卷二十《绪山钱君行状》。
[2]　《王畿集》卷十六《书先师过钓台遗墨》。

公与钱公乘夜进谒天泉桥上，各陈所见。文成喟然曰：“人之根器不同，故吾之立教亦不得不因之以异。万化生于无，而显于有。上根之人，从无处立基，谓之顿教；中根以下之人，从有处立基，谓之渐教。及其成功，一也。上根之人，世所罕有，汝中所见，吾久欲言之，恐众信不及，故含蓄至今。此明道、颜子所未易言者，今汝中可谓能发吾蕴矣。汝中天性明朗，德洪天性沈毅。故所悟入，亦各不同，正好相资为用。然人有习心，未易销化，苟非实用其为善去恶之功，而徒悬想本体，未有不流于空虚者。汝中此意，正好保任，未宜轻示人也。”……既而有叩玄理于文成者，文成以“有心无心，实相幻相”诏之。公从旁语曰：“心非有非无，相非实非幻。才着有无实幻，便落断常二见。譬之弄丸，不着一处，不离一处，是谓玄机。”文成亟俞之。文成至洪都，邹司成东廓暨水洲、南野诸君，率同志百余人出谒。文成曰：“吾有向上一机，久未敢发，近被王汝中拈出，亦是天机该发泄时。吾方有兵事，无暇为诸君言，但质之汝中，当有证也。”[1]

就是钱德洪本人，最后也不得不承认了阳明在天泉证道会上发“四无教与四有教”的事实：

前年秋，夫子将有广行，宽、畿各以所见未一，惧远离之无正也，因夜侍天泉桥而请质焉。夫子两是之，且进之以相益之义。冬初，追送于严滩请益，夫子又为究极之说。由是退与四方同志更相切磨，一年之别，颇得所省……[2]

---

[1]　《王畿集》附录四《传铭祭文》。
[2]　钱德洪：《讣告同门》，《王阳明全集》卷三十八《世德纪》。

这里说的"夫子又为究极之说","颇得所省",就是指阳明发
"四无教与四有教"的究极之说,钱德洪这些话适足自我暴露他
也放弃了原来认为阳明在天泉证道会上是发"王门四句教"的错
误说法。无怪当阳明接着到达南昌南浦驿时,邹守益、欧阳德、
刘邦采、黄弘纲、何廷仁、魏良器、魏良弼、陈九川等三百余名
门人弟子涌来南浦问学,阳明又一次大阐"向上一机"的"王门
八句教"(四无教与四有教),竟提出要江右弟子与浙中弟子共聚
绍兴阳明洞讨论讲究他的"王门八句教"。王畿在《绪山钱君行
状》中记载说:

> 过江右,东廓、南野、狮泉、洛村、善山、药湖诸同志
> 二三百人候于南浦请益。夫子云:"军旅匆匆,从何处说起?
> 我此意畜之已久,不欲轻言,以待诸君自悟。今被汝中拈出,
> 亦是天机该发泄时。吾虽出山,德洪、汝中与四方同志相守
> 洞中,究竟此件事。诸君只裹粮往浙,相与聚处,当自有得。
> 待予归,未晚也。"

赵锦在《龙溪王先生墓志铭》中也记载说:

> 无何,阳明过江右,邹东廓、欧阳南野率同志百余人出
> 谒,阳明谓之曰:"吾有向上一机,久未敢发,今被汝中拈
> 出,亦是天机该发泄时。吾方有兵事未暇,诸君质之汝中,
> 当必有证也。"其善发阳明之蕴,而为其所重如此。[1]

---

[1]　赵锦:《龙溪王先生墓志》,《王畿集》附录四《传铭祭文》。另见徐阶《龙溪王
　　先生传》。

所谓"吾有向上一机"，就是指阳明从本体上发"四无教"之说。阳明在南昌大阐"四无教与四有教"意义重大，原来他在南昌已把自己同浙中江右门人弟子聚会于阳明洞中讲论探究"王门八句教"（四无教与四有教）立为展示总结他生平学问思想最后飞跃进展的最大遗愿，后来浙中与江右的门人弟子果然实现了阳明师的这一遗愿。所以他接着到达吉安时，仍向江右学者大阐"四无教与四有教"。这时有彭簪、王钊、刘阳、欧阳瑜、刘琼治等三百余名弟子诸生来聚会于螺川驿，聆受阳明的"王门八句教"。钱德洪在《阳明先生年谱》中记载说：

> 至吉安，大会士友螺川。
>
> 诸生彭簪、王钊、刘阳、欧阳瑜等偕旧游三百余，迎入螺川驿中。先生立谈不倦，曰："尧、舜生知安行的圣人，犹兢兢业业，用困勉的工夫；吾侪以困勉的资质，而悠悠荡荡，坐享生知安行的成功，岂不误己误人？"又曰："良知之妙，真是周流六虚，变通不居。若假以文过饰非，为害大矣。"临别，嘱曰："工夫只是简易真切，愈真切，愈简易；愈简易，愈真切。"

钱德洪仍记叙含糊简略，掩饰真相。实际所谓"尧、舜生知安行的圣人"，就相当于指"上根之人"，用从本体入手的"四无教"；所谓"吾侪以困勉的资质"，就相当于指"中根以下人"，用从工夫入手的"四有教"。所谓"良知之妙，真是周流六虚，变通不居"，"工夫只是简易真切，愈真切，愈简易；愈简易，愈真切"，就是从本体上与从工夫上论四无教与四有教。这同阳明在同时寄给安福惜阴会同志的信中所说的话完全相同：

诸友始为惜阴之会，当时惟恐只成虚语。迩来乃闻远近豪杰闻风而至者以百数，此可以见良知之同然，而斯道大明之几，于此亦可以卜之矣，喜慰可胜言耶？得虞卿及诸同志寄来书，所见比旧又加亲切，足验工夫之进，可喜可喜！只如此用功去，当不能有他歧之惑矣。明道有云："宁学圣人而不至，不以一善而成名。"此为有志圣人而未能真得圣人之学者，则可如此说。若今日所讲良知之说，乃真是圣学之的传，但从此学圣人，却无有不至者。惟恐吾侪尚有一善成名之意，未肯专心致志于此耳。在会诸同志，虽未及一一面见，固已神交于千里之外。相见时，幸出此共勉之。王子茂寄问数条，亦皆明切。中间所疑，在子茂亦是更须诚切用功。到融化时，并其所疑亦皆释然沛然，不复有相阻碍，然后为真得也。凡工夫只是要简易真切，愈真切，愈简易；愈简易，愈真切。[1]

阳明这封信，是由刚在南昌受"王门八句教"的安福士子彭簪等人带回安福的，所以阳明这封信也有要安福惜阴会弟子同志讨论讲究他的"王门八句教"的用意，"工夫只是要简易真切，愈真切，愈简易；愈简易，愈真切"，成为浙中弟子与江右弟子共同讨论讲究"王门八句教"的指导准则：所谓"愈真切，愈简易"，即从真切体认本体入手达到致良知的简易工夫，复归心体（四无教）；所谓"愈简易，愈真切"，即从致良知的简易工夫入手达到真切的本体体认，觉悟心体（四有教）。

_____

[1]《王阳明全集》卷六《寄安福诸同志》。

```
                        王门八句教
          ┌──────────────────────┴──────────────────────┐
        渐教                                         顿教
    （从工夫入手）                                （上根之人）
    （中根以下人）                                （从本体入手）
  ┌────┬────┬────┬────┐              ┌────┬────┬────┬────┐
 物有  知有  意有  心有              物无  知无  意无  心无
 善有  善有  善有  善有              善无  善无  善无  善无
 恶    恶    恶    恶                恶    恶    恶    恶
    （四有教）                                  （四无教）
```

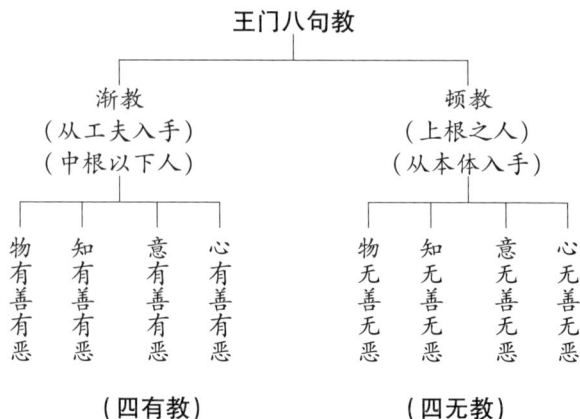

显然，阳明是从良知心学的践履实行上提出了真切简易的“王门八句教”（四无教与四有教），这是一个人由凡成圣的本体工夫论的修行体系，在这种致良知、复心体的心学体系之中，鲜明贯穿了两个践履实行的根本原则：

一是体用一源、心一分殊、知行合一的思想。阳明早就认识到中国传统哲学中的体用一源、形上形下合一的思想，认为心为体，物为用，心一为体，分殊为用，形上本体至善永恒，形下发用则显善显恶。因此从体（形上未发）上说，心、意、知、物的自体本然无善无恶；但从用（形下已发）上说，心、意、知、物的发用有善有恶。这一思想在“王门四句教”中还没有得到充分贯彻，混同了体与用、本体与工夫的范畴；而在“王门八句教”中得到了明晰的表述，区分了体与用、本体与工夫的范畴及其修行的方法进路。

二是依据人的“知”的不同根基因人设教的思想。阳明也早认识到人在知上根基的不同，他根据《中庸》说的“或生而知之，或学而知之，或困而知之”，把人的知分为三等：生知安行，是为圣人；学知利行，是为贤人；困知勉行，是为学者。与《中庸》相对应，在良知心学的修行上，他把人的修行的根器也分为三等：下根之人，中根之人，上根之人。根基不同，立教有别，修行方法、进路及其达到的境界也不同，针对不同根基人等，须因材设教，不能躐等。在立"王门四句教"以后，因人根基设教的问题成了阳明复心成圣的良知修行思考的重点，他反复对弟子说：

> 心之良知是谓圣。圣人之学，惟是致此良知而已。自然而致之者，圣人也；勉然而致之者，贤人也；自蔽自昧而不肯致之者，愚不肖者也。愚不肖者，虽其蔽昧之极，良知又未尝不存也，苟能致之，即与圣人无异矣。此良知所以为圣愚之同具，而人皆可以为尧舜者，以此也。[1]
>
> "知行"二字即是工夫，但有浅深难易之殊耳。良知原是精精明明的。如欲孝亲，生知安行的，只是依此良知，实落尽孝而已；学知利行者，只是时时省觉，务要依此良知尽孝而已；至于困知勉行者，蔽锢已深，虽要依此良知去孝，又为私欲所阻，是以不能，必须加人一己百、人十己千之功，方能依此良知以尽其孝。圣人虽是生知安行，然其心不敢自是，肯做困知勉行的功夫；困知勉行的，却要思量做生知安行的事，怎生成得！
>
> 问："中人以下不可以语上，愚的人与之语上尚且不进，况不与之语，可乎？"先生曰："不是圣人终不与语。圣人的心，忧不得人人都做圣人。只是人的资质不同，施教不可躐

---

[1]　《王阳明全集》卷八《书魏师孟卷》。

等。中人以下的人,便与他说性说命,他也不省得,也须慢慢琢磨他起来。"

　　诸君功夫最不可助长。上智绝少,学者无超入圣人之理。一起一伏,一进一退,自是功夫节次。不可以我前日用得功夫了,今却不济,便要矫强做出一个没破绽的模样,这便是助长。[1]

这些话都说在阳明立"王门八句教"之前,像第二条是黄省曾记在嘉靖二年,可见阳明早在思考因人根基设教的问题,因人根基设教的"王门八句教"已在他头脑中酝酿。只是这一因人根基设教的修行思想在"王门四句教"中没有得到体现,而在"王门八句教"中成为立教修行的根本原则:四有教为中根以下人(未悟得心体)所设教,为渐教;四无教为上根人(悟得心体)所设教,为顿教:

生知安行→圣人—上根之人→立**四无教**(从本体入手)

学知利行→贤人

困知勉行→学者 }→中根以下人→立**四有教**(从工夫入手)

显然,所谓"王门八句教",就是一个因人根基所立的修行教法体系,所谓"四无教"与"四有教",就是从"体"与"用"上划判修行入手进路、为根基不同的人所立的两个修行教法:所谓"四无",是指心、意、知、物的自体皆无善恶,"四无教"是对悟得心体的上根之人所说教,是从本体(体)入手,故为

---

[1]《传习录》卷下。

顿教；所谓"四有"，是指心、意、知、物的发用皆有善有恶，"四有教"是对未悟得心体的中根以下人所说教，是从工夫（用）入手，故为渐教。可见阳明提出的"王门八句教"，实际就是一个由迷入悟、由凡成圣的修行教法：四有教是由凡入悟，从工夫上用力，通过致良知觉悟心体；四无教是由凡入圣，从本体上用力，通过致良知超凡成圣。两个教法的修行都是指向同一的致良知—复心体—由凡成圣的觉悟之路。四无教与四有教，展现了两个不同根基等级（上根人与中下根人）与不同修行进路（从本体入手与从工夫入手）的修行教法，但两个修行教法又互补共进。

阳明所以要用"王门八句教"（四有教与四无教）的教法代替"王门四句教"（一无三有教）的教法，实际是他看到了"王门四句教"的教法的偏颇与不切实用。因为现实中的人（世人）都是异化无根基的人，一个在不同程度上人心沉沦、良知迷失的"世人"，要这样的人去直接体认心体、致良知以复心体是不可能的，也就是说，要他们按照"王门四句教"第一句所说的"无善无恶是心之体"从心体入手修行是行不通的。所以他提出了一个"四有教"加以补救，把第一句改为"心有善有恶"，要心有善有恶的现实的人（世人）都要从工夫入手踏踏实实循序修行，不能超阶躐等。"王门八句教"的提出，强烈体现了阳明良知心学"知行合一"的实践工夫精神。

阳明的本体无善无恶、本体的发用有善有恶的思想与因人根基设教的思想的提出，充分表明阳明清醒认识到现实存在的人（世人）都是一个本拔源塞的异化的人，已不是一个心体至善、良知灵明的本然的人，因此要照"王门四句教"所说的那样从"无善无恶心之体"的本体上入手修行是不现实的；而只有照

"王门八句教"所说的那样从"心有善有恶"的工夫上入手修行，才能真正达到致良知、复心体的境界，本归源通，由凡成圣。因此，阳明的"王门八句教"（四无教与四有教）相对于"王门四句教"，实现了一次良知心学的终极提升，它把良知心学从形而上学本体论的玄思外壳中解放出来，成为真正切实可行的道德践履的实践工夫论哲学。它摈弃了传统那种把人设定为一个先天存在抽象完善的本我的人文视角，而以现实中的有血有肉、本拔源塞、有不同根基的异化的自我作为审视的中心，考量着异化的人心与生存世界的价值贫乏与人的归宿问题，它是对人心、生命与存在的忧思，一句话，阳明的良知心学只是一种充满实践理性张力的心性道德修养论，是一个旨在解决人"心"问题的思想体系，它以堕落异化的人心的复归为指归，就是说，阳明的良知心学只是教人如何通过致良知以复心体（良知复明），为善去恶，做一个真正有价值意义的人，除此之外，别无目的。因此，阳明的良知心学不是经天纬地的事功学，也不是神通广大张扬主体心力的宗教学，更不是神机妙算、可以包医百病、无往不胜的神学，它只是解决"人"的存在问题的人文学。它超越了传统儒家士大夫狭隘的忧君忧国忧民的思想境界，上升到了忧人忧心忧道的终极人文关怀。这表明晚年的阳明对解决"人"的问题与人"心"的问题有了更深切的思考，他以重在本体论上的对"心"是什么的玄理思辨，转向了重在工夫论上的对如何"致良知"的如实修行，这就是他的"王门八句教"的修行教法更昂扬体现出的崇高人文精神。阳明无畏地揭起了"拔本塞源"的"复心"旗帜，人心的异化导致了人的非人化，因此他的"王门八句教"的良知心学的哲学口号是：

复心！

为善去恶！

使非人复归人！

从这个意义上可以说，"王门八句教"（四无教与四有教）是阳明对自己的净化提升人"心"的良知心学的最后的总结，它扬弃了"王门四句教"而又包含了"王门四句教"，是阳明的良知心学发展的终极境界。"王门八句教"成为阳明良知心学的"传心秘藏"，心学修行的终极"教法"。在这样一个良知思想的大飞跃以后，接踵而来的就是他宣称要同浙中江右的门人弟子们展开共同讨论讲究并努力践履实行他的"王门八句教"，但世宗的"学禁"却一下子又把他抛进了悲剧命运的深渊。

第十七章
起征思田：悲剧命运的最终结局

强行出山
——在绍兴最后的坎坷岁月

阳明在嘉靖三年四月服阕，本应立即起用出仕，却遭到世宗与朝中大臣的百般阻挠拖延。当时朝中"大礼议"闹剧正吵得纷纷攘攘，沸沸扬扬，大臣都尤忌阳明这时起复入朝来"搅局"。世宗早认定阳明心学是"异端邪说"，布下"学禁"的大网，更是极力阻遏阳明复职起用。阳明在绍兴居家待复，又痛苦难耐地经受着长达四年之久的人生坎坷困境的煎熬。

先是都御史吴廷举在四月引荐阳明上大礼议，接着南京兵部尚书李充嗣疏举阳明自代，御史石金等人交章论荐阳明起用，世宗均不允。阳明被废弃在家，排摈压抑，只有把一腔治国行道的热忱倾注在阳明书院与稽山书院的教育中，以拯救"人心"的陷溺沉沦为己任。直到九月，又有御史王木上疏荐杨一清与王阳明入朝，认为"今欲兴道致治，非二臣不可"[1]。御史潘壮也举荐杨一清、王阳明、萧鸣凤入朝。吴廷举更在九月十五日上了《钦承明诏荐用人才疏》，荐举阳明任兵部尚书。[2]世宗仍冷漠不允。起复无望，阳明坦然应对，决意终老山林烟霞，讲学论道以度余生。当张体仁赴京过绍兴来访时，阳明一连作了四首诗，吐露了自己"此生何忍便脂韦""唯有烟霞可相依"的内心创痛：

[1]《明世宗实录》卷三十八。
[2]《东湖集奏疏》卷三《钦承明诏荐用人才疏》。

次张体仁联句韵

眼底湖山自一方，晚林云石坐高凉。

闲心最觉身多系，游兴还堪鬓未苍。

树杪风泉长滴翠，霜前岩菊尚余芳。

秋江画舫休轻发，忍负良宵灯烛光。

山寺幽寻亦惜忙，长松落落水浪浪。

深冬平野风烟淡，斜日沧江鸥鹭翔。

海内交游唯酒伴，年来踪迹半僧房。

相过未尽青云话，无奈官程促去航。

青林人静一灯归，回首诸天隔翠微。

千里月明京信远，百年行乐故人稀。

已知造物终难定，唯有烟霞或可依。

总为迂疏多牴牾，此生何忍便脂韦？[1]

问俗观山两剧匆，雨中高兴谅谁同？

轻云薄霭千峰晓，老木苍波万里风。

客散野凫从小艇，诗成岩桂发新丛。

清词寄我真消渴，绝胜金茎吸露筒。[2]

但阳明悲叹的并不是自家的排摈不用，而是忧惧尘世人心的陷溺，世道的浇薄，圣学的不明，良知心学的绝传，他屈居林下不见用于世，却反而更坚定了自己讲明圣学、走自己人心救赎之路的勇

---

[1]　《王阳明全集》卷二十九。

[2]　此一诗碑帖真迹由无为宝晋斋收藏，见何福安《宝晋斋碑帖集释》。

决之心。他在给陕西巡抚罾庵王荩的信中直陈心迹说：

> 近世士夫之相与，类多虚文弥诳而实意衰薄，外和中妒，
> 徇私败公，是以风俗日恶而世道愈降……仆已无所可用于世，
> 顾其心痛圣学之不明，是以人心陷溺至此，思守先圣之遗训，
> 与海内之同志者讲求切劘之，庶亦少资于后学，不徒生于圣
> 明之朝。然蔽惑既久，人是其非，其能虚心以相听者鲜
> 矣……虽然，目击而道存，仆见执事之书，既已知执事之心，
> 虽在千万里外，当有不言而信者。谨以新刻小书二册（指新
> 刻《传习录》）奉求教正。盖鄙心之所欲效者，亦略具于其
> 中矣。[1]

到十二月，由于北边战事紧张，世宗下命陕西三边设提督军务大
臣一员，吏部推举杨一清、王阳明、彭泽均堪大任。杨一清致书
阳明，自认年迈不胜重任说："近日忽兵部咨，知有提督陕西戎务
之命，且与公名同上。在公实称，如仆曩官京师，因病不能供职，
辞章数十上，乃得俞旨休致。今年日老，病日多，精力日惫，岂
能复供任使？已具疏恳辞，圣明必能怜察，而此任未免属之公
矣。"[2] 但世宗依旧废斥阳明不用，任命杨一清为三边提督，为
他进而入阁打开了通道。

对世宗热衷于"大礼议"的腐败朝廷来说，嘉靖三年是一个
风风雨雨的多事之秋，阳明是在林下同四方学子的讲学论道中度
过的。到嘉靖四年正月，他的夫人诸氏去世，阳明更感到生活的
艰辛压抑，他的立功恩赐的诰券禄米始终不见朝廷颁下。就在他

[1]《王阳明全集》卷二十一《答王罾庵中丞》。
[2]《杨一清集·督府稿》柬札类《与王阳明司马》。

忙于治理诸氏丧事之际，二月，礼部尚书席书奋起奏荐杨一清、王阳明"文武兼资，堪任将相"，说："今一清已督三边，守仁当处之内阁，秉枢机，无为忌者所抑。"甚至说："今诸大臣多中材，无足与计天下事者。定乱济时，非守仁不可！"席书的话激怒了世宗，他竟直斥席书说："近日边防多事，已命廷臣集议。席书身为大臣，果有谋略，宜即悉心敷奏，共济时艰，何必自为中材者负委任！"[1] 阳明再一次被世宗废弃不用。但席书不畏世宗凶焰，六月，他又再次荐举阳明，说："生在臣前者见一人，曰杨一清；生在臣后者见一人，曰王守仁。且使亲领诰券，趋阙谢恩。"[2] 冥顽的世宗依旧不予理睬。

　　其实阳明所以被废弃不用，不仅是因为世宗把阳明认定为"学禁"的首魁，邪说的憸人，要加以禁锢打击；而且还因为朝中阁老大臣费宏之流惧忌阳明入朝入阁，夺了他们的阁老宝座。但目睹朝内外的形势日益动荡险恶，朝臣言官都不得不起而呼喊发声了。继席书之后，七月，黄绾又进上了《论圣学求良辅疏》，表面谏劝世宗明圣学，求良辅，真意却在荐阳明入阁辅政。黄绾在疏中苦心规劝说：

　　　　盖人之一心，天理莹然，恻隐、羞恶、辞让、是非，随感而见，粹然至善，所谓"良知"，非由外铄，不以圣人而多，不以众人而少。众人志不求道，不知克己以存其心，惟私意是循，此所以为众人；圣人志在求道长存，其心惟天理是由，此所以为圣人。陛下但试观之：渊居静默，此心收敛，不有湛然清明者乎？以之应事，必无差失；及试观之：繁华

[1]《明世宗实录》卷四十八。
[2] 钱德洪：《阳明先生年谱》。

杂扰，此心纷动，不有愦然昏塞者乎？以之应事，恶得无谬？
即此，则圣愚理欲之判、操舍存亡之端可见矣……况今海内
犹未至于时雍，朝廷未及乎法官，治乱安危之机，只在陛下
一心毫发之间，可不畏哉！圣圣心法所传，可须臾而不力
哉！……但陛下以一人之身，居崇高之地，操赏罚予夺之命，
凡所自奉，皆足蛊心而夺志；凡在左右，皆能窃幸而贾权，
挠遏窥伺，无所不至，若非得其人以辅导，则一齐众楚，孰
与陛下而不楚哉！然所谓其人者，非徒取其能铺张文艺、粉
饰事功而已，必求道德明备、诚心国家之人，置之密迩，与
之朝夕居处，不少疏隔，必使上下之情洞然无忌，从容讲论，
无异民间师友，于此以养陛下之真心，定陛下之真志。以此
心而观经史所载，是非了然，师其是以鉴其非，此志益笃，
所谓"精一执中"之道，其不在兹乎？又何有于疑似不可自
强者乎？昔殷高宗恐德弗类，不足正四方，恭默思道，梦帝
赉以良弼，以形旁求于天下，得傅说于傅岩。爰立作相，置
诸左右，命之朝夕纳诲，启心沃心，以成殷中兴之业……臣
愿陛下近法祖宗之故事而必修其实，远师高宗之精意而克慎
厥终。朝廷之大，四海之广，岂无一人如傅说之俦，足遂陛
下之求，以成陛下不世之业者？伏惟陛下留神无忽，实宗社
生灵无疆之庆。[1]

黄绾的规劝可谓是苦口婆心，但他说的求良辅、明圣学实际是要
世宗崇信阳明的良知心学，把阳明奉为当代的"傅说"迎进朝
中，辅弼世宗实现中兴的大业，这无异于是对牛弹琴。因为良知

---

[1]　《知罪录》卷三《论圣学求良辅疏》。

心学正是世宗要禁绝的"邪说"，阳明正是他要禁锢的"憸人"，世宗崇信的是程朱理学，他心目中的"良辅"就是身边的张璁、桂萼之流，怎么可能把阳明奉为"傅说"请上阁老的"相座"呢？黄绾的上疏反而更增加了多疑的世宗对阳明的猜忌。所以紧接着黄绾之后，南京工部尚书吴廷举又上了《荐用文武全才以掌督府疏》，再荐举阳明暂掌南京都督府事。致仕刑部尚书林俊也上书乞请召阳明入朝，"以神圣德，图圣治"，独断的世宗也都一口拒绝了。

阳明屏居林下，更沉潜在同士子学者讲学论道的生活中，远离世路与仕途的喧嚣恶薄。九月，他归余姚省竹山穴湖祖墓，合葬易直翁王衮夫妇于竹山。他把这次归余姚省墓作为一次回故里传播良知心学之行，同故人谢迁、谢丕、冯兰、倪宗正、严时泰、钱蒙、于震、管浦、邵蕡唱酬讲学。胡缵宗把阳明比为当代"王通"，作诗颂扬说：

桐湖一曲赠邵方伯文实兼呈王公阳明

桐湖一曲水连天，十里浮槎围碧莲。
淡云疏月临钓石，飞凫浴鹭下渔湍。
长安回首忽如梦，彭泽归来真若仙。
方伯才高康节寿，王通相访但谈玄。[1]

阳明又与余姚诸生讲会于龙泉寺中天阁，给余姚士子设定了讲学期会。他作了一篇《书中天阁勉诸生》，大书于中天阁壁，说：

承诸君之不鄙，每予来归，咸集于此，以问学为事，甚

---

[1]《鸟鼠山人小集·嘉靖集》卷六。

盛意也。然不能旬日之留，而旬日之间，又不过三四会。一
别之后，辄复离群索居，不相见者动经年岁。然则岂惟十日
之寒而已乎？若是而求萌蘖之畅茂条达，不可得矣。故予切
望诸君勿以予之去留为聚散。或五六日、八九日，虽有俗事
相妨，亦须破冗一会于此。务在诱掖奖劝，砥砺切磋，使道
德仁义之习日亲日近，则世利纷华之染亦日远日疏，所谓
“相观而善”，“百工居肆以成其事”者也。[1]

从此龙泉山中天阁成为余姚一大讲会胜地，与绍兴的阳明书院声
气相通。

阳明无意于入朝入阁，但嘉靖四年以来世宗的独裁独断与阁
臣费宏之流的尸位素餐、排击异己，加深了朝廷政局的动荡不宁，
朝中攻讦费宏之声日起。为了打破费宏当轴以来朝廷的僵局，十
一月，御史吉棠上奏请召还三边提督杨一清直内阁，得到世宗允
准，但是在选定三边提督上却掀起了轩然大波。吏部会推彭泽、
王阳明、邓璋提督陕西三边军务，礼部尚书席书举荐阳明为三边
提督，世宗一概不用，他竟自己一手钦定起用致仕兵部尚书王宪
总督陕西三边军务。《明世宗实录》上记载这件事的内幕说：

十二月丁酉，起兵部致仕尚书王宪提督陕西三边军务。
初，杨一清召还，廷臣首推原任兵部尚书彭泽、王守仁可代。
上不允，乃更推原任户部尚书邓璋及宪……吏部尚书廖纪言：
“顷者陛下召还杨一清于内阁，提督边务员缺。臣等两次会推
如尚书等官彭泽、王守仁、邓璋，皆未足以仰当圣心。臣惟

[1]　《王阳明全集》卷八。

提督之任,更无逾杨一清、彭泽等五人,因俱奏请从科道之言,仍留一清,或从臣等会推简任一员,实为边方得人计耳。而礼部尚书席书谓臣内则柔顺于相,臣外则牵制于科道,含糊展转,曲为两请之词。书为此言,必有所主。臣思吏部以用人为职,举人代任,亦臣职也。窃观大臣中人不能言者,书能言之;人不敢为者,书能为之。远过臣任。矧今属当考察之期,乞罢臣用,书必能用舍得宜,黜陟精当。"上谕曰:"卿老成持重,德望素隆,铨衡重地,委任方切。提督官已有旨,不必深辨,宜即出供职。不允辞。"[1]

这次荐选三边提督,朝臣分成了三派:科道官主张杨一清留为三边提督,入阁人员另选;吏部会推彭泽、王阳明、邓璋为三边提督人选;礼部尚书席书则主杨一清入阁,王阳明任三边提督。问题的关键是世宗最忌阳明,务欲斥之而后快,所以最终由他另外钦点王宪为三边提督,阳明摈落不用,主荐阳明的席书成了众矢之的,遭到世宗切责。而在绍兴的阳明也莫名受到谤伤。廖纪说"书为此言,必有所主",实际就是诬谤阳明在背后指使。

原来在朝中激烈争议三边提督人选的时候,恰逢绍兴守南大吉考满入觐,地方上对南大吉与阳明两人在绍兴大倡良知心学的诬谤也伴随着南大吉飞入京师,引起朝廷"大吏"的警觉。阳明在绍兴已预感到南大吉入京的凶险,他在《送南元善入觐序》中谈到南大吉所处的危境说:

渭南南侯之守越也,越之敝数十年矣。巨奸元憝,窟据

[1]《明世宗实录》卷五十八。

根盘，良牧相寻，未之能去；政积事隳，俗因隳靡。至是乃
斩然剪剔而一新之，凶恶贪残，禁不得行；而狡伪淫侈，游
惰苟安之徒，亦皆拂戾失常，有所不便。相与斐斐缉缉，构
谗腾诽；城狐社鼠之奸，又从而党比翕张之，谤遂大行。士
夫之为元善危者沮之，曰："谤甚矣，盍已诸？"元善如不闻
也，而持之弥坚，行之弥决。且曰："民亦非无是非之心，而
蔽昧若是，固学之不讲而教之不明也，吾宁无责而独以咎归
于民？"则日至学官，进诸生而作之以圣贤之志，启之以身心
之学。士亦蔽于习染，哄然疑怪以骇，曰："是迂阔之谈，将
废吾事！"则又相与斐斐缉缉，訾毁而诋议之。士夫之为元善
危者沮之曰："民之谤若火之始炎，士又从而膏之，孰能以无
烬乎？盍遂已诸？"元善如不闻也，而持之弥坚，行之弥决。
则及缉稽山书院，萃其秀颖，而日与之谆谆焉，亹亹焉，越
月逾时，诚感而意孚。三学泊各邑之士亦渐以动，日有所觉
而月有所悟矣。[1]

南大吉入觐到京，正好撞在枪口上，很快以辟稽山书院讲良知心
学、编刻《传习录》传播等罪罢归。李维桢在《南郡守家传》中
揭开南大吉罢官的真正原因说：

乃葺稽山书院，创尊经阁，简八邑才俊弟子肄业其中，
为新建刻《传习录》，风示远近，四方从新建者麕集，公为
都养焉……余闻嘉靖初，当国者忌新建，禁伪学，嗛公行其
《传习录》，谗口因是得入。[2]

---

[1]《王阳明全集》卷二十二。
[2]《大泌山房集》卷六十五。

显然，朝廷罢斥南大吉，真意却在打击阳明，阻遏阳明的复出。所以到闰十二月《大礼集议》书成时，官升詹事府少詹事的方献夫上疏荐阳明入阁，世宗又一口断然拒绝。阳明心中洞若观火，不禁怒火中烧，他在给归居渭南的南大吉的信中称颂了南大吉的壮举，愤慨地说：

> 夫惟有道之士，真有以见其良知之昭明灵觉，圆融洞彻，廓然与太虚而同体。太虚之中，何物不有？而无一物能为太虚之障碍。盖吾良知之体，本自聪明睿知，本自宽裕温柔，本自发强刚毅，本自斋庄中正、文理密察，本自溥博渊泉而时出之，本无富贵之可慕，本无贫贱之可忧，本无得丧之可欣戚，爱憎之可取舍。盖吾之耳而非良知，则不能以听矣，又何有于聪？目而非良知，则不能以视矣，又何有于明？心而非良知，则不能以思与觉矣，又何有于睿知？然则又何有于宽裕温柔乎？又何有于发强刚毅乎？又何有于斋庄中正、文理密察乎？又何有于溥博渊泉而时出之乎？故凡慕富贵，忧贫贱，欣戚得丧，爱憎取舍之类，皆足以蔽吾聪明睿知之体，而窒吾渊泉时出之用。若此者，如明目之中而翳之以尘沙，聪耳之中而塞之以木楔也。其疾痛郁逆，将必速去之为快，而何能忍于时刻乎？故凡有道之士，其于慕富贵，忧贫贱，欣戚得丧而取舍爱憎也，若洗目中之尘而拔耳中之楔。其于富贵、贫贱、得丧、爱憎之相值，若飘风浮霭之往来变化于太虚，而太虚之体固常廓然其无碍也。元善今日之所造，其殆庶几于是矣乎！是岂有待于物以相胜而去彼取此？激昂于一时之意气者所能强，而声音笑貌以为之乎？元善自爱！元善自爱！关中自古多豪杰，其忠信沈毅之质，明达英伟之

　　器，四方之士，吾见亦多矣，未有如关中之盛者也。然自横
　　渠之后，此学不讲，或亦与四方无异矣。自此关中之士有所
　　振发兴起，进其文艺于道德之归，变其气节为圣贤之学，将
　　必自吾元善昆季始也。今日之归，谓天为无意乎？谓天为无
　　意乎？[1]

这是一个在"学禁"罗网底下挣扎的灵魂发出的不屈呼喊，是身
在困境中的阳明对世宗禁锢士类、排逐诤臣、殄灭圣学、专横独
裁的坚贞回答。他希望南大吉回关中大力传播良知心学，用振兴
张载关学来回击朝廷的"学禁"。而阳明自己面对诬谤，也激发
起了一腔抗争的豪气，更无所畏惧地在浙中大阐良知心学。这时
适逢来年会试将临，阳明把这场科举大比看成是宣播良知心学、
试验良知心学锋芒的机会，他明知朝中大臣不喜心学，却要他的
弟子们都参加嘉靖五年春间的会试，以展现他在答南大吉书中说
的"进其文艺于道德之归，变其气节为圣贤之学"的抱负志向。
他对不愿参加会试的王畿说："吾非欲以一第荣子，顾吾之学，疑
信者犹半，而吾及门之士，朴厚者未尽通解，颖慧者未尽敦毅。
觐试，仕士咸集，念非子莫能阐明之，故以属子，非为一第也。"
王畿答应说："诺。此行仅了试事，纵得与选，当不廷试，而
归卒业焉。"[2]

　　嘉靖五年正月，阳明亲自觅选一大舟，载王畿、钱德洪、闻
人诠、黄弘纲、张元冲、曾忭、魏良贵、裘衍、唐愈贤、孙应奎、
戚贤众弟子北上赴京赶考。这场会试，果然有阳明的多名弟子闻
人诠、唐愈贤、戚贤、曾忭、华察、冯恩都中了进士。王畿与钱

德洪也省试中举，但他们却遵师嘱，俱不参加廷试而归。王畿在考试中不顾场屋程式，直抒己见，发明心学宗旨，完成了阳明嘱咐的"非子莫能阐明之"的重任，徐阶在《龙溪王先生传》中记载说："（王畿）在场屋所为文，直写己见，不数数顾程式。赖有识者，此非可以文士伎俩较也。拔诸高等，而同门绪山钱公亦在选，士咸举手以庆。然枋国大吏多不喜学，公语钱公曰：'此非吾君仕时也，且始进而爽信于师，何以自立？'乃不就廷试而还。其后，文成之门来学者日益众，文成不能遍指授，则属公与钱公等高第弟子分教之。"[1] 王畿与钱德洪回到绍兴后，阳明高兴地说："吾设教以待四方英贤，譬之店主开行以集四方之货。奇货既归，百货将日积，主人可无乏行之叹矣。"[2] 王畿与钱德洪赴京省试中举而又俱不廷试而归，是向朝中不喜心学的"大吏"的一次无声的"示威"与"挑战"，阳明是把他们当作反抗"学禁"的英雄迎接归越的，《传习录》中记下了阳明同归来的王畿、钱德洪的一席谈话：

　　　　洪与黄正之、张叔谦、汝中丙戌会试归，为先生道途中讲学，有信有不信。先生曰："你们拿一个圣人去与人讲学，人见圣人来，都怕走了，如何讲得行？须做得个愚夫愚妇，方可与人讲学。"洪又言："今日要见人品高下最易。"先生曰："何以见之？"对曰："先生譬如泰山在前，有不知仰者，须是无目人。"先生曰："泰山不如平地大，平地有何可见？"先生一言剪裁，剖破终年为外好高之病，

[1]　徐阶：《龙溪王先生传》，见《王畿集》附录四《传铭祭文》。
[2]　《王畿集》卷二《绪山钱君行状》。

在坐莫不悚惧。[1]

阳明就这样用自己的方式睿智地抗击了世宗与当朝"大吏"（阁臣）的思想禁锢，化解了又一次诬谤的困厄。到五月，杨一清复吏部尚书、武英殿大学士，直阁，兆示了费宏权党败落的命运，朝局稍振。但世宗独断专横故我，新的矛盾争斗又潜滋暗长，张璁、桂萼之辈已在觊觎阁老的宝座，天下士夫多乐观以为太平将至，阳明却保持着清醒的头脑，目光如炬，对大臣的内斗忧心忡忡。当杨一清致札阳明来垂询政事时，阳明抓住这一机会，向杨一清痛陈危殆的国事朝局，进献了首辅操权之专与相权之用的大计。他在札中语重心长地分析说：

前日尝奉启，计已上达。自明公进秉机密，天下士夫忻忻然动颜相庆，皆为太平可立致矣。门下鄙生独切生忧，以为犹甚难也。亨屯倾否，当今之时，舍明公无可以望者，则明公虽欲逃避乎此，将亦有所不能。然而万斛之舵，操之非一手，则缓急折旋，岂能尽如己意？临事不得专操舟之权，而偾事乃与同覆舟之罪，此鄙生之所谓难也。夫不专其权而漫同其罪，则莫若预逃其任；然在明公亦既不能逃矣。逃之不能，专又不得，则莫若求避其罪；然在明公亦终不得避矣。天下之事，果遂卒无所为欤？夫惟身任天下之祸，然后能操天下之权；操天下之权，然后能济天下之患。当其权之未得也，其致之甚难；而其归之也，则操之甚易。万斛之舵，平时从而争操之者，以利存焉。一旦

────────────

[1]　《传习录》卷下。

风涛颠沛，变起不测，众方皇惑震丧，救死不遑，而谁复
与争操乎? 于是起而专之，众将恃以无恐，而事因以济。
苟亦从而委靡焉，固沦胥以溺矣。故曰"其归之也，则操之
甚易"者，此也。古之君子，洞物情之向背而握其机，察阴
阳之消长以乘其运，是以动必有成而吉无不利，伊、旦之于
商、周是矣。其在汉、唐，盖亦庶几乎? 此者虽其学术有所
不逮，然亦足以定国本而安社稷，则亦断非后世偷生苟免者
之所能也。夫权者，天下之大利大害也，小人窃之以成其恶，
君子用之以济其善，固君子之不可一日去，小人之不可一日
有者也。欲济天下之难，而不操之以权，是犹倒持太阿而授
人以柄，希不割矣。故君子之致权也有道，本之至诚以立其
德，植之善类以多其辅。示之以无不容之量，以安其情;扩
之以无所竞之心，以平其气;昭之以不可夺之节，以端其向;
神之以不可测之机，以摄其奸;形之以必可赖之智，以收其
望。坦然为之，下以上之;退然为之，后以先之。是以功盖
天下而莫之嫉，善利万物而莫与争。此皆明公之能事，素所
蓄而有者，惟在仓卒之际，身任天下之祸，决起而操之耳。
夫身任天下之祸，岂君子之得已哉? 既当其任，知天下之祸
将终不能免也，则身任之而已。身任之而后可以免于天下之
祸。小人不知祸之不可以幸免，而百诡以求脱，遂致酿成大
祸，而己亦卒不能免。故任祸者，惟忠诚忧国之君子能之，
而小人不能也。[1]

这封长札堪称是一篇锋芒毕露指陈朝政阙失、抨击世宗专断、庸

---

[1]《王阳明全集》卷二十一《寄杨邃庵阁老》书二。

臣误国的论政大文，又一次真正显露了他的诤臣"言士"的傲骨。他直言告诫杨一清直阁的阽危处境，上有世宗的独裁专断，下有小人的朋比掣肘，难以行道施政。一旦风涛颠沛，变起不测，必遭覆舟倾国之祸。所以阳明认为直阁首辅当政首要操天下之权，相权专行，才能"济天下之患"。否则，临事不得专操舟之权，瘝国纲，靡士风，终必自取灭亡。阳明的直言无忌，已经捅破君权与相权的难以调和的对立矛盾，触犯了独夫世宗的大忌。阳明这封上札真正显示了他作为阁臣首辅所具有的敏锐眼光与胆识，这反倒使世宗与大臣对他更加疑忌了。

尽管如此，阳明的上札对杨一清还是起了警示作用。随着杨一清的直阁重用，费宏下台，张璁又步步进逼，开始同杨一清分庭抗礼。迫于形势与战事的紧急，他们两人一反常态，竟都抢着举荐阳明出来应付危难。七月，张璁进兵部右侍郎，立即上了《论边务疏》，举荐阳明任西北总制之官。他在《论边务疏》中说：

> 臣谓人臣之事君也，惟当取善以辅主，不当因人而废言。故今日之事，若不惩于既往，无以警于将来。汉晁错曰："君不择将，以其国与敌也；将不知兵，以其卒与敌也。"臣愚以西有甘肃，北有宣、大，实皆为要害之地，宜俱设总制之官，然必谋略出群，如新建伯王守仁者乃足以当之也。又必慎择巡抚之官，责之久任，吏部但得循资加职，不得易地更迁可也。夫总制得人，则足驭巡抚；巡抚得人，则足驭边将，鼓士气矣。[1]

---

[1]　《张璁集》卷三《论边务》。

昏顽自大的世宗漠视边事的严重,再一次拒绝了阳明的出任。到
十月,吏部尚书杨一清、试监察御史熊爵又举荐阳明任兵部尚书,
熊爵直言说:"本兵重地,贵在得人。新建伯王守仁、尚书彭泽皆
壮猷元老,可当是任。"世宗最忌阳明入朝,这时他正以帝王之尊
作崇仰程朱理学的《敬一箴》,颁行天下,要充当引领精神的帝
王领袖钳控天下人的头脑,他给范浚的《心箴》、程颐的《四箴》
作了御注,刻石立于天下学校,显然都是要强化"学禁",抵制
阳明心学的传播与阳明的入朝。所以他又一手钦点兵部左侍郎王
时中为兵部尚书,拒斥阳明不用。

　　到十二月,朝廷命张璁、桂萼再修《大礼全书》,席书乘机
上书奏荐召起阳明赴京咨议大礼,说:"顷议礼初已有另庙之说,
且前庙卷内所载略具,惟问神道以众论不一,及迁主谒庙之议稍
未编入。宜即敕原议礼官如方献夫、霍韬、黄宗明、熊浃、黄绾,
同本部官增修续之。或召起尚书王守仁,可与咨议。"[1] 实际这
时阳明对"大礼议"的闹剧早已感到失望,不谋其政,而从世宗
到张璁、桂萼都最忌阳明这时入朝妄议钦定的"大礼议",所以
世宗对席书的奏荐不置一词。

　　阳明在绍兴居家度日,名利得失、功名富贵无所欣戚于胸,
唯一使他感到欣慰的,是正当席书荐举他赴京咨议大礼失败的时
候,他的继室夫人张氏生了一子王正聪(王正亿),给他的林下
屏居生活带来了欢乐。乡贤达都作诗来贺,阳明作了二首和诗欣
快豁达地吟道:

　　　　嘉靖丙戌十二月庚申,始得子,年已五十有五矣,六有、

---

[1] 《明世宗实录》卷七十一。

静斋二丈昔与先公同举于乡，闻之而喜，各以诗来贺，蔼然世交之谊也，次韵为谢二首。

海鹤精神老益强，晚途诗价重圭璋。

洗儿惠兆金钱贵，烂目光呈奎井祥。

何物敢云绳祖武，他年只好共爷长。

偶逢灯事开汤饼，庭树春风转岁阳。

自分秋禾后吐芒，敢云琢玉晚圭璋。

漫凭先德余家庆，岂是生申降岳祥。

携抱且堪娱老况，长成或可望书香。

不辞岁岁临汤饼，还见吾家第几郎？[1]

风雪飞舞的除夕之夜，就是在喜得贵子的欢乐中度过的。萝石董沄作了二首守岁诗咏叹道：

丙 戌 除 夕

南都江来乐有余，广堂守岁即吾庐。

二三千个同门聚，六十九年今夜除。

文运河图呈象日，寒梅禹穴见花初。

阳明甲第春风转，老我明朝□曳裾。

越子城头雪尺余，梅花作伴卧僧庐。

真常□□岁更改，旧染若随尘扫除。

到处是家安便□，□心即圣拟还初。

---

[1]《王阳明全集》卷二十。

白头未信年华去，正要□□□翠裙。[1]

在绍兴过年的王襞作了二首和诗：

次董萝石翁余字韵

尧夫击壤浩歌余，正似江门坐小庐。

千古穷通凭感遇，百年谋计起乘除。

即怜兰蕙生涯转，刚是春风鼓动初。

待看风流三月我，万香丛里曳青裙。

唤醒从前春梦余，回头便识自家庐。

庄严宝相皆成伪，幻妄空花早破除。

一物不存非窈渺，纤毫落见失元初。

夜来闲傍梅花立，月满枝头影满裙。[2]

阳明也吟了一首和诗：

守 岁 诗

多情风雪属三余，满目湖山是旧庐。

况有故人千里至，不知今夜一年除。

天心终古原无改，岁时明朝又一初。

白首如君真洒脱，耻随儿子恋分裙。[3]

---

[1] 《从吾道人诗稿》卷下。
[2] 《明儒王东厓先生遗集》卷二。
[3] 《从吾道人语录》附录。

"阳明甲第春风转"，老年得子，阳明更别无他求，只希望"携抱且堪娱老况，长成或可望书香"，安享晚年天伦之乐。然而他做梦也没有想到，随着嘉靖六年以来朝内外政局骤然的动荡不宁，打破了他的"二三千个同门聚"的生活，朝廷又来强拉他出山平乱，把他抛进了万劫不复的死亡之路。

先在嘉靖六年三月，礼部尚书席书卒，一个最坚决荐举阳明入朝入阁的同道去世，阳明分外悲痛，他作了一篇《祭元山席尚书文》总结两人生平非同寻常的交游论道说：

> 呜呼元山！真可谓豪杰之士，社稷之臣矣。世方没溺于功利辞章，不复知有身心之学，而公独超然远览，知求绝学于千载之上；世方党同伐异，狥俗苟容，以钩声避毁，而公独卓然定见，惟是之从，盖有举世非之而不顾；世方植私好利，依违反复，以垄断相与，而公独世道是忧。义之所存，冒孤危而必吐；心之所宜，经百折而不回。盖其所论虽或亦有动于气，激于忿，而其心事磊磊，则如青天白日，洞然可以信其无他。世方媚忌谗险，排胜己以嫉高明，而公独诚心乐善。求以伸人之才，而不自知其身之为屈；求以进贤于国，而不自知其怨谤之集于其身。盖所谓"断断休休"、"人之有技，若己有之"者。此大臣之盛德，自古以为难，非独近世之所未见也。呜呼！世固有有君而无臣，亦有有臣而无君者矣。以公之贤，而又遭逢主上之神圣，知公之深而信公之笃，不啻金石之固，胶漆之投，非所谓明良相逢，千载一时者欤？是何天意之不可测，其行之也，方若巨舰之遇顺风，而其倾之也，忽中流而折樯舵；其植之也，方尔枝叶之敷荣，而其摧之也，遂根株而蹶拔。其果无意于斯世

斯人也乎？……某之不肖，屡屡辱公过情之荐。自度终不能
有济于时，而徒以为公知人之累，每切私怀惭愧。又忆往年
与公论学于贵州，受公之知实深。近年以来，觉稍有所进，
思得与公一面，少叙其愚以来质正，斯亦千古之一快，而公
今复已矣，呜呼痛哉！[1]

席书是嘉靖朝的社稷大臣，在这篇祭文中，阳明以鲜明称颂席书
一生百折不回追求信仰陆王心学的勇决，抨击了朝廷官方荒诞的
“学禁”，祭文与其说是在祭奠官运亨通的席书，不如说是阳明在
悲悼自己被“学禁”当政者残酷迫害、压抑打击的命运。值得注
意的是，这篇祭文阳明是有意写给直阁的杨一清看的，就在席书
卒时，正好广西巨寇岑猛余党卢苏、王受又反叛朝廷，攻陷思恩，
震惊朝廷，朝臣无用，平叛无人，杨一清首先想到了阳明。朝廷
忽然在三月召命阳明北上赴京亲领拖延迟到了六年的诰券禄米，
显然是首辅杨一清讨好阳明的意思。[2] 朝野都误以为阳明这次进
京将有大用，弟子魏良弼写信给阳明说：“老师此行，朝廷必有以
处，老师无可无不可。愚谓继诸公之后亦可，补府部之缺亦可，
第欲得此道之行，回古风于唐虞。”[3] 阳明自然最清楚朝廷绝不
是请他赴京入朝入阁，但他决计北行，领回自己立功应得的诰券
禄米。他写信告诉欧阳德说：

北上之说，信有之。圣主天高地厚之恩，粉身无以为报。
今即位六年矣，徒以干进之嫌，不得一稽首门廷，臣子之心

---

[1]《王阳明全集》卷二十五。
[2] 按：时杨一清为首辅，任吏部尚书，颁诰券事当由其定。
[3]《太常少卿魏水洲先生文集》卷三《奉阳明王先生》。

诚踽踽不安。近日又有召命，岂有谢恩之礼待君父促之而后
行者？但贱躯咳患方甚，揆之人情，恐病势稍间，终当一行。
来书所谓"如此人情，如此世道，何处着脚"，凡在吾党，
所见略同，千里眷眷之念，何敢忘也！何敢忘也！"道之不
行，已知之矣。"[1]

然而可悲的是，阳明还没动身启程，他的北上入京领诰券之行就
受阻取消了。这显然是出于世宗与张璁、桂萼的背后阻挠。张璁、
桂萼这时都虎视眈眈地觊觎着阁老的宝座，视阳明为入阁的最大
的竞争对手，他们一向主张将阳明放外任，不容阳明有入朝入阁
的任何机会，连阳明入京领诰券都十分忌惮。世宗更是不喜阳明
入朝入阁，断然不允阳明入京来领诰券。首辅杨一清的召命阳明
入京亲领诰券最终只成了一纸具文。这时卢苏、王受叛乱烈火的
炽张蔓延，反给了世宗、张璁、桂萼强行将阳明外放险地去受磨
难考验的绝佳机会。

　　由于朝局与战事的紧张，在四月，又有监察御史郑洛书起来
上疏荐举阳明，并为阳明的蒙冤受屈愤争力辩。阳明在写给郑洛
书的信中感愤说："每得封事读之，其间乃有齿及不肖者……近者
复闻二三君子以不肖之故，相与愤争力辩于铄金销骨之地，至于
冲锋冒刃而弗顾。"[2] 朝臣冲锋冒刃抗论都是要请起用阳明入朝
入阁，张璁却抢先在五月上书荐阳明总制两广军务，往征思、田，
为世宗所首肯。十一日，朝廷急忙召下起阳明兼左都御史，总制
两广、江西、湖广军务，征思、田，督同巡抚都御史姚镆共讨。
这实际是强行拉阳明出山，硬逼着阳明上刀山下火海去为世宗卖

----

[1]《阳明先生文录》卷三《与欧阳崇一》书二。
[2]《王阳明全集》卷二十一《与郑启范侍御》。

命。世宗一向斥阳明"窃负儒名"，"尤非圣门之士"，不肯起用。但这次卢苏、王受复叛，占据田州，形势仓卒危急，环视朝野，平叛竟无其人，无奈之下，冥顽骄横的世宗才听信了张璁的举荐，将阳明用之危地，处之险境，将来功成归于皇上，事败则可借刀杀人，这本来也是昏君惩罚杀戮诤臣惯用的权术。张璁的举荐起到了一箭双雕的作用：既阻遏了阳明的入朝入阁，又消弭了地方叛乱的大患。但即使到了这样地步，世宗还是猜忌阳明，竟然私下密召首辅杨一清问"王守仁为人"，杨一清连骗带哄作了这样一番密对：

> 钦承圣谕："欲知王守仁为人何如。"臣切惟守仁学问最博，文才最富。正德初年，为刑部主事，首上疏论劾刘瑾过恶，午门前打三十，几死。降贵州龙场驿驿丞，在烟瘴地面三年，幸而不死。刘瑾诛后，叙迁庐陵知县，入为吏部主事，历员外郎、郎中。迁南京太仆少卿、鸿胪卿，再迁都御史、提督江西南赣等处军务。领兵征剿洞贼，积年巨寇，悉皆珍平。宸濠之变，与吉安知府伍文定首创大义举讨贼，遂破南昌而入，据守其城。宸濠在江上，闻义兵起，急还江西。守仁命伍文定等领义兵迎拒，连战于鄱阳湖，大破之，遂执宸濠，地方大定，远近人心始安。是时，朝命未下，独先勤王，武宗亲征至保定，而捷报已至矣。论功行赏，封拜实宜。杨廷和忌其功高名高，不令入朝，乃升南京兵部尚书。丁忧服阕，诰券已降，犹未谢恩。但其学术近偏，好行古道，服古衣冠，门人弟子高自称许，故人亦多毁之者。其精忠大节，终不可泯也。近日，皇上起用两广，最惬公论。但人望未满，以为如此人者，不宜置之远方。若待田州夷患宁息，地方稍

安，遇有兵部尚书员阙，召而用之，则威望足以服人，谋略可以济险，陛下可以无三边之虑矣。伏乞圣鉴。[1]

杨一清当面开的"人望未满""不宜置之远方""召为兵部尚书"的空头支票，世宗从来没有想到要兑现。到六月一日，巡按御史石金又劾罢了提督两广军务都御史姚镆，廷臣会推王守仁代姚镆，实际堵住了阳明抗命不出的最后退路。六日，兵部特差官赍任命文书下到绍兴，阳明深晓个中凶险，他立即上疏辞免，乞恩养病。同时致札朝中杨一清、张璁、桂萼，再陈恳辞。不料桂萼竟异想天开，以为天赐他当阁老的良机到了，忽然诡异莫名地在十七日上疏荐举起用王守仁，奏疏大言不惭地说：

　　……今闻巡按御史某发其误事之端，此正当责令承误踵讹之人如姚镆者，解官回避，更令旧有誉望如王守仁者，深入其地以勘问之，则情不壅蔽，而东南之地不足忧也。西北戎夷之患，则势颇猖獗……臣以为此直宜起用王琼，以总制三边，则三边壅蔽尽辟，而西北之患亦不足忧也。但王琼才高意广，速谤招尤；王守仁矜饰军功，喜谈新学，士论所以多沮之者。然方圣明锐志中兴，天下正在多事，岂可置此具经济大略之人于无用之地乎？伏乞圣明申敕兵部，尽发所藏，以权救一时边事之急，先使民情按堵，即特遣使臣起取王琼、王守仁而任用之。[2]

桂萼这篇上疏，被后人当作桂萼首荐阳明的证据，以至要给首

［1］《杨一清集·密谕录》卷五《论王守仁为人如何奏对》。
［2］《文襄公奏议》卷二《请起用旧臣通壅蔽以安天下疏》。

荐阳明的桂萼行赏，实在是天大的误会。朝廷在五月十一日已
召下起用阳明总制两广，六月一日廷臣更会推阳明代姚镆，六
日任命文书已下到绍兴，桂萼在十七日再荐举阳明已毫无意义。
直到后来桂萼在冬间投书给阳明，才暴露了他举荐阳明的不可
告人的目的：原来桂萼举荐阳明起用两广的真意不在于要阳明去
平思、田，而在于欲假阳明之手去密探安南，立"传檄以取安
南"的奇功，作为桂萼自己入阁的最大资本。《国榷》揭露桂
萼的阴谋说：

> 萼自以遭时际主，致为宰辅，非立奇功，不足贾重后
> 世。会安南有乱，冀可传檄取之，乃阴以意指授守仁，若
> 专为思、田出者，使密探安南要领。而守仁竟忤萼指，直
> 于奏尾稍稍及之，萼遂恚憾。会守仁物故，而以他事发怒
> 诎其名。[1]

桂萼的奏荐起了火上浇油的作用。十九日，朝廷命王守仁可以
便宜从事，视缓急以为调兵进止。阳明立即致书京中兵部主事
霍韬与少詹事方献夫，请他们从中斡旋，毫无动静。七月十日，
朝廷不允阳明的辞免，命下即速赴任。十八日，朝廷更遣官驰
传到绍兴，催促阳明起赴两广。八月，阳明再致札杨一清、张
璁，恳请辞免。他在给张璁的信中干脆说："东南小蠹，特皮肤
疥疮之疾。若朝廷之上，人各有心，无忠君爱国之诚，谗嫉险
伺，党比不已，此则心腹之病，大为可忧者耳。"[2] 而在给杨
一清信中更坦诚哀告："恳辞疏上，望赐曲成，使得苟延喘息。俟

[1]《国榷》卷五十四。
[2]《阳明先生文录》卷四《与张罗峰》书二。

病痊之后，老先生不忍终废，必欲强使一出，则如留都之散部，或南北太常、国子之任，量其力之可能者，使之自效，则图报当有日也。"[1]

就在最终决定阳明出山赴两广任的命运的关键时刻，八月十九日，光禄寺少卿黄绾上了《明军功以励忠勤疏》，明辨王阳明等人平宸濠的大功，力荐阳明入阁辅政，另推选人为两广总制。奏疏痛陈说：

> ……姑以先朝末年陛下初政一事论之：如宸濠构逆，虐焰吞天，藩郡震动，宗亲慑忧，陛下尝身见之矣。腹心应援布满中外，鼎卿近幸，贿赂交驰；卖国奸臣，待时发动。两京乏备，四路无人；方镇远近，莫之如何。握兵观望，滔滔皆是。惟镇守南赣都御史王守仁领敕福建勘事，道经南昌，中途闻变，指心吁天，誓不与贼俱生。赤身孤走，设奇运谋，乃遣优人赍谍，假与天兵约征，方镇会战，俾其邀获，以示有备，牵疑贼谋，以俟四路设备。中执叛臣家属，缪托腹心，又示无为，以安其心。然后激众以义，纠集乌合。待兵成虑审，发书骂贼，使觉悔。既出摄兵收复南昌，按甲待之。贼至安庆，攻城方锐，警闻使还，算其归途，水陆邀击，大溃贼众，遂擒宸濠于樵舍。兵法有先胜而后求战者，非此谓也？成功之后，江右疮痍未复，武宗皇帝南巡，奸权攘功，娖谮百端，危疑莫测。守仁恭勤曲致，方靖地方，仅获身免。守仁为忠，可谓艰贞竭尽者矣。使时无守仁倡义统众，谋获机宜，战取有方，安庆卒破，金陵不保，长驱北上，应援蜂起，

---

[1] 《王阳明全集》卷二十一《寄杨邃庵阁老》书四。

腹心阴助，京师存亡未可知也。虽毕竟天命有在，终必歼夷，旷日持久，士夫戮辱，苍生荼毒，可胜言也！……又守仁于武宗初年，刘瑾为奸，人莫敢言，守仁斥之触恨，选杖毒决，碎尻折脾，死而复苏，流窜瘴裔，久方赦还，始获录用。乃者南、赣乏镇，溪谷凶民聚党为盗，视效虐劫，肆无忌惮。凡在虔、楚、闽、广接壤山泽，无非贼巢。大小有司，束手无策，皆谓终不可理。守仁镇守三年，兵威武略，奇变如神，以故荼寮、桶冈诸寨，大冒、浰头诸寨，次第擒灭，增县置逻，立明约，遂为治境。视古名将，何以过此？……曩者陛下登极，命取来京宴赏，封之新建伯，而升南京兵部尚书。言者又谓不当来京宴赏，以致奢费。夫陛下大官之厨，日用无纪，较诸一飨之宴，所费几何，犹烦论之；北京岂无一职，必欲置之南京，此乃邪比蔽贤嫉功之所为也。守仁后丁父忧，服满遂不起用，反时造言排论。然虽蒙拜爵升官，铁券未给，禄米未颁，朝事无与，迹比樵渔。纵使有过，何庸论之，况有功无过哉！……况守仁学原性命，德由忠恕，才优经济，使之事君处物，必能曲尽其诚，尤足以当熏陶，备顾问……前者言官屡荐，故尚书席书、吴廷举，今侍郎张璁、桂萼，皆荐之，曾蒙简命，用为两广总制。臣谓总制寄止一方，何若用之庙堂，可以赞襄谋议，转移人心，所济天下矣。伏惟陛下念明良遭遇之难，亟召守仁，令与大学士杨一清等共图至治，另推才能为两广总制。仍敕该部给与守仁应得铁券禄米……此实陛下奉天所操之大柄，不可毫发移夺者，宜早收之，以为使人宣忠效力之劝。[1]

---

[1] 黄绾：《明军功以励忠勤疏》，见《王阳明全集·世德纪·附录》，又《黄绾集》卷三十一，语稍有异。

黄绾的上疏表面上是明辨江西军功，实际是总结了阳明一生的事功业绩，明辨阳明一生的功过是非，揭了武宗、世宗陷害忠良、不能善待阳明的老底，真意在乞请朝廷收回两广总制的成命，召阳明入阁，共图至治。这自然大大触怒了世宗，尤为张璁、桂萼所忌恨。特别是入阁心切的桂萼，在关键时刻起了恶劣作用。黄绾在《阳明先生行状》中揭露说：

> 予时为光禄寺少卿，具疏论江西军功，及荐公才德，堪任辅弼……杨公一清忌公入阁，与之同列，乃与张公孚敬具揭帖对曰："王守仁才固可用，但好服古衣冠，喜谈新学，人颇以此异之。不宜入阁，但可用为兵部尚书。"桂公知，遂大怒詈予，潜进揭帖毁公，上意遂止。

二十日，随着阳明诰券禄米的颁下，朝廷再下命催阳明急速赴任，会同守臣督兵剿抚，最终宣告了黄绾等朝臣援救阳明的失败。

阳明六年屏居林下的坎坷生活结束了，他被强请出山，又踏上了最后的凶险之路。

出征思田
——心学南播之路

阳明对世宗与佞臣的奸诈诡谲与反复无常是十分清楚的，

他多少预感到这次强行出山的不回头之路的险恶，在赴两广之前安排好了家事。他把家政与胤子王正聪托付给了魏廷豹，把继子王正宪托付给了钱德洪、王畿。对弟子学者们的讲学论道，他也作了妥善安排，特作了《客坐私祝》告诫子弟与来学士子说：

> 但愿温恭直谅之友来此讲学论道，示以孝友谦和之行，德业相劝，过失相规，以教训我子弟，使毋陷于非僻；不愿狂燥惰慢之徒来此博弈饮酒，长傲饰非，导以骄奢淫荡之事，诱以贪财黩货之谋，冥顽无耻，扇惑鼓动，以益我子弟之不肖。呜呼！由前之说，是谓良士；由后之说，是谓凶人。我子弟苟远良士而近凶人，是谓逆子，戒之戒之！嘉靖丁亥八月，将有两广之行，书此以戒我子弟，并以告夫士友之辱临于斯者，请一览教之。[1]

阳明这篇《客座私祝》，成了他留给子弟门人与士子学者的“教规”。九月八日晚，阳明在天泉桥上发“王门八句教”的宗旨之后，启程赴两广，众多弟子送行。他把这次长途跋涉的赴两广之行当成了一次最好的播撒心学良知雨露的长征之路，一路同四方各地学子讲学论道，亹亹不倦，展现良知心学宗师的风范；同时缜密思考区画平思、田的事宜，沿路不停颁下平叛用兵的公移行文，通行调遣军马，展现兵法大师从容指挥的气度。九月中旬到达钱塘，驻节武林时，张瀚率领了数名学子来见阳明。张瀚自己

---

[1]《王阳明全集》卷二十四。

记下了相谈的一幕：

> （阳明）复起征思、田。时驻节武林，余为诸生，心景
> 慕之，约同侪数人廷谒公。得觌风仪。神骨清朗，步履矫捷，
> 翩翩如鹤。求其指示，但云："随事体认，皆可进步。为诸
> 生，诵习孔、孟，身体力行，即举子业，岂能累人哉！所患
> 溺于口耳，无心领神会之益，视圣贤为糟粕耳。"余聆公言，
> 至今犹一日也。[1]

在钱塘，阳明特地拜访了巡按御史王瑛。王瑛在嘉靖六年来巡按
浙江，打击奸吏民蠹铁面无私。巡按到永嘉时，查知张璁家人横
行乡里，他严加惩处，后来竟因此得罪张璁罢归。阳明同王瑛
相见论政，游览吴山、月岩、御校场，他从王瑛的铁骨铮铮锄
豪奸想到自己的"南徼方如毁，救焚敢辞瘁"，作了一首告别诗
吟道：

秋日饮月岩新构别王侍御

湖山久系念，块处限形迹。

遥望一水间，十年靡由即。

军旅起衰废，驱驰岂遑息。

前旌道回冈，取捷上畸侧。

新构郁层椒，石门转深寂。

是时霜始降，风凄群卉拆。

窈静响江声，窗虚函海色。

---

[1] 《松窗梦语》卷四《士人纪》。

夕阴下西岑，凉月穿东壁。

观风此余情，抚景见高臆。

匪从群公饯，何因得良觌？

南徽方如毁，救焚敢辞亟！

来归幸有期，终遂幽寻癖。[1]

舟过杭城城南的天真山时，阳明与陪侍的弟子钱德洪、王畿一起登览了天真山。天真山奇岩古洞林立，下瞰八卦田，左抱西湖，前临胥海，阳明以前就曾经想卜筑天真山终老，钱德洪与王畿都看出了老师的心愿，提出要建书院于天真山，阳明高兴地说："吾二十年前游此，久念不及，悔未一登而去。"实际上让弟子们建立天真山书院，阳明也有要浙中士子在书院中聚会讲究他的"王门八句教"的意思。后来到达三衢时，阳明还写了一首诗称赞钱德洪与王畿建天真书院说：

德洪汝中方卜书院盛称
天真之奇并寄及之

不踏天真路，依稀二十年。

石门深竹径，苍峡泻云泉。

泮壁环胥海，龟畴见宋田。

文明原有象，卜筑岂无缘？[2]

从杭城到富阳，阳明还带着"天泉之悟"的兴奋，一路都同门人弟子讲论良知心学，发"王门八句教"的"吾宗"。舟过严滩钓

---

[1]《王阳明全集》卷二十。
[2]《王阳明全集》卷二十。

台时，他仍同门人诸生讲论良知心学，想起当年献俘行在经过严滩的情景，大书了一首诗刻置亭壁：

复 过 钓 台

忆昔过钓台，驱驰正军旅。

十年今始来，复以兵戈起。

空山烟雾深，往迹如梦里。

微雨林径滑，肺病双足胝。

仰瞻台上云，俯濯台下水。

人生何碌碌，高尚当如此。

疴痒念同胞，至人匪为己。

过门不遑入，忧劳岂得已！

滔滔良自伤，果哉末难矣！[1]

舟过西安时，又有数十名学子王玑、栾惠、王修易、林文琼、郑礼等到江浒迎候。阳明同他们谈起了天真山书院讲学论道的事，作诗与他们相约说：

西安雨中诸生出候因寄
德洪汝中并示书院诸生

几度西安道，江声暮雨时。

机关鸥鸟破，踪迹水云疑。

仗钺非吾事，传经愧尔师。

天真石泉秀，新有鹿门期。[2]

---

[1]《王阳明全集》卷二十。
[2]《王阳明全集》卷二十。

九月二十八日，阳明到达常山，拜访了棠陵方豪。方豪这时隐居西峰，还没有复用。他是一个好外丹修炼的文士，阳明同他讲论良知心学，作诗委婉批评了他的好炼丹求长生的思想：

长　生

长生徒有慕，苦乏大药资。

名山遍探历，悠悠鬓生丝。

微躯一系念，去道日远而。

中岁忽有觉，九还乃在兹。

非炉亦非鼎，何坎复何离？

本无终始究，宁有死生期？

彼哉游方士，诡辞反增疑。

纷然诸老翁，自传困多歧。

乾坤由我在，安用他求为？

千圣皆过影，良知乃吾师。

方思道送西峰

西峰隐真境，微境临通衢。

行役空屡屡，过眼被尘迷。

青林外延望，中冈何由窥？

方子岩廊器，兼已云霞姿。

每逢泉石处，必刻棠陵诗。

兹山秀常玉，之子囊中锥。

群峰灏秋气，乔木含凉吹。

此行非佳饯，谁为发幽奇？

奈何眷清赏，局促牵至期。

悠悠伤绝学，之子亦如斯。

为君指周道，直往勿复疑！[1]

在从常山、玉山到广信的路上，阳明对平思、田叛乱的局势，是剿是抚、设土设流的大计，已了如指掌，成竹在胸。十月三日，他在广信发布了《钦奉敕谕通行》，说：

及照两广之与江西、湖广，虽云相去辽远，而壤地相连，士夫军民，往来络绎，传闻既多，议论有素；况在无嫌之地，是非反得其真，且处傍观之时，区画宜有其当，合行咨询，以辅不逮。除委用职官，及调遣军马临时相机另行外，拟合通行。为此仰抄捧回司，照依案验备奉敕谕内事理，即行本司掌印佐贰及各道分巡、兵备、守备等官，并所属大小衙门各该官吏，几有所见，勿惮开陈，其间或抚或剿，孰为得宜；设土设流，孰为便利；与凡积弊宿蠹之宜改于目前，远虑深谋之可行于久远者，备写揭帖，各另呈来，以凭采择。[2]

阳明在途的集思广益、深谋远虑，已为他一到南宁迅速平定叛乱做了最好的准备。当他舟过弋阳时，阳明又专门拜访了同年理斋江潮。江潮被罢归居弋阳，筑浩歌楼自砺浩然之气，他作了一首《浩歌楼》放怀吟道：

太仓解带食知休，动辄经旬懒下楼。

---

[1]　《王阳明全集》卷二十。
[2]　《王阳明全集》卷十八。

金马玉堂何处乐，云山石室自忘忧。

低头莘野甘扶耒，横足君王梦把钓。

斗酒春风和满面，孔颜谁憾不逢周。[1]

阳明来访浩歌楼，作了一首浩气激烈的和诗：

和理斋同年浩歌楼韵

长歌浩浩忽思休，拂枕山阿结小楼。

吾道蹉跎中道止，苍生困苦一生忧。

苏民曾作商家雨，适志重持渭水钓。

歌罢一篇怀马子，不思怒后佐成周。[2]

原来自嘉靖五年以来山西爆发了妖人李福达叛乱，太原人李福达以妖书惑众，聚党作乱，震动三河。时任右副都御史巡抚山西的江潮领兵围捕，李福达改名"张寅"逃入京师，用万金贿赂武定侯郭勋。郭勋私下致书山西巡按马录命脱李福达之罪，马录不从。江潮捕得郭勋私书，上书抗论李福达罪状，并劾郭勋怙势藏逆之罪当诛，疏三上不报。这时正当张璁在朝以大礼议得宠世宗，结援郭勋自固，急于入阁，他便矫诏将江潮下锦衣狱。江潮在狱中抗论不屈，最后被夺职罢归。实际这桩李福达大案全由世宗一手操控，他必欲救免郭勋、李福达一死，亲自过问李福达案，下命桂萼主刑部，张璁主都察院，方献夫主大理寺，炼成大狱，数十朝臣被逮下狱，谪戍贬官，马录永戍南丹卫，不久即卒。阳明诗中说的"马子"，就指马录。阳明这

---

[1] 江潮：《浩歌楼》，《同治弋阳县志》卷十三《艺文》。
[2] 《同治弋阳县志》卷十三《艺文》。

首诗表达了他对朝中新贵及其大礼议的鄙视。他怀着这种沉重的心情又去拜访了石潭汪俊与闲斋汪伟。汪俊、汪伟兄弟都尊信程朱理学，也都因争大礼议罢归弋阳。阳明同他们唱酬论道，作了二首和诗：

寄石潭二绝

仆兹行无所乐，乐与二公一会耳。得见闲斋，固已如见石潭矣。留不尽之兴于后期，岂谓乐不可极耶？闻尊恙已平复，必于不出见客，无乃太以界限自拘乎？奉次二绝，用发一笑，且以致不及请教之憾。

见说新居止隔山，肩舆晓出暮堪还。
知公久已藩篱撤，何事深林尚闭关？

乘兴相寻涉万山，扁舟亦复及门还。
莫将身病为心病，可是无关却有关？[1]

在从弋阳到南昌的路上，沿途都有江西的士子学者来见问学。舟过贵溪时，桂洲夏言来拜访了阳明。夏言在朝谔谔敢言，曾七上章纠弹中贵人赵彬与建昌侯张延龄，为阳明所赏识。这时他丁忧在家，亲自来迎送阳明，把他比为"诸葛""谢安"，作诗称颂阳明的丰功伟绩说：

---

[1]《王阳明全集》卷二十。按：汪俊后来作《祭阳明先生文》云："公兹东来，曰'予无乐，乐见故人，来践旧约'。旗旄央央，流水弥弥。公私皇皇，或卧或起。乃重订约：'其待予归，归将从容，山遨水嬉。'公既奏凯，吾治吾馆。忽闻讣音，乃以丧返。"可见汪俊是出来同阳明相见的。

送大司马王阳明总督两广

圣主资文武，中军得范韩。

尚书初出阃，上将复登坛。

日月回龙节，风霜压豸冠。

先声诸路动，雄略万夫看。

珠虎悬金印，旌旗拥玉鞍。

星营刁斗振，云阵鸟蛇盘。

海色羊城阙，山形象郡寒。

坐令归壤地，行见灭凶残。

蛮僚祠诸葛，苍生倚谢安。

还朝画麟阁，勋业炳如丹。[1]

有一个贵溪士子徐樾从贵溪追到余干，登舟向阳明问学。钱德洪记下了两人舟中讲学论道的情景：

> 先生发舟广信，沿途诸生徐樾、张士贤、桂轨等请见，先生俱谢以兵事未暇，许回途相见。徐樾自贵溪追至余干，先生令登舟。樾方自白鹿洞打坐，有禅定意。先生目而得之，令举似。曰："不是。"已而稍变前语，又曰："不是。"已而更端，先生曰："近之矣。此体岂有方所？譬之此烛，光无不在，不可以烛上为光。"因指舟中曰："此亦是光，此亦是光。"直指出舟外水面曰："此亦是光。"樾领谢而别。[2]

---

[1]《桂洲诗集》卷十三。
[2] 钱德洪：《阳明先生年谱》。

阳明实际是纠正了徐樾错误的禅家打坐的习禅，教他如何正确默坐澄心，体认心体。阳明的批评，击中了江西士子普遍存在的好静坐入定的禅病。

当阳明从绍兴出发时，江西的士子学者就已闻风纷纷向省城南昌赶来。阳明在十月中旬到达南昌南浦驿时，南昌父老军民张香灯来迎，这里是阳明当年出生入死平定宸濠叛乱的战场，他感慨万千作了一首诗吟道：

南 浦 道 中

南浦重来梦里行，当年锋镝尚心惊。

旌旗不动山河影，鼓角犹传草木声。

已喜闾阎多复业，独怜饥馑未宽征。

迂疏何有甘棠惠，惭愧香灯父老迎。[1]

这时早已有邹守益、欧阳德、刘邦采、黄弘纲、何廷仁、魏良器、魏良弼、陈九川等三百余名弟子学者恭候驿中，请阳明开讲。阳明向他们阐述了"王门八句教"，甚至提出要江西的门人学子裹粮往绍兴，与浙中的门人学子共同讨论讲究他的"王门八句教"，没有想到这成了阳明向浙中江右门人弟子提出的最后"遗嘱"。第二天，阳明进南昌城，南昌父老军民顶香林立迎接他入城，街道拥堵难行。阳明前往拜谒了文庙，在明伦堂又向门人学子大讲《大学》的思想。钱德洪提到阳明在南昌讲学的盛况说：

---

[1]《王阳明全集》卷二十。

　　父老顶舆传递入都司。先生命父老军民就谒，东入西出，有不舍者，出且复入，自辰至未而散，始举有司常仪。明日，谒文庙，讲《大学》于明伦堂，诸生屏拥，多不得闻。唐尧臣献茶，得上堂旁听。初，尧臣不信学，闻先生至，自乡出迎，心内已动。比见拥谒，惊曰："三代后安得有此气象耶？"及闻讲，沛然无疑。同门有黄文明、魏良器辈笑曰："逋逃主亦来投降乎？"尧臣曰："须得如此大捕人，方能降我，尔辈安能？"[1]

郜永春也提到阳明在南昌的一件趣事说：

　　先生有两粤之命，过南昌，与诸生讲明斯学，历昼夜不辍。维时幕下文武士忧谗畏讥，促先生行，日以再四，先生微哂之。明日，未抵剑江，而粤西捷音至矣。夫然后信先生武以不杀为神，用而示之不用。[2]

离开南昌南下，从丰城到吉安，正是当年阳明逃离南昌回吉安集义起兵的生死之路，阳明感慨万端，他登上黄土脑，寒山落木，剑气兵声犹在，不禁吟了一首感怀诗：

重登黄土脑

一上高原感慨重，千山落木正无穷。

前途且与停西日，此地曾经拜北风。

剑气晚横秋色净，兵声寒带暮江雄。

---

[1]　钱德洪：《阳明先生年谱》。
[2]　《皇明三儒言行要录·阳明先生要录》卷一。

水南多少流亡屋，尚诉征求杼轴空。[1]

到了吉安，阳明与彭簪、王钏、刘阳、欧阳瑜、刘琼治等三百余名士友诸生会于螺川驿，再大揭良知之教，向士子学人疾呼"良知之妙，真是周流六虚，变通不居。若假以文过饰非，为害大矣"，要他们"工夫只是简易真切，愈真切，愈简易；愈简易，愈真切"。在吉安，阳明做了三件事：一是以檄召吉水龙光随行，二是投书给泰和罗钦顺，讲论学问，预订文会，三是同万安刘玉相见。刘玉在平宸濠叛乱时已同阳明相识，这时他也因李福达案罢归万安家居，与阳明意气相投，他作了二首诗给阳明壮行：

次韵李少参柬王伯安二首

少年才誉已无双，豪气今随万里航。
醉里江山宾从减，闲中风月简编忙。
祝融南去蛮烟黑，儋耳东连海色苍。
从此遐方添故事，新诗宜写寓公堂。

半生歧路将班白，千古功名几汗青？
薄宦漫随勾漏令，奇文休拟《太玄经》。
江花的皪聊供玩，野鸟喝啾已惯听。
定有朔风随爽气，披襟一笑酒全醒。[2]

---

[1]　《王阳明全集》卷二十。
[2]　《执斋先生文集》卷五。

阳明在十一月初抵达赣州，他加强了平思、田军马的调遣。这时他听到叛目卢苏、王受已有投诚之心，也初步产生了招抚的想法。但广西已奉命调湖广永、保二司的土兵赶往省城南宁，听候待命。阳明做好了剿抚的两手准备，立即坐镇赣州指挥，发布了《湖兵进止事宜》，下达处置湖兵事宜说：

> 今据前因，看湖兵既至，势难中止，非徒无事漫行，有失远人之信；亦且师老财费，重为地方之忧。但闻诸道路，传诸商旅，皆谓各目投抚之诚，今意甚切，致乱之情，尚有可原。且朝廷以好生为德，下民无必死之雏，是以本爵尚尔迟疑，欲候督临，乃决进止。顾传闻为真，兵难遥度，各官身亲其事。必皆的知。况原任总督（姚镆）虽已致政，尚在统领，老成慎重，当无随策。若果事在不疑，即宜乘机速举，一劳永逸，以靖地方。如其尚有可生之道，亦且毋为必杀之谋，匪曰姑息，将图久安。及照各处流贼，素为民患，非止一巢，若用声东击西之术，则湖兵之来，未为徒行。各官俱密切慎图，务出万全。[1]

这是阳明度时识势有心招抚卢苏、王受的开始。后来黄景昉还提到阳明在赣州调度人马的事说：

> 王文成征思、田，道经赣县。适南安司李周积署事，供应夫马，制方、圆牌数千，方牌给马，圆牌给夫，三军肃然。文成喜，颁下两广为式。后班师过南安，疾笃，卒。赖积纲

[1]《王阳明全集》卷十八。

纪，以无憾于其终。[1]

在赣的故友右副都御史潘希曾来拜访阳明，作诗送他度岭入广：

赠阳明王公督军两广

阳明先生大节出险，大功赐封，天下想望其风采，而其得之心无待于外者，则虽士大夫或莫知之也。先生家居数年，诏起视师苍梧，道赣江，幸奉颜诲，以慰阔别，敬蹭鄙句。

一封书奏险夷轻，百战功归带砺盟。

世道更为今日起，心传独得古人精。

稽山峻绝云难蹑，赣水迢遥盖偶倾。

早定南荒报天子，太平调燮待阿衡。[2]

十一月四日阳明到达大庾。这里又是当年阳明南征汀漳经过的地方，他曾在峰山建筑了新城。旧地重来，目睹新城居民安居乐业，抚今忆昔，他作了一首诗感慨吟道：

宿　新　城

犹记当年筑此城，广瑶湖寇正纵横。

人今乐业皆安堵，我亦经过一驻兵。

香火沿门惭老稚，壶浆远道及从行。

峰山弩手疲劳甚，且放归农莫送迎。

---

[1]　《国史唯疑》卷七。
[2]　《竹涧集》卷四。

> 嘉靖丁亥十一月四日,有事两广,驻兵新城。此城
> 予巡抚时所筑。峰山弩手,其始盖优恤之,以俟调发;
> 其后渐苦于送迎之役,故诗及之。[1]

梅国刘节来拜访阳明,作了一首和诗送阳明过大庾岭:

和阳明司马重至有感

建牙开镇虎头城,翦暴除凶杀气横。
献捷飞尘驰羽檄,洗兵挥雨湿旄旌。
坚辞已免勤王赏,力疾番为破贼行。
祠庙清高供伏腊,公神如在送还迎。[2]

十一月七日,阳明过梅岭,进入岭南广袤的天地,却听到姚镆因
兵少至今尚未敢出兵征剿,他加快了行军速度,昼夜兼程,到达
三水时,他有家信给王正宪谈到这时广西的战局说:

> 初到江西,因闻姚公已在宾州进兵,恐我到彼,则三司
> 及各领兵官未免出来迎接,反致阻挠其事,是以迟迟其行。
> 意欲俟彼成功,然后往彼,公同与之一处。十一月初七,始
> 过梅岭,乃闻姚公在彼以兵少之故,尚未敢发哨,以是只得
> 昼夜兼程而行。今日已度三水,去梧州已不远,再四五日可
> 到矣。途中皆平安,只是咳嗽尚未痊愈,然亦不为大患。书
> 到,可即告祖母汝诸叔知之,皆不必挂念。家中凡百皆只依

---

[1] 见《阳明诗录》。按:《王阳明全集》卷二十有《过新溪驿》,即此诗,但无
题。
[2] 《梅国前集》卷十。

我戒谕而行。魏廷豹、钱德洪、王汝中当不负所托，汝宜亲近敬信，如就芝兰可也。[1]

姚镆未敢出兵，反坚定了阳明招抚卢苏、王受的决心，他加速向梧州行驰。十一月十八日到达肇庆，二十日到达梧州。二十一日，阳明开府于梧州，开始处置一应军政事务。

在两个半月从绍兴到梧州紧张的南征行途中，阳明一路宣播了他的良知心学，也一路缜密思考着平思、田民乱的作战事宜，探访民情，征询民意，"沿途涉历，访诸士夫之论，询诸行旅之口，颇有所闻"[2]。他把他的"破心中贼"的良知心学同他的"破山中贼"的攻心的军事思想结合起来，他的攻心为上的用兵之道突破了朝廷与前任总制专好征剿杀戮的穷兵黩武的做法，招抚卢苏、王受的方案已在他心中初步形成。在梧州开府以后，他更运筹谋划战事，在征剿与招抚、设土官与设流官上深谋远虑，广泛征询意见。他甚至致书汪应轸咨询军旅政事，汪应轸回信直告说：

　　正翘仰间，辱远赐手书，不胜感慰！伏念军务倥偬之际，不忘后辈如此，固盛德忠厚所臻，抑亦可见樽俎笑谈之有余矣。此又可见朝廷得入贺，不独吾私幸也。虽然，军旅之事，孔子以为未学；及至论王孙贾，则有取焉。岂圣人于武事真有所未闲耶？抑王孙贾果有长于孔子耶？愚意以为兵者，不祥之器，圣人不得已而用之。王孙贾以军旅治军旅，不过足以守国而已。孔子之圣，盖有在于军旅之外，以为世不习俎

---

[1]　《王阳明全集》卷二十六《岭南寄正宪男》。
[2]　《王阳明全集》卷十四《赴任谢恩遂陈肤见疏》。

豆，是以有军旅；及至用军旅，尚不知临事而惧，好谋而成。
故子路之勇，亦不之许。其所以取王孙贾者，为卫发也，非
答灵公之本意也。昨见老先生已论及此矣，诚恐临事之时，
献谋者不详，而用命者不勇，万一有违初议，军门之纪律
固在，然绳之于否臧之后，亦已晚矣。是以敢有此说，不
识高明以为何如？近日独觉之进，更望示下，以启愚昧，
幸甚！[1]

汪应轸认为兵者不祥之器，圣人不得已而用之，不能专以杀戮
剿伐为事。这是对朝内外主张讨伐诛杀思田民乱的叫嚣的否定，
而肯定了阳明招抚乱民的大计。阳明在梧州精心运筹谋划了十
日，招抚卢苏、王受的用兵大法终于确定下来。十二月一日，他
进上了《赴任谢恩遂陈肤见疏》，详陈招抚卢苏、王受的用兵
大计。

　　在奏疏中，阳明首先分析了两广土夷叛乱的根源与局势，尖
锐指出岑猛父子的民乱所以愈演愈烈，是因为地方的"军政日
坏"与当局者自己的失职造成的，"前此当事诸人亦宜分受其
责"。当政者首先应当"反思其咎，姑务自责自励，修我军政，
布我威德，抚我人民，使内治外攘而我有余力，则近悦远怀而彼
将自服"，而不应当一味以杀戮诛讨、武力征剿为能事。阳明认为
岑猛叛党只有岑猛父子一二人为首恶，下面一万余众都是无罪
之人。至于卢苏、王受二酋本也不是有名的恶目，"自可宽宥者
也"。可是朝廷却不顾万余名无辜之民，"竭两省之财，动三省之
兵，使民男不得耕，女不得织，数千里内骚然涂炭者两年于兹"，

_____

[1] 《青湖先生文集》卷七《上阳明王先生》。

只造成兵连祸结，征发繁多，财馈益殚，民困益深，"无罪之民死者十已六七"。自用兵征剿岑猛民乱以来，花费银两数十万，梧州库藏已不满五万之数；所用粮米也数十万，梧州仓廪所存也已不满一万之数。地方的征剿陷入困境，数万狼达土汉官兵同一万余名乱众相持三个多月竟不能胜。为此阳明提出了招抚卢苏、王受的用兵大计，认为"且宜释此二酋者之罪，开其自新之路"，从而"息兵罢饷，以休养疮痍之民，以绝觊觎之奸，以弭不测之变"。同这种招抚夷民之乱相对应，阳明又建议平乱后思恩、田州仍设土官，认为"田州切邻交阯，其间深山绝谷，皆瑶、僮之所盘据，动以千百。必须仍存土官，则可借其兵力，以为中土屏蔽。若尽杀其人，改土为流，则边鄙之患，我自当之，自撤藩篱，非久安之计"。

应该说，阳明的招抚大计不失为是鉴于前失、补救来者的平乱良法，利国利民，切实可行。他在上奏疏的同时，又致札在朝的方献夫、黄绾、霍韬，反复陈述了他的招抚二酋的用兵大计，得到他们的赞同。但朝廷直到嘉靖七年三月才予以答复，兵部的意见有些模棱两可，说：

守仁之疏是或一见。以臣等观之，窃恐目前之效，片檄可收；事后之机，他时难料。且申途询访，未经会议，亦非的然处置之。方臣等因发其语意所当审处者有五：田州既改土为流，因其叛乱而尽易之，朝令夕改，无以示信，须查照别府州事例，土流兼置而后可，一也；岑猛父子职级因罪降革，不当仍复府制，宜降五品，衙门择人分管，庶法纪不致陵夷，二也；卢、王二酋有名首恶，不应独使幸免，若果能向顺，执献同恶，投赴军门，乃可待以不死，听候安置，三也。思恩府弘治末年建置，安定已久，非田州比，似未可一概改易，倘虑流官增编里甲，妄肆科罚，岂无法制可禁防乎？四也。本部题准事例，生擒岑猛并斩首来献者，赏银有差，仍分给罪人财产，量授地方官职，今银两虽尝赏给，而财产未见议拨，无以激劝有功，必照依功力轻重，分割地产给赏，一以杀雄据之势，一以励忠勇之心，散利辑众，亦兵家所急，五也。宜令守仁会同总领太监张赐、总兵官李旻、新旧巡按纪功御史，据理审时，详情度势，不急近功，再加远图。应抚应剿，或剿抚并行，不宜偏执；应土应流，与土流兼设，尤在得人。并将臣等所陈五事，酌量采行，务使德威相济，信义俱兼，庶边务有益，国体无损。[1]

大致上兵部对阳明的招抚大计与改设土官的设想提出了质疑，但阳明已经没有时间同兵部进行扯皮的论辨，就在上奏疏以后，十二月三日，阳明即由梧州起程赴南宁，开始了招抚卢苏、王受的军事行动。

招抚卢王，平定思田

阳明在十二月五日抵达平南县，立即同都御史姚镆交代。这时朝廷已允准方献夫的奏请，令姚镆致仕，召回太监郑润、总兵

---

[1]《明世宗实录》卷八十六。

官朱麟，听候另用。二十二日，阳明在平南召集了石金、林富、汪必东、邹轼、祝平、林大辂等众将官会议"征思、田，平卢、王"的方略，一致认为征剿有十患，招抚有十善，最终议定了招抚的具体方略。阳明后来在所上的《奏报田州思恩平复疏》中陈述招抚的十善说：

> 活数万无辜之死命，以明昭皇上好生之仁，同符虞舜有苗之征，使远夷荒服无不感恩怀德，培国家元气以贻燕翼之谋，其善一也。
>
> 息财省费，得节缩赢余以备他虞，百姓无椎脂刻髓之苦，其善二也。
>
> 久戍之兵得遂其思归之愿，而免于疾病死亡，脱锋镝之惨，无土崩瓦解之患，其善三也。
>
> 又得及时耕种，不废农作，虽在困穷之际，然皆获顾其家室，亦各渐有回生之望，不致转徙自弃而为盗，其善四也。
>
> 罢散土官之兵，各归守其境土，使知朝廷自有神武不杀之威，而无所恃赖于彼，阴消其桀骜之气，而沮慑其僭妄之心，反侧之奸自息，其善五也。
>
> 远近之兵，各归旧守，穷边沿海，咸得修复其备御，盗贼有所惮而不敢肆，城郭乡城免于惊扰劫掠，无虚内事外，顾此失彼之患，其善六也。
>
> 息馈运之劳，省夫马之役，贫民解于倒悬，得以稍稍甦复，起呻吟于沟壑之中，其善七也。
>
> 土民释兔死狐悲之憾，土官无唇亡齿寒之危，湖兵遂全师早归之愿，莫不安心定志，涵育深仁而感慕德化，其善

八也。

　　思、田遗民得还旧土，招集散亡，复其家室，因其土俗，仍置酋长，彼将各保其境土而人自为守，内制瑶、僮，外防边夷，中土得以安枕无事，其善九也。

　　土民既皆诚心悦服，不须复以兵守，省调发之费，岁以数千，官军免踾顿道途之苦，居民无往来骚屑之患，商旅通行，农安其业，近悦远来，德威罩被，其善十也。[1]

阳明从利国安民上提出征剿的十患与招抚的十善，表明他在平南对招抚已作了周密的安排筹划，消息也很快传到了卢苏、王受那里。二十六日，阳明抵达南宁，马上大力展开处置招抚事宜。为了表示官府招抚的诚意，他首先下令全部撤去调集防守的军队，几天之内解散回归的军士有数万人。原来的湖兵一时不能即归，也命他们分留南宁、宾州，解甲休养，静观其变。

　　占据思恩、田州的卢苏、王受，拥众二万余名，从起初得知朝廷遣阳明前来查勘，就已心生畏惧，有主动来归顺投诚之意。后来又闻太监、总兵相继召还，阳明一到南宁，尽撤防守之兵，更坚定了他们的归诚投顺之心。嘉靖七年正月初七日，卢苏、王受便先派遣了手下头目黄富等十余人，来南宁见阳明，表示愿诚心投顺，乞宥免死，给新生之路，同时也有来察看动静的意思。阳明向他们表达了朝廷招抚的诚意，开陈大义，指明生路，亲为他们写了纸牌，命他们带回去告谕卢苏、王受。纸牌的大意是勉劝卢苏、王受速来受招投诚，晓之以义，动之以情，待之以诚，说：

_____

[1]《王阳明全集》卷十四《奏报田州思恩平复疏》。

尔等原非有名恶目，本无大罪，至于部下数万之众，尤为无辜。今因尔等阻兵负险，致令数万无辜之民破家失业，父母死亡，妻子离散，奔逃困苦，已将两年。又上烦朝廷兴师命将，劳扰三省之民，尔等之罪固已日深。但念尔等所以阻兵负险者亦无他意，不过畏罪逃死，苟为自全之计，其情亦有可悯。方今圣上推至孝之仁，以子爱黎元，惟恐一物不得其所，虽一夫之狱，尚恐或有亏枉，亲临断决，何况尔等数万之命，岂肯轻意剿杀？故今特遣大臣前来查勘，开尔更生之路，非独救此数万无辜之民，亦使尔等得以改恶从善，舍死投生。牌至，尔等部下兵夫即可解散，各归复业安生。尔等即时出来投到，决当宥尔之死，全尔身家。若迟疑观望，则天讨遂行，后悔莫及。限尔二十日内，尔若不至，是朝廷必欲开尔生路，而尔必欲自求死路，进兵杀尔，亦可以无憾矣。[1]

阳明还派参谋龙光同黄富一起回去谕意劝降。龙光带数名轻骑赴思恩，卢苏、王受二万余众列队数十里相迎，露刃如雪，呼声震天。龙光登坐胡床，卢苏、王受二酋跪地受牌，龙光朗声宣谕了朝廷抚民靖乱的大义大德。因为龙光面孔同阳明十分相似，卢苏、王受都以为是阳明亲自前来宣布朝廷威德，不敢仰视，欢声雷动，受招投诚大计遂正式议定。卢苏、王受当即宣布撤去守备，准备衣粮，定下时日来投诚。

二十六日，卢苏、王受率领二万余众到达南宁府城下，分四营屯驻。第二天，卢苏、王受两人囚首自缚，同各自手下头目数

---

[1] 《王阳明全集》卷十四《奏报田州思恩平复疏》。

百人赴军门投见,各具投状,乞免一死,愿为国竭力报效。阳明接受了他们的投诚,向他们宣谕了朝廷的恩德,再次表示招抚的诚意说:"朝廷既已赦尔等之死,许尔投降,宁肯诱尔至此,又复杀尔,亏失信义?尔之一死,决当宥尔矣,尔可勿复忧疑。但尔苏、受二人拥众负险,虽由畏死,然此一方为尔之故,骚扰二年有余,至上烦九重之虑,下疲三省之民,若不略示责罚,亦何以舒泄军民之愤?"于是将卢苏、王受下军门各杖一百,解除囚缚,众头目皆俯首悦服。阳明再出城到四营,安抚余众,余众个个感激欢呼。阳明对他们说:"朝廷意惟愿生全尔等,今尔方来投生,岂忍又驱之兵刃之下?尔等逃窜日久,家业破荡,且宜速归,完尔家室,及时耕种,修复生理。至于各处盗贼,军门自有区处,不须尔等剿除。待尔家事稍定,徐当调发尔等。"阳明马上委任右布政使林富与前任总兵官张祐处置众民回籍安插事宜。到二月八日,二万余众各归乡复业,思、田之乱平定。在以后的十日中,又陆续有七万多逃入山中的夷民自缚来归顺,阳明全都放还归农。

一场骚扰三年之久的民乱,阳明仅用两个月时间迅速平定,不杀一兵,不戮一民,夷民全部遣返归田复农,阳明自己说"班师不待七旬,而顽夷即尔来格,不折一矢,不戮一卒,而全活数万生灵,是所谓'绥之斯来,动之斯和'者也"。在朝廷上下一片杀戮征剿的叫嚣声中,他采用安心安民的招抚之法全活数万生灵,是以一个救赎人心的大师的胸怀唤醒迷途众民知善知恶的良知,破心中之贼,让他们重回到新生之路上来。三月,阳明作平思田纪功文,刻石立碑,昭示后人:

嘉靖丙戌夏,官兵伐田,随与思恩之人,相比复燬,集军四省,汹汹连年。于时皇帝,忧悯元元,容有无辜,而死

> 者乎？乃命新建伯王守仁：曷往视师，其以绥德，勿以兵虔。
> 乃兴师振旅，信义大宣。诸夷感慕，旬日之间，自缚来归者，
> 七万一千。悉放之还农，两省以安。昔有苗徂征，七旬来格；
> 今不期月，而蛮夷率服。绥之斯来，速于邮传，舞干之化，
> 何以加焉！爰告思、田，毋忘永德；爰勒山石，昭此赫赫。
> 文武圣神，率土之滨，凡有血气，莫不尊亲。嘉靖戊子春，
> 臣守仁拜手稽首书，臣林富、张祐刻石。[1]

在全部遣返叛民归农复业以后，阳明又投入到处置平思田的善后事宜中。他首先在二月十三日上了《奏报田州思恩平复疏》请奖赏立功人员。十五日，上了《地方紧急用人疏》，举荐林富。十八日，又上了《地方急缺官员疏》，举荐林富、张祐、沈希仪。犒送湖广永顺、保靖二宣慰司土官目兵。在处置这些地方军政事上，矛盾的焦点集中到了设土官上。阳明谨慎从事，行文卜各道官员，命各陈所见，以备采择。同时会同总镇、镇巡、副参、三司等官，还有太监张赐、御史石金等，共议设土官与设流官的利弊得失。官员中形成了三种意见：分置土官，流官土俗，改土为流。右参政钟芳上书给阳明，力主分置土官，说：

> 近惟本司咨该奉明案备行各道，凡有所见，俱许开呈，
> 以备采择。是诚集众思，广忠益，不自有其善者也。顾职肤
> 谫，昧于时宜，何以仰承德意，况田、思二州事势，该道各
> 官备谙熟练，朝夕左右，必皆讲之精透，而尊候明睿洞照，
> 随机应务，万变不穷，亦不假刍荛之见，而应之有余裕矣。

---

[1]　王守仁：《平思田蛮记》，见《雍正广西通志》卷一百零五。

然奉教命，不敢不竭其愚。盖夷狄之俗，不可以中国之法治之，惟在布明威信，仍其本俗，宽其绳勒而已。先该军门奏奉钦依今次用兵，只诛岑猛父子及韦好、陆绥等数人，此意甚好，既破田州，乃欲尽戮其酋及其族属，俾无噍类，以致失大信而不顾。大信既失，夷人仓惶无所依仗，遂致今日之变，再动大众，扰我边鄙。今蒙节钺镇临其境，必将靡然效顺，如脱水火而就衽席，生杀予夺，惟所命之。至于善后之策，则不外乎因其势而导之耳。今之议者有三：曰分置土官，曰流官土俗，曰改土为流。夫分置土官，得古人诛罪置君之意，帝王之师也。流官土俗，立虚名以徇夷人不得已之情，弱其戎备，而奖实用者也。若夫改土为流，则彼兵之听调者悉归于农，而我兵之在内者，反劳远戍，夷情怨激，必且屡叛，是谓无事而生事，撤藩篱而启外衅者也。此三说者，非惟利害了然，而是非得失亦甚明白。本职候谒侍侧之顷，奉聆指教数言，率皆切中肯綮，退而欣忭，以为夷方裁定，只在一反掌间耳。虽知高明已有定算，无所容喙，然情实切于效愚，爱尤慚乎莫助，是以不避僭妄，谬尘清瞩，以谓流官土俗之议，终不若分置土官之为得。庸腐不知大计，姑此塞责，伏惟矜恕，裁择幸甚。[1]

阳明吸取了钟芳的建议，决定根据夷土俗情，采用土官与流官并用之法，"仍土官以顺其情，分土目以散其党，设流官以制其势"。在三月，他亲自到田州巡察，了解土俗民情。当地土人告诉说岑猛将叛乱时，田州江心忽然浮出一石，倾卧在岸边，民间流

[1]　《筠溪文集》卷十三《上新建伯》。

传起"田石倾，田州兵；田石平，田州宁"的歌谣，岑猛果然发动叛乱。到后来卢苏、王受招安归顺以后，江心的浮石又归平正了。阳明立即在怪石上大书了一篇题刻：

> 田石平，田州宁（民谣如此）；田水萦，田山迎（府治新向）。千万世，巩皇明。嘉靖岁，戊子春，新建伯，王守仁，勒此石，告后人。[1]

一个改田州为田宁府、设土官流官并用的方案已经在他心中酝酿形成。四月六日，阳明上了《处置平复地方以图久安疏》，详陈了土官流官共设并用的周密谋划与措置。在奏疏中，阳明首先分析了设土官与设流官的利弊得失，从地方的长久治安上肯定了土官之设，认为："夫流官设而夷民服，何苦而不设流官乎？夫惟流官一设，而夷民因以骚乱，仁人君子亦安忍宁使斯民之骚乱，而必于流官之设者？土官去而夷民服，何苦而必土官乎？夫惟土官一去而夷民因以背叛，仁人君子亦安忍宁使斯民之背叛，而必于土官之去者？是皆虞目前之毁誉，避日后之形迹，苟为周身之虑，而不为国家思久长之图者也。"于是他根据夷地土民俗情分析设土官与设流官的不可偏废说：

> 盖蛮夷之性，譬犹禽兽麋鹿，必欲制以中土之郡县，而绳之以流官之法，是群麋鹿于堂室之中，而欲其驯扰帖服，终必触樽俎，翻几席，狂跳而骇掷矣。故必放之闲旷之区，以顺适其犷野之性。今所以仍土官之旧者，是顺适其犷野之

---

[1] 《王阳明全集》卷二十五《田州石刻》。

性也。然一惟土官之为，而不思有以散其党与制其猖獗，是纵麋鹿于田野之中，而无有乎墙墉之限，豵牙童梏之道，终必长奔直窜而无以维絷之矣。今所以分立土目者，是墙墉之限，豵牙童梏之道也。然分立土目而终无连属纲维于其间，是蓄麋鹿于苑囿，而无守视之人以时守其墙墉，禁其群触，终将逾垣远逝而不知，践禾稼，决藩篱，而莫之省者。今所以特设流官者，是守视苑囿之人也。[1]

据此，阳明提出了设土官与设流官并用的三原则：一是特设流官知府以制土官之势，二是仍立土官知州以顺土夷之情，三是分设土官巡检以散各夷之党。在具体的设土官与流官的措置上，阳明明确提出设土州之官，立岑邦相为田州知州，岑邦佐为武靖知州；分设土官巡检，思恩与田州分立土巡检司，以卢苏、王受为巡检，统属于流官知府；田州与思恩俱设流官知府，以控土官之势；田州改名为田宁府，以符设流官知府之实；兴田州学校，于附近府州县学教官内选委一员，领田州学事。

　　阳明设立土官与流官的方案得到了朝廷的允准。吏部尚书桂萼说："王守仁区画田宁事宜，土目先试以巡检，知州先试以吏目，知府先试以同知。试三年，而后实授。其荐林宽为同知，盖试知府也。朝廷既假之便宜，宜遂从其议。"[2] 桂萼所以支持阳明的设土流官并用的方案完全是出于个人目的，那就是知府试三年而后实授的说法，为后来桂萼强命阳明平叛后再在广西待三年，阻遏他入朝入阁找到了借口。阳明当然不知道桂萼的险恶用心，

[1]《王阳明全集》卷十四《处置平复地方以图久安疏》。
[2]《明世宗实录》卷八十九。按：《实录》云："上以为然，命宽以同知，掌府事，俟三年有成，即升知府。铖仍旧职。"

他在上了奏疏以后，马上在设土官流官上大力行动起来，这又招致了反对派的非难与指责。

原来在对待岑猛父子与卢苏、王受的叛乱上，从朝廷到地方都有一派主张剿杀诛灭乱民，反对招抚，反对设土官。包括前任姚镆一班征讨官员，他们诬告岑猛父子与卢苏、王受谋反，后来在征讨失利的情势下，姚镆还是隐瞒真情，充满杀机上奏说"田州遗党复叛，再乞集兵剿捕，军兴钱谷，相应议处"。朝廷不得已用阳明代替姚镆，到阳明以招抚手法平息了卢苏、王受叛乱后，这些主张剿杀的一派唯恐事情败露，仍旧指责阳明招抚不当，设土官不宜，尤其对阳明还将叛目卢苏、王受立为土官，更是横加指斥，致使朝廷与世宗对阳明的招抚卢苏、王受产生了疑忌。其实阳明早就看穿了岑猛父子与卢苏、王受被诬告谋反的冤情，反对朝廷无辜剿杀岑猛父子与卢苏、王受，认为这是朝廷的重大失误。为了揭明事情始末的真相，他在一招抚卢苏、王受以后，就把弟子揭阳主簿季本调来南宁，深入土民中探访查勘思田叛乱事实三个月。五月，季本写成了《田州事实记》，详论朝廷诛杀岑猛父子的失误与剿灭卢苏、王受的不当，为阳明抗辩。记文揭开事件惊人的内幕与秘密说：

> 土官岑氏，在田州世有功德，以为国家不侵不叛之臣，边疆倚赖焉。其后岑猛之初袭为知府也，遇有家祸，时在外未得入，而思恩土官岑濬实纳之，遂挟取猛丹梁、慕义之地。既而濬以罪败，猛乃乘间告复其地，当道弗与，且欲因而抑之，摘猛罪，亦左迁为建平千户，以其府与思恩例，改为流官。猛恐自此遂失田州，累乞贬秩，以为其府幕，不许，遂留不赴任，而流官知府始代猛者，不为土人所附，退居南宁，

与猛终不相得。后知府高公友机至，待以坦怀，则猛亦礼意周尽矣。已而军门调猛征马平、程乡及江西窑原洞诸盗有功，累升南丹指挥佥事、指挥同知、权署府事。及征北流、前后，斩获计已二万八千余，功而卒不复其知府。猛既失故物，又颇好文墨，耻与武臣颉颃。先是借猛功而起身者，多为都司参将，而猛乃以指挥为之属，或至受其侮，供应其所需，少有不尽，则从而媒蘖之。猛意颇不平，不欲以功名自竞，于是传其子邦彦，而吟诗饮酒，弹雀捕鱼，招延方外之士，讲养生术，将自为其身矣。邦彦膂力绝人，智谋不在猛下，调征新宁，既亲破剿思恩；刘绍之乱，复讨平之。战无不胜，功无不成，于是田州之兵雄两广，而邦彦因有骄豪之志矣。重以一二监守兹土者，有所诛求，搜剔其隐过，既不足以服其心，而反为所轻。猛亦时有讥诋上司之言，荐闻于远，当道无不颔之，惟恐不得其隙。又田州地当数州冲要，军门使者过之，或有所调发，卒倚势取索，欲逾其常。猛既以谢事避去，而邦彦亦不礼焉。使者归，则造危言以谤猛。会泗城有乱，那地、东兰诸州素为所侮，欲因而甘心焉，以田州、唐兴等地亦旧为泗城所侵夺，积有深怨，约猛共报之。而泗城土官岑接实为那地兵所杀，以诉于当道。在猛自谓争复故地，土俗之常耳；而杀接者又那地也，不以为意。当道因欲以罪诛猛，不为辨曲直，猛怨，且颇察知泗城有告猛者，自田州道出，辄邀致之，以为打点，出慢语，以挟当道。当道益深恶之，而谤猛者日甚，遂加以叛逆之罪，请兵征讨。朝廷亦未有必诛之意也。会有流言，以猛为行赂者，人皆自避嫌疑，不复为猛深辨；而小人欲乘时以立功名者，又皆力赞之成。乃大合四省之兵于南宁，以伐田。邦彦闻之，欲出拒战，猛曰："我未尝得罪朝廷，必无伐我理；万一有之，岂可抗官兵，以自取其戾？"力止勿许。乃遣人进表，则不得达；遣人诉冤，则不得行；遣人求立功以赎罪，则不得请。于是邦彦率其所亲陆寿、韦好等至，公要觇师。而官兵猝至，杀韦好等，邦奇（彦）遁走，寻病死。猛知事急，窜死归顺，其民乃溃。

未几，土目卢苏以岑氏世有功德于田，不忍其嗣绝，欲求一抚定以继之，惧不可得，乃扬言猛尚存，而众毕集，誓以一心。复遣人说思恩土目王受，使率众来复土俗。初，思恩之改设流官也，并土俗亦去之，而为里甲，民皆不便，往往以其情鸣官，不得复，反复未宁。故苏因而启受，盖幸邻境之多事，以自遂其所图。受至思恩，果率其众，以里甲之不便，告于知府吴期英，而惧有患，每旦则叩头听命，而于上下之礼，仓库之防，严不敢犯焉。期英未为施行，受乃出至武缘，将求质以自达于上，官兵以为受反而击之。阨于险，不得已，则相格斗，而受实非有反心也。及请质不得，官军已趋思恩拒之矣。受乃还至上林，求得所知指挥张锐、王凤而去，以分质于思、田，惟以此势求抚而已。当时执事者例以大义责之，而不复少原其情，必欲穷诛二目，以深绝其党，思、田由是久不得靖，供亿之区，人怀异虑。所幸圣天子忧悯元元，特命新建伯抚定之，察民之情，一从其俗，且为之图久远计，而于岑氏则不绝其后，全两府七万生灵之命，省国家巨万军兴之资，人心悦服，边境帖然。否则绝人自新，坚其必死，用兵不息，他变荐生，不惟失思、田，而且无两广矣。

呜呼！蛮夷之俗，大率谣佚无礼，残暴不仁，不可以法度绳也。自猛袭位以来，砥砺名节，思自树立，亲贤友士，务本恤民，闺门有礼，国俗有条，民有罪者，不忍见其箠楚，使人杖之门外。至于妄杀戮人，则尤所未有。以是民心悦服，累立战功，而不得志，遂托于养生，以示无争名意。比官兵以反叛加之，人且料猛兵事素练，号令素行，用其富强之力，而使邦彦将之，奋臂一呼，郡蛮响应，足以基两广数年难拔之患，必非甘于受死者。然猛终守臣节，不敢有异谋，岂非土官中之最贤者乎？向使驾驭有道，以激劝其志，则猛之材志，济以邦彦之骁勇，因其富强，足以尽平两广稔恶之蛮僮，而于府库财可无分毫费也。又猛氏自先世有功国家，苟罪有可戮，犹将十世宥之，况实无反心乎？虽其一时忿争诋傲，若无忌惮，然亦在我者处之未尽，当自反者也。乃必欲加猛大恶，使其父子抱愤懑以死。呜呼！邦彦且未足论，猛深可惜也！已无益于事，而失蛮夷之心，得非执事者之过计邪？或者谓猛为归顺所掩杀以邀赏，如此，则猛益冤矣。然而尚幸其或死于病，乃于朝廷好生之体未为亏耳。若夫卢苏之志，欲为其主存孤；王受之情，欲为其土复俗。虽不无阻兵拒敌之罪，要之，蛮夷小人不谙礼法，集党自防，势所必至，亦未可尽以大义责之，而处以必死也。今猛既嗣其后人，则九泉之下，庶得以瞑目，而苏、受亦开其生路，则万死之余，举乐于效劳矣。此非圣天子广大无私，断不牵于成议；而新建伯纤微不忽，处曲尽乎人情，则思、田之冤，岂特猛一人而已哉！余至南宁，搜访土人，而得其颠末，悲猛之志，惧夫人之未尽知也，窃惟私识之，阐幽君子庶几有取焉。[1]

────────

[1]《季彭山先生文集》卷二《田州事实记》。

季本这篇《田州事实记》，揭开了一桩五百年来被官方正史所掩
盖的土夷冤案[1]，岑猛父子与卢苏、王受并无反心，岑猛父子是
被诬反叛，无辜冤杀；卢苏、王受是被诬复叛，遭到剿杀。阳明
为什么坚决主张招抚卢苏、王受，为什么将七万"叛民"一个不
杀全部放归复农，为什么主张设土官流官并用，为什么坚持用卢
苏、王受为土巡检，为什么主张立岑邦相为田州知州以承袭岑猛
之职，从这里都可以得到解释。季本说阳明"纤微不忽，处曲尽
乎人情"，"察民之情，一从其俗，且为之图久远计，而于岑氏则
不绝其后，全两府七万生灵之命，省国家巨万军兴之资，人心悦
服，边境帖然"，清楚道出了阳明察民情、从土俗的"人情化"
的军政措置大法。季本的《田州事实记》，是当时唯一的一篇说
真话的"翻案"文字，旨在讼岑猛被诛之冤，称赞阳明招抚卢
苏、王受的英明理智，议论率直大胆，抨击朝廷失误，铸成冤案，
而又不思悔改纠错。季本实际是代师立言，道出了阳明的心声。
但一个在"大礼议"中被贬的谪臣妄发"翻案"的议论是有风险
的，他的抨击规谏不仅没有使好杀戮的朝廷大臣头脑清醒过来，
却反而给他们进一步迫害打击阳明留下了隐患。

　　阳明对自己招抚任用卢苏、王受的所作所为毫不动摇，他从
"抚民安边"与"教化修德"上进一步展开了平思、田乱的善后
事宜工作。在抚民安边上，阳明采用了"处夷之道，攻心为上"
的方针。他认为抚民安边的关键在于任贤得人，"任贤图治，得人
实难，其在边夷绝域反复多事之地，则其难尤甚"。他分析说：

　　　　反覆边夷之地，非得忠实勇果通达坦易之才，固未易以

---

[1] 按：正史上都说岑猛反叛作乱，实为朝廷制造杀戮冤案辩护，详可见《明史纪
　　事本末》卷五十三《诛岑猛》，此文几无一言属实。

定其乱；有其才矣，使不谙其土俗而悉其情性，或过刚使气，率意径行，则亦未易以得其心；得其心矣，使不耐其水土，而多生疾病，亦不能以久居于其地，以收积累之效，而成可底之绩。故用人于边方，必兼是三者而后可。[1]

阳明自己就按照这三条标准选贤举能。五月二十五日，他上了《举能抚治疏》，荐举布政使林富量升宪职（右副都御史），副总兵张祐绥缉经理于思、田二府；又荐举广东右布政使王大用、湖广按察使周期雍才堪大用，可于二人中选一人升宪职。七月七日，阳明又上了《边方缺官荐才赞理疏》，荐举了陈槐、施儒、朱衮、杨必进、李乔木等一批贤官。阳明最注重"谙其土俗而悉其夷性"的土官的选任，除了让土目卢苏、王受担任土巡检外，他还力主立岑猛之子岑邦相承袭土官之职，为此他向土民乡老以及大小土目作了询访查问，七月十九日，上了《查明岑邦相疏》，举立岑邦相为岑猛之嗣，授以署田州事吏目。奏疏说：

当时臣等通拘该府大小土目及乡老人等审问，岑猛之子应该承立者何人。乃众口一词，以为岑猛四子，长子岑邦佐系正妻张氏所出，次子岑邦彦系庶妾林氏所出，三子岑邦辅系外婢所生，四子岑邦相系次妾韦氏所出。猛嬖溺林氏，而张氏失爱，故邦佐自幼出继武靖，而以邦彦承袭官职。今邦彦既死，应该承立者莫宜于邦佐。臣等尝看得武靖地方正当瑶贼之冲，而邦佐自幼出继，该州之民信服归戴已久；况其才力足能制御各瑶，近日该州土目人等又相继恳恩来告，愿

得复还邦佐。今欲改立一人，亦未有可以代邦佐者。臣恐一
失武靖各目之心，则于地方又多生一事，莫若仍还邦佐于武
靖，一以御地方之患，一以顺各夷之情……宜立其次者，岑
邦辅则可。于是各目人等又众口一词，以为邦辅名虽岑猛外
婢所生，其实来历不明，阖府之民，皆不欲立。惟邦相则次
妾所生，实系岑猛的亲骨血；况其质貌厚重谨实，众心归服，
立继岑氏，庶不绝其真正一脉。臣等议得仍立土官者，专为
不绝岑氏之后，以顺诸夷之情也……伏乞圣明宥其疏漏万死
之诛，仍敕该部俯从原议，立岑邦相于田州，以曲顺各夷
之情。[1]

阳明选定"谙其土俗而悉其夷性"的岑邦相袭任田州土官，是
"曲顺各夷之情"，对士民夷俗表现了充分的尊重，也算是对朝廷
误杀岑猛父子的冤案的一点"平反"，对抚民安边"御地方之患"
起了很大作用。

在教化修德上，阳明认为思、田新服，风教不振，人心陷溺，
市廛无民，学校无士，要安定民心，提升民德，首在推行文治教
化，修民以德，教民以礼。而学校是"风化之原"，礼教兴盛之
地，理学倡明之源，尤关乎地方的民风习俗士气，所以他把学校
教育看成是安土治民的头等大事，从全力兴建学校、推广理学教
育入手，普施德治教化。他在四月上的《处置平复地方以图久安
疏》中，就提出了兴建学校、推广儒学的方案说：

　　田州新服，用夏变夷，宜有学校。但疮痍逃窜之余，尚

[1]　《王阳明全集》卷十五《查明岑邦相疏》。

> 无受廛之民，焉有入学之士。况斋膳廪饩，俱无所出，即欲
> 建学，亦为徒劳。然风化之原，终不可缓。臣等议欲于附近
> 府州县学教官之内，令提学官选委一员，暂领田州学事。听
> 各学生徒之愿改田州府学及各处儒生之愿来田州附籍入学者，
> 皆令寄名其间。所委教官，时至其地相与讲肄游息，或于民
> 间兴其孝弟，或倡远近举行乡约，随事开引，渐为之兆。俟
> 休养生息一二年后，流移尽归，商旅凑集，民居已觉既庶，
> 财力渐有可为，则如学校及阴阳医学之类，典制之所宜备者，
> 皆听该府官以次举行上请，然后为之设官定制。[1]

在上了这道奏疏后，阳明马上就按照他设想的方案措置施行。他
首先行文下广西提学道，要他们兴举思、田学校，倡行乡约，行
文更具体指示说：

> 照得田州新服，用夏变夷，宜有学校……除具题外，拟
> 合就行。为此仰抄案回道，着落当该官吏备行所属儒学遵照，
> 但有生员，无拘廪增，愿改田州府学，及各处儒生愿附籍入
> 学者，各赴告本道，径自查发，选委教官一员，暂领学事，
> 相与讲肄游息，或兴起孝弟，或倡行乡约，随事开引，渐为
> 之兆，俟休养生息一二年后，该府建有学校，然后将各生徒
> 通发该学肄业，照例充补增廪，以次起贡，俱无违错。[2]

正好这时是谷平李中任广西道提学副使，他马上闻风而动，选拔
诸生，兴建府学，推行乡约，亲自登堂讲学。阳明也大力兴举南

---

[1]《王阳明全集》卷十四。
[2]《王阳明全集》卷十八《案行广西提学道兴举思田学校》。

宁府学，亲自下南宁府学、县学以及书院中讲学，发良知之教，朝夕开导诸生。留在军门听用的季本，把阳明的乡约推行到了揭阳，阳明询访实况后，马上把季本的乡约呈文批委潮州府通判张继芳，督令各县都推行乡约，并批评下面的虚文搪塞说：

> 本官（季本）见留军门听用，该县若无委官相继督理，未免一暴十寒。况本院近行十家牌谕，虽经各府县编报，然访询其实，类是虚文搪塞；且编写人丁，惟在查考善恶，乃闻加以义勇之名，未免生事扰众，已失本院息盗安民之意。访得潮州府通判张继芳持身端确，行事详审，仰该府掌印官将发去牌式，再行晓谕所属，就委张继芳遍历属县，督令各该县官勤加操演，务要不失本院立法初意。仍先将牌谕所开事理，再四绸绎，必须明白透彻，真如出自己心，庶几运用皆有脉络，而施为得其调理。[1]

阳明尤重视县学的兴办，亲为县学延师设教。原监察御史陈逅谪为合浦县主簿，阳明延请他设教于灵山县学，开讲身心之学。他发文命下给灵山县学官说：

> 看得原任监察御史、今降合浦县丞陈逅，理学素明，志存及物，见在军门，相应差委。除行本官外，为此牌仰灵山县当该官吏，即便具礼敦请本官于该县学安歇，率领师生，朝夕考德问业，务去旧染卑污之习，以求圣贤身心之功。该县诸生应该赴试者，临期起送；不该赴试者，如常朝夕听讲。

---

[1]《王阳明全集》卷十八《揭阳县主簿季本乡约呈》。

或时出与经书策论题目，量作课程。[1]

有一个莆田儒生陈大章来南宁问学，他精通礼学，阳明尤为重视，立即延请他为南宁府学之师，设席讲礼。阳明发文命下给南宁府学官说：

> 照得安上治民，莫善于礼，冠昏丧祭诸仪，固宜家谕而户晓者，今皆废而不讲，欲求风俗之美，其可得乎？……为此牌仰南宁府官吏即便馆谷陈生于学舍，于各学诸生之中，选取有志习礼及年少质美者，相与讲解演习。自此诸生得于观感兴起，砥砺切磋，修之于其家，而被于里巷，达于乡村，则边徼之地，自此遂化为邹鲁之乡，亦不难矣。诸生讲习已有成效，该府仍要从厚措置，礼币以申酬谢。仍备由差人送至广西提督学校官，以次送发各府州县，一体演习。[2]

在兴举学校上，阳明更大力振兴书院教育，他亲自相度选中了南宁城东北的一块隙地，修建了敷文书院，日日同诸生大讲良知心学。敷文书院在六月建成，阳明大书了一副对联："欲求明峻德，惟在致良知"，揭明敷文书院的教育宗旨。延请深得良知之学的弟子季本为师，设席讲良知心学。阳明在《牌行南宁府延师设教》中阐述建敷文书院的意义说：

> 看得原任监察御史、今降揭阳县主簿季本，久抱温故知

---

[1]《王阳明全集》卷十八《牌行灵山县延师设教》。
[2]《王阳明全集》卷十八《牌行南宁府延师讲礼》。

新之学，素有成己成物之心，即今见在军门，相应委以师资
之任。除行本官外，仰南宁府掌印官即便具礼率领府县学师
生，敦请本官前去新创敷文书院，阐明正学，讲习义理。各
该师生务要专心致志，考德问业，毋得玩易怠忽，徒应虚文。
其应该赴省考试者，扣算程期，临时起送；不该赴试者，仍
要如常朝夕质疑问难。或时出与经书题目，量作课程。务加
时敏之功，以求日新之益。[1]

阳明自己日日同幕僚诸生在敷文书院聚讲良知之学，董传策记叙
阳明在敷文书院讲学论道的情景说：

王新建督四省兵驻南宁，因创敷文书院，日聚幕僚诸生
讲学，更不议兵事。三司官莫测其意，谓公假此纵敌，密有
指授也。或乘间进言曰："招降诚善策，脱有不济，当云
何？"公敛容谢曰："岭徼苦兵久矣，吾实招之，非诱致也。"
公少年纵横翕张，至是亦厌功名，思休辑厥学，真有进哉！
一日，讲良知万物一体，有问："木石无知，体同安在？"时
湖广两宣慰列席，所部兵颇骄恣。公因答问者曰："譬如无故
坏一木，碎一石，此心恻然顾惜，便见良知同体；及乎私欲
锢蔽，虽拆人房舍，掘人冢墓，犹恬然不知痛痒，此是失其
心。"两宣慰闻之，耸然。[2]

后来阳明作《南宁新建敷文书院记》，刻石立碑于敷文书院中，
阐述新建敷文书院"诞敷文德"的意义说：

---

[1]《王阳明全集》卷十八《牌行南宁府延师设教》。
[2] 董传策：《骆越漫笔》，转引自《嘉庆广西通志》卷一百二十七。

　　嘉靖丙戌夏,官兵伐田,遂与思恩,相比复煽,集军四省,汹汹连年。于时,皇帝忧悯元元,容有无辜而死者乎?乃命新建伯、臣王守仁:曷往视师,勿以兵歼,其以德绥。乃班师撤旅,散其党翼,宣扬至仁,诞敷文德。凡乱之起,由学不明。人失其心,肆恶纵情。遂相侵暴,荐成叛逆。中上且然,而况夷狄?不教而杀,帝所不忍。孰近弗绳,而远能准。爰进诸生,爰辟讲室。决蔽启迷,云开日出。各悟本心,匪从外得。厥风之动,翕然无远。诸夷感慕,如草斯偃。我则自灭,帝不我殄。释干自缚,泣诉有法。旬日来归,七万一千。濈濈道路,踊跃欢阗。放之还农,两省以安。昔有苗徂征,七旬来格。今未期月,而蛮夷率服。绥之斯来,速于邮传。舞干之化,何以加焉!明明天子,神武不杀。好生之德,上下孚格。神运无方,莫窥其迹。爰告思、田,毋忘帝德。既勒山石,昭此赫赫;复识于此,俾知兹院之所始。[1]

　　阳明认为战乱之后,人失其心,正学不明,兴举学校,建敷文书院,就是要救赎异化迷失的人心,复悟本心,决蔽启迷,各悟本心。所以敷文书院的教育宗旨就在"诞敷文德",明峻德,致良知。这篇《南宁新建敷文书院记》,具有自我总结他在广西的文治(兴举学校)与武功(平思田乱)的双重意义,文治修德,武功息兵,敷文书院也就成了阳明在两广建树的文治武功的象征。把阳明在两广的这种文治武功作了最好总结的,是季本的《建敷文书院修德息兵记》。季本在记文中从"良知"的高度总结说:

――――――――

[1] 王守仁:《南宁新建敷文书院记碑》,载林富、黄佐:《嘉靖广西通志》卷二十六。

　　嘉靖丁亥岁，思、田弗靖，抚臣议征之，集兵四省者二年矣。维时生灵抱锋镝之忧，郡县坐供输之苦。维皇上励精图治，轸念元元，特起我阳明夫子于家，俾往定其地。累疏以疾辞，弗获。乃抵南宁，则谓边彝所以弗率者，为远于声教，不得蒙至治之泽尔。吾既不能抚绥，又从而虔刘之，此与罔民何异？于是大宣天子德声，图维息众，乃度郡东北隙地，建敷文书院，日进诸生，与之从容讲学，以示诞敷文德之意。由是思、田之民仰慕德化，自缚来降。至则谕以恩威，众咸感泣，乃悉解其缚，而放之归农，盖七万一千余人焉。昔伯禹征苗，二旬逆命，班师旅以修德；舞干羽于两阶，雍容七旬，而有苗来格。盖惟尧舜之时有此盛举，后世莫能及，亦以为不可及也。而夫子为是，何其易哉！夫天下之道，良知尽之矣，尧舜之所以为尧舜，致此而已。故曰："人皆可以为尧舜。"圣贤既远，道学不明。人见圣人之万理完具，随处充周，以为无所不知，无所不能也，往往求之于见闻之多，事功之著，而不要其本于良知，汗漫无统，劳苦难成，则以圣人为不可及，宜矣。吾夫子即固有之良知，泄不传之圣秘，以明天之明命，但如是其易，而非假乎一毫之强为，是则人之所以为圣，而道之所以无他者也。然而绝学之后，骇于骤闻，高明之士或契于心，亦未敢信圣人之道止于如是而必可学也，且谓吾夫子天资高迈，意见偶及而为是说耳。殊不知吾夫子谪官龙场，居危三载，困心衡虑之余，反己自修之实，超然独悟，非由揣摩。及其赐环，而归身任斯道，惟以其良知之学益致之于日用之间，细微曲折，固有或遗，故不事他求，而学已入于圣域矣。是以扬历中外，往辄有功，剪除奸凶于南、赣，勘定祸乱于江西，偃息谈笑，若无事焉，非古所谓"不大声以色"者邪？既而功名见忌，谗构相寻，则又泰然乐天，略无所动，深避形迹，若将终身焉，非古之所谓"不见是而无闷"者邪？此皆圣人积渐之德，而人所谓难也。由今观之，其果难哉？其果出于良知之外哉？至于思、田之柔服，分明尧舜气象矣。然则谓尧舜为可学者，于是又有以验其必然也，其果难哉？其果出于良知之外哉？诸生闻吾夫子良知之教，而又亲见夫德化之行，莫不奋然兴起，愿学圣人。然而闻者弗详，传或易失，又吾夫子所甚惓惓也。以本久在门下，尝闻此学，而方从事军前，且日闲暇，乃使之领书院事，以申明之。本既承命，反复晓告诸生，而诸生之感于教化者，思兵戈之既息，怀德泽于无穷，乃属其父老而以告于本，将图序其成绩者。本维吾夫子盛德大业，史官所书，后世所式，岂末学所能赞一辞哉！顾以致良知之说乃吾夫子所雅言，以教人为尧舜者也，故特举之以明今日成功之本，使学者闻之，庶不疑于所从焉。[1]

季本认为"良知"之学是阳明文治武功的"成功之本"，他用阳明的"良知"心学评述了阳明一生卓越的文治武功，这与其说是在总结阳明在两广的文治武功的勋绩，不如说是在总结阳明"超然独悟"的良知心学，是在总结阳明一生的心学发展历程。他径直把阳明比之为当代的"尧舜"圣人，把他的良知心学誉之为"泄不传之圣秘"的圣学，"天下之道，良知尽之矣"，这不啻公然触犯了世宗至高无上的神圣的帝王尊严，忘了"功高震主"的故训，无怪在他写了这篇修德息兵记后，悲剧的厄运骤然降落到了阳明头上。

---

[1]《季彭山先生文集》卷一《建敷文书院修德息兵记》，参《嘉靖南宁府志》卷九引文。

平断藤峡、八寨的悲剧结局

正当阳明招抚思、田的卢苏、王受的时候，断藤峡、八寨的瑶民却又啸聚骚乱，不服朝廷的招抚，六百里浔江夹岸群山中叛乱四起，猖獗蔓延，波及到整个广西境内的安定。

在广西浔州的万山丛中，一条湍急的浔江从险崖峡谷中穿过，其中有大藤峡最为高峻险绝，自来成为乱寇盘据的最大巢穴。从大藤峡到府江，群山绵延六百余里，杂居僮、瑶土民，多年来他们不堪朝廷的盘剥压榨，纷纷啸聚占山，筑寨守险，与官军相抗。朝廷派大军入山征剿，屡屡失败。直到成化中，都御史韩雍率十六万大军征剿，深入险阻，擒杀瑶酋侯大狗，平息了多年的乱患。大藤峡中有条条巨藤悬挂两崖，瑶民攀爬上下如飞，韩雍下令斩断峡藤，改名为断藤峡。自此浔州地方民安居了二十余年。但从正德五年以来瑶乱复起，势焰炽张，朝廷剿抚兼施，均无成效。到阳明来平思、田乱时，浔州的叛民盘据山谷，恃险固守，攻城掠地。叛酋拥众数万，以断藤峡为中心，上连八寨，下通仙台、花相各峒，千里骚动，东西奔突，南北摽掠。右布政使林富与副总兵都指挥同知张祐向阳明报告叛情说：

> 惟八寨瑶贼，积年千百成徒，流劫州县乡村，杀害良民，虏掠子女生口财物，岁无虚月，月无虚旬。民遭荼毒冤苦，屡经奏告，乞要分兵剿灭者，已不知几百十番。为因地方多事，若要进兵，未免重为民困，是以官府隐忍抚谕，冀其悔

罪改过。而彼乃悍然不顾,愈加凶横,出劫益频。盖缘此贼
有众数万,盘据山谷,凭恃险阻,南通交趾等夷,西接云贵
诸蛮,东北与断藤、牛肠、仙台、花相、风门、佛子及柳、
庆、府江、古田诸处瑶贼回旋连络,延袤周遭二千余里,东
掠西窜,南摽北突。近因思、田扰攘,各贼乘机出攻州县乡
村,远近相煽,几为地方大变……乞要乘此军威,速加征剿,
庶不贻患地方。[1]

断藤峡、八寨的瑶民叛乱与思、田的卢苏、王受叛乱不同。卢苏、
王受本无反心,他们有主动受招归顺之意,所以阳明采取了招
抚的方法平乱。断藤峡、八寨的瑶乱有深远的历史原因,叛乱波及
闽广、云贵,甚至南通交趾夷民,而安南当时也发生内乱,情势
越发显得严重。地方官府征剿无能,想欲招抚息乱,但断藤峡、
八寨叛民恃险拒绝招抚,反而乘阳明招抚思田、无暇东顾之际,
出攻州县乡村,杀戮抢劫,远近煽动。左江道官员告急说"断藤
峡、牛肠、六寺、磨刀等处瑶贼,上连八寨诸蛮,下通白竹、古
陶、罗凤、仙台、花相、风门、佛子等峒各贼……近因思、田用
兵,遂与八寨及白竹、古陶、罗凤等贼乘势朋比连结,杀虏抢劫,
月无虚旬,扇惑摇动,将成大变"。招抚不行,对阳明来说,就只
有征剿一路可走了。

　　阳明驻扎在南宁,为征剿断藤峡、八寨做了充分准备。他
采用了疑兵迷敌之计,先做出解散军队、罢征息兵的姿态,停
止调兵集粮,罢还永顺、保靖二土司兵,偃旗息鼓,南宁府城
一片安宁祥和,麻痹懈怠断藤峡、八寨敌众的斗志。暗中却调

---

[1]《王阳明全集》卷十五《征剿稔恶瑶贼疏》。

兵遣将，密授二土司兵方略，命指挥唐宏等人乘归途之便突袭断藤峡。又命土目卢苏、王受杀敌报效，统兵从间道突入八寨。到三月底，他定下了出奇兵纵深突袭的战略：以六千奇兵突袭断藤峡，以八千奇兵突袭八寨，分兵进剿。四月二日，阳明调度七路军马进兵合剿：命令张经、谢珮、彭明辅、彭宗舜、彭明弼、彭杰领土兵一千六百名，马文瑞、向永寿、严谨领土兵一千二百名，王勋、彭九霄、彭荩臣、彭志明领土兵六百名，唐宏、彭九皋领土兵六百名，卞琚、彭明辅领土兵六百名，张缙、贾英领土兵六百名，刘宗本及各哨官员领浔州等卫所与武靖州汉土官兵乡导一千余名，务必在四月二日寅时到达龙村埠齐集。四月三日，发动进剿，以永顺兵进剿牛肠等巢，保靖兵进剿六寺等巢。

这时断藤峡一带的敌众见南宁毫无调兵征剿的动静，不知湖兵偃旗息鼓进军偷袭，放松了戒备。各路官军骤然突至，四面围攻，敌众大乱，彭明辅、彭九霄、彭宗舜督率土兵冲冒矢石，生擒敌酋头目。余众败退到仙女山，凭险结寨顽抗。官兵追至仙女山，攀木缘崖仰攻。到四月四日，攻破敌寨。五日，又连破油榨、石壁、大陂等巢。敌众奔逃到断藤峡、横石江边，官兵从后掩杀，一举攻破断藤峡，余众皆奔逃他寨。官兵仍一路追杀。至四月十日，官兵遍搜山峒，清扫巢穴后，班师收兵。

阳明在南宁运筹帷幄，听到攻破断藤峡，兴奋地作了一首诗吟道：

破 断 藤 峡

才看干羽格苗夷，忽见风雷起战旗。

六月徂征非得已，一方流毒已多时。

迁宾玉石分须早，聊庆云霓怨莫迟。

嗟尔有司惩既往，好将恩信抚遗黎。[1]

四月十五日，阳明进上了《征剿稔恶瑶贼疏》，这时进剿八寨的军事行动还刚开始不久。他先在四月十一日命令各哨官兵进剿，永顺兵在盘石、大黄江登岸，进剿仙台、花相诸寨；保靖兵在乌江口、丹竹埠登岸，进剿白竹、古陶、罗凤诸寨。定于四月十三日寅时一齐抵达信地。接着他又命右布政使林富、副总兵张祐分领田州府报效土目卢苏等兵及官军三千名，思恩府报效土目王受等兵及官军二千名，韦贵等土兵及官军与乡款人等一千一百名，分兵进剿八寨，定于四月二十三日卯时一齐抵达信地。先在二十二日晚，统领官就在新墟的地方会集了各路土目兵，向他们传达了阳明的密授方略，命他们乘夜衔枚速进，长途偷袭潜行，神不知鬼不觉穿过村村寨寨，黎明时各自到达敌寨，一下子突破石门天险，各路哨兵齐入，攻破八寨，敌众还在睡梦中，以为兵从天降，溃散逃窜。官兵乘胜追击，敌众且战且退。中午时分，远近各寨又聚集了二千余名骁勇悍众，手执长标毒弩来战，双方鼓噪呐喊，声震岩谷。敌众终于抵御不住，四散溃退，各自分阵聚党，奔入高山大峡，继续据险立寨顽抗。

　　阳明在南宁密授方略，坐军院指挥，听到攻破八寨，又兴奋地作了一首诗吟道：

平　八　寨

见说韩公破此蛮，貔貅十万骑连山。

---

[1]《王阳明全集》卷二十。

　　而今止用三千卒，遂尔收工一月间。

　　岂是人谋能妙算？偶逢天助及师还。

　　穷搜极讨非长计，须有恩威化梗顽。[1]

在攻破八寨以后，瑶民四散遁入深山大谷依旧据险抵抗，所以官兵并没有马上班师回军。阳明在四月二十四日再下命官军追剿断藤峡、八寨余众，接连攻破古蓬、周安、古钵、都者峒、铜盆、大鸣等寨。到五月十七日，卢苏、王受率土兵攻破黄田等寨。直到六月七日，又攻破铁坑、绿茅等寨，兵分四路，追剿直至横水江边，少数残敌漏遁，进剿结束，官兵才在六月十日班师回军。到七月十日，阳明上了《八寨断藤峡捷音疏》。

　　阳明仅用三个月的时间，就平定了广西数十年来如火如荼的瑶乱。但是他深知征剿是万不得已之举，也并非他真心所愿，"六月徂征非得已"，后来他临终曾经痛苦地说："田州事非我本心，后世谁谅我者？"残酷血腥的征剿最终还是要回到安抚黎元上来，"嗟尔有司惩既往，好将恩信抚遗黎"，"穷搜极讨非长计，须有恩威化梗顽"。所以他早做好了剿抚的两手，在一平断藤峡、八寨以后，他就颁下《绥柔流贼》的行文，命地方府县官员大力展开绥柔瑶民的工作。行文提出了具体的抚民恤民之法说：

　　　盖用兵之法，伐谋为先；处夷之道，攻心为上。今各瑶征剿之后，有司即宜诚心抚恤，以安其心；若不服其心，而徒欲久留湖兵，多调狼卒，凭借兵力以威劫把持，谓为可久之计，则亦末矣……夫柔远人而抚夷狄，谓之柔与抚者，岂专恃兵甲之盛，威力之强而已乎？古之人能以天地万物为一体，故能通天下之志。凡举大事，必顺其情而使之，因其势而导之，乘其机而动之，及其时而兴之……即行知府程云鹏，公同指挥周胤宗，及各县知县等官，亲至已破贼巢各邻近良善村寨，以次加厚抚恤，给以告示，犒以鱼盐，待以诚信，敷以德恩……从而为之推选众所信服，立为酋长，以连属之，优其礼待，厚其犒赏……若各贼果能改恶迁善，实心向化，今日来投，今日即待以良善，即开其自新之路，决不追既往之恶……若彼贼果有相引来投者，亦就实心抚安招来之，量给盐米，为之经纪生业，亦就为之选立酋长，使有统率，毋令涣散。一面清查侵占田土，开立里甲，以息日后之争……至于本院近行十家牌谕，诚亦弭盗安民之良法……该道仍要用心督责整理，诚使此法一行，则不待调发，而处处皆兵；不待屯聚，而家家皆兵；不待蓄养，而人人皆兵；无馈运之劳，而粮饷足；无关隘之设，而守御固……盖以十家牌门之兵，而为守土安民之本；以武靖起调之兵，而备追捕剿截之用……仰该道仍将行粮等项，再议停当，备行该州土目人等遵照奉行。自今以后，免其秋调各处哨守等役，专在浔州地方听凭守备参将调用……[1]

阳明自己就按照他说的"处夷之道，攻心为上""诚心抚恤，以安其心"的原则展开了平断藤峡、八寨的善后事宜工作。他首先劝还各地逃亡的僮瑶民户归农，安排生计，厚加抚恤，建立里甲，恢复生产，很快取得了成效。六月，他出郊视察农事，目睹农田

[1]《王阳明全集》卷十八。

生产已初步恢复正常，感慨咏了二首诗：

南 宁 二 首

一驻南宁五月余，始因送远过僧庐。

浮屠绝壁经残爇，井灶沿村见废墟。

抚恤尚渐凋弊后，游观正及省耕初。

近闻襁负归瑶僮，莫陋夷方不可居。

劳矣田人莫远迎，疮痍未定犬犹惊。

爇余破屋须先缉，鱼后荒畲莫废耕。

归喜逃亡来负襁，贫怜缥绔缀旗旌。

圣朝恩泽宽如海，甑鲋盆鱼纵尔生。[1]

接着阳明又奖赏永顺、保靖二土司官兵，送他们归湖广，以表示自己安边不恃武力兵甲的决心，他作诗相送吟道：

往岁破桶冈，宗舜祖世麟老宣慰实来督兵。今兹思、田
之役，乃随父致仕宣慰明辅来从事，目击其父子孙三世皆以
忠孝相承相尚也，诗以嘉之。

宣慰彭明辅，忠勤晚益敦。

归师当五月，冒暑净蛮氛。

九霄虽已老，报国意犹勤。

五月冲炎暑，回军立战勋。

爱尔彭宗舜，少年多战功。

---

[1] 《王阳明全集》卷二十。

从亲心已孝，报国意尤忠。[1]

阳明认为依仗武力征剿弭盗，久留湖兵，多调狼兵，并不是安边的长久之计，关键是要治理好混乱的军政，减免苛赋杂税，实施文治教化，全面落实地方防盗防乱的治安制度与措施。正当他送调湖兵归的时候，一个因大礼议削籍罢归全州的大学士蒋冕致书给他，报告了全州、灌阳、兴安、灵川一带猖狂的民乱，请求他派狼兵来征剿。蒋冕详细分析全州一带连绵不断的乱况说：

近年吾广西州县处处皆贼，虽敝乡全州及所辖灌阳与邻邑兴安、灵川，亦无不然。全、灌旧所虑者，惟湖广杨峒十八团之贼间来为害。成化末，贼尝一出，桂林知府罗珦督兵击之，剿贼六七百人，全、灌自是二十余年安然无事。正德八九年来，贼自义宁等处来扰，兴灵都指挥冯琚督兵截杀，贼惮其谋勇，寻即敛迹。其后大征古田，以致洛容失陷，由是恭城贼勾引荔浦贼，乘虚越过府江而来。始惟侵扰灌阳村落，近一二年则又越灌阳而来，扰犯吾全州矣。旧冬今春及今月来，扰吾全者凡二次。旧冬今春之来也，三四日即去，民虽荼毒，犹之可也。今则据险□□□□□四散，焚劫半月兼旬，犹肆行不去，民之荼毒则有不忍言之者矣。全、灌、兴安非无官军民款，然贼众我寡，势不能敌，未免坐视而莫敢救。广西镇守、守□、衙门，亦非不遣官督兵前来救援，但桂林官兵亦自寡弱，戍守狼兵不遵纪律，往往先期而逃，止有打手杀手数百人，其分遣而来援也，亦果能制贼之死命

[1]《王阳明全集》卷二十。

否邪？此贼若非加以兵威，俾知所畏惮，则吾全、灌之民终
无息肩之日。伏望仁人君子俯恤残民，特垂念虑，调遣达军
狼兵，益以打手杀手，选谋勇官如冯都指挥者，统率前来全、
灌、兴安，不时往来防御巡逻，遇有警报，随即策应。或密
切径往险恶巢寨，相机雕剿；或出奇攻击，如罗知府在成化
末年事，皆在临期随宜斟酌而行。待半年或七八阅月后，地
方果宁，方许掣回。若雕剿之策果行，仍乞行仰府江兵备及
平乐知府量发官军，四面夹攻。设使猝未攻剿，亦乞行仰严
加防遏，毋或任其纵横出劫，肆无忌惮。若然，则不惟区区
残氓有所恃赖，虽么么老病如冕者，亦得以苟延残喘于荒山
野水之滨，远近耄倪人人皆拜大造之赐矣。凡此计处，不必
旌节亲临敝境，但严行各该衙门专委任而责成焉，则事不无
济矣。全、灌、兴、灵之外，前所云洛容自大征后，至今贼
皆窟冘县中，上下相蒙，谓为修复已久，而实未尝修复。府
江贼亦恣肆如故，莫如之何。今秋严布政归自苍梧，其下承
差吏皂死伤于贼者十二三人，他可知已。右江一带，军民往
来道路常梗，日复一日，不知毕竟何所底止……伏惟不罪而
留意焉，幸甚![1]

实际全州的盗乱同断藤峡、八寨、府江的瑶乱是连成一片的，在
南宁的阳明已经鞭长莫及，蒋冕的请狼兵讨伐征剿的要求也同阳
明的思想相左，阳明没有答允蒋冕的请求。阳明深感地方盗乱夷
叛的泛滥横行，根本原因在地方军政的败坏与官府的残酷剥削压
迫，依靠武力杀戮征剿只能起一时之效，一乱平，一乱又起，如

[1]《湘皋集》卷二十二《与王阳明总制书》。

野火之烧不尽。所以在处置平断藤峡、八寨乱的善后事宜上，阳明更注重大修地方军政，加强治安。经过实地巡视与深思熟虑，七月十二日，他上了《处置八寨断藤峡以图永安疏》。在疏中，阳明自己说"臣因督兵，亲历诸巢，见其形势要害，各有宜改立卫所，开设县治，以断其脉络而扼其咽喉者"。所以奏疏主要提出了五条善后地方治安处置事宜：一是移筑南丹卫城于八寨，二是改筑思恩府城于荒田，三是改凤化县治于三里，四是添设流官县治于思龙，五是增筑守镇城堡于五屯。阳明的这些迁卫改府立县增镇的更革化治的措置不失为是修明地方军政、招抚逋逃归田之民、稳定地方治安的善法，但对阳明合理的建议，朝廷从世宗到兵部、户部都采取了敷衍拖延的态度，最终不予施行。后来陈逅代为林富作的《题为处置地方以图永安事》，捅破了世宗一手阻止阳明建议实行的真实内幕：

　　　臣查得接管卷内嘉靖七年月日不等，该提督两广、江西、湖广等处地方军务、新建伯、南京兵部尚书兼都察院左都御史王守仁，准兵部咨："该新建伯王守仁题前事，奉圣旨：'该部看了来说。'本部看得本爵既剿积年之寇，复兴善后之思，所据迁卫改府、设县增镇，具见计虑周悉，相应依拟，今将本部应行事理议处开请，候命下之日，移咨本爵，将所奏南丹卫迁移周安堡，增筑镇城于五屯。查拣官军守御，务要选委能干官员，分投整理。其工料之费，仍须处置得宜，及禁革下人荡费扰害。工完之日，造册奏缴。其或临期事体，应该损益，一面从宜规画，一面星驰具奏等因。题奉圣旨：'是。'准拟行。"又准户部咨，以同前事。该本部准兵部咨："看得新建伯王守仁，乞要改筑思恩府城于荒田，移设凤化县治于三里，添设流官县治于思龙，无非弭盗安民、思患预防之意。及照本爵题称，遵奉敕谕，一面相度举行。缘未开有估定工料、动支钱粮数目，事在彼中相应查处。合候命下之日，移咨新建伯王守仁，将各项事宜再行三司府县等官，从长计虑。若果别无违碍，就便选委能干官员，乘时举事，完日造册奏缴等因。题奉圣旨：'是。这等还行王守仁督委三司等官查勘，从长计处，备由具奏定夺。'"又准兵部咨："为地方大虑事，该太子少保、吏部尚书兼翰林院学士方献夫等奏前事，奉圣旨：'这事已有旨了，修建城邑、防患事宜，还着王守仁公同镇巡三司等官，议处停当，具奏定夺。务要一劳永逸，勿贻后艰。该部知道，钦此。'俱钦遵，备行前来，已经案行三司各掌印官，会同副参等官查勘。"未报。[1]

对阳明的上奏建议，从最初兵部有意采纳施行到最终取消不用，就是由专横的世宗一手裁断的。实际当阳明上这道奏疏时，世宗已以阳明平叛"奏捷夸诈""恩威倒置"的罪名，向阳明举起了屠刀。

阳明迅速平定卢苏、王受之乱与断藤峡、八寨之乱，给各怀鬼胎的世宗与朝廷大臣杨一清、张璁、桂萼之辈出了一道尴尬的难题，促使他们相互勾结起来阻遏阳明入朝入阁，诬谤加罪迫害，阳明平叛的悲剧厄运顿时降临了。世宗强行起用阳明外放到危难之地平乱本是暴君折磨迫害诤臣的一种惯用伎俩，同当年朝廷将熊绣忽然改除左都御史出抚两广如出一辙，杨一清、张璁、桂萼热心举荐阳明平广西叛乱也不过是他们阻遏阳明入朝入阁的狡猾

[1]《省庵漫稿》卷二《题为处置地方以图永安事》。

手法，所谓阳明平叛成功后入朝任兵部尚书的甜言许诺，也只是一个虚假的骗局。在阳明一远赴两广平叛以后，他们已在防范阳明将来功成回朝入阁上各自打起了主意。还在嘉靖六年冬间，桂萼就私自投书给阳明，要他在两广侦伺安南内乱消息，乘机以兵力取安南，作为桂萼立下的不世奇功顺利入阁。阳明没有答应，桂萼恼羞成怒，开始了对阳明的诽谤中伤。十二月二日，阳明刚到梧州不久，杨一清、桂萼忽然荐举阳明兼任巡抚，表面上像是重用信任阳明，实际上是为将阳明永留两广不得回朝暗设陷阱，为后来世宗要阳明功成后再以"巡抚"留广三年作了先行铺垫。黄绾在《阳明先生行状》中揭露他们的阴谋说："十二月，杨公一清与桂公萼谋，恐（阳明）事完回京，复命见上，予与张公又荐之，上必留用，又题命公兼理巡抚。奉圣旨：'王守仁暂令兼理巡抚两广等处地方，写敕与他。'"到十二月二十二日提督团营张永卒后，兵部根据世宗"振兴营务，命廷臣举素有威望者，练达兵政者，专督营务"的钦旨，会推阳明提督团营军务，却遭到杨一清、张璁、桂萼的抵制，为世宗所否决。表面上是以两广叛乱未平为借口，实际上他们都知道如让阳明提督团营，这就为阳明顺理成章入朝入阁打开了通道，这正是他们最忌惮的。杨一清在奏对中说：

> 昨日，闻兵部会官推举提督团营文臣，众议举王守仁、王宪、伍文定，皆合公论。皇上简用，必有定见。但此事专官督理，乃克有济。若以在部任事之臣兼之，终是委任不专，难责成效。如成化年间，王越以右都御史，后升左都御史提督军务，仍协管院事。盖以协管院事为名，使其官有归着，其实专督营务也……故众议欲先命李承勋暂去整理，俟新任

> 官至日交待，最为得宜，此盖遵照皇上前命张璁暂署都察院
> 之意也。合无将承勋量兼右都御史职衔，不妨部事，别授敕
> 暂且提督团营军务。[1]

世宗立即采用杨一清的建议，谕告张璁说："朕看兵部会推来提督
团营官，其中守仁不可用。宪可用，但今有事，难又更换。更一
人，必更一番事。文定不知如何？朕欲将承勋委任，不必又等官
来，如此，不知可否？若可，将承勋升兵部兼右都，世宁升刑部，
文定升左都。卿可计议来闻。"[2] 世宗自食了让阳明入朝任兵部
尚书的前诺，宁可改李承勋为兵部尚书、兼提督团营，断然不给
阳明有入朝的任何机会。

到嘉靖七年六月，阳明迅速平定卢苏、王受之乱与断藤峡、
八寨之乱，到了阳明功成归朝、兑现任兵部尚书前诺的时候，朝
臣举荐阳明入朝入阁的呼声又起。御史胡明善在六月四日上奏荐
阳明入阁辅政，说："新建伯王守仁性与道合，思若有神，抚绥广
寇，兵不血刃。大学士杨一清有济险应变之才，折冲御侮之略。
盖天所授以佐中兴。幸早召守仁入，与一清同心辅政。"殊不知称
美阳明"性与道合，思若有神"的赞颂恰好触痛了世宗最大的心
病，他毫不客气地对胡明善说："任用大臣，朝廷自有处置。"[3]
六月十五日，又有御史马津再举荐阳明入阁辅政，说："新建伯王
守仁忠贞干济，在在有声，功高人忌，毁誉失实。请召置庙堂，
以慰民望。"他的举荐得罪了世宗，以"妄奏渎扰"遭到世宗切

---

[1]《杨一清集·密谕录》卷五《论推用提督团营文臣奏对》。
[2] 朱厚熜、张孚敬：《论对录》卷三。
[3]《明世宗实录》卷八十九。

责。[1] 其实阳明的功成归朝首先对入阁心切的桂萼构成了最大的威胁,桂萼必然要跳出来极力阻挡阳明入朝,马津的举荐实际就是他一手推翻的。桂萼狡猾地采用了暗中闪击的手法,为阳明暗设陷阱。他阿顺世宗帝意,立即上了《论田宁事宜疏》,竟提出要阳明在两广再留三年,不让阳明功成归朝。奏疏大言不惭地说:

> 少保臣桂萼谨奏:臣昨于推补田宁府知府之后,复详兵部咨文,见新建伯王守仁处置田州事宜内称,已委化州知州林宽,在于地方经理府治,若即升以该府同知,而使之久于其职,其建立必有可观。迨其累有成绩,遂擢以为知府,使终身其地,彼亦忻然过望,必且乐为不倦,有益地方,决知不少。盖土目之与林宽,既已相安,此时必日夜望有成命也。及请命于朝,乃更选新官,不用王守仁所议,是王守仁以轻易请,而朝廷反以重且难者应之,大失守仁处此之深意矣。臣昨即谋于内阁,以为守仁处此,于林宽之为知府,岑邦祐之为知州,土目之为巡检,皆先轻易视之,而姑试之,吏目试之以试巡检,内严朝廷尊大之势,外系土人求望之心,驯之使不惊,乃所以见今日知府之异于昔日之流官,而为久安长治之策者也。合具题请再下本部,暂依守仁所议,即升知州林宽为田宁府同知,署掌本府印信,三年之后,果实心效劳,地方宁靖,即将林宽升授知府,责之久任,则事体归一。且异日万一复有难处之事,亦易于更改,而守仁不能逭其责矣。内阁咸有难色,止曰:"成命已下,幸勿再劳圣德。"臣亦诚恐皇上实厌更改,故不敢执奏,但预救此误,不可不以

闻也。夫王守仁在两广所处事宜，一用臣请起用之疏，抚辑
人民，保固封守而已。盖此法诚心行之，必取实效。但一过
而去，则是守仁或以诈抚土夷，或以诈听，亦自惧其不能持
久，此又不可以不察也。今又闻御史马津亦复论荐，是皆急
于守仁去任计也。伏乞皇上特令内阁弗许守仁离任，责以抚
处三年，则两广之事大定，而所设之官可以一听其自为。此
委任责成，自古任用人才，使不得为欺罔之道也。[1]

这是桂萼陷害阳明所设的最为歹毒的一招，他奸诈地"即以其人
之道还治其人"，用阳明的说法还治阳明，所谓让阳明以"巡抚"
身份再留两广三年，实际上就是让阳明永远留在两广，不得归朝，
使之"终身其地"，"责之久任"，"使不得为欺罔之道"，将来思、
田情势一旦出现翻复，则"守仁不能逭其责矣"。世宗后来正就
是采用桂萼的办法惩处阳明，置阳明于死地，既不让他归朝，又
不让他病归，终使阳明陷入了绝境而至死。

　　阳明预感到了世宗、桂萼对他的诬陷迫害，七月十日，他进
上了《八寨断藤峡捷音疏》，如实反映了平断藤峡与八寨的经过
与战绩，同时乞请"身婴危疾，自后任劳颇难，已具本告回养病，
乞赐俯允，俾得全复余生"。不料世宗居然从捷音疏中找到了阳明
"为欺罔之道"的"罪证"，下诏语无伦次地说：

　　　　此捷音近于夸诈，有失信义，恩威倒置，恐伤大体。但
各洞瑶贼习乱日久，劳亦不可泯。王守仁姑赐敕奖谕，有功
人员下巡按御史核实以闻。宣慰彭明辅等选调獠乡，身亲陷

---

[1]　《文襄公奏议》卷四《论田宁事宜疏》。

阵，优加赏赉，官男彭宗舜、彭荩臣就彼冠带袭替。卢苏、王受既改过立功，先行军门犒赏，待始终无过，方与冠带。奏捷人赐新钞千贯，余赏不行。今后宜务实行事，以副委托。[1]

世宗加给了阳明两条罪名：捷音夸诈，有失信义；恩威倒置，有伤大体，实际否定了阳明的平断藤峡与八寨之功，为他不让阳明入朝入阁找到了最冠冕堂皇的"借口"，无异于是宣判了阳明的"死刑"。世宗的"御音"说得含混不可捉摸，连一班阁臣看了也相顾惊慌失措，不能窥测世宗的"圣意"。所谓"近于夸诈，有失信义"，大概是指阳明奏捷夸大不实，有欺诈罔骗之嫌，"为欺罔之道"，有失臣下忠君的信义。所谓"恩威倒置，恐伤大体"，大概是指阳明掩袭断藤峡、八寨，专事杀戮，无恩有威，有伤世宗圣德，朝廷大体。后来到嘉靖八年二月朝廷议王守仁功罪时，世宗才清楚地说出了真话："但兵无节制，奏捷夸张；近日掩袭寨夷，恩威倒置。"[2] 可见这不过是世宗加给阳明的两条莫须有的罪名，连阁臣们都没有一个相信，但他们出于各自的私利不敢替阳明辩护，却反而极力为世宗圣上的谎言"圆谎"开脱。只有杨一清在向世宗奏对时为阳明作了无力的辩解：

　　　　前日发下兵部所覆王守仁剿广西八寨贼本，已经拟票。将各该有功镇、巡、三司等官量行赏劳，其余人员待巡按御史造册升赏，未蒙俞允。续又拟票，止降敕奖励王守仁，其

[1]《明世宗实录》卷九十四。
[2]《明世宗实录》卷九十六。

余仍候巡按查勘至日升赏。惟土官彭明辅远调瘴乡，屡建奇功，赏典功不加，将来难以调遣；思、田新附，卢苏、王受既能改过出力，不可全失其心；及少保桂萼奏荐王守仁，果能成功，古云："荐贤受上赏。"故臣等从兵部所拟，将桂萼亦行赏劳，以旌其忠。此皆究竟利害，参酌事体而言，岂敢有所偏私？兹者，钦蒙御笔批改："这捷音近于夸诈，有失信义，恩威倒置，恐伤大体。但各洞瑶贼习乱日久，劳亦不可泯王守仁，姑写敕奖励。钦此。"臣等恭读数过，相顾骇愕，诚不能窥测圣意。切谓八寨之捷，以为有功则当速加赏赉，不宜更加诘责。若如圣谕，以为有失信义，恩威倒置，王守仁方被罪之不暇，而何奖励之有？但广西大藤峡瑶寨之贼，自天顺至成化初年，劫掠两广地方，至于湖广，亦被其害，幸赖先朝命都督赵辅、都御史韩雍统领大兵数万，破其巢穴，遂改大藤峡为断藤峡，地方稍得安堵。不然，彼时已无广西。广西既破，广东岂能独存？四五十年以来，以此贼生齿渐繁，恃其险阻，稔恶益盛，不时剽掠州县，流劫乡村，杀害人民，不可胜纪。守臣岁岁用兵，曾无宁日。及今不为剿除，数年之后，又如天顺末年之势，用力加数倍矣。兹者，王守仁假湖广便道之师，用思、田新附之众，稽合众谋，兼收群策，一鼓而破其巢穴，诚足以慑服瑶、僮之心，发舒华夏之气，功实俊伟。此非兵部之私言，亦中外臣工之公论也。及查得本官前止已尝具奏，兵部节该题奉钦依："是。便与行王守仁，即令督副总兵、参将等官，分投设法，相机攻剿，务将各寨瑶贼擒斩尽绝，以靖地方。钦此。"即是，则本官此举，固尝请命于朝，皇上已许之矣。彼鸟言兽面之徒，固非信义所能结，而屡抚屡叛，其罪在彼，而责不在我。若无兵威临

之，则恩为徒狎，贼终无所惩创，而地方终不得安矣。朝廷
亦安忍惜此数千叛贼之命，而不为两广兵民千万人久大之图
乎？古者大夫出疆，有可以安国家、利社稷，专之可也。故
遣将出师，君亲推毂而命之曰："自阃以外，将军主之。进止
之机，盖不中制。"今既付王守仁以专征之任，而又沮其成
功；兵部以本兵之责，而又疑其过听。臣等任忝股肱，职亲
密勿，凡所拟议，复不见信。虽陛下英明天授，勇智凤成，
而四方万国九夷八蛮之事，岂皆一一周知，固亦难于专主。
若不信守臣，不听大臣，而一以圣意裁处，万一有失政，坏
地方大事，则臣下皆得以辞其责，恐非社稷之利也……切谓
断藤峡剿贼之事，乞照臣后次拟票发出施行。倘圣心终以为
疑，则并王守仁亦不必奖励，止云这剿平瑶贼功次，还行巡
按御史查勘明白，分别次第，造册奏来，以凭查议升赏。如
此，庶几圭角不露，人心亦不致大为惊骇矣。[1]

世宗分明批准了阳明征剿断藤峡、八寨的军事行动，发出了"便
与行王守仁，即令督副总兵、参将等官，分投设法，相机攻剿，
务将各寨瑶贼擒斩尽绝"的叫嚣，他才是一个地地道道的暴虐夸
诈、不讲信义恩惠的暴君，阳明没有做到他说的"务将各寨瑶贼
擒斩尽绝"，又何来"捷音夸诈，有失信义""恩威倒置，有伤大
体"？这两条罪名加在世宗自己头上倒恰如其分。其实杨一清心里
最清楚世宗捏造这两条莫须有的罪名，不过是要阻止阳明入朝入
阁，为此世宗与桂萼诬加给阳明的罪名比这两条罪还要大。就在
阳明上《八寨断藤峡捷音疏》同时，桂萼制造了一起骇人听闻的

————————

[1]《杨一清集·阁谕录》卷三《论剿广西八寨奏对》。

聂能迁案，唆使锦衣卫指挥佥事聂能迁诬告阳明，说阳明用百万
金银托黄绾贿赂张璁，得到两广之任。聂能迁案蹊跷怪异，疑云
重重，而幕后的真凶正是桂萼。杨一清在《乞休致奏疏》中谈到
这一荒唐怪异的聂能迁案的内情说：

> 及聂能迁奏上，璁适以疾未出。臣与臣銮拟票，一时愚
> 昧，不曾拟将伊拿问。夫以谗邪小人，排毁大臣，不重处之，
> 无以惩戒将来，以是责臣，罪不得辞矣。若如璁言，为小人
> 立赤帜以来天下谗邪，则臣岂敢？方聂能迁奏下，臣与臣銮
> 密议，臣璁平日与臣等恒言，入京之初，璁及萼俱为众所嫉，
> 不敢相通，独聂能迁深相交纳，多得其力。桂萼之言亦复如
> 是。又见能迁屡疏议礼，能扶正伦，今除删去之外，尚有贰
> 条收入《明伦大典》中。切谓璁与能迁平日相厚，今乃有此
> 奏，恐其偶有所激，且未知璁意如何，故仓卒之间，从宽拟
> 奏，以俟圣明定夺。不意璁缘此深加怒恨，若疑其有意沮害
> 之者……又见本内所诬王守仁用金银百万两托陈璠、张浩带
> 至京，黄绾为之行贿。其言甚无根据，故票中所拟暗昧不明
> 之事，指此事而言，不为璁也……至于张浩一节，臣不得不
> 辩。张浩本璁之亲也。前年进表赴京，璁时为兵部侍郎，偶
> 与臣言其才可用。适有浙江都司掌印员缺，璁欲用之而难于
> 自言。臣言："大臣用人，内举不避亲，但观其人可用与否
> 耳。"臣次日以此意告尚书王时中："璁欲用张浩，避嫌不肯
> 自言，宜再察访，果称此任，则用之，否则已。"兵部乃推二
> 人同上，而浩与焉。蒙旨点用。今璁乃谓张浩乃臣所荐，不
> 几于自欺乎？……绾乃璁同乡故友，虽不由科目，颇有文学，
> 不系白丁，臣亦爱之。近年见其议礼奏疏，心盖重之。顷者，

众荐为少詹事，当补经筵。臣以其乡音颇多，虽在经筵之列，不必令其进讲，遂以此生怨矣。比者吏部侍郎员缺，所厚者尝荐之。臣谓其白衣人一旦致位三品，用之吏部，太骤，恐公论不服。今年七月间，拟南京考试官。旧例皆循资举用二人，请旨差遣。璁欲通以翰林、春坊官姓名拈阄。臣谓拈阄乃市井之事，非内阁所宜，传笑于人，然竟不能止也。闻亦有黄绾名。臣谓彼不由科目出身，经学非其所习，若拈得之，何以服多士？遂撤去之，至此则恨深矣。然附势之人，恐不止黄绾。[1]

杨一清叙事仍闪烁其词，含混不明，他隐约指出了聂能迁上奏诬告是出于张璁指使，但却掩饰了另一幕后真凶桂萼。黄绾在《阳明先生行状》中揭露聂能迁案的第一幕后真凶说：

先此，张公孚敬见公所处岑猛诸子及卢苏、王受得宜，征剿八寨有方，奏至甚喜，极口称叹，谓予知人之明。又述在南京时，与言倦倦欲公之意，曰："我今日方知王公之不可及。"即荐于朝，取来做辅，共成天下之治。桂公、杨公闻之皆不乐，乃嗾锦衣卫都指挥聂能迁诬奏公用金银百万，托余送于张公，故荐公于两广。余疏辨其诬。奉旨："黄绾学行才识，众所共知。王守仁功高望隆，舆论推重。聂能迁这厮捏词妄奏，伤害正类，都察院便照前旨严加审问，务要追究与他代做奏词并帮助奸恶人犯来说。黄绾安心供职，不必引嫌辞避。"下能迁于狱，杖之死。时予为詹事，桂公、张公计欲

[1]《杨一清集·密谕录》卷六《乞休致奏疏》。

> 害公，恐予在朝，适南礼侍缺，及推予补之。明年春，上将
> 出郊，桂公密具揭帖奏云云。上遂允命多官会议，削公世袭
> 公爵，并朝廷常行恤典赠谥，至今人以为恨。

指使聂能迁诬告阳明的幕后真凶无疑是桂萼与张璁，但聂能迁
诬告事件很快败露，骄横跋扈的桂萼、张璁隐藏不露首尾，无
人敢揭，世宗更是要保全这两名大宠臣，于是世宗便以"审其
事无佐证"为名，隐去桂萼、张璁二真凶，胡乱牵出了翁洪、
席书草草结案。《明史》的《黄绾传》写到这场可笑的葫芦僧
判葫芦案说：

> 锦衣佥事聂能迁者，初附钱宁得官，用登极诏例还为百
> 户。后附璁、萼议大礼，且交关中贵崔文，得复故职。《大
> 典》成，诸人皆进秩，能迁独不与，大恨。嘱罢闲主事翁洪
> 草奏，诬王守仁贿席书得召用，词连绾及璁。绾疏辨，且乞
> 引避。帝优旨留之，而下能迁法司，遣之戍，洪亦编原籍
> 为民。[1]

席书在嘉靖六年三月去世，时黄绾还没有进京，他如何可能用阳
明的百万金银去贿赂席书？翁洪是福建莆田人，坐事被褫职匿居
在京城，同阳明、黄绾向来没有任何关系。世宗拿他们当替罪羊，
聂能迁案永远成了个荒诞的谜。所以尽管聂能迁的诬告失败，但
他们造谣中伤阳明的目的已然达到，在实际上起了阻遏阳明入朝
入阁的负面作用，紧锣密鼓配合了世宗诬斥阳明"捷音夸诈，有

---

[1]《明史》卷一百九十七《黄绾传》。

失信义""恩威倒置,有伤大体"的叫嚣。

在南宁的阳明陷入了绝境:京都已成凶险是非之地,世宗不容他归朝入阁;朝廷不遣新的巡抚来两广接任,下了死命要他在两广再巡抚三年,"责之久任";上疏乞归如石沉大海,朝廷不允准他因病归休。病重的阳明上了《乞恩暂容回籍就医养病疏》,世宗不阴不阳地回答说:"卿才望素著,公议雅服。近又深入瘴乡,荡平剧寇,安靖地方,方切倚任。有疾,宜在任调治,不准辞。"阳明又致札阁老翟銮再恳归养,翟銮没有回音。他只有投书给黄绾,恳请黄绾在京为他养病归休事斡旋促成,同时表露了自己不待朝命下到归休养病的决绝态度,说:

> 思、田之患则幸已平靖,其间三五大巢,久为广西诸贼之根株渊薮者,亦已用计剿平。就今日久困积冤之民言之,亦可谓之太平无事矣。病躯咳患日增,平生极畏炎暑,今又深入炎毒之乡,遍身皆发肿毒,旦夕动履且有不能。若巡抚官再候旬月不至,亦只得且为归休之图,待罪于南、赣之间耳。圣天子在上,贤公卿在朝,真所谓明良相遇,千载一时。鄙人世受国恩,从大臣之末,固非果于忘世者,平生亦不喜为尚节求名之事,何忍遽言归乎?自度病势,非还故土就旧医,决将日甚一日,难复疗治,不得不然耳。静庵、东罗、西樵、见山、兀崖诸公,闻京中方严书禁,故不敢奉启。诸公既当事,且须持之以镇定久远。今一旦名位俱极,固非诸公之得已,是乃圣天子崇德任贤,更化善治,非常之举,诸公当之,亦诚无愧。但贵不期骄,满不期溢。贤者充养有素,何俟人言?更须警惕朝夕,谦虚自居。其所以感恩报德者,不必务速效,求近功,要在诚心实意,为久远之图,庶不负

圣天子今日之举，而亦不负诸公今日之出矣。[1]

阳明这封信，一方面是表明了自己不等巡抚到任即赴南、赣待命的决心，另一方面也对在京诸公大臣作了委婉的批评。只可惜他们没有一个听从了阳明最后的忠告。

阳明在南宁待命，他被世宗诬加给他的罪名所锁定，剥夺了他的平思、田与平断藤峡、八寨的大功。在一片附和世宗、桂萼的造谣中伤声中，只有原大学士蒋冕寄来一篇煌煌贺序，高度肯定了阳明在广西平叛的大功，同世宗唱反调：

贺总制军务新建伯南京兵部尚书兼都察院左都御史阳明王公平寇序

皇上嗣大历服之初，吾二广搢绅士之仕于朝者，旅谈旅议，以二广寇乱相仍，近数年尤甚，非得奇特瑰伟不群之才，忠诚体国而不苟目前之安者拯之，莫克有济。若新建伯、南京兵部尚书，阳明王公其人也，联名具疏恳乞公于家。疏将上，谂于内阁铨部诸执政大臣，佥谓公纯孝人也，两三年前，公之太母夫人没，公尚连章求归卒葬事；今公之父太宰实庵先生年垂八秩，方以疾卧家，公跬步未肯离膝下也，顾肯远去数千里以莅尔二广乎？莫若待公终养后起之未晚。疏遂不果上。未数月，先生捐馆舍。公既免丧，吾二广寇乱相仍，尤有甚于前日，中外臣工疏请起公者，踵相接于廷，皇上俯从佥议，命公兼都察院左都御史，总制两广、江西、湖广等处军务，暂兼巡抚，以平思州、田恩寇乱。敕旨再三，丁宁

郑重。公辞不获命，兼程西迈，节钺驻苍梧。未数日，即躬至古邕，以临思、田边境。散冗兵数千人，各还本土，省冗费冗食无虑万计。又创立敷文书院，日与诸生讲明义理，以示闲暇将无事于用武。书院名"敷文"，盖取虞廷诞敷文德，舞干而苗格之意，人皆知公意向所在。无几何，两府之民相率来归，公乃亲诣其地，抚绥辑定，为之改建官属，易置公署，民之归耕趋市者滋众，而两府以次渐平。又以㺂贼之在两江者，恃其险阻，不时出没，公肆劫掠，莫如之何。乃檄汪参议必东，吴佥事天挺、王廷弼，湖广汪佥事溱，张参将经，帅永顺、保靖土兵六千人，往莅断藤峡之仙台、花相、古陶、龙尾诸巢峒。未几，斩首数百级。寻檄林布政富、翁副使素、张副总兵祐，帅思、田二府兵八千人，往莅八寨。未几，斩首数百级，而两江以次渐平。寇之在两府者，因其可抚而抚之；寇之在两江者，因其可击而击之。或张或弛，不泥故常，而惟主于弭祸乱以安生灵也。若公者，所谓奇特瑰伟不群之才非邪？……予昔待罪内阁，尝随诸老，以公江西勋烈大书之，藏于金匮；今虽老病，顾不能以公勋烈之在吾二广者，偕搢绅士歌颂于道路哉![1]

蒋冕高度评价阳明是"奇特瑰伟不群之才"，"忠诚体国不苟目前之安"，使身陷绝境的阳明感到莫大的欣慰，无辩止谤，他无意于斤斤自辩平乱的功过是非，在经过又一个半月痛苦的待命仍不见朝廷消息之后，他决意超然远行，归居林下讲学弘道了。他再次致书黄绾坦然说："巡抚官久未见推，仆非厌外而希内者，实欲早

---

[1]《湘皋集》卷十八。

还乡里耳。恐病势日深，归之不及，一生未了心事（按：指讲学论道），石龙其能为我恝然乎？身在而后道可弘，皮之不存，毛将焉附？诸公不敢辄以此意奉告，至于西樵，当亦能谅于是矣，曷亦相与曲成之？"[1] 保身才能弘道，他不能坐以待毙，八月二十七日，阳明从南宁启程赴广州，踏上了跳出厄境、自求新生之路。

最后的弘道"遗嘱"：讨论讲究"王门八句教"

阳明在广西紧张的平叛中，仍始终不忘讲学弘道，抓紧同浙中、江右与两广的学子讲论研讨良知心学，留下了他的生命历程最后探索良知心学的闪光足迹。当时有人称颂阳明说："古之名世或以文章，或以政事，或以气节，或以勋烈，而公克兼之，独除却讲学一节，便是全人。"阳明却回答说："某愿从事讲学一节，尽除却四者，亦是全人。"[2] 他在给黄绾信中说的"一生未了心事"，就是指他的讲论研讨良知心学，特别是指他的讲论研讨"王门八句教"。他在"天泉之悟"之后向王畿、钱德洪等浙中学者说"我此意畜之已久，不欲轻言，以待诸君自悟。今被汝中拈出，亦是天机该发泄时。吾虽出山，德洪、汝中与四方同志相守洞中，究竟此件事"，就是要求浙中学者在阳明洞中探讨究竟他的"王门八句教"的心学。后来他到达南昌又向江西学者说"诸君只裹粮往浙，相与聚处，当自有得。待予归，未晚也"，也是要求

---

[1]　《王阳明全集》卷二十一《与黄宗贤》书五。
[2]　《邹守益集》卷二《阳明先生文录序》。

江西学者往绍兴同浙中学者一起探讨究竟他的"王门八句教"的心学，而他自己也准备在平叛归来后与弟子们一起探讨讲究"王门八句教"之说，这就是他对黄绾说的"一生未了心事"。没想到这些话成了他最后的弘道"遗嘱"，而浙中与江西的门人弟子也确实遵照他的"遗嘱"展开讨论究竟"王门八句教"的宗旨，根据各自的理解，从不同的方面诠释并发展了"王门八句教"的思想，建立了各自不同的本体工夫论心学体系。

为了深入究竟因人根基设教的"王门八句教"之说，阳明自己首先开始了对"王门八句教"的探讨讲论。就在经过吉安时，他一面在螺川驿同三百余名江西学者聚会，大揭"良知"之教；一面又写信给泰和的罗钦顺，讨论"良知"之学。这封信虽然已亡佚，但后来罗钦顺在答书中引了阳明信中的不少原话："物者，意之用也。格者，正也，正其不正以归于正也。""格物者，格其心之物也，格其意之物也，格其知之物也；正心者，正其物之心也；诚意者，诚其物之意也；致知者，致其物之知也。""意在于事亲，即事亲是一物；意在于事君，即事君是一物。""吾心之良知，即所谓天理也。致吾心良知之天理于事事物物，则事事物物皆得其理矣。致吾心之良知者，致知也；事事物物各得其理者，格物也。""精察此心之天理，以致其本然之良知；正惟致其良知，以精察此心之天理。"[1] 可见阳明是在讨论"王门八句教"中的思想。在他看来，心学从根本上说不过就是一个使迷失"心"的人如何复"心"的思想体系，具体地说，就是一个通过致良知工夫以复归心体的思想体系。但因为人的"知"的根基不同（实即指人的"心"迷失的程度不同），心"迷"的程度有别，

---

[1]　罗钦顺：《又与王阳明书（戊子冬）》，见《困知记·附录》。

必须因人设教，通过"顿教"或"渐教"的修行各各复归心体，良知复明，由凡入圣。因此，同样是心学本体工夫论的修行之教，四有教是为中根以下人所设教，是从工夫入手，故注重"致良知"的工夫修行，即从"致良知"上入手下工夫，悟得心体；四无教是为上根之人所设教，是从本体入手，注重"体认心体"的本体修行，即从"体认心体"上入手下工夫，复归心体。阳明说的"正惟致其良知，以精察此心之天理"，就是指从致良知工夫入手的四有教；阳明说的"精察此心之天理，以致其本然之良知"，就是指从体认心体入手的四无教。"体认心体"的本体论与"致良知"的工夫论构成了"王门八句教"心学的两个最根本的内在精神，也是由凡成圣的两个入手的根本法门。阳明并不把他的"王门八句教"当作玄妙空虚的"秘诀"来"心传"，在广西，他就是从"致良知"的工夫论与"体认天理"的本体论这两个方面同士子学者展开了对"王门八句教"的实实在在的讨论讲究。

阳明一到肇庆，他就写信给钱德洪、王畿，问及他们讲究"王门八句教"的情况说："绍兴书院中同志，不审近来意向如何？德洪、汝中既任其责，当能振作接引，有所兴起。会讲之约但得不废，其间纵有一二懈弛，亦可因此夹持，不致遂有倾倒。余姚又得应元诸友作兴鼓舞，想益日异而月不同。老夫虽出山林，亦每以自慰。诸贤皆一日千里之足，岂俟区区有所警策？聊亦以示鞭影耳。"[1] 这里已道出了钱德洪、王畿等浙中学者相聚讨论究竟"王门八句教"的情形。接着阳明一到梧州，正逢梧山书院落成，他亲自到梧山书院开讲，大阐"诚意"与"知行合一"，说："诚意为圣门第一义，今反落第二义，而其知行合一之说，于

[1]《王阳明全集》卷六《与钱德洪王汝中》。

博文多识若有不屑，学者疑焉。”在座的黄芳解说阳明的“诚意为圣门第一义”说：

知以利行，行以践知，此学者之常谈，不假言也。先生之说，启扃钥以救流弊，探本之论也。夫学也者，非以进德修业乎？《乾》之九三言“进德”，曰“忠信”，“居业”，曰“修辞立诚”，是固主于行矣。其曰“知至至之”，决其几也，故曰“可与几”；“知终终之”，坚其守也，故曰“可与存义”。然皆忠信为主焉，而学聚问辩，程子亦以为进德之事，非行与知合矣乎？圣门四教，学文主知非忠信，则驰骛泛滥而无所益。《中庸》知为达德，而诚以行之，皆有明训，故君子之学未尝不博，其博也乃在于人伦日用之实，而益致夫精择固守之功。盖存诚者，大本之所以立；精义者，达道之所以行也。率是而进之，夫然后学有定本，而日跻夫美大圣神之域。若如后世之所谓学，忘其本真，而务杂博以广知，非惟不足以望游、夏；而沉溺文艺，无所发明，其所知者，固有君子之所不必知，适以济夫骄吝之私，长其浮诞之习而已，亦将何所成乎？故言诚，则知在其中；言知，则诚犹有间。执德不一，学将焉用？此君子所以贵立本也。愚以是质诸先生，先生然之。[1]

阳明是从“诚意”与“致知”的统一上论“诚意为圣门第一义”，“言诚，则知在其中”，这同他在给罗钦顺信中说的“诚意者，诚其物之意也；致知者，致其物之知也”是一致的。所谓诚意，就

---

[1] 黄芳：《梧山书院记》，见《嘉靖广西通志》卷二十六。

是体认心中大本达道的本体，因此诚意就是"体认心体"；所谓致知，就是知行合一的工夫，"知至至之"，因此致知就是致良知。阳明正是从"体认心体"的本体论与从"致良知"的工夫论的统一上阐述他的"王门八句教"的本体工夫论体系。

稍后阳明在赴南宁的路上，又写给王正宪一信，着重强调"致良知"说：

> 德洪、汝中及诸直谅高明，凡肯勉汝以德义，规汝以过失者，汝宜时时亲就。汝若能如鱼之于水，不能须臾而离，则不及人不为忧矣。吾平生讲学，只是"致良知"三字。仁，人心也；良知之诚爱恻怛处，便是仁，无诚爱恻怛之心，亦无良知可致矣。汝于此处，宜加猛省……德洪、汝中辈须时时亲近，请教求益。[1]

阳明认为四无教是为上根之人所设，但世上生知安行的"上根之人"是少之又少，绝大多数人都应修四有教，从"致良知"的工夫入手，不能躐等。这是他对王畿、钱德洪一班弟子与学人提出的要求，子王正宪也不能例外，所以他对王正宪更强调"致良知"的工夫，也是说给王畿、钱德洪一班弟子听的。他把王正宪托付给了钱德洪、王畿，信中强调"致良知"的工夫，对王畿、钱德洪也是一种警示启发。故他一到南宁以后，就又写信给王畿、钱德洪，再次问及他们在绍兴聚讲探讨"王门八句教"的情况说："近来不审同志叙会如何？得无法堂前今已草深一丈否？想卧龙之会，虽不能大有所益，亦不宜遂尔荒落，且存饩羊，后或兴

---

[1]　王守仁：《寄正宪男》书五，见顾麟士《过云楼续书画记》卷二《寄正宪男手墨二卷》。

起,亦未可知。余姚得应元诸友,相与倡率,为益不小。近有人自家中来,闻龙山之讲至今不废,亦殊可喜。书到,望为寄声,益相与勉之。"[1] 其实这种远处两地的通问往来,也正是阳明督促、推动与指导绍兴学子们讲究探讨"王门八句教"的一种方式。

在南宁,阳明通过振兴学校教育大力推广宣播他的良知心学。敷文书院成了他同学子诸生讲论良知心学的名教乐地,吸引了两广的士子学者来问学,他为敷文书院作的对联——"欲求明峻德,惟在致良知",高度概括了他的"王门八句教"的本体工夫论思想体系。季本在《建敷文书院修德息兵记》中也详密阐述了阳明的"王门八句教"的本体工夫论思想体系,认为"天下之道,良知尽之矣",称颂阳明"惟以其良知之学益致知于日用之间,细微曲折,罔有或遗,故不事他求,而学已入于圣域矣"。因为阳明在南昌时向江西的学子首揭"王门八句教"的思想,并要求他们裹粮往绍兴与浙中士子一起商讨讲究"王门八句教",这些江西学子果然首先来向阳明问"王门八句教"之说了。先在嘉靖七年正月,江西永丰的聂豹差任巡按福建,同临川的陈九川有一见,陈九川告诉了他在南昌听到的"王门八句教"之说,于是聂豹便从福建投书给阳明问良知心学。聂豹的信实际就是从"王门八句教"上发问,提出了四个良知心学的大问题质疑请问:

一是问良知(知)与孝弟之念(意)的关系。聂豹认为阳明提出良知之学是为了"援天下之溺者",救赎天下之人心,故"学本良知,良知为学,吾道足矣"。但因人的资质与根基不同,致良知的入手工夫也不同,"但致知之功,窃意其入头下手,亦自不同,当随其资之近者而致力焉"。良知知是知非,知善知恶,但

---

[1] 王守仁:《与德洪汝中书》,见《壮陶阁书画录》卷十《明王阳明手札册》。

世人往往不识孝弟，不辨善恶，"不知一念非天，一事非理，一物失所，皆非孝也，而良知之功用，于是乎浅矣"。这里就有一个如何从事亲孝弟之间求良知之学的问题。

二是问觉与诚的关系。聂豹认为良知心学就是复良知本体之学，本体之知，就是一种先觉，"本体之知，实知实见，常觉常照，然其所以觉之者，一惟据理之有无为觉耳"。因此觉又须主之以诚，不诚不明，"诚则旁行曲防，皆良知之用也"。"诚与不诚之间，亿逆、先觉之由分也"，但如必欲以亿逆为戒，守空悟寂，而一任坐待先觉的到来，"恐亦不得谓觉也"。

三是问理与事、体与用的关系。聂豹认为理事合一，理外无事，事外无理，"歧理与事而二之者，必非学"。他称自己"自闻夫生知、学知、困知之教，而百年支离破碎之说，至是始涣然释，怡然顺"。由此他认识到心、性、天、命之体为一，尽、知、存、养、修身之功为一，体用合一，"穷理尽性以至命也，一也"。

四是问尊德性与道问学的关系。聂豹认为尊德性而道问学是"万古圣学之原也"，德性即良知（本体），道学问是致知之功（工夫），尊德性与道问学是统一的，"外德性而道问学者，必非学；外问学而尊德性者，奚以尊?"尊德性与道问学的关系就是本体与工夫的关系，"广大也，精微也，高明也，中庸也，故也，新也，厚也，礼也，皆吾之德性也；致也，尽也，极也，道也，温而知也，敦而崇也，道问学之功也"[1]。

阳明收到聂豹这封论学书后非常兴奋，认为他的看法"超绝迈往"，对他的"王门八句教"之学"已得其大者"，"近时海内同志到此地位者曾未多见"。七月，阳明也写了一封长篇论学答书给聂

---

[1]　《聂豹集》卷八《启阳明先生》。

豹，从四个方面更详密地论述了他的"王门八句教"思想[1]：

　　一是在集义与致良知的关系上，阳明批判了近时学者专在"勿忘勿助"上用功、终日悬空死守"勿忘勿助"的错误做法，认为应当首先在"必有事焉"上下工夫，"其工夫全在'必有事焉'上用，'勿忘勿助'只就其间提撕警觉而已"。必有事焉，就是在事上磨炼，如果不在"必有事焉"上下磨炼工夫，则"勿忘勿助"就"只做得个沉空守寂，学成一个痴騃汉，才遇些子事来，即便牵滞纷扰，不复能经纶宰制"。所谓"必有事焉"，就是指集义，而集义也就是致良知，"夫必有事焉，只是集义；集义只是致良知"。阳明认为集义与致良知是一回事，不同的是"说集义则一时未见头脑，说致良知即当下便有实地步可用功"。从《大学》的格致诚正上看，致良知贯通了格物、诚意、正心，所以他说："区区专说致良知，随时就事上致其良知，便是格物；著实去致良知，便是诚意；著实致其良知而无一毫意必固我，便是正心……故说格致诚正则不必更说个忘助。"因此所谓集义，应当从心上集义，在必有事焉上用功，才能使良知复明，心体灵明觉知，"若时时刻刻就自心上集义，则良知之体洞然明白，自然是是非非纤毫莫遁"。天地间心、性、理、良知只是一件事，由此阳明批判了把致良知与集义割裂为二、把致良知与勿忘勿助割裂为二的做法，认为："近时有谓集义之功必须兼搭个致良知而后备者，则是集义之功尚未了彻也，集义之功尚未了彻，适足以为致良知之累而已矣；谓致良知之功必须兼搭一个勿忘勿助而后明者，则是致良知之功尚未了彻也，致良知之功尚未了彻，适足以为勿忘勿助之累而已矣。"这是阳明对"王门八句教"中的"致良知"

---

[1]《传习录》卷中《答聂文蔚》书二。

的工夫论的经典解说。

　　二是在致良知与体认心体的关系上，阳明认为体认心体与致良知是统一的，良知是体（心体），致良知是用（工夫发用），体用一源，本体工夫合一，故他说："盖良知只是一个天理，自然明觉发见处，只是一个真诚恻怛，便是他本体。"由此他从"心一分殊"上精辟论述体认心体与致良知的关系说：

> 　　良知只是一个，随他发见流行处，当下具足，更无去求，不须假借；然其发见流行处却自有轻重厚薄毫发不容增减者，所谓天然自有之中也。虽则轻重厚薄毫发不容增减，而原又只是一个；虽则只是一个，而其间轻重厚薄又毫发不容增减，若可得增减，若须假借，即已非其真诚恻怛之本体矣。此良知之妙用，所以无方体，无穷尽，语大天下莫能载，语小天下莫能破者也。[1]

体认得良知心体其大无外，其小无内，心、理、物、宇宙合一，由此致良知，自然无不是道。所以他说："孟氏'尧、舜之道，孝弟而已'者，是就人之良知发见得最真切笃厚、不容蔽昧处提省人，使人于事君处友仁民爱物，与凡动静语默间，皆只是致他那一念事亲从兄真诚恻怛的良知，即自然无不是道。"这是阳明对"王门八句教"中的"体认心体"以致良知的本体论的经典解说。

　　三是在尽心、知性、知天的关系上，阳明从因人品根基设教上提出了"尽心知天""存心事天""修身以俟"的三个阶级的修行之教，实际上这就是指他在"王门八句教"中提出的"四有

---

[1]　《传习录》卷中《答聂文蔚》书二。

教"与"四无教"。阳明详密阐释说：

　　区区曾有生知、学知、困知之说（按：即指他的因人设
教与四有教四无教说），颇已明白，无可疑者。盖尽心、知
性、知天者，不必说存心、养性、事天，不必说殀寿不贰、
修身以俟，而存心养性与修身以俟之功已在其中矣。存心、
养性、事天者，虽未到得尽心知天的地位，然已是在那里做
个求到尽心知天的工夫，更不必说殀寿不贰，修身以俟，而
殀寿不贰、修身以俟之功已在其中矣。譬之行路：尽心知天
者，如年力壮健之人，既能奔走往来于数千里之间者也；存
心事天者，如童稚之年，使之学习步趋于庭除之间者也；殀
寿不贰、修身以俟者，如襁抱之孩，方使之扶墙傍壁而渐学
起立移步者也。既已能奔走往来于数千里之间者，则不必更
使之于庭除之间而学步趋，而步趋于庭除之间自无弗能矣；
既已能步趋于庭除之间，则不必更使之扶墙傍壁而学起立移
步，而起立移步自无弗能矣。然学起立移步，便是学步趋庭
除之始；学步趋庭除，便是学奔走往来于数千里之基，固非
有二事。但其工夫之难易，则相去悬绝矣。心也，性也，天
也，一也，故及其知之成功则一；然而三者人品力量自有阶
级，不可躐等而能也……吾侪用工，却须专心致志在殀寿不
贰、修身以俟上做，只此便是做尽心知天功夫之始。正如学
起立移步，便是学奔走千里之始。吾方自虑其不能起立移步，
而岂遽虑其不能奔走千里，又况为奔走千里者而虑其或遗忘
于起立移步之习哉！[1]

_____

[1]《传习录》卷中《答聂文蔚》书二。

阳明立的"尽心知天""存心事天""修身以俟"三个人品等级，是同他在"王门八句教"中立的"生知安行""学知利行""困知勉行"及"上根之人""中根之人""下根之人"的三个人品等级完全一致的。他强调三个阶级的修行不能躐等，"吾侪用工，却须专心致志在夭寿不贰、修身以俟上做，只此便是做尽心知天功夫之始"，这就是强调要从"致良知"的工夫上入手，修"四有教"，为修向上一机的"尽心知天"的"四无教"打基础。这是阳明对"王门八句教"的"因人设教"思想的经典解说。

四是在尊德性与道问学的关系上，阳明完全同意了聂豹的观点，认为德性即心的本体，道问学即致良知的工夫；尊德性就是要体认心体，道问学就是要致良知，尊德性与道问学的统一，这就是"王门八句教"的本体工夫论心学体系，"至当归一，更无可疑"。

生知安行→尽心知天（尽心）→上根之人→修四无教（从本体入手）
学知利行→存心事天（养性）
困知勉行→修身以俟（修身）｝中根以下人→修四有教（从工夫入手）

阳明这封《答聂文蔚》书，是他在卒前写的一篇最长的论学书，是对他在"天泉之悟"上提出的"王门八句教"（四无教与四有教）的最详密的补充阐释。因此也可以说，这篇《答聂文蔚》书是阳明对"王门八句教"（四无教与四有教）本体工夫论心学体系的易简广大的最后概括总结，为开启了解他的"王门八句教"的"天泉之悟"提供了一把最好的钥匙。他说的"吾侪用工，却须专心致志在夭寿不贰、修身以俟上做"，也给士子学者如何修行"王门八句教"指明了实践躬行的方向。显然，阳明写这篇《答聂文蔚》书是有要用以指导江西与浙中学者讨论讲究他的"王门八句教"的意思，所以他把这篇《答聂文蔚》书又同时寄给了陈九川、邹守益、欧阳德等人，同他们展开了讨论。

阳明着重同陈九川讨论了"王门八句教"中从"致良知"的工夫入手的问题。阳明有信给陈九川说：

> 江西之会（按：指在南昌之会）极草草，尚意得同舟旬日，从容一谈，不谓既入省城，人事纷杳。及登舟时，惟濬已行矣……近得聂文蔚书，知已入漳。患难困苦之余，所以动心忍性，增益其所不能者，宜必日有所进。养之以福，正在此时，不得空放过也。圣贤论学，无不可用之功，只是"致良知"三字，尤简易明白，有实下手处，更无走失。近时同志亦已无不知有致良知之说，然能于此实用功者绝少，皆缘见得良知未真，又将"致"字看太易了，是以多未有得力处。虽比往时支离之说稍有头绪，然亦只是五十步百步之间耳。就中亦有肯精心体究者，不觉又转入旧时窠臼中，反为文义所牵滞，工夫不得洒脱精一，此君子之道所以鲜也。此事必须得师友时时相讲习切劂，自然意思日新……文蔚书中所论，迥然大进，真有一日千里之势，可喜可喜！颇有所询，病中草草答大略。见时可取视之，亦有所发也。[1]

所谓"病中草草答大略"，就指这篇《答聂文蔚》书。针对士子学者好玄谈、不实做的普遍的玄虚弊病，阳明在信中着重论"致良知"的实下手的工夫，要他们在致良知上"实用功"，实际就是要他们从"致良知"的工夫入手修四有教，这同他在《答聂文

---

[1] 《王阳明全集》卷六《与陈惟濬》。

蔚》书中说的"吾侪用工，却须专心致志在夭寿不贰、修身以俟上做"是一个意思，都是告诫他们对他说的"四无教"与"四有教"的修行，绝不能好高骛远，超阶躐等，谈玄说虚，而应立足于"致良知"的工夫实地上着实用功，躬行践履。从良知心学的本体工夫论体系上看，"四无教"主要体现了心学的形上本体论的玄学精神，"四有教"主要体现了心学的践行工夫论的实学精神。因此阳明强调要在良知上实用为善去恶的工夫，而不能悬空去玄想太虚的本体，"不教他在良知上实用为善去恶功夫，只去悬空想个本体，一切事为，俱不着实"。应当把从根基入手的"四有教"同向上一机的"四无教"结合起来，不可各执一偏，"然此中不可执著。若执四无之见，不通得众人之意，只好接上根人，中根以下人无从接授；若执四有之见，认定意是有善有恶的，只好接中根以下人，上根人亦无从接授"。阳明已预感到他的门人弟子与士子学者会各执一偏地从各自方面去理解与接受"四无教"与"四有教"，有导致王学分化的危险，所以他的《答聂文蔚》与《与陈惟濬》二书都具有及时引导江西与浙中士子学者讲究与修行"王门八句教"的重要意义。事实上，江西与浙中的士子学者也是根据《答聂文蔚》与《与陈惟濬》二书展开了对"王门八句教"的长期研讨讲论，基于对"四无教"与"四有教"的不同理解，各自提出了不同的良知说体系，直接导致了王学与王门后学的学派分化。

　　首先是陈九川，他准确把握到了阳明说的物、知、意、身、心为一事，格、致、诚、正、修为一功的思想，认为："近时学者，不知心、意、知、物是一件，格、致、诚、正是一功，以心应物，即心物为二矣。心者意之体，意者心之动也；知者意之灵，物者意之实也。知意为心，而不知物之为知，则致知之功，即无下落。"由此他提出了寂感说，认为："夫寂即未发之中，即良知，即是至善。先儒谓'未发'二字，费多少分疏竟不明白……惟周子洞见心体，直曰'中也者，和也。中节也，天下之达道也'。""心无定体，感无停机，凡可以致思著力者，俱谓之感……故欲于感前求寂，是谓画蛇添足；欲于感中求寂，是谓骑驴觅驴。"寂与感是合一的，寂在感中，即感的本体；感在寂中，即寂的妙用。体用一源，寂感一体，本体工夫一贯，这是他对阳明的"王门八句教"本体工夫论思想体系的另一种语言表述，是他在同江西与浙中学子讨论讲究"王门八句教"中得到的新认识。他后来谈到自己在不断深化认识"王门八句教"思想的三变历程说：

　　自服先师致知之训，中间凡三起意见，三易工夫，而莫得其宗。始从念虑上长善消恶（指意有善恶），以为视别诸事为者要矣，久之复自谓瀹注支流，轮回善恶。复从无善无恶处认取本性（指心无善恶），以为不落念虑，直悟本体矣。既已复觉其空倚见悟，未化渣滓，复就中恒致廓清之功（指致良知），使善恶俱化，无一毫将迎意必之翳，若见全体，炯然炳于几先，千思百虑，皆从此出，即意无不诚，发无不中，才是无善无恶实功（指意无善恶）。从大本上致知，乃是知几之学，自谓此是圣门绝四正派，应悟入先师致知宗旨矣。……及后入越，就正龙溪，始觉见悟成象，怳然自失。归而求之，毕见差谬，却将诚意看作效验，与格物分作两截，反若欲诚其意者在先正其心，与师训圣经矛盾倒乱，应酬知解，两不凑泊，始自愧心汗背，尽扫平日一种精思妙解之见，从独知几微处严谨缉熙，工夫才得实落于应感处（指寂感说）。若得个真机，即迁善改过，俱入精微，方见得良知体物而不可遗。格物是致知之实，日用之间，都是此体，充实通贯，无有间碍。致字工夫，尽无穷尽，即无善无恶非虚也，迁善改过非粗也。始信"致知"二字，即此立本，即此达用，即此川流，即此敦化，即此成务，即此入神，更无本末精粗内外先后之间。证之《古本序》中，句句吻合，而今而后，庶几可以弗畔矣。[1]

经过对"王门八句教"思想反复深入的讲论探讨，陈九川又回到了阳明对他说的"致良知"工夫上来，认识到要从"四有教"的"致良知"的工夫入手修行。

同陈九川进行寂感论辩的聂豹，走上了"归寂"之路。他抓住了阳明说的"良知之虚，便是天之太虚""良知是未发之中，廓然大公的本体"与"四无教"说的"心体无善无恶，意无善无恶，知无善无恶，物无善无恶"，提出了主静归寂说，认为良知心体即无善无恶、无是无非的虚寂本体，复心体即复归寂体——归寂。在他看来，心体寂然不动，"良知本寂，感于物而后有知"，因此"学者求道，自其主乎内之寂然者求之，使之寂而常定"。这种归寂说是他在同陈九川、王畿等人讨论"王门八句教"中形成的，他的气势宏远的《答戴伯常》（《幽居答述》）、《答王龙溪》诸书，实际都是在深入讨论探究"四无教"与"四有教"中的重要思想问题。黄宗羲论述他的主静归寂说的形成经过说：

　　　先生之学，狱中闲久静极，忽见此心真体，光明莹彻，

_____

[1]　《明水陈先生文集》卷一《答聂双江》。

万物皆备。乃喜曰："此未发之中也，守是不失，天下之理皆从此出矣。"及出，与来学立静坐法，使之归寂以通感，执体以应用。是时同门为良知之学者，以为未发即在已发之中，盖发而未尝发，故未发之功却在发上用，先天之功却在后天上用……王龙溪、黄洛村、陈明水、邹东廓、刘两峰各致难端，先生一一申之。唯罗念庵深相契合，谓"双江所言，真是霹雳手段，许多英雄瞒昧，被他一口道着，如康庄大道，更无可疑"。两峰晚乃信之……夫心体流行不息，静而动，动而静。未发，静也；已发，动也。发上用功，固为徇动；未发用功，亦为徇静，皆陷于一偏。而《中庸》以大本归之未发者，盖心体即天体也。[1]

阳明的体认心体，是把心看作是灵明觉知的至善本体，于未发之中体认大本达道，通过致良知复归心体。聂豹的主静归寂，是把心看作是无善无恶、无是无非的虚寂本体，通过主静复归寂体。这是对阳明的"王门八句教"思想的误解。他的归寂说同陈九川的寂感说也有别。陈九川的寂感说认为寂感合一，寂为本体，感为妙用。聂豹的归寂说却割裂了寂体与感用的关系，立主静法归寂，不讲致良知的工夫，他的归寂说是有寂无感，有体无用，有内无外，有本体无工夫（致良知）。所以罗洪先指出聂豹重于说"主静归寂"，忽视说"通感应物"，认为"绝感之寂，寂非真寂矣……离寂之感，感非正感矣"[2]。

　　大致上，江西学者在讲论探究"王门八句教"上，多有好说本体、轻谈工夫的弊病，纠缠在心、意、知、物上进行形上玄虚

---

[1]《明儒学案》卷十七《贞襄聂双江先生豹》。
[2]《罗洪先集》卷三《甲寅夏游记》。

之思的争论，遗弃了躬行践履的致良知的着实工夫，正如罗洪先所说："终日谈本体，不说工夫，才拈工夫，便指为外道，此等处，恐使阳明先生复生，亦当攒眉也。"[1] 除聂豹以外，他们的主要代表还有两峰刘文敏、师泉刘邦采、洛村黄弘纲、善山何廷仁等人。刘邦采究心于"四无教"，以玄虚说心体，罗洪先说"师泉素持玄虚"，聂豹也说"师泉力大而说辨，排闼之严，四坐咸屈，人皆避席而让舍，莫敢撄其锋"。刘邦采认为："心之为体也虚，其为用也实……虚以通天下之志，实以成天下之务，虚实相生，则德不孤。是故常无我以观其体，心普万物而无心也；常无欲以观其用，情顺万事而无情也。"[2] 所以他主张性命双修，对心、意、知、物作了新的解说，认为："心不失无体之心，则心正矣；意不失无欲之意，则意诚矣；物不失无住之物，则物格矣；知不失无动之知，则知致矣。身、心、意、知、物者，工夫所用之条理；格、致、诚、正、修者，条理所用之工夫。"由此他把阳明的"四无教"与"四有教"合并为一，理解为"心有善无恶，意有善无恶，知有善无恶，物有善无恶"。这同邹守益把"四无教"首句改为"至善无恶者心"一样。黄宗羲论述刘邦采对"王门八句教"的认识说：

　　　　先生之言心、意、知、物，较"四有""四无"之说，最为谛当。谓"有感无动，无感无静，心也；常感而通，常应而顺，意也；常往而来，常化而生，物也；常定而明，常运而照，知也。见闻之知，其糟粕也；象着之物，其凝沤也；念虑之意，其流溅也；动静之心，其游尘也。心不失无体之

[1]　《罗洪先集》卷六《寄王龙溪（丙辰）》。
[2]　刘邦采：《易蕴》，《明儒学案》卷十九《同知刘师泉先生邦采》。

心，则心正矣；意不失无欲之意，则意诚矣；物不失无住之
物，则物格矣；知不失无动之知，则知致矣。"夫心无体，意
无欲，知无动，物无住，则皆是有善无恶矣。刘念台夫子欲
于龙溪之"四无"易一字："心是有善无恶之心，意亦是有
善无恶之意，知亦是有善无恶之知，物亦是有善无恶之物。"
何其相符合也！[1]

与刘邦采相似，黄弘纲对"四无教"与"四有教"都持批评态
度，认为"四无教"与"四有教"都不是阳明的定本之说。他批
评了"以意念之善者为良知"的说法，认为意念即诚，意念莫非
良知，故不能说意有善恶或说意之发动有善恶。意是如此，心、
知、物皆如此。所以他否定了"四有教"的"意有善恶"与"四
无教"的"意无善恶"的说法，主张反求吾心："吾心至德，吾
心至道，吾心无私，吾心无为……苟有志于希古者，反而求之吾
心，将无往而非古者矣。"黄宗羲论述黄弘纲的这一思想说：

　　阳明之良知，原即周子诚一无伪之本体，然其与学者言，
多在发用上，要人从知是知非处转个路头，此方便法门也。
而及门之承其说者，遂以意念之善者为良知。先生曰："以意
念之善为良知，终非天然自有之良。知为有意之知，觉为有
意之觉，胎骨未净，卒成凡体。于是而知阳明有善有恶之意，
知善知恶之知，皆非定本。意既有善有恶，则知不得不逐于
善恶，只在念起念灭上工夫，一世合不上本体矣。"四句教
法，先生所不用也。[2]

[1]《明儒学案》卷十九《同知刘师泉先生邦采》。
[2]《明儒学案》卷十九《主事黄洛村先生弘纲》。

黄弘纲从反求吾心最终走向了陈九川的寂感说，他批评聂豹的归寂说道：

> 寂与感不可一例观也，有得其本体者，有失其本体者。自得其本体之寂者言之，虽存之弥久，涵之极深，而渊微之精未尝无也；自得其本体之感者言之，虽纷然而至，杳然而来，而应用之妙未尝有也。未尝有，则感也寂在其中矣；未尝无，则寂也感在其中矣。不睹不闻，其体也；戒慎恐惧，其功也，皆合寂感而言之者也。[1]

黄宗羲把他的寂感说同聂豹的归寂说作比较分析说：

> 按双江之寂，即先生之所谓本体也。知主静非动静之静，则归寂非寂感之寂矣。然其间正自有说，自来儒者以未发为性，已发为情，其实性情二字，无处可容分析。性之于情，犹理之于气，非情亦何从见性？故喜怒哀乐，情也；中和，性也。于未发言喜怒哀乐，是明明言未发有情矣，奈何分析性情？则求性者必求之未发，此归寂之宗所由立也。一时同门与双江辨者，皆从已发见未发，亦仍是析情于已发，析性于未发，其情性不能归一同也。[2]

与黄弘纲不同，在"王门八句教"上，何廷仁却否定"四无教"而肯定"四有教"。他对"良知"作了平实的解说，认为："知过，即是良知；改过，即是本体。""良知在人为易晓，诚不在于

---

[1]　《明儒学案》卷十九《主事黄洛村先生弘纲》。
[2]　《明儒学案》卷十九《主事黄洛村先生弘纲》。

过求也。"所以他更强调致良知的践行工夫，"君子亦惟致其良知
而已矣"。他认识到了心本体与致良知的体用关系，从万物一体的
观点论述致良知的工夫说：

> 天地万物，与吾原同一体。知吾与天地万物既同一体，
> 则知人情物理要皆良知之用也，故除却人情物理，则良知无
> 从可致矣。是知人情物理，虽曰常感，要之感而顺应者，皆
> 为应迹，实则感而无感；良知无欲，虽曰常寂，要之原无声
> 臭者，恒神应无方，实则寂而无寂。此致知所以在于格物，
> 而格物乃所以实致其良知也。[1]

何廷仁的致良知说，实际就是肯定了从为善去恶的"致良知"工
夫入手的"四有教"。他带着这种致良知说赴南都，同士子学者
论辩阳明的"王门八句教"。当时南都士子都普遍执定阳明的
"四无教"而贬低"四有教"，认为工夫只应在"心"上用，才一
涉"意"，便已落第二义，故"为善去恶工夫，非师门最上乘之
教也"。何廷仁反驳说："师称无善无恶者，指心之应感无迹，过
而不留，天然至善之体也。心之应感谓之意，有善有恶，物而不
化，著于有矣，故曰意之动。若以心为无，以意为有，是分心意
为二见，离用以求体，非合内外之道矣。"[2] 于是他特作《格物
说》发挥他对"王门八句教"的认识，主张"为善去恶，实地用
功，斯谓之致良知也"。黄宗羲评论何廷仁这种为善去恶的致良知
说道：

---

[1]《明儒学案》卷十九《善山语录》。
[2]《明儒学案》卷十九《主事何善山先生廷仁》。

细详先生之言，盖难"四无"而申"四有"也。谓无善无恶，是应感无迹，则心体非无善无恶明矣。谓著于有，为意之动，则有善有恶是意之病也。若心既无善无恶，此意、知、物之善恶从何而来？不相贯通。意既杂于善恶，虽极力为善去恶，源头终不清楚。故龙溪得以"四无"之说胜之。心、意、知、物，俱无感应，第心上用功，一切俱了，为善去恶，无所事事矣，佛家之立跻圣位是也。由先生言之，心既至善，意本澄然无动，意之灵即是知，意之照即是物，为善去恶，固是意上工夫也。然则阳明之"四有"，岂为下根人说教哉！[1]

由此可见，江西学者在讨论讲究"王门八句教"（四无教与四有教）上存在较大分歧，多执一偏之说。这也正是浙中学者讨论讲究"王门八句教"的通病。江西学者的讨论讲究"王门八句教"是同浙中学者的讨论讲究"王门八句教"声气相通，交相往来聚讲论辨的，讨论争辨的问题也多相通关连，浙中学者同样普遍有好高骛玄、各执一偏的弊病。浙中学者以王畿与钱德洪为代表，为了完成阳明要他们聚会讲究"王门八句教"（四无教与四有教）的"遗嘱"，浙中学者与江西学者经常举行大小规模的讲会。王畿提到嘉靖八年在都下的一次期会说："己丑，（王玑）举进士。时都下同志大倡良知之学，若中离薛君、南野欧阳君及同年念庵罗君、松溪程君、双华柯君及陈君辈，晨夕聚会，究明师旨。"[2]所谓"究明师旨"，就是指探明讲究"王门八句教"（四无教与四有教）的宗旨。王畿又提到嘉靖十一年在京师的一次期会说：

[1]《明儒学案》卷十九《主事何善山先生廷仁》。
[2]《王畿集》卷二十《中宪大夫都察院右佥都御史在庵王公墓表》。

　　壬辰,余与绪山钱君赴就廷试,诸君相处益密,且众至六七十人。每会舆马塞途,至不能行。乃分处为四会,而江右同志居多。每期会,余未尝不与,众谬信谓余得师门晚年宗说(按:指"四无教"与"四有教"),凡有疑义,必归重于余,若为折中者。旧会仍以翰林、科道、部属官资为序,余请曰:"会以明学,官资非所行于同志,盍齿叙为宜?"君(王玑)倡言以为然,至今守以为例。众中有举致良知与体认天理同异为问者,君谓:"心,一也。以其自然明觉而言,谓之良知;以其天然条理而言,谓之天理。认得天理,即是良知;致得良知,即为天理,一也。"余曰:"是则然矣。致与体认,终当有辨。谓之体认,犹涉商量;致则简易直截,更无藏躲处。毫厘之间,存乎默识,非可以意解测也。"[1]

所谓"师门晚年宗说"也是指阳明晚年所立"四无教"与"四有教"。王畿又特别提到了嘉靖十二年在山东济南与在江西南昌的期会说:

　　癸巳,(王玑)补山东按察司佥事,兵备武定等处。政务之暇,即进诸生论学。齐鲁之士,彬彬向风,一时同官若莲峰叶君、石云沈君、遵严王君,时相讨论宗要,以政为学。继迁江西布政司参议,与藩臬为会同仁祠。若今少师存斋徐公,时为督学,契厚尤深。省下水洲魏君、瑶湖王君、鲁江裘君辈,咸在会中,而东廓邹君、师泉刘君、念庵罗君辈,往来聚处。虔、吉、饶、信之间,多士云集,师门之学,益

[1] 《王畿集》卷二十《中宪大夫都察院右佥都御史在庵王公墓表》。

若有所发明。[1]

这些浙中士子与江西士子到处举行的大大小小的讲会，都是围绕"王门八句教"（四无教与四有教）的宗旨展开讲论探究的，在雷厉风行的禁锢"王学"的嘉靖"学禁"下蔚成了"王学"顽强传播发展、反抗程朱官学的奇观。他们聚焦于"王门八句教"中的本体与工夫上的重要问题，展开论辨，各有阐释，互相发明，孕育了王门后学的学派演进与分化。对浙中与江西学子讨论讲究"王门八句教"（四无教与四有教）宗旨的情况，王畿最初在嘉靖三十六年写的《滁阳会语》中作了总结。他先论述了阳明生平学术思想发展的五变，认为"先师之学，凡三变而始入于悟，再变而所得始化而纯"。其中讲到阳明思想的最后一变说："晚年造履益就融释，即一为万，即万为一，无一无万，而一亦忘矣。"这就是从"心一分殊"上论述"王门八句教"的本体工夫论体系：所谓"即一为万"，就是由本体（心一）入手到工夫（用万）的"四无教"；所谓"即万为一"，就是由工夫（用万）入手到本体（心一）的"四有教"。由此他总结了浙中与江西学者讨论讲究"王门八句教"的各家之说，分为四派：

　　慨自哲人既远，大义渐乖，而微言日湮，吾人得于所见所闻，未免各以性之所近为学，又无先师许大炉冶陶铸销熔以归于一，虽于良知宗旨不敢有违，而拟议卜度，揽和补凑，不免纷成异说。有谓"良知落空，必须闻见以助发之，良知必用天理则非空知"，此沿袭之说也；有谓"良知不学而知，

_____

[1]《王畿集》卷二十《中宪大夫都察院右佥都御史在庵王公墓表》。

不须更用致知，良知当下圆成无病，不须更用销欲工夫"，此凌躐之论也；有谓"良知主于虚寂，而以明觉为缘境"，是自窒于用也；有谓"良知主于明觉，而以虚寂为沉空"，是自汩其体也。盖良知原是无中生有，无知而无不知；致良知工夫原为未悟者设，为有欲者设；虚寂原是良知之体，明觉原是良知之用，体用一原，原无先后之分。学者不循其本，不探其源，而惟意见言说之腾，祇益其纷纷耳。而其最近似者，不知良知本来易简，徒泥其所诲之迹，而未究其所悟之真，哄然指以为禅。同异毫厘之间，自有真血脉路，明者当自得之，非可以口舌争也。[1]

所谓"致良知工夫原为未悟者设，为有欲者设"，就是指为中根以下人所设"四有教"；所谓"良知原是无中生有，无知而无不知"，就是指为上根之人所设"四无教"；所谓"虚寂原是良知之体，明觉原是良知之用，体用一原"，就是指"即一为万，即万为一"的"王门八句教"。可见王畿是从阳明的"王门八句教"（四无教与四有教）上评述了各派的良知之说。

后来王畿在嘉靖四十一年作的《抚州拟岘台会语》中，又更详细谈到江西浙中学子在讨论讲究"王门八句教"（四无教与四有教）宗旨中的思想交锋与分化，把各家之说分为六派：

> 先师首揭良知之教，以觉天下，学者靡然宗之，此道似大明于世。凡在同门，得于见闻之所及者，虽良知宗说不敢有违，未免各以其性之所近，拟议搀和，纷成异见。有谓良

---

[1]《王畿集》卷二《滁阳会语》。

知非觉照，须本于归寂而始得，如镜之照物，明体寂然，而
妍媸自辨，滞于照，则明反眩矣；有谓良知无见成，由于修
证而始全，如金之在矿，非火符锻炼，则金不可得而成也；
有谓良知是从已发立教，非未发无知之本旨；有谓良知本来
无欲，直心以动，无不是道，不待复加销欲之功；有谓学有
主宰，有流行，主宰所以立性，流行所以立命，而以良知分
体用；有谓学贵循序，求之有本末，得之无内外，而以致知
别始终。此皆论学同异之见，差若毫厘，而其谬乃至千里，
不容不辨者也。寂者，心之本体，寂以照为用。守其空知
而遗照，是乖其用也。见入井之孺子而恻隐，见呼蹴之食而
羞恶，仁义之心，本来完具，感触神应，不学而能也。若谓
良知由修而后全，挠其体也。良知原是未发之中，无知而无
不知，若良知之前复求未发，即为沉空之见矣。古人立教，
原为有欲设，销欲正所以复还无欲之体，非有所加也。主宰
即流行之体，流行即主宰之用，体用一原，不可得而分，分
则离矣；所求即得之之因，所得即求之之证，始终一贯，不
可得而别，别则支矣。吾人服膺良知之训，幸相默证，以解
学者惑，务求不失其宗，庶为善学也已。[1]

王畿在这里提到了六家之说（归寂说、修证说、已发说、无欲说、
主宰流行说、致知说），如果再加上王畿的"主心"说（心一分
殊，心体体认）与钱德洪的"主事"说（事上磨炼，致良知工
夫），就一共有八派。王畿综合了各家之说，他也是站在"王门
八句教"（四无教与四有教）的立场评论了六家之说的异同得失。

[1] 《王畿集》卷一《抚州拟岘台会语》。

所谓"古人立教,原为有欲设,销欲正所以复还无欲之体",就指"四有教"。所谓"主宰即流行之体,流行即主宰之用,体用一原,不可得而分,分则离矣;所求即得之之因,所得即求之之证,始终一贯,不可得而别,别则支矣",就是指"四无教"与"四有教"——阳明的体用一原、本体工夫一贯、一即为万、万即为一的"王门八句教"。在整个同江西浙中学子讲论探究"王门八句教"宗旨的过程中,王畿都是守定阳明的"四无教"与"四有教",一方面强调因人根基设教,不能超阶躐等;一方面又强调"四无教"与"四有教"的统一,四有四无双修,不可偏废。他明确说:"自先师提出本体工夫,人人皆能谈本体,说工夫,其实本体工夫须有辨。自圣人分上说,只此知便是本体,便是工夫,便是致;自学者分上说,须用致知的工夫,以复其本体,博学、审问、慎思、明辨、笃行五者,废其一,非致也。世之议者或以致良知为落空,其亦未之思耳。"[1] 所谓"自圣人分上说",就指为上根人所设"四无教";所谓"自学者分上说",就指为中根以下人所设"四有教"。所谓"世之议者或以致良知为落空,其亦未之思耳",就是批评那些轻视从致良知工夫入手的"四有教"的人,这同他说"今日与会诸友共宜实致其良知……不能实致其良知,徒以虚见相高,伪行相饰,所挟持、所理会者何事?"[2] 是一致的,都肯定了从工夫入手的"四有教"的重要性。王畿把"四无教"看成为"顿教",把"四有教"看成为"渐教",强调顿修渐修的交相修行说:"或者又问昔贤有顿渐之说……予曰:顿渐之别,亦概言之耳……理乘顿悟,事属渐修。悟以启修,修以征悟。根有利钝,故法有顿渐。要之,顿亦由渐

[1] 王畿:《龙溪会语》卷一《冲元会记》,见《王畿集》附录二。
[2] 王畿:《龙溪王畿会籍记》,见《王畿集》附录三。

而入，所谓上智兼修中下也。真修之人，乃有真悟，用功不密而遽云顿悟者，皆堕情识，非真修也。"[1] 可见他尤强调"四无教"与"四有教"的兼修并用。这一思想后来他在《致知议辨》中作了总结，他综合了"四无教"与"四有教"阐释四无四有的兼修说：

> 盖缘学者根器不同，故用功有难易。有从心体上立基者，有从意根上立基者。从心体上立基者，心便是个至善无恶的心，意便是至善无恶的意，便是致了至善无恶的知，格了至善无恶的物；从意根上立基，意是个有善有恶的意，知便是有善有恶的知，物便是有善有恶的物，而心亦不能无不善之杂矣。故须格其心之不正，以归于正，虽其用功有难易之殊，而要之复其至善之体，则一而已。[2]

可见王畿并不是一个只说"四无"而不说"四有"的人，他是一个最忠于阳明"王门八句教"的弟子，同其他的江西与浙中的学者相比，毕竟还是他讲清楚了"王门八句教"中的阳明致良知复心体的本体工夫论心学体系。故他这些话也可看成是他对江西浙中学者遵阳明遗嘱讨论讲究"王门八句教"宗旨的一个历史总结。

至于同王畿相对立的绪山钱德洪，在江西浙中学者的讨论讲究"王门八句教"中，却始终守定阳明的"王门四句教"的宗旨，不承认"王门八句教"——"四无教"与"四有教"。他在《与张浮峰》中直言说："龙溪学日平实，每于毁誉纷冗中，益见

---

[1]　《王畿集》卷十七《渐庵说》。
[2]　王畿：《致知议辨》，见《王畿集》附录三《致知议辨佚文》。

奋惕。弟向与意见不同,虽承先师遗命,相取为益,终与入处异路,未见能浑接一体。归来屡经多故,不肖始能纯信本心,龙溪亦于事上肯自磨涤,自此正相当,能不出露头面,以道自任,而毁誉之言,亦从此入。"[1] 这里说的"承先师遗命",就是指承阳明遗命同浙中江西学者展开讨论讲究"王门八句教"的宗旨。所谓"相取为益",就是指阳明说的"二君相取为用,则中人上下皆可引入于道","二君之见正好相取,不可相病。汝中须用德洪工夫,德洪须透汝中本体。二君相取为益,吾学更无遗念矣",这显然也就是要他们两人相取于他的"四无教"与"四有教":"四无教"是从本体入手,"四有教"是从工夫入手。王畿后来遵行阳明的"王门八句教",主张四有四无双修,统一了"四无教"与"四有教",做到了"用工夫"与"透本体"的"相取为益"。但是钱德洪却没有能遵行阳明"相取为益"的师教,始终只在"王门四句教"上转圈子,最后走向了"主事"说(工夫论)。罗洪先论述钱德洪在同浙中江西学者讨论讲究"王门八句教"中的思想变化说:

> 　　绪山之学数变。其始也,有见于为善去恶者,以为致良知也;已而曰:"良知者,无善无恶者也,吾安得执以为有而为之,而又去之?"已又曰:"吾恶夫言之者之淆也?无善无恶者见也,非良知也。吾惟即吾所知以为善者而行之,以为恶者而去之,此吾可能为者也。其不出于此者,非吾无所得为也。"又曰:"向吾之言犹二也,非一也。夫子尝有言矣,曰'至善者心之本体,动而后有不善也'。吾不能必其无不

---

[1]《明儒学案》卷十一《员外钱绪山先生德洪·论学书》。

善，吾无动焉而已。彼所谓意者，动也，非是之谓动也。吾所谓动，动于动焉者也。吾惟无动，则在吾者常一矣。"[1]

钱德洪思想的三变，都只是围绕着"王门四句教"里的四句话的善恶有无问题生成展开的，变来变去，都没有能超越"王门四句教"的认识视野与框架，重工夫论而轻本体论，认为"致知格物功夫，只须于事上识取，本心乃见"。所以黄宗羲比较王畿与钱德洪的思想异同说："龙溪从见在悟其变动不居之体，先生只于事物上实心磨炼。"钱德洪对阳明要他们讨论研究的不少重要的良知心学思想，或则回避不谈，或则作了错误的解读。如阳明的将人知的根基分三等与因人根基设教的思想，钱德洪就绝口不谈。阳明的体认心体、复归心体的思想，钱德洪也不涉及。对阳明的从心、意、知、物的自体上说无善无恶与从心、意、知、物的发用上说有善有恶的思想，钱德洪也混同了二者，作了错误的解释，他说：

> 心之本体，纯粹无杂，至善也。良知者，至善之著察也，良知即至善也。心无体，以知为体，无知即无心也。知无体，以感应之是非为体，无是非即无知也。意也者，以言乎其感应也。物也者，以言乎其感应之事也，而知则主宰乎事物是非之则也。意有动静，此知之体不因意之动静有明暗也；物有去来，此知之体不因物之去来为有无也。[2]

这种对心、意、知、物的认识，即使从"王门四句教"上看也是不符合阳明的思想的。

---

[1]　《明儒学案》卷十一《员外钱绪山先生德洪》。
[2]　《明儒学案》卷十一《员外钱绪山先生德洪·会语》。

无疑，王畿是在阳明卒后这场浙中学者与江西学者讨论讲究"王门八句教"（四无教与四有教）的"讲学运动"中的领军人物，后来黄宗羲总结评价王畿对阳明"王门八句教"的诠释的是非得失说：

先生之论，大抵归于"四无"。以正心为先天之学，诚意为后天之学。从心上立根，无善无恶之心即是无善无恶之意，是先天统后天；从意上立根，不免有善恶两端之抉择，而心亦不能无杂，是后天复先天。此先生论学大节目，传之海内而学者不能无疑。以"四有"论之，唯善是心所固有，故意、知、物之善从中而发，恶从外而来。若心体既无善恶，则意、知、物之恶固妄也，善亦妄也。工夫既妄，安得谓之复还本体？斯言也，于阳明平日之言无所考见，独先生言之耳。然先生他日《答吴悟斋》云："至善无恶者心之体也，有善有恶者意之动也，知善知恶者良知也，为善去恶者格物也。"此其说已不能归一矣。以"四无"论之，《大学》正心之功从诚意入手，今日从心上立根，是可以无事乎意矣。而意上立根者为中下人而设，将《大学》有此两样工夫欤？抑只为中下人立教乎？先生谓："良知原是无中生有，即是未发之中。此知之前，更无未发，即是中节之和。此知之后，更无已发，自能收敛，不须更主于收敛；自能发散，不须更期于发散，当下现成，不假功夫修整而后得。致良知原为未悟者设，信得良知过时，独往独来，如珠之走盘，不待拘管，而自不过其则也。"以笃信谨守，一切矜名饰行之事，皆是犯手做作……夫良知既为知觉之流行，不落方所，不可典要，一著功夫，则未免有碍虚无之体，是不得不近于禅。流行即

是主宰，悬崖撒手，茫无把柄，以心息相依为权法，是不得
不近于老。虽云真性流行，自见天则，而于儒者之矩矱，未
免有出入矣。然先生亲承阳明末命，其微言往往而在。象山
之后不能无慈湖，文成之后不能无龙溪。以为学术之盛衰因
之，慈湖决象山之澜，而先生疏河导源，于文成之学，固多
所发明也。[1]

阳明对心意知物的善恶问题及通过致良知的工夫以复归心体的思
想，有很多论述，并不是"于阳明平日之言无所考见，独先生言
之耳"。又关于王畿在《答吴悟斋》中引"王门四句教"的四句
话的问题，王畿在《致知议辨》中已作了修正；况且王畿是从
"四有教"上引这四句话，也并没有错。从总体上看，黄宗羲还
是肯定了王畿对阳明"王门八句教"本体工夫论心学体系的阐释
与发明之功。因此可以说，黄宗羲的这些话，也可看成是对浙中
江西学者讨论讲究阳明"王门八句教"的一个历史总结。

这场广泛持久的浙中学者与江西学者对阳明"王门八句教"
（四无教与四有教）展开的讨论讲究，实际是一场别开生面的共
倡宣播王学的宏大讲学运动，他们虽然在认识上没有达到完全的
一致，但是却深化了对良知王学的认识，规范了在阳明卒后王学
发展的趋势与走向，它促成了王学的交融，又直接推动了王门后
学乃至晚明思想的多元学派分化与多元思想发展。从这一意义上
说，浙中与江西学者完成了阳明的"遗嘱"。

---

[1]　《明儒学案》卷十二《郎中王龙溪先生畿》。

第十八章
由凡成圣：心学大师的自我超升

"此心光明"：复心成圣的光明之路

阳明决计在嘉靖七年八月二十七日抱病离开南宁东赴广城，本是要到广城再等待朝命，没想到这一去却踏上了不归的死亡之路。

阳明一路心头笼罩着悲凉哀愤之情，深感自己不过是一个失败的"马伏波"。经过横州时，他特地去乌蛮滩拜谒了伏波庙，作诗悲悼自己四十年来的悲惨命运，并把自己十五岁时作的梦谒伏波庙的感应诗题在了伏波庙壁：

谒伏波庙二首

四十年前梦里诗，此行天定岂人为？
徂征敢倚风云阵，所过须同时雨师。
尚喜远人知向望，却惭无术救疮痍。
从来胜算归廊庙，耻说兵戈定四夷。

楼船金鼓宿乌蛮，鱼丽群舟夜上滩。
月绕旌旗千嶂静，风传铃柝九溪寒。
荒夷未必先声服，神武原来不杀难。
想见虞廷新气象，两阶干羽五云端。

梦 中 绝 句

此予十五岁时梦中所作。今拜伏波祠下，宛如梦中。兹行殆有不偶然者，因识其事于此。

卷甲归来马伏波，早年兵法鬓毛皤。

云埋铜柱雷轰折，六字题诗尚不磨。[1]

这是阳明对自己四十年戎马仕宦生涯的悼念。

九月七日，阳明到达广城，立即写了一封家书给王正宪，他还带着几分乐观说：

八月廿七日南宁起程，九月初七日已抵广城。病势今亦渐平复，但咳嗽终未能脱体耳。《养病本》北上已二月余，不久当得报。即逾岭东下，则抵家渐可计日矣。书至，即可上白祖母知之。今闻汝从汝诸叔诸兄皆在杭城就试。科第之事，吾岂敢必于汝，得汝立志向上，则亦有足喜也。汝叔汝兄今年利钝如何？想旬月后此间可以得报，其时吾亦可以发舟矣。因山阴林掌教归便，冗冗中写此与汝知之。[2]

阳明远处闭塞的边地，朝廷音讯消息迟迟不至，自上了《乞养病疏》后，从在南宁到在广城的两个月中，对朝中凶险的局势毫无所知，所以他还乐观地相信不久允准养病归休的朝命下到，可以立即从广城归绍兴。实际上从他七月十日上了《八寨断藤峡捷音疏》与十二日上了《处置八寨断藤峡以图永安疏》以后，朝廷对他的加罪迫害很快升级。世宗完全不认阳明平断藤峡、八寨之功，斥为"捷音夸诈"，"恩威倒置"。桂萼藏匿压下了阳明的《乞养病疏》，乘机放冷箭中伤，进而加给了阳明三条罪状：一是指斥"守仁受命抚剿思、田，不受命征八寨"，就是说朝廷只命阳明平思、田叛乱，他又去剿灭断藤峡、八寨叛乱是妄自擅权败事；二

[1]　《王阳明全集》卷二十。
[2]　《王阳明全集》卷二十六《又寄王正宪男》书二。

是攻击阳明"筑城建邑非人臣所得专"，是说阳明私自改建县治、添设土官、移寨筑镇等都是臣下专权妄为，全不把世宗与朝廷放在眼里；三是诬陷阳明用百万金银贿赂张璁，骗取两广之任。由此他们甚至又翻出了阳明平宸濠乱的老账，说他当年同宸濠先有密谋，后来又"满载金银以归"等。朝廷中已是一片指责攻讦阳明之声，阳明在广城还不知厄运的降临。九月八日，朝廷所遣行人冯恩赍敕书赏赐到达广城，阳明上了《奖励赏赉谢恩疏》。其实这次赏赉只是对阳明平思、田乱的功劳的奖赏，敕书中并没有提到阳明平断藤峡、八寨乱的功劳。阳明从敕书赏赉中是很可以看出世宗阴鸷的"帝意"与朝廷险恶的动向了，这更坚定了他养病归休的决心。在广城抱病待命半个月后，他有信给王正宪吐露了内心的隐忧，告诫子弟说：

> 我至广城已逾半月，因咳嗽兼水泻，未免再将息旬月，候《养病疏》命下，即发舟归矣。家事亦不暇言，只要戒饬家人，大小俱要谦谨小心。余姚八弟等事，近日不知如何耳。在京有进本者，议论甚传播，徒取快谗贼之口，此何等时节，而可如此！兄弟子侄中不肯略体息，正所谓操戈入室，助仇为寇者也，可恨可痛！兼因谢姨夫回，便草草报平安。书至，即可奉白老奶奶及汝叔辈知之。钱德洪、王汝中及书院诸同志皆可上覆，德洪、汝中亦须上紧进京，不宜太迟滞。[1]

书中所说"在京有进本"，"徒取快谗贼之口"，应即指聂能迁诬告案，王守恭等人赴京上疏抗辨，引动都下，"议论甚传播"。

---

[1]《王阳明全集》卷二十六《又寄正宪男》书三。

"谗贼"就指聂能迁、桂萼之流。阳明本无心入朝，归居田园之意已决，所以他无心自辨，反批评一班子弟"此何等时节，而可如此！"他只在广城待命，静观朝局，聂能迁的诬陷终于不攻自破。

九月三十日，多病善感的阳明在广城度过了生平最后一个凄凉的生日。燕泉何孟春遣使送来了贺仪，并恳请他为自己的文集作序。阳明在给何孟春的回信中仍然乐观自信地说：

> 兵冗中久缺裁候，乃数承使问，兼辱嘉仪，重之以珍集，其为感愧，何可言也！仆病卧且余四月，咳痢日甚，淹淹床席间，耳聋目眩，视听皆废。顾珍集之颁，虽嘉逾拱璧之获，而精光透射，尚未敢遽一瞬目其间。候病疏得允，苟还余喘于田野，幸而平复，精神稍完，然后敢纳足玄圃之中，尽观天下之至宝，以一快平生，其时当别有请也。[1]

阳明病困在广城，最关注的还是同士人学者讲学论道，病榻上仍诲人不倦。湛若水说"遥闻风旨，开讲穗石，但致良知，可造圣域；体认天理，乃谓义袭；勿忘勿助，言非学的"，就指阳明在广城的讲学。行人冯恩来向他问良知之学，两人倾心论道，阳明欣然收冯恩为弟子，抄录了四首咏良知的七绝诗赠给冯恩，兴奋地对人说："任重道远，其在冯生哉！"后来冯恩果然成了铁骨铮铮的"四铁御史"。广东的学子陈明德、季本、薛侃、黄佐、成子学、陈琠、霍任、庞嵩、祁敕都纷纷来广城向阳明问学。祁敕同阳明谈"穷神知化"的大旨，深为阳明所首肯，对广东学子说：

---

[1]《阳明先生文录》卷四《寄何燕泉书》。

"祁正郎深于养者也。"黄佐同季本、薛侃一起来广城，这时阳明病已很重，但他仍津津乐道同黄佐讲论明德与良知的问题，后来还寄书给他进一步论学。黄佐自己谈到这次在广城的相见讲学说：

> 予见其面色黧悴，时咽姜蜜以下痰，劝之行，公以为然。季、薛二子拉予往受业，予荒遁山中，公行，复简予曰："明德只是良知，所谓灯是火耳。吾兄必自明矣。"予始终与公友，其从善若此，岂自是者哉！公逾岭卒。二简今舒柏刻于《阳明寓广录》中。[1]

这时连他在云南的弟子朱克明、夏德润也有书来问学，阳明作书回复说：

> 舍人王勋来，尝辱手札，匆匆中未暇裁答，为愧。今此子已袭指挥使，头角顿尔峥然，而克明、德润未免淹滞于草野，此固高人杰士之所不足论，然世事之颠倒，大率类此，亦可发一笑也。因此子告还，潦草布问，不一一。守仁顿首，德润夏先生、克明朱先生二契家。凡相识处，特望致意。[2]

这封信也表达了阳明对朝廷颠倒黑白、好坏不分的讽刺。

阳明更关切浙中与江西学子共聚讨论讲究"王门八句教"宗旨的事。还在六月时，阳明祝继母赵氏六十岁寿诞，请人作《云山遐祝图》，在南宁遥祝，同时请四方门人弟子往绍兴祝寿聚会，这实际是一次大规模的讲会，首次实现了阳明要江西浙中士子聚

---

[1]　《庸言》卷九。
[2]　叶元封：《湖海阁藏帖》卷二《与德润及克明书》。

会讨论讲究"王门八句教"宗旨的心愿。邹守益在《叙云山遐祝图》中写到这场大规模的讲学聚会说：

> 曰："……钱进士宽，邑人也，合同邑之士百余人以寿，则德孚于迩也；王进士畿，郡人也，合同郡之士及四方之君子百余人以寿，则德波于远也。占诸人情，则测天心矣。由耆而耄，以升期颐，斯其兆焉耳。"曰："先生之学，以天地万物为体者也，奚祝之止于家也？"曰："仁人之于天下，莫不欲其寿富多男子也，然势不能以直遂也。立爱自亲始，立敬自长始。良知良能，仁义之实也。达之天下，孰无是良知乎？人人亲其亲，长其长，合敬同爱，以升于大顺，是先生之志也。"[1]

在这些聚会的门人弟子中，善山何廷仁是江西王门学子的代表，他先在南昌亲聆了阳明发"王门八句教"的宗旨，也亲聆了阳明要江西学者裹粮往浙中去讲究良知心学的嘱咐，成为阳明寄望甚重的江西王门弟子。到十月阳明将要归绍兴时，他便特作书给何廷仁，要江西门人学子不必在江西等候迎接他的到来，而应尽早率他们往绍兴同浙中学者相聚讲究良知心学，以实现阳明说的"待予归"来"究竟此件事"的夙愿。信中说：

> 区区病势日狼狈，自至广城，又增水泻，日夜数行，不得止，今遂两足不能坐立。须稍定，即逾岭而东矣。诸友皆不必相候。果有山阴之兴，即须早鼓钱塘之舵，得与德洪、

---

[1]《邹守益集》卷四。

汝中辈一会聚，彼此当必有益。区区《养病本》去已三月，
旬日后必得旨，亦遂发舟而东。纵未能遂归田之愿，亦必得
一还阳明，与诸友一面而别，且后会又有可期也。千万勿复
迟疑，徒耽误日月。总及随舟而行，沿途官吏送迎请谒，断
亦不能有须臾之暇，宜悉此意。书至，即拨冗。德洪、汝中
辈亦可促之早为北上之图。伏枕潦草。[1]

后来何廷仁确实成了江西浙中学者讨论讲究"王门八句教"的讲
学活动中的活跃人物，但阳明的归来同浙中江西学者共聚讲究
"王门八句教"的心愿却成了永远的泡影。

阳明在广城苦苦等待朝命到闰十月，病榻翘首盼望，朝命杳
如黄鹤，却传来了增城忠孝祠建成的消息。原来阳明的先祖王纲
在洪武初年任广东参议，往潮州平乱，经过增城时，被海寇杀害。
子王彦达入寇巢哭骂求死，终得以羊裘裹父尸归葬。增城当地曾
为王纲父子建祠祭祀，年久已毁。嘉靖七年夏间，增城知县朱道
澜决定在增城县南相江重修王纲父子忠孝祠。阳明这时尚在南宁，
立即发下《批增城县改立忠孝祠申》，说："据增城县申称：'参
得广东参议王纲，字性常，洪武年间因靖潮寇，父子贞忠大孝，
合应崇祀，于城南门外天妃庙改立忠孝祠。'看得表扬忠孝，树之
风声，以兴起民俗，此最为政之先务；而该县知县朱道澜乃能因
该学师生之请，振举废坠，若此则其平日职业之修，志向之正，
从可知矣。"[2] 忠孝祠在六月起造，到闰十月完工，适逢祠庙冬
烝，阳明决定往增城忠孝祠致祭，同时也可顺道拜访湛若水的甘
泉故居，总结他同湛若水一生的交游与讲学论道。于是他从病榻

[1]《王阳明全集》卷六《答何廷仁》。
[2]《王阳明全集》卷十八。

上挣扎起来，亲往增城参加忠孝祠的祭祀，作了一篇沉痛的祭文：

> 于惟我祖，效节于高皇之世，肇禋兹土，岁久沦芜。无宁有司之不遑，实我子孙门祚衰微，弗克灵承显扬。盖冥迷昏隔者八九十年，言念怆恻，子孙之心，亦徒有之。恭惟我祖晦迹长遁，迫而出仕，务尽其忠，岂曰有身没之祀？父死于忠，子殚其孝，各安其心，白刃不见，又知有一祀之荣乎？顾表扬忠孝，树之风声，实良有司修举国典，以宣流王化之盛美，我祖之烈，因以复彰，见人心之不泯，我子孙亦借是获申其怆郁，永有无穷之休焉。及兹庙成，而末孙某适获来蒸，事若有不偶然者。我祖之道，其殆自兹而昌乎？某承上命，来抚是方。上无补于君国，下无益于生民，循例省绩，实怀多惭。至于心之不敢以不自尽，则亦求无忝于我祖而已矣。承事之余，敢告不忘。以五世祖秘湖渔隐先生彦达府君配。尚飨！[1]

又在忠孝祠壁上大书了一首诗：

谒增江祖祠

海上孤忠岁月深，旧壝荒落杳难寻。
风声再树逢贤令，庙貌重新见古心。
香火千年伤旅寄，烝尝两地叹商参。
邻祠父老皆仁里，从此增城是故林。[2]

---

[1] 《王阳明全集》卷二十五《祭六世祖广东参议性常府君文》。
[2] 王守仁：《谒增江祖祠》，见《嘉靖增城县志》卷八，又《雍正广东通志》卷六十。

阳明称颂了先祖王纲父子的忠孝节义，把它看成是王氏家族千年相传的道义风范传统，这其实也是借古说今，意在表白自己在两广平乱的忠孝节义的所作所为，回击世宗与朝廷桂萼之流的诬陷中伤。所以他又特给提学副使萧鸣凤写了一信，详细介绍了王纲父子的忠孝壮举，请他写一篇忠孝祠记来阐释发扬王氏家族世代相传的忠孝气节。信中说：

> 予祖纲，洪武初为广东参议，往平潮乱，至增江，遇海寇，卒为所害。其子赴难，死之。旧当有祠，想已久毁，可复建也。然询诸邑者，皆无知者。乃檄知县朱道澜，即天妃庙址鼎建，祀纲及其子彦达。既竣事，守仁往诣。祀事毕，驻节数日，不忍去，召集诸生，讲论不辍。曰："吾祖寓此，而甘泉义平生父义兄弟，吾视增城，即故乡也。"乃题诗祠壁。[1]

萧鸣凤对阳明的用意果然心领神会，他作了一篇《忠孝祠记》，在追叙王纲父子的忠孝事迹之后，特点明阳明的学问事功气节说：

> ……嘉靖戊子岁，知增城县朱道澜始立祠于城南，并置田三十九亩，图岁祀焉。适公六世孙新建伯、兵部尚书阳明先生总督南方列省诸军事，既平邕、桂，旋节广东，因设祭于祠下。先生素倡明正学，以继往开来为己任，出其绪余，勋业遂已满天下。兹复天假之便，得以展公之庙貌，忠孝之传固信有攸自，于是万姓咨嗟兴怀，公之英爽直若飞动于目前者。[2]

---

[1]　王守仁：《与提学副使萧鸣凤》，见黄佐《广东通志》卷四十二《艺文》。
[2]　萧鸣凤：《忠孝祠记》，见《嘉庆增城县志》卷十七。

　　王纲父子的忠孝壮举发生在增城，增城又修建起了忠孝祠，所以
阳明把增城也看成是自己的"故乡"，同增城湛若水为"平生交
义兄弟"。于是他在祭奠了忠孝祠后，立即往甘泉都沙贝村拜访了
湛若水的故居。湛若水故居就在增城南门外的甘泉都，那里有甘
泉与甘泉洞，故湛若水以甘泉自号。阳明流连徘徊于甘泉之上，
浮想联翩，他感怀吟了二首诗，大书在甘泉故居的壁上：

题 甘 泉 居

我闻甘泉居，近连菊坡麓。

十年劳梦思，今来快心目。

徘徊欲移家，山南尚堪屋。

渴饮甘泉泉，饥餐菊坡菊。

行看罗浮云，此心聊复足。

书 泉 翁 壁

我祖死国事，肇禋在增城。

荒祠幸新复，适来奉初蒸。

亦有兄弟好，念言思一寻。

苍苍蒹葭色，宛隔环瀛深。

入门散图史，想见抱膝吟。

贤郎敬父执，僮仆意相亲。

病躯不遑宿，留诗慰殷勤。

落落千百载，人生几知音？

道通著形迹，期无负初心！[1]

---

[1]《王阳明全集》卷二十。

这是阳明一生最后作的两首诗，他悲叹一生"落落千百载，人生几知音"，念念不忘的还是讲学论道，倡明圣学。他仍期望着同湛若水继续共倡圣学，同赴大道，"道通著形迹，期无负初心"——这就是阳明至死不渝的自我生命的终极追求。

从增城回到广城后，阳明的病情加重，卧病不起。他在广城苦苦等待朝命已三个月，终不见朝命下到。他不知道正是在他广城抱病待命的三个月中，朝廷对他的诬陷中伤又升级，世宗与桂萼之流给离南宁往广城待命的阳明又加了一条"擅离职役""不候命即归"的罪名，阳明的厄运已经难逃。在一片汹汹朝议中，闰十月二十一日，终于有礼部尚书方献夫与詹事霍韬起而愤上了《论新建伯抚剿地方功次疏》，慷慨辨白阳明平思、田与平断藤峡、八寨的大功，全力为阳明辨谤雪冤，请乞功赏阳明以励忠勤。奏疏痛陈说：

> 窃见新建伯、南京兵部尚书兼都察院左都御史王守仁奉命巡抚两广，已将田州、思恩抚处停当，随复剿平八寨及断藤峡等贼。臣等皆广东人，与贼邻壤，备知各贼为患实迹。尝窃切齿蹙额而叹曰："两广良民何其不幸，生邻恶境，妻子何日宁也？"又尝窃计曰："两广何日得一好官员，剿平各贼，俾良民各安其生，而顽民染患未深者亦得格心向化也？"乃今恭遇圣明特起王守仁抚剿田州、思恩地方，臣等窃谋曰："两广自是有底宁之期也！圣天子知人之泽也！"是役也，臣等为王守仁计曰：前巡抚动调三省兵数十万，梧州三府积年储畜军饷费用不知几千万，复从广东布政司支去库银五十二万，米不知支去若干万，杀死疫死狼兵乡兵民壮打手不知若干万，仅得田州安靖五十日耳。自是而思恩叛矣，吊岩贼出

围肇庆府矣，杀数千家矣，此贼并时同出，盖与田州、思恩东西相应和者也。若王守仁者乘此大败极敝之后仰承圣明特擢之恩，虽合四省兵力，再支库银百余万，支米数百万，剿平田州，报功级数万人，亦且曰天下之大功也。然而守仁不役一卒，不费斗粮，只宣扬陛下圣德，遂致思恩、田州两府顽民稽首来服，其奉扬圣化以来远人，虽舜格有苗，何以过此！臣等是以叹服王守仁不惟能肃将天威，实能诞敷天德也。

若八寨之贼，断藤峡之贼，又非田州、思恩可比也。天下十三省，俱多平壤，惟广西独在万山之丛，其土险，其水迅，其山之高，有猿猴不度、飞鸟不越者。故谚语曰：“广西民三而贼七。”由山高土恶，习气凶悍，虽良民至者亦化为贼也。八寨贼洪武年间所不能平。断藤峡成化八年都御史韩雍仅能讨平，及今五十余年，遗孽复炽。故广西贼巢，柳州、庆远、郁林、府江诸贼，虽时出劫掠，官兵亦屡请征之。若八寨贼，则自国初至今未有轻议征剿者，盖谓山水凶恶，进兵无路，消息少动，贼已先知，一夫控险，万兵莫敌，故百六十年未有敢征八寨贼者也。贼亦恃险肆恶，时出攻围城堡，杀掠良民，何啻万计。四方顽民犯罪脱逃，投入八寨，则有司不敢追摄矣；邻境流贼避兵追剿，投入八寨，则官兵不敢谁何矣。是八寨者，实四方寇贼渊薮也；断藤峡，又八寨之羽翼也。广西有八寨诸贼，犹人有心腹疾也。八寨不平，则两广无安枕期也。今王守仁沉机不露，掩贼不备，一举而平之，百数十年豺虎窟穴，扫而清之如拂尘然，非仰借圣人神武不杀之威，何以致此！……

或者议王守仁则曰：“所奉命抚剿田州、思恩也，乃不剿田州则亦已矣，遂剿八寨可乎？”臣则曰：昔吴、楚反攻梁，景帝诏周亚夫救梁，亚夫不奉诏，而绝吴、楚粮道，遂破吴、楚而平七国，安汉社稷。夫不奉诏，大罪也，景帝不以罪亚夫，何也？传曰："阃以内，寡人制之；阃以外，将军制之。"又曰："大夫出疆，有可以安国家，利社稷，专之可也，古之道也。"是故周亚夫知制吴、楚在绝其食道，而不在于救梁也，是故虽有诏命，犹不受也。惟明君则以为功，若腐儒则以为罪。今王守仁知田州、思恩可以德怀也，遂纳其降而安定之；知八寨诸贼百六十年未易服也，遂因时仗义而讨平之。仁义之用，达德术者也，虽无诏命，先发后闻可也，况有便宜从事之旨乎？

或者又曰："建置城邑，大事也；区处钱粮，户部职也，不先奏闻而辄兴工，可乎？"臣则曰：古者帝王千里之内自治，千里之外附之侯伯而已。是岂尧、舜、汤、武圣智反后世不如哉？盖虑舆图既广，则智力不及，与其役一己耳目之力而无益于事，孰若以天下贤才理天下事为逸而有功也？是故帝王之职在于知人而已，既知其人之贤而委任之矣，则事之举措，一以付之而责其成功。若功效不孚，乃制其罪可也。今既任之又从而牵制之，则豪杰安所措手足乎？是故王守仁之平八寨也，所杀者贼之渠魁耳，若逋逃固未及杀也。乘此时机建置城邑，遂招逋逃之贼复业焉，则积年之贼皆可化为良民也。失此机会，撤兵而归，俟奏得旨，乃兴版筑，则贼渐来归，又渐生聚，据险结寨，以抗我师，虽欲筑城，亦不能矣。昔者范仲淹之守西边也，欲筑大顺城，虑敌人争之，乃先具版筑，然后巡边，急速兴工，一月成城。西夏觉而争之，已不及矣。尔时范仲淹若俟奏报，岂不败乃事哉！王守仁于建置城邑之役，盖计之熟矣，钱粮夫役，固不仰足户部

然后有处也。其以一肩而分圣明南顾之忧，可谓贤矣，不以
为功，反以为过，可乎？

　　先是正德十四年，宸濠谋反江西，两司俯首从贼，惟王
守仁同御史伍希儒、谢源誓心效忠。不幸奸臣张忠、许泰等
欲掩王守仁之功以为己有，乃扬诸人曰："王守仁初同贼
谋。"及公论难掩，乃又曰："宸濠金帛俱王守仁、伍希儒、
谢源满载以去。"当时大学士杨廷和、尚书乔宇亦忌王守仁之
功，遂不与辨白，而黜伍希儒、谢源，俾落仕籍。王守仁不
辨之谤，至今未雪，可谓黯哑之冤矣。夫国家论功，有二道
焉：有开国效功之臣焉，有定乱拯危之臣焉。开国之臣，成
则侯也，败则虏也，虽勿崇焉可也；惟祸变倏起，社稷安危
凛乎一发，效忠定乱之臣则不忘也。何也？所以卫社稷也。
昔者王守仁之执宸濠也，可谓定乱拯危之功矣。奸人犹或忌
之而谤其短，夫如是，则后有事变，谁肯效忠乎？甚矣，小
人忌功足以误国也！臣等是以叹曰：王守仁等江西之功不白，
无以劝励忠之臣；若广西之功不白，又无以劝策勋之臣。是
皆天下地方大虑也！……[1]

疏中说的"或者"，就是指桂萼之流。方献夫、霍韬的长篇抗辨
不可不谓有千钧之力，有理有据，无可反驳。但世宗与桂萼之流
已经铁心不认阳明平叛的大功，不给阳明入朝，要他死守在边地
待罪，冷酷到不允大病奄奄一息的阳明养病归休，竟又给他加了
一条"假病求去"的罪名。奸诈的世宗批答方献夫、霍韬的奏疏

---

[1]　《渭厓文集》卷二《地方疏》。按：此疏载在霍韬《渭厓文集》中，向以为是霍
　　韬所上。今据《明世宗实录》中说"礼部尚书方献夫、詹事霍韬言"，定此疏
　　为方献夫、霍韬所共上。

说："所言已有旨处分。修建城邑，防患事宜，其令守仁会官条画，便宜上之，务在一劳永逸，勿贻后艰。"[1] 所谓同意修建城邑事宜是虚晃一招，后来根本没有按阳明的措置去修建城邑。所谓"所言已有旨处分"也是欺骗朝臣的谎话，世宗早已暗中定下阳明"擅离重镇""擅离职役""故设漫辞求去""不候命即归"的大罪要加以处分了。[2] 方献夫、霍韬的上奏抗论最终失败，这就是阳明在广城待命三月始终不见朝命下到的真正原因。

　　当方献夫、霍韬上疏为阳明辨谤雪诬的时候，在广城的阳明已经病势沉重，气息奄奄。他待命病困在广城三月，错过了归家治疗的最好时机，阳明也自知不久于人世，他再在广城待命已毫无意义，一种魂归故里的信念在支撑着他。闰十月三十日，黄佐劝他北行，阳明终于接受了他的劝告。十一月　日，阳明上了《乞骸骨疏》，乞归乡就医治病，并荐郧阳巡抚林富自代。就在这一天，阳明离广城北行，一路病情沉笃。二十一日越过荒冷的大庾岭，进入江西境界，阳明已病势昏沉，但神志却依旧十分清醒，对江西布政使王大用说："尔知孔明之所以付托姜维乎？"王大用顿时领悟，立即领兵拥护这位命将归天的当代"孔明"归越，并秘密遣人准备了棺材载车后行。二十五日到达南安，门人南安推官周积来见阳明，阳明挣扎坐起，咳嗽不停，缓缓问周积："近来进学如何？"周积汇报了学政情况，然后探询病况，阳明回答说："病势危亟，所未死者，元气耳。"周积马上请医生来诊治吃药。二十八日到达南安的青龙铺，晚泊时，阳明问侍者到了哪里，侍

---

[1] 《明世宗实录》卷四十六。

[2] 按：冯恩九月八日至广城，九月中旬回京复命，阳明在九月二十日上《奖励赏赍谢恩疏》，故世宗与朝臣至少在十月已知道阳明离南宁到广城。

者回答说："青龙铺。"阳明有一种飞龙升天的预感。到二十九日清晨，他就叫僮仆开始检理遗书，清治行箧，发现从行下人暗自带来公给的应得赏功银羡余五百三十二两。阳明不愿蒙受公银私受、公私不分的嫌疑，立即命随行通判龙光的义子添贵将银两送还梧州。钱德洪在《再谢汪诚斋书》中感叹万分谈到这件事情的前后原委说：

　　　父师两广事宜，间尝询之幕士矣，颇有能悉其概者。谓奏凯之日，礼有太平筵宴及庆贺赆送之仪，水夫门子供具中，有情不得却与例不必却者，收贮赏功所谓之羡余，以作公赏之费。成功之后，将归，乃总其赏功正数，所给公帑不过一万余两，皆发梧州矣。正数之外，有此羡余，仍命并发梧州。从者又以沿途待命，恐迟留日久，尚有不时之需，姑携附以行，俟随地遣发。不意未至南安，罹此凶变。病革之晨，亲命仆隶检遗书，治行箧，命赏功官劳其勤劳，而归羡余于公，此实父师之治命也。当事者既匿其情，不以告夫先生，而先生有切哀死之情，笃遗孤之爱，案官吏之请，从合得之议，谓："大臣驱驰王事，身陨边陲，痛有余哀，礼当厚报，况物出羡余，受之不为伤义。"故直以事断而不疑其为私，其恩可谓厚矣。特弟子登受之余，尚不免于惶惑。盖以父师既有成命，前日之归是，则今日之受非矣。苟不度义而私受之，恐拂死者之情，终无以白于地下也。且子弟之事亲，平时一言，罔敢逾越；况军旅之事，易箦之言，顾忍违忘而私受乎？夫可以与者大人之赐，可以无取者父师之心，取之惟恐违死者之命而重生者之罪，则又其子弟衷由之情，用是不避呵叱，谨勒手状，代为先生布：并原银五百三十二两，托参随州判

龙光原义男添贵送复台下，伏望验发公帑，使存殁之心可以
质诸天地鬼神。[1]

阳明一生无悔，光明而来，光明而去，无所牵挂，质本洁来还洁
去，吾心清白，去留无迹。到中午时分疾革之际，阳明忽正衣冠，
倚童子坐起，问侍者："至南康几何？"侍者回答说："距三邮。"
阳明叹息说："恐不及矣。"侍者说："王方伯以寿木随，弗敢
告。"阳明张开眼睛说："渠能是邪！"家童过来问有什么嘱咐，
阳明说："他无所念，平生学问方才见得数分，未能与吾党共成
之，为可恨耳！"又说："田州事非我本心，后世谁谅我者？"于
是阳明又把周积召至榻边，久久不语，忽然张开眼说："吾去
矣！"周积流着眼泪问："何遗言？"阳明平静回答说："此心光
明，亦复何言？"说完，徐徐而逝。

　　王阳明，一个传道天下的心学大师，怀着"此心光明"的信
念离开了这喧嚣的人世，走完了他的救赎人心、由凡成圣的光明
之路。他说的"此心光明"，就是指良知的光明之心。阳明早在
少年时代作的乡试卷中就说"心体光明"，以后至死他都坚信人
人心中有良知，良知之心本然光明灵觉，有如不灭的明灯，正如
他临终之前对黄佐说的"明德只是良知，所谓灯是火耳"。世间
沉沦异化的人心只有通过致良知的道德践履工夫，才可以复归心
体，良知复明，明灯重光，正如他卒前对聂豹说的"良知之发见
流行，光明圆莹，更无窒碍遮隔处，此所以谓之大知"。这就是阳
明的心学向世人指明的一条由凡成圣、复归心体的光明之路。他
自己身体力行，终身践履，临终前称自己"此心光明"，无异是

---

[1]　钱德洪：《再谢汪诚斋书》，见《王阳明全集》卷三十八《世德纪》。

宣告他自己已实现了由凡入圣的终极境界的超升，心体复明，由凡成圣了。他并没有死，他的成圣的"光明之心"将永远照耀人世。

没有结局：嘉靖"学禁"下不死的真魂

但冷酷的世宗与桂萼之流却到死都不放过阳明，他们制造了一起骇人听闻的"学禁"冤案。当阳明已经在青龙铺病亡时，他们却对死者阳明开始了新一轮更残酷无情的迫害打击。十二月十七日，世宗以欺君之罪谪阳明弟子陆澄为广东高州府通判，这是世宗用新一轮的"学禁"迫害阳明、禁锢王学的信号。表面上是惩处陆澄，实际是矛头对准阳明。陆澄先在六月上疏自悔先前议大礼之非，从大礼议反对派转向大礼议派。桂萼大喜过望，立即上奏说："澄乃修愆不隐，事君不欺，宜听自新。仍行各司，有如澄者，俱听自陈其逼胁违误之由，量赐末减，录用如故。"[1] 陆澄起复为礼部仪制司主事。但到十二月《明伦大典》成，世宗看到上面载有陆澄先前反对大礼议的奏疏，大怒说："成常造悖理之论，惑诱愚蒙，奉迎取媚。又假以悔罪，为辞悖恶奸巧，有玷礼司。宜出之远方。"[2] 陆澄以"欺君之罪"被贬到广东高州，朝廷是有意要出在广东的阳明的丑（时世宗还不知阳明已卒），把"欺君之罪"也加到了阳明头上。

到嘉靖八年正月八日，阳明的《乞骸骨疏》才传到京师，不

[1]《明世宗实录》卷八十九。
[2]《明世宗实录》卷九十六。

知阳明已病故的世宗竟不分青红皂白斥阳明"专擅"，要以"欺君之罪"惩治阳明，谕吏部说："守仁受国重托，故设漫辞求去。不候进止，非大臣事君之道。卿等不言，恐人皆效尤，有误国事。其亟具状以闻。"所谓"故设漫辞求去"，就是诬指阳明假托生病求去，世宗一手制造嘉靖时期最大的阳明冤案与"学禁"党锢开始了。大约到正月十日前后，阳明病卒的消息传入京师，桂萼顿时以为自己入阁的大好机运终于到了，迫不及待跳出来充当了诬陷阳明、制造阳明冤案的元凶。黄绾揭露桂萼的狡诈嘴脸说：

> 讣至，桂公萼欲因公《乞养病疏》参驳害公，令该司匿不举，乃参其擅离职役，及处置广西思、田、八寨恩威倒置，又诬其擒宸濠军功冒滥，乞命多官会议……明年春，上将出郊，桂公密具揭帖奏云云。上遂允命多官会议，削公世袭公爵，并朝廷常行恤典赠谥，至今人以为恨。[1]

世宗南郊在正月十三日，桂萼密上揭帖向世宗诬劾阳明约在十一二日，在制造阳明冤案上起了关键作用。后来湛若水也揭露桂萼是制造阳明冤案的元凶角色说：

> （阳明）事竣而请归告病危矣，不待报而遽行，且行且候命。其卒于南安途次而不及命下，亦命也。江西辅臣（按：指桂萼）进帖以谮公，上革之恤典，人众之胜天也，亦命也。百年之后，天定将不胜人矣乎？甘泉子始召入礼部，面叩辅臣曰："外人皆云阳明之事乃公为之乎？"辅臣默然，然亦不

[1]　黄绾：《阳明先生行状》。

以作怒加祸，犹为有君子度量焉。[1]

吏部在得知阳明已经病亡后，在二月二日上奏说："故新建伯王守仁因病笃离任，道死南安，方困剧时，不暇奏请，情固可原。愿从宽宥。"世宗却说："守仁擅离重任，甚非大臣事君之道。况其学术事功多有可议。卿等仍会官详定是非，及封拜宜否以闻，不得回护姑息。"下命廷臣集议。[2] 给事中周延借世宗下诏求言的机会上奏为阳明辨诬，明辨阳明平江西功与平广西功，认为阳明学术纯正，不必集议，说："守仁竖直节于逆瑾构乱之时，纠义旅于先帝南巡之日，且倡道东南，四方慕义。建牙闽广，八寨底平。今陛下以一眚欲尽弃平生，非所以存国体而昭公论也。"[3] 世宗大怒说："朝廷以此为功罪所系，故命集议。周延党附狂率，调补外职。"[4] 周延被谪太仓州判官而去。杨一清在《论言官周延奏对》中，揭开了世宗所以顽固制造阳明冤案的真正动机与内幕说：

> 前日，发下给事中周延本。臣等拟旨，亦欲重加罪责，但以朝廷方下诏求言，开言官纳忠之路，故止加切责，欲圣明从宽不究。昨日钦奉御批："命吏部对品调出外任。"臣等三人相顾骇愕。欲执奏，然复思之，王守仁事，皇上已命吏部会议，自有至公至当之论。周延乃敢辄先肆论，狂妄轻率，诚为可怒。名为纳忠，实有市恩邀誉意，外补已是从宽，亦

---

[1] 湛若水：《阳明先生墓志铭》，《王阳明全集》卷三十七。
[2] 《明世宗实录》卷九十八。
[3] 《明世宗实录》卷九十八。
[4] 《皇明肃皇外史》卷九。

足惩戒将来，谨已钦遵票进。而臣等之心实有不自安者，盖以皇上因灾异修省，引咎自归，且责谕科、道，令其有言。今若因此一事，将周延黜调，恐其因而相戒，以言为讳，虽有忠言谠论，谁复肯为朝廷言者？周延一人诚不足惜，其于圣明从谏之量不无有干，求言之旨不无少背。虽奉圣谕，不许以言为惮，小臣方畏罪之不暇，谁敢轻犯雷霆之威哉？且自古巽耳之言易从，逆耳之言难受。于逆耳难受之言而曲容之，乃为盛德。勿谓成命已下，不宜辄改。自古圣帝明王，因臣下有过而罪责之，旋因有所感悟而收复之者多矣。册史书之，以为美谈。皇上近年于给事中卫道、御史魏有本亦降有黜调之旨，而复留用，中外臣工，传诵之至。今合无容令臣等以前意公进一言，伏乞俯垂宽贷，将周延重加罚俸，免令外调。夫始因给事中进言之狂妄而黜之，继因辅臣之论救而留之，则于罚罪宥过之道两全而不悖，仁之至，义之尽也。臣受皇上股肱心膂之托，岂敢专为巽顺而茫无匡正之言？故敢先以密疏上闻。伏俟谕示，以为进止。上报曰："卿等以朕不当责调周延，自违求言之意。卿等非为延，亦是为守仁耳！前者许胡明善保荐之意，朕求利民益治之言，未求损治坏民之言。周延谓守仁学正，直讥朕无知。是遵守仁之所行所用大坏人心之学，是可欤？否欤？如言官有忠言谠论，自说出，无不可者。如怀私卖直，自觉弗安者，不以朝廷拒谏责言为塞而无可指者。卿等所奏，朕欲勉为述答，未克于是。卿等勿以已奏不敢票旨，当拟票来行，庶卿等之忠不被尔幼君所泯。"[1]

---

[1]　《杨一清集·阁谕录》卷三《论言官周延奏对》。

原来世宗所以死不认阳明平宸濠与平思、田、断藤峡、八寨之功，千方百计加罪惩处阳明，锻炼制造阳明冤狱，所谓"捷音夸诈""恩威倒置""故设漫辞求去""擅离职役""不候命即归"等都不过是表面强加的莫须有的罪名，根本的原因是他认定阳明的良知心学是"守仁之所行所用大坏人心之学"，是必须加以禁绝的"邪说"。这真是一种最可怕的独裁昏君禁锢民心、摧残文化、杀戮士夫的帝王心态，制造阳明冤案是为他制造更大规模的"学禁""党锢"打开通道。于是在二月七日，世宗召桂萼以论劾阳明学术事功的"首功"拜武英殿大学士入阁，桂萼的阁老梦想成真，他把世宗的禁绝阳明"邪说"的圣旨带进了廷臣集议中。二月八日，吏部（桂萼为吏部尚书）向世宗奏报廷臣集议说：

> 守仁事不师古，言不称师，欲立异以为名，则非朱熹格物致知之论。知众论之不与，则著《朱熹晚年定论》之书，号召门徒互相唱和。才美者乐其任意，或流于清谈；庸鄙者借其虚声，遂敢于放肆。传习转讹，悖谬日甚。其门人为之辩谤，至谓杖之不死，投之江不死，以上渎天听，几于无忌惮矣。若夫剿拳贼，擒除逆濠，据事论功，诚有可录。是以当陛下御极之初，即拜伯爵，虽出于杨廷和预为己地之私，亦缘有黄榜封侯拜伯之令。夫功过不相掩，今宜免夺封爵，以彰国家之大信；申禁邪说，以正天下之人心。[1]

世宗马上杀气腾腾诏颁"学禁"于天下，禁绝王学。他向朝臣说：

---

[1]《明世宗实录》卷九十八。

守仁放言自肆，诋毁先儒，号召门徒，声附虚和，用诈任情，坏人心术。近年士子传习邪说，皆其倡导。至于宸濠之变，与伍文定移檄举兵，仗义讨贼，元恶就擒，功固可录；但兵无节制，奏捷夸张，近日掩袭寨夷，恩威倒置。所封伯爵，本当追夺，但系先朝信令，姑与终身；其殁后恤典，俱不准给。都察院仍榜谕天下，敢有踵袭邪说，果于非圣者，重治不饶！[1]

这是继嘉靖元年颁行"学禁"以来的第二轮声势更大的"学禁"。杨一清在《论方献夫代任吏部何如奏对》中透露了这次颁行"学禁"的内幕说：

今早，钦蒙圣谕云："今日，朕以去岁卿奏，以萼可同事，朕已许于朝觐事毕行己。其吏部重任，须用一堪之者，献夫如何？又王守仁窃负儒名，实无方正之学。至于江西之事，彼甚不忠，观其胜负以为背向。彼见我皇兄亲征，知宸濠必为所擒，故乃同文定举事，实文定当功之首，但守仁其时官在上耳！且如擒宸濠于南直隶地方，却去原地杀人，至今孰不知纵恣！前日两广之处，见彼蛮寇固防，却屈为招抚，损我威武甚矣！至于八寨而纵戮之。以此看来，势之固而有备者，则不问其为罪之首从轻重，一于抚之，否则乘而杀戮，自云奇功，是人心而否哉！况崇事禅学，好尚鬼异，尤非圣门之士，是可问乎？弗问乎？卿等何坚于庇护，可独密言之，勿以近日攻密谕为非而忌。钦此。"臣伏承圣

[1]《明世宗实录》卷九十八。

意，以献夫为问，最为得宜。外论拟此任者，非献夫则承勋。献夫学正而和平无伪，承勋才高而刻深用术。本兵用承勋最宜，盖以其曾任陕西及辽东，谙晓边务也。代之督团营者，不可不慎择，不宜以兵部尚书兼之，仍用台臣为善。臣等去年奏疏中言之切矣。伏承谕及王守仁事。所其放言自肆，诋毁先儒，号召门生传习，附和学术，可恶。及兵无节制，奏捷夸张，掩袭寨夷，恩威倒置，数语尽之矣。功罪不相掩，功疑惟重，皆吏部会本中语。其欲不夺其爵，止终本身，亦该部会官所处，臣等未敢加重。然欲出榜禁约伊之邪说，其罪状固已昭然于天下。王汝梅等所论，与前日审几微一说正相同。古者，君臣都俞密勿。《周书》曰："尔有嘉谋嘉猷，入告尔后于内。尔乃顺之于外曰：'斯谋斯猷，惟我后之德。'大臣之用心，固当如此者。若必欲发之于外，是不过扬己以沽名耳。此不知大体者之言，愿皇上不之听而不之究，则于求言之旨不背而圣德弥光矣。惟圣明察焉。谨具奏闻。上报曰："昨得卿奏，所以朕知悉。王汝梅近于附和，非言官之道。夫因灾，正当禁其大小比附，不可不究。朕虽有背言之失，而不可有欺蔽之无知之昏昧也，决当说破。献夫自文选历官，当进补铨曹。今且命佐者署印，待会试毕用之。卿可说与吏部。其礼部又不知孰可代也。守仁封爵当革，但有我皇兄黄榜之谕，系先朝之信，今姑存之，身后恤典尽行革了乃可。……"[1]

世宗完全在说弥天谎话，阳明冤狱就在世宗的谎话中炼成，禁锢

---

[1]《杨一清集·密谕录》卷六《论方献夫代任吏部何如奏对》。

王学的"学禁"罗网也在世宗的谎话中布向全国。

当世宗一手钦定阳明冤狱与"学禁"大网时，阳明的灵柩还搁在绍兴伯府的中堂，四方弟子门人、士子学者、僚友同道不断来哭祭，并没有被世宗皇上的"学禁"叫嚣所吓退。三月二十九日，甘泉湛若水作了一篇《奠王阳明先生文》，道出了"学禁"罗网底下士大夫们的共同心声。湛若水在祭文中总结了生平与阳明的学术交往与学术异同，肯定了阳明的良知心学及其一生的业绩。他哭道：

　　嗟惟往昔，岁在丙寅，与兄邂逅，会意交神，同驱大道，期以终身。浑然一体，程称"识仁"，我则是崇，兄亦谓然。既以言去，龙场之滨，我赠《九章》，致我殷勤。聚首长安，辛壬之春，兄复史曹，于吾卜邻。自公退食，坐膳相以，存养心神，剖析疑义。我云圣学，"体认天理"。天理问何？曰廓然尔。兄时心领，不曰非是。言圣枝叶，老聃释氏。予曰同枝，必一根柢。同根得枝，伊尹夷惠。佛于我孔，根株咸二。奉使安南，我行兄止。兄迁太仆，我南兄北。一晤滁阳，斯理究极，兄言迦聃，道德高博，焉与圣异，子言莫错？我谓高广，在圣范围，佛无我有，《中庸》精微，同体去根，大小公私，致叙彝伦，一夏一夷。夜分就寝，晨兴兄嘻，夜谈子是，吾亦一疑。分手南北，我还京圻。遭母大故，扶柩南归。迂吊金陵，我戚兄悲。及逾岭南，兄抚赣师，我病墓庐，方子来同，谓兄有言：学竟是空，求同讲异，责在今公。予曰岂敢，不尽愚衷。莫空匪实，天理流行。兄不谓然，校勘仙佛，天理二字，岂由此出？予谓学者，莫先择术，孰生孰杀，须辨食物。我居西樵，格致辩析，兄不我答，遂尔成

默。壬午暮春，予吊兄戚，云致良知，奚必故籍？如我之言，
可行厥役。乙丙南雍，遗我书尺，谓我训规，实为圣则。兄
抚两广，我书三役，兄则杳然，不还一墨。及得病状，我疑
乃释。遥闻风旨，开讲穗石，但致良知，可造圣域；体认天
理，乃谓义袭；勿忘勿助，言非学的。离合异同，抚怀今昔，
切嗟长已，幽明永隔。於乎！凌高厉空之勇，疆立力胜之雄，
武定文戢之才，与大化者同寂矣。使吾怅怅而无侣，欲语而
默默，俯仰大道，畴与其适？……[1]

世宗与桂萼之流制造的阳明冤案与"学禁"法网遭到了士大夫的
抵制，参预冤案与学禁的杨一清、张璁、桂萼之间也爆发了矛盾
内斗。七月二日，阳明弟子、兵科给事中孙应奎上疏奏论张璁、
桂萼，直斥张璁"学博性偏"，桂萼"桀骜，大负委任"，迫使张
璁、桂萼引疾回避。接着工科给事中陆粲又在八月十三日再劾张
璁、桂萼，痛斥他们"罔上行私，专权纳贿，擅作威福，报复恩
仇。璁虽很愎自用，执拗多私，其术犹疏，为害犹浅；桂萼外若
宽迂，中实深刻，忮忍之毒，少犯必死"[2]。世宗被迫忍痛割爱，
张璁勒回家省改思过，桂萼以尚书致仕。但到九月一日，世宗又
迫不及待地把张璁、桂萼召回。让张璁直阁，桂萼复吏部尚书、
武英殿大学士，而将杨一清下法司严办。自认阳明与桂萼都是自
己"师友"的詹事黄绾一直在窥测着给阳明辨冤平反的时机，看
到杨一清、张璁、桂萼相继失势不和，朝局危机重重，以为给阳
明雪冤平反的机会到了，他立即上了《明是非定赏罚疏》，力辨
阳明的学术事功，乞平反阳明冤狱，给阳明恤典、赠谥，并开

[1]《泉翁大全集》卷五十七《奠王阳明先生文》。
[2]《国榷》卷五十四。

"学禁"。黄绾的奏疏实际是针对世宗与桂萼之流的学禁谎言，详辨了阳明一生的学术与事功。在事功上，他认为阳明有四大卓绝过人的业绩，说：

> 臣所以深知守仁者，以其功与其学。然功高而见忌，学古而人不识，此守仁之所以不容于世也。守仁之功，其大者有四：
>
> 其一，宸濠敢为不轨，营谋积虑，已非一日。内而内臣如魏彬等，嬖幸如钱宁、江彬等，文臣如陆完等，皆受其重贿而许以内应；外而内臣如毕真、刘朗等，皆受其深托而许以外应。故当时在朝臣僚，往往为宸濠所摇动，无有以其残暴讼言之者。脱使得志，天下苍生岂不鱼肉乎？忠臣义士岂不赤族乎？宗室亲友其犹保噍类乎？且宸濠以肺腑之亲，威虐之著，集剧贼，练精锐，富贿广援，以行其谋，譬之毒蛇猛兽，孰得控而撩之？若非守仁忠义自许，兵谋素闲，挺身以当事变之冲，先时预防，请便宜以从事，临机诒檄，垂长算以徂征，必将迅雷不逮掩耳，赤手不能率众，而江西之原燎不可扑矣。今反皆以为伍文定之功，而守仁不得侪焉。是乃轻发纵之人而重走狗之役者也，天下岂有兵交不用运筹可以徒搏而擒贼者乎？
>
> 其二，大冒、茶寮、浰头、桶冈诸寨，势连荆、广，地接江、闽，积年累岁，为贼渊薮，跂扈劫刘，出没靡常。其时有司皆以束手无措，望险而唏，再使阅岁逾时，数境之内恐非朝廷之所有矣。守仁初镇赣州，遂次第剿除，至今称靖。
>
> 其三，田州、思恩衅成累岁，陛下虽切深忧，而事不得息兵，不得已故起守仁往抚之。守仁定以兵机，感以诚信，

遂使卢苏、王受之徒空城崩角以来降，感泣欢忻而受杖，遂平一方之难。

其四，八寨为两广腹心之疾有年矣，岭海事变皆由于此。其间守戍官军本以防贼，日久化为贼党，为害反有甚焉。守仁假永顺土官明辅等之狼兵及卢苏、王受之降卒，并力而袭之，相机而剿之，遂去两广无穷之巨害，实得兵法便宜之算。夫兵者凶器，战者危事，守仁所历征战，前后无虑数十，然或入险阻，或凌惊涛，或冲炎暑，或触瘴烟，冒矢石，蹈不测，舍身忘家，以勤王事，卒以毒厉死于驰驱，诚为勤劳尽瘁者矣，可以终泯其功乎？

在学术上，黄绾认为阳明之学有三大要旨，都同孔孟古圣古贤的思想相合，说：

守仁之学，其要有三：

其一，曰"致良知"，实本诸先圣先贤之言也。孟轲谓人之所不虑而知者其良知，又以恻隐、羞恶、恭敬、是非四端为人之固有，盖由发动而言则谓之情，由知觉而言则谓之良知，所谓"孟轲道性善"者，此也。且孔子尝读"有物有则"之诗，而赞其为知道也；良知者，物则之谓也。其云"致"者，何也？欲人必于此用力，以去其习气之私，全其天理之真而已矣，所谓"必慎其独"，所谓"扩而充之"是也。

其二，曰"亲民"，亦本诸先圣先贤之言也。《大学》旧本曰"在亲民"，《尧典》曰"克明峻德，以亲九族，平章百姓，协和万邦，黎民於变时雍"，孟轲曰"君子亲亲而仁民，仁民而爱物"。此守仁所据以复"亲民"之旧而非近日"新民"之讹也。夫天地立君，圣王为治，皆因人情之欲生，因致其亲爱以聚之，故为田里宅居以为之养焉，礼乐刑政以为之治焉，尽至诚之道以顺其欲生之心耳，此所谓王道也。舍此而云治，则伯功之术而非王政之醇也。

其三，曰"知行合一"，亦本诸先圣先贤之言也。颜渊问仁，孔子告之曰"克己为仁"；颜渊请问其目，曰"非礼勿视、听、言、动"。夫颜渊之问，学也；孔子之教之，学也，非他也。觉非礼者，知也；勿非礼者，行也。如此而已矣。盖古人为学务实，知之所在，即行之所在也。故知克己则礼复矣，未尝分知行而二之。他日孔子又自语其学曰"吾十有五而志于学"，至于"七十从心所欲不逾矩"，亦未分知行而二之也。守仁发此，无非欲人言行必顾，弗事空言如后世之失也。

由此黄绾批评桂萼诬陷阳明的谎言，要世宗平反阳明冤案，开放"学禁"，说：

盖儒本经世，三代之学以明人伦为本。守仁见世之士风颓靡，上之事君亲，下之处夫妇，以及朋友、长幼之间，皆不由诚心以失其道。故以此提撕之，欲人反本体察，切实用功而已。视陛下"敬一"之旨，《五箴》之著，大孝之诚，至仁之实，实无二致……则知守仁之见亦非妄矣，可以终废其学乎？然萼不与守仁，遂致陛下不之知……伏愿陛下以视萼者视守仁，以白萼者白守仁。敕下该部，查给恤典，赠谥，仍与世袭，并开学禁，以昭陛下平明之治，天下幸甚！[1]

---

[1]《久庵先生文选》卷十五《明是非定赏罚疏》。

黄绾大谈阳明的事功与学术,都大大冒犯与触痛了世宗最阴暗的暴君独裁心理。唯我独尊的世宗不仅梦想在政治上做一个继承朱明皇统、"动作掀天地"的"中兴之主",而且幻想在思想上做一个继承程朱道统、引领天下学术的"英主"。他作《敬一箴》《五箴》颁行天下,就是要用程朱理学来钳控天下人的头脑,密切配合了他的"学禁"的需要。在事功与学术上威望与日俱增的阳明,成为世宗想当中兴之主与继道统皇帝的最大障碍,他要制造阳明冤案与禁锢王学是必然的选择。黄绾硬把阳明的良知心学说成是同世宗的"敬一"思想一样,恰好捅破了世宗心中最大的"帝病"。所以世宗对黄绾的上奏毫不理睬。十一月,他召桂萼复相,而黄绾反遭到了桂萼党人的一连串弹劾。

嘉靖中唯一的一次奏请平反阳明冤案、开放"学禁"的努力失败了,但公道自在人心,历史的前进不以昏愦暴君的独裁意志为转移,王学也绝不是"学禁"所能禁锢扼杀得了的。十一月十一日,有四方数千士人学子奔赴绍兴参加阳明的会葬,将阳明窆葬于绍兴城南的洪溪高村。黄绾代表来会葬的士人学子作了一篇沉痛的祭文,道出了"学禁"底下千万士子学者的心声:

> 道丧既久,圣远言微,千载有作,聿开其迷。指良知为下手之方,即亲民为用力之地,合知行为进德之实。夫学非良知,则所学皆俗学,而圣学由不明;道非亲民,则所道皆霸功,而王道为之晦;知行不合,则所知皆虚妄,而实德无自进。此乃先生极深研几之妙得,继往开来之峻功。学者获闻,方醉梦之得醒,而世之懵昧,反以为异而见非,以致明良难遇,志士永叹,而先生之道亦遂不获大用于时,大被于民,而竟至于斯也矣!绾等或抠趋于门墙之最久,或私淑于

> 诸人之已深，兹闻宅幽，各羁官守。素衣白马，尚愧乙夜之
> 不能；易服毁冠，必知市肆之弗忍。望兰亭以兴思，岂一日
> 之敢忘？溯耶溪而勖志，惟殁世而后已！於乎悲夫！[1]

其实这次会葬也是一次大规模的讲会，由王艮主持，大会数千门
人同志聚讲于阳明书院，定下今后期会聚讲的盟约，实现阳明要
浙中与江西士子学者聚会讲究良知心学的遗愿。来奔师丧的薛侃
决定在杭城天真山建立精舍，以备每年祭祀阳明师魂，门人同志
聚会讲学终月。钱德洪谈到天真精舍的修建说：

> 嘉靖九年庚寅五月，门人薛侃建精舍于天真山，祀先生。
> 天真距杭州城南十里，山多奇岩古洞，下瞰八卦田，左
> 抱西湖，前临胥海。师昔在越讲学时，尝欲择地当湖、海之
> 交，目前常见浩荡，图卜筑以居，将终老焉。起征思、田，
> 洪、畿随师渡江，偶登兹山，若有会意者……侃奔师丧，既
> 终葬，患同门聚散无期，忆师遗志，遂筑祠于山麓。同门董
> 沄、刘侯、孙应奎、程尚宁、范引年、柴凤等董其事，邹守
> 益、方献夫、欧阳德等前后相役。斋庑庖湢具备，可居诸生
> 百余人。每年祭期，以春秋二仲月仲丁日，四方同志如期陈
> 礼仪，悬钟磬，歌诗，侑食。祭毕，讲会终月。[2]

阳明书院与天真精舍，成为四方士子学人来朝拜聚会、讲究共倡
阳明良知心学的"圣地"。

在会葬以后，门人弟子又妥善协助处理好了阳明的家事。黄

---

[1]　《黄绾集》卷二十九《祭阳明先生墓文》。
[2]　钱德洪：《阳明先生年谱》附录一。

宗明定下了处分家务题册五本，作了说明：

> 先师阳明先生夫人诸氏，诸无出，先生立从侄正宪为继。嘉靖丙戌，继室张氏生子名正聪。未及一岁，辄有两广之命，尝将大小家务处分详明，托人经理。殁几一载，家众童僮不能遵守，在他日能保无悔乎？宗明等因送先生葬回，太夫人及亲疏宗族子弟四方门人俱在，将先生一应所遗家务逐一禀请太夫人与众人从长计处，分析区画，以为闲家正始，防微杜渐之原。写立一样五本，请于按察司佥事王、绍兴府知府洪，用印钤记。一本留府，一本留太夫人，正宪、正聪各留一本，同志一本，永为照守。先生功在社稷，泽被生民，道在宇宙，人所瞻仰。其遗孤嫠室，识与不识，无不哀痛，况骨肉亲戚，门生故旧，何忍弃之负之哉！凡我同事，自今处分之后，如有异议，人得与正，毋或轻贷。[1]

薛侃定下了同门轮年抚孤题单，也作了说明：

> 先师阳明先生同祖兄弟五人：伯父之子曰守义、守智，叔父之子曰守礼、守信、守恭。同父兄弟四人：长为先师，次守俭、守文、守章。先师年逾四十，未有嗣子，择守信第五男正宪为嗣，抚育婚娶。嘉靖丙戌，生子正聪。明年奉命之广，身入瘴乡，削平反乱，遂婴奇疾，卒于江西之南安。凡百家务，维预处分，而家众欺正聪年幼，不知遵守。吾侪自千里会葬，痛思先师平生忧君体国，拳拳与人为善之心，

---

[1] 黄宗明：《处分家务题册》，见《王阳明全集》卷三十九《世德纪》附录。

今日之事，宜以保孤安寡为先，区区田业，非其所重。若后
人不体，见小失大，甚非所以承先志也。乃禀太夫人及宗族
同门戚里，金事汪克章，太守朱衮，酌之情礼，参以律令，
恤遗孤以弘本，严内外以别嫌，分爨食以防微，一应所有，
会众分析，具有成议。日后倘复恩典承袭，亦有成法。正聪
年幼，家事立亲人管理，每年轮取同志二人兼同扶助，诸叔
侄不得参挠。为兄者务以总家爱弟为心，以副恩育付托之重；
为弟者务以嗣宗爱兄为心，以尽继志述事之美；为旁亲者亦
愿公心扶植孤寡，以为家门之光。前先师在天之灵，庶乎其
少慰矣。倘有疏虞，执此闻官。轮年之友，亦具报四方同门，
咸为转达。明有宪典，幽有师灵，尚冀尔爽。所有条宜，开
具于后。[1]

这场悲歌慷慨的大规模的会葬与讲会，在世宗虚张声势的“学
禁”阴霾笼罩下透出了一片希望的亮光。阳明的门人弟子把这场
会葬开成了一个大阐良知心学的讲会，宣称心学是肇开世迷、继
往开来的圣学，喊出了“学非良知，则所学皆俗学，而圣学由不
明；道非亲民，则所道皆霸功，而王道为之晦；知行不合，则所
知皆虚妄，而实德无自进”的反叛声音，公然同把阳明心学定为
“邪说”的世宗皇帝唱反调。阳明的心学真魂没有死，阳明书院
与天真精舍依旧屹立林下，他的“光明之心”长照人间。在这场
会葬与讲会以后，阳明的门人弟子与士子学者担当起了捍卫师说、
宣播良知心学的重任，在整个嘉靖“学禁”的三十八年苦难历程
中，他们都奔走呼喊，到四方各地举行大大小小的良知心学的讲

[1]　《薛侃集》卷九《同门轮年抚孤题单》。

会，在四方各处建立讲论良知心学的书院、精舍、阳明祠，不断刻版阳明的《传习录》《阳明先生文录》《阳明先生别录》《阳明先生文录续编》《阳明广录》《阳明先生文选》《阳明诗录》等，编刻《阳明先生年谱》，直到出版《王文成公全书》，一时出现了在嘉靖"学禁"下阳明心学得到更大传播发展的奇观。事实上，由于世宗制造阳明冤案与禁锢心学的不得人心，他的"学禁"本来就无法推行到民间与士大夫中间。世宗自己在取得"大礼议"的虚幻胜利以后，也日见沉沦昏愦，不可救药。他不出理朝政，沉溺在道教炼丹长生不死的迷狂中，所谓"学禁"变成了对世宗的最大讽刺，早就没有人相信了。嘉靖二十一年，专横的世宗在可怕的"壬寅宫变"之后已经神志失常。嘉靖二十九年，吏部主事史际在溧阳建嘉义书院，延请四方士子同志一百余人来讲会。钱德洪在讲会上发表《天成篇》，大阐良知心学。这篇弘文大论无异于宣布了世宗"学禁"的破产。嘉靖四十三年，巡按江西御史成守节重修南昌的王阳明仰止祠（原由徐阶所建），大学士李春芳作了一篇《重修阳明王先生祠记》，代少师徐阶大阐阳明的良知心学说：

　　夫致知之学发自孔门，而孟子良知之说，则又发所未发。阳明先生合而言之曰"致良知"，则好善恶恶之意诚，推其极，家国天下可坐而理矣。公（徐阶）笃信先生之学，而日以验之身心，施之政事，秉钧之初，即发私馈，屏贪墨，示以好恶，四海向风。不数年而人心吏治翕然丕变，此岂有异术哉？好善恶恶之意诚于中也。故学非不明之患，患不诚耳。知善知恶，良知具存。譬之大明当天，无微不照，当好当恶，当赏当罚，当进当退，锱铢不爽，各当天则。循其则而应之，则平平荡荡，无有作好，无有作恶，而天下平矣。故诚而自慊，则好人所好，恶人所恶，而为仁；不诚而自欺，则好人所恶，恶人所好，而为不仁。苟为不仁，生于其心，害于其事，蛊治戕民，有不可胜言者矣……诸生能心推其义而体诸身，则于阳明先生之学几矣。[1]

而太师徐阶也作了一篇《阳明先生画像记》，大辨阳明的事功说：

先生在正德间，以都御史巡抚南、赣，督兵败宸濠，平定大乱，拜南京兵部尚书，封新建伯。其后以论学为世所忌，竟夺爵。予往来吉、赣间，问其父老，云濠之未叛也，先生奉命按事福州，乞归省其亲，乘单舸下南昌。至丰城闻变，将走还幕府，为讨贼计。而吉安太守松月伍公议适合，郡又有积谷可养士，因留吉安。征诸郡兵，与濠战湖中，败擒之，其事皆有日月可按覆。而忌者谓先生始赴濠之约，后持两端，遁归。为伍所强，会濠攻安庆不克，乘其沮丧，幸成功。夫人情苟有约，其败征未见，必不遁。凡攻讨之事，胜则侯，不胜则族。苟持两端，虽强之必不留。武皇帝之在御也，政由嬖幸，濠悉与结纳，至或许为内应。方其蹶起，天下皆不敢意其遽亡。先生引兵而西，留其家吉安之公署，聚薪环之。戒守者曰："兵败即纵火，毋为贼辱。"呜呼！此其功岂可谓幸成，而其心事岂不皎然如日月哉！忌者不与其功足矣，又举其心事诬之，甚矣，小人之不乐成人善也！自古君子为小人所诬者多矣，要其终必自暴白……濠之乱，孙、许二公死

[1] 见《王阳明全集》卷三十九《世德纪》附录。

于前，先生平定之于后，其迹不同，同有功于名教。江西会城，孙、许皆庙食，而先生无祠。予督学之二年，始祀先生于射圃。未几被召，因摹像以归……以今观之，貌殊不武，然独以武功显于此，见儒者之作用矣。[1]

太师徐阶、大学士李春芳的文章，已有要为阳明冤案平反、解除"学禁"的用意，他们代表了嘉靖"学禁"下士大夫们的普遍心态，敢于公开对世宗制造的阳明冤案与王学禁锢大发微词，也表明世宗的"学禁"早已有名无实，名存实亡，挡不住天下士子要求平反阳明冤案与解除王学禁锢的呼声了。在嘉靖"学禁"底下死亡的不是阳明的心学，而是世宗独裁的帝心。到嘉靖四十五年十二月，昏顽的世宗终于因滥服丹药暴毙，他在遗诏中无可奈何地宣布："自即位至今，建言得罪诸臣，存者召用，没者恤录，在系者即先释放复职。"这一迟到了三十八年的阳明冤案的平反，宣告了一个迷狂时代的结束——良知心学复兴的时代开始了。

---

[1]　见《王阳明全集》卷三十九《世德纪》附录。

后 记

　　我有心想研究王阳明还是在 20 世纪 60 年代在南京大学读书的大学生时代，那正是王阳明被当作最反动唯心的哲学家打入冷宫的时候。一次我去逛夫子庙，意外花一元五角购得了一部民国版的《阳明全书》，从此这部书伴随我走南漂北的生涯，度过了十载流离漂泊于社会民间最底层的日子。我有心想为王阳明作一部思想传记，则是在 70 年代在复旦大学读研究生的时候，我走出了农村民办中学教书匠的小天地，重返大学读书，第一次听到朱东润先生在 1949 年前作过一部《王阳明大传》，后来亡失不传，令人扼腕痛惜，无知的我居然不自量力生起了为王阳明写大传的念头。我的导师蒋天枢先生，是陈寅恪大师最器重的弟子，我那时有幸最早读到了陈寅恪大师的《柳如是别传》，更增强了我为阳明作大传的信念。后来我先转向朱子学的研究，写出了《朱子大传》，其实也是在为写《阳明大传》做准备。为王阳明正名，写一部真实可信的《阳明大传》的念头一直念念不忘。天缘凑巧，我后来调到浙江大学工作，给了我近距离研究阳明其人与写《阳明大传》的机遇与条件。自此默默耕耘二十载，这部《阳明大传》终于写出来了，我也仿佛释下了心头一生挥之不去的精神重负。

　　近代以来，王阳明的研究经历了一个反反复复、忽上忽下、大起大落的时代变迁，却始终没有能写出一部像样的阳明传来，总结那个逝去的时代，相反留下很多难解的迷案、误说与空白向现代人提出了挑战。我研究王阳明，是在把他的思想同朱熹的思想进行紧密的比较照应的视域中展开的，认识到阳明的心学与朱熹的理学（性学）都是解决"人"自身存在问题的人文学（人本学）。人自身作为"此在"存在的根本问题有两个："人性"的问题与"人心"的问题。儒家的思想本就是一个解决人"心"问题与人"性"问题的心性论道德哲学体系。如果说，朱熹的"性即理"与"复性"的性学是主要旨在解决人"性"问题的思想体系；那么，阳明的"心即理"与"复心"的心学就是主要旨在解决人"心"问题的思想体系。他们两人为人类的进步与进化揭起了"复性"与"复心"的两面人本旗帜，两人的思想其实在儒家的心性论道德哲学体系内部构成了互补共进的关系。从这一认识出发，我把阳明的心学界定为一种致良知、复心体的心本哲学体系，认为作为思想家的王阳明的伟大之处，就在于他的思想超越了传统儒家士大夫那种狭隘的忧君忧国忧民的思想境界，上升到了忧人忧心忧道的终极人文关怀。人心本善，人心向善，人心归善，人人通过致良知的工夫以复归至善的心本体，这就是阳明的良知心学思想体系根本的人文精神之所在。我的这部《阳明大传》就是围绕这一思想来写的。

　　为了充分彰显阳明良知心学的这种忧人忧心忧道的人文精神与人文情怀，我在写大传上仍采用了文化心态的研究方法，着力展现阳明的心态世界。我在写《朱子大传》时谈到自己的文化还原法的心态研究说："这是两种不同思维走向的研究方法：'古典'的研究方法把人的活的文化个性、文化心理'过滤'为一般的哲学原理、人生信条与政治原则，这是由具体上升为逻辑的抽象；我的研究方法则相反，是把一个时代的哲学意识、人生信条与政治追求还原为现实人的活的文化个性、文化心态，这是由抽象上升为历史的具体——可以称为活的文化还原法。"因为每一"此在"个体的人都是一个复杂存在的自我，每一个当下现实生存的人也是"一切社会关系的总和"，文化还原的心态研究是要把历史人物具体还原为一个活生生的、有血有肉有生命有意识的"此在"自我，而不是把他抽象成为某个哲学原理与思想信条的空洞的象征符号。思想传记的著作应该是一把灵魂的解剖刀，深入剖析人的心理深层。给阳明作传，就是要写出阳明复杂的灵魂、复杂的个性、复杂的心态、复杂的思想，而不是简单把他作为一个无生命的思想信条的完美符号，进行主观的逻辑推演与诠释。这需要有一种宏大开阔的文化视野与坚实的历史叙事能力，不是我所能胜任的。为了弥补自己的不足，开拓思路，我在写阳明大传的过程中，一方面细读了陈寅恪大师的《柳如是别传》，一方面又选读了西方大家写的思想传记，包括蒙克的《维特根斯坦传》与《罗素传》，库恩的《康德传》，艾尔曼的《奥斯卡·王尔德传》，梅列日科夫斯基的《托尔斯泰与陀思妥耶夫斯基》，理查德森的《毕加索传》等。我甚至还重读了肖洛霍夫的《静静的顿河》与罗曼·罗兰的《约翰·克利斯朵夫》，学习他们塑造葛利高里与克利斯朵夫的灵魂与形象的历史叙事能力。我觉得这些细腻入微解剖灵魂的传记体著作才是一种真正意义上的生动的文化心态研究著作，帮助我跳出中国传统那种失于简单空泛、叙事真伪莫辨的传记写作模式，从"心态世界"的叙事高度写出了一个有血有肉、活生生真实的王阳明来。

任何一种对历史人物的研究都是一种文化诠释，是从自己时代的"接受视野"对历史的一种理解与阐释。但这种诠释不应是一种随心所欲的解释,更不是随意把自己的主观认识偏见强加到历史人物头上的阐释。历史的诠释要以可信的历史资料与历史事实为依据,要把一切人的"偏见""前见""前视野"和偶发事件干扰因素统统加括号括起来,面对事实本身。这种诠释才可以不断向历史本身接近,虽然这种诠释过程是一个无限的不断向历史真实贴近的认识过程,谁也没有权利说自己达到了对历史的终结诠释,对消失的历史本身提出了标准普世的永恒定见。王阳明其人其思想被人诠释了五百年,这其实是一个后人不断超越前人的认识过程。我给阳明写大传,也只是我的一种"诠释"。为了力求做到求实、求真、求是,我花十余年时间做了发掘搜辑历史资料与梳理考证文献史实的工夫。我不敢保证自己的理解考证字字句句都对,但可自信的是我对王阳明其人与思想作了自己的新诠释,向历史的真实贴近了一大步,不为陈腐的旧说所囿,直书其事,摆脱了传统那种惯性思维的偏执,或可对我们当下反思五百年来的阳明学研究历程有所裨益。

在中国古代众多的思想家中,王阳明可以说是一个最被人误解和扭曲了的思想家,五百年来他被一代一代的人给以各色的包装出场,在哲学舞台上像一个"变脸大师"般在最伟大的"圣贤完人"与最反动的"唯心哲学家"之间来回穿插出没变脸。他一次次被抬高为"儒家神奇圣人""封建第一完人""千古一圣""礼义廉耻大师";又一次次被贬低为"彻底唯心的哲学家""反动透顶的思想家""镇压农民起义的刽子手"。时而捧上九天,时而跌落圣坛。对一个思想家的这种或左或右、或生或死的恶性哲学循环论证值得我们好好深思。这种奇特的哲学景观,我想除了时代的原因外,是否主要是我们自己看问题的思维方式出了毛病?是否要反思一下我们自古以来那种非此即彼、非彼即此、好就全好、坏就全坏的形而上学的绝对僵化偏执的思维方式？好的就全好，坏的也说成是好；坏的就全坏，好的也说成是坏。所谓真变假时假成真，假作真时真亦假。我觉得，如果我们自己不在观察世界的思维方式与认识方法上来一个"辩证"的自我革命，恐怕对王阳明的认识上的这种或左或右、或生或死的恶性循环哲学论证还会更恶性地循环下去。我在研究王阳明时，就时时警惕自己，一切凭材料说话，一切据事实立论，防止堕入这种恶性的哲学循环论证的"轮回"中。

当前阳明学已成为传统文化研究的热点，全民瞩目，形势大好，我也感到欢欣鼓舞。王阳明得到了公允的评价，他的良知心学也得到了深刻的阐释。但不可否认的是，在这股研究王阳明的热潮中，也出现了神化王阳明和庸俗化阳明学的苗头。我认为神化王阳明与庸俗化阳明学的两极倾向正是以往那种或左或右的恶性哲学循环论证的翻版，包含着导致新一轮恶性哲学循环轮回的潜在危险，必须纠正这两种倾向，才能使阳明学的研究健康地发展，让阳明学走向世界。我在《王阳明年谱长编》与《阳明大传》中已经批评了这两种不良倾向。

这部阳明大传的撰写得到了学界同仁的帮助与支持。2017年该书申报为国家社科基金的重点项目，得到科研经费的资助，很快顺利在2018年完成，谨致衷心的感谢。复旦大学出版社总编王卫东先生始终关心和支持本书的出版，亲自把关，精心策划。关春巧责编工作认真负责，勤勤恳恳，一丝不苟，校对出了书稿中的不少错误，保证了高质量出版此书，向他们谨致真诚的谢意。

2018年8月15日丹阳束景南完稿于浙江大学宋学研究中心

图书在版编目(CIP)数据

阳明大传:"心"的救赎之路/束景南著. —修订版. —上海:复旦大学出版社,2025.7
ISBN 978-7-309-16580-7

Ⅰ.①阳… Ⅱ.①束… Ⅲ.①王守仁(1472-1528)-人物研究 Ⅳ.①B248.25

中国版本图书馆 CIP 数据核字(2022)第 204450 号

阳明大传:"心"的救赎之路(修订版)
束景南 著
责任编辑/关春巧

复旦大学出版社有限公司出版发行
上海市国权路 579 号 邮编:200433
网址:fupnet@ fudanpress. com http://www. fudanpress. com
门市零售:86-21-65102580 团体订购:86-21-65104505
出版部电话:86-21-65642845
浙江新华数码印务有限公司

开本 890 毫米×1240 毫米 1/32 印张 47.375 字数 1 104 千字
2025 年 7 月第 2 版
2025 年 7 月第 2 版第 1 次印刷

ISBN 978-7-309-16580-7/B · 768
定价:228.00 元